Centre canadien de gestion

Collection sur la gouvernance et la gestion publique

Cette nouvelle collection propose des perspectives théoriques et pratiques sur la gouvernance et sur la gestion publique. En alliant systématiquement l'expérience des praticiens et des chercheurs, elle fait le point sur l'évolution internationale et sur l'état de la pensée dans ce domaine d'activités.

On y aborde, entre autres, les sujets suivants : évaluation de la réforme du secteur public ; organisation et structure du gouvernement ; relations entre service public, exécutif et législatif ; rôle des organismes centraux ; coordination horizontale comme facteur de cohérence des politiques ; imputabilité ; efficience organisationnelle ; normes qualitatives et prestation de services ; leadership dans le secteur public ; et éthique et valeurs.

Le Centre canadien de gestion (ECG) est un organisme du gouvernement du Canada créé afin d'améliorer la qualité de la gestion publique, « de mener des études et des recherches sur la théorie et la pratique de la gestion dans le secteur publique », de même que « de sensibiliser la population canadienne aux questions relatives à la gestion du secteur public et à l'ensemble du processus gouvernemental ». La présente collection s'insère dans un programme de recherches et de publications qui comprend des projets de recherche-action, la sélection de boursiers de recherche ainsi que la création du Réseau international du CCG sur la gouvernance.

La gouvernance au XXIe siècle : revitaliser la fonction publique

Sous la direction de B. Guy Peters
et Donald J. Savoie

Centre canadien de gestion
Canadian Centre for Management Development
Les Presses de l'Université Laval

Les Presses de l'Université Laval reçoivent chaque année du Conseil des Arts du Canada et de la Société de développement des entreprises culturelles du Québec une aide financière pour l'ensemble de leur programme de publication.

Nous reconnaissons l'aide financière du gouvernement du Canada par l'entremise de son Programme d'aide au développement de l'industrie de l'édition (PADIÉ) pour nos activités d'édition.

Données de catalogage avant publication (Canada)

Vedette principale au titre :

La gouvernance au XXIe siècle : revitaliser la fonction publique
(Collection sur la gouvernance et la gestion publique)
Traduction de : Governance in the Twenty-first Century.

Publ en collab avec : Centre canadien de gestion

ISBN 2-7637-7765-1 (Les Presses de l'Université Laval)

1. Administration publique. 2. Fonction publique – Réforme. 3. Administration publique – Productivité. 4. Administration publique – Réorganisation. 5. Services publics – Évaluation. I. Peters, B. Guy. II. Savoie, Donald J., 1947- . III. Centre canadien de gestion. IV. Collection.

JF1601.G6814 2001-01-22 351   C2001-940041-1

Mise en pages : Francine Brisson
Maquette de couverture : Chantal Santerre

J F
1 6 0 1
· G 6 8 1 4
2 0 0 1

© Les Presses de l'Université Laval 2001
Tous droits réservés. Imprimé au Canada
Dépôt légal 1er trimestre 2001
ISBN 2-7637-7765-1

Disponible en anglais. Pour plus de renseignements, veuillez communiquer avec le Groupe de la recherche et planification stratégique du Centre canadien de gestion. Tél. (613) 947-3682 ou 943-8370. Téléc. (613) 995-0286. Courriel

Les opinions exprimées dans cet ouvrage sont celles des auteurs et ne reflètent pas nécessairement les vues du Centre canadien de gestion.
Une version abrégée du chapitre 8 a été publiée dans *la Revue internationale des sciences administratives*, vol. 66, n° 1, mars 2000, p. 51-63.

Distribution de livres Univers
845, rue Marie-Victorin
Saint-Nicolas (Québec)
Canada G7A 3S8
Tél. (418) 831-7474 ou 1 800 859-7474
Téléc. (418) 831-4021
http://www.ulaval.ca/pul

À la mémoire de
Vincent Wright

Table des matières

Préface

Ce troisième ouvrage de la collection *Gouvernance et gestion publique* propose une perspective internationale sur certains défis importants de la gouvernance en ce nouveau siècle. Offrir des conseils quant à la revitalisation de nos fonctions publiques dans ce nouveau contexte n'est pas chose facile, mais certains des meilleurs auteurs du Canada, de Nouvelle-Zélande, de Suède, du Royaume Uni et des États-Unis ont puisé dans leurs connaissances pour proposer des analyses pénétrantes et approfondies des questions que devront considérer politiciens, fonctionnaires et citoyens soucieux de progrès. Comme l'a noté un de leurs pairs, ils ont ouvert des perspectives nouvelles sur de nombreux volets de l'administration publique: le rôle des États-nations dans la gouvernance, le rôle des leaders politiques dans la réforme de la fonction publique, les relations (ou les « marchandages ») entre politiciens et fonctionnaires, les aspects fondamentaux de la mesure du rendement, les défis que comportent, pour les gouvernements, les technologies de l'information et des communications, les relations intergouvernementales et l'engagement des citoyens, les modèles d'organisation, la privatisation et l'imputabilité. La conclusion aborde les questions clés soulevées par cet essai de prospective quant au rôle du gouvernement, à son efficacité, aux instruments qui lui seront nécessaires et, plus particulièrement, au type de fonction publique exigé par le modèle de gouvernance en voie d'émergence.

Tout comme ses prédécesseurs — *Les nouveaux défis de la gouvernance et Réformer le secteur public : où en sommes-nous?* — ce volume est le résultat d'une démarche originale entreprise au Centre canadien de gestion (organisme du gouvernement canadien) et qui consiste à combiner la problématique des spécialistes de la recherche et celle des principaux praticiens de l'administration publique. Ces trois ouvrages ont procédé de l'interconnexion de deux réseaux: celui des chercheurs internationaux et celui des hauts fonctionnaires canadiens. Le programme de recherche et le choix des thèmes ont été, chaque fois, l'œuvre du groupe de fonctionnaires. Lors de rencontres exploratoires tenues de janvier 1997 à novembre 1998, ceux-ci ont enrichi leurs réflexions en échangeant avec l'un ou l'autre des chercheurs, lesquels leur soumettaient aussi les ébauches de leurs textes. Ce dialogue a aussi aidé les chercheurs à approfondir leur propre compréhension des principaux aspects de l'administration publique. À l'automne de 1998, une table ronde a permis aux membres de l'équipe internationale de comparer leurs perspectives et d'échanger avec des hauts fonctionnaires canadiens.

Grâce à de telles méthodes interactives et à d'autres procédés — telles les tables rondes sur la recherche action — le Centre canadien de gestion cherche à amener les praticiens à intervenir directement dans le processus de recherche et entend mener ces recherches d'une manière qui convienne tout autant aux spécialistes qu'aux praticiens et qui mène à des résultats à la fois pratiques et théoriques. Notre objectif, aimons-nous à répéter, n'est pas uniquement d'entreprendre des recherches *pour* les hauts fonctionnaires et les dirigeants, mais de les mener *avec* eux. Nous croyons que nos méthodes peuvent servir d'exemple à d'autres organismes de recherche et d'enseignement du secteur public et d'ailleurs. Le Réseau du service axé sur les citoyens en est un excellent exemple puisqu'il s'est vu remettre en 1999 la Médaille d'or pour la gestion innovatrice de l'Institut d'administration publique du Canada (IAPC).

Nous devons le succès de ce processus de réflexion, de dialogue et de perfectionnement à Ralph Heintzman, qui en fut l'inspirateur à l'époque où il dirigeait la recherche au Centre, et à David Holdsworth, qui était secrétaire adjoint du Cabinet (Priorités de gestion et Personnel supérieur) au Bureau du Conseil privé, ainsi qu'au leadership et aux conseils de B. Guy Peters et Donald J. Savoie, codirecteurs des ouvrages, spécialistes reconnus en administration publique comparative et collaborateurs émérites du Centre canadien de gestion. Je leur suis reconnaissant des connaissances, des sages conseils et du leadership qu'ils ont contribués tout au long du projet et qui ont permis de le mener à bien. Je remercie également les hauts fonctionnaires qui ont participé aux diverses étapes du programme et qui nous ont apporté la perspective irremplaçable et précieuse du praticien. Je ne saurais passer sous silence le travail remarquable accompli par notre équipe internationale de collaborateurs et je dédie cet ouvrage à la mémoire de l'un d'entre eux, Vincent Wright, décédé avant la parution de cet ouvrage.

La gouvernance au XXIe siècle: revitaliser la fonction publique est le produit du troisième d'une suite de programmes de recherche. Le premier, *Les nouveaux défis de la gouvernance*, se penchait sur le contexte changeant de la gouvernance et de l'administration publique. Le deuxième, *Réformer le secteur public : où en sommes-nous?*, récapitulait une décennie et demie de réformes du secteur public et cherchait à en dégager les leçons à partir des expériences menées dans plusieurs pays. Le présent ouvrage se veut prospectif et examine, sur un horizon de quelques décennies, les conditions et les exigences d'une revitalisation de la fonction publique. Globalement, notre programme de recherche visait à situer la fonction publique selon trois paramètres : un contexte en changement, une évolution technologique rapide et un public plus engagé et plus exigeant.

Le CCG entend désormais axer sa recherche sur la modernisation de la gouvernance. Nous avons élaboré un programme de recherche articulé sur quatre sous-thèmes:

les citoyens et la citoyenneté, les changements touchant la démocratie représentative, le futur rôle du gouvernement et les futures réformes de la fonction publique. Lorsque seront connus les premiers résultats de cette recherche, en 2000 et en 2001, nous serons heureux de les partager avec les praticiens, les chercheurs et les étudiants du Canada et du monde entier.

Maurice Demers
Directeur général
Recherche et planification stratégiques
Centre canadien de gestion

Remerciements

Produire un ouvrage de contenu aussi riche eût été une tâche impossible sans la compétence et le dévouement de plusieurs personnes, à la fois à l'étape de la recherche et à celle de la publication. J'exprime ma reconnaissance à tous ceux et à toutes celles qui, au Centre canadien de gestion, ont consacré de si longues heures à la mise au point de ce troisième volume de notre collection *Gouvernance*. Je remercie particulièrement Ginette Turcot-Ladouceur, assistante de Ralph Heintzman, qui nous a été d'une aide inestimable en assumant la logistique du programme de recherche, notamment des rencontres des praticiens et des collaborateurs. Je tiens à souligner aussi, avec reconnaissance, le travail de mon assistante, Anne Morin, celui de Ginette Benoît, de l'Université de Moncton, et de Michèle Renaud, notre adjointe aux publications qui a assuré la liaison avec les auteurs et les éditeurs dans les dernières étapes du processus de publication. Tous ces textes ont été traduits par M. Pierre Desrosiers, de Val David, sauf celui d'Ignace Snellen. Je tiens à souligner la qualité et la limpidité de la traduction de M. Desrosiers.

Je remercie, en dernier lieu, M. Denis Dion et les membres de son équipe des Presses de l'Université Laval pour leur participation à part entière à la promotion de notre collection et à la publication de cet ouvrage.

Maurice Demers

1
Introduction

DONALD J. SAVOIE

Depuis une vingtaine d'années, les fonctions publiques de la plupart des pays occidentaux ont subi plus de réformes que toute autre institution politique ou administrative comparable. Ce phénomène est nouveau. On a souvent répété, en effet, que les fonctionnaires préfèrent le *statu quo* et que plusieurs d'entre eux savent parfaitement, fruit d'une longue expérience, donner l'illusion du mouvement tout en demeurant quasi immobiles.

Mais les signes d'un changement véritable apparaissent aujourd'hui de partout. De nombreuses fonctions publiques — tout au moins au sens classique du terme — sont plus petites qu'elles ne l'étaient ; des cadres sont recrutés ailleurs que chez les fonctionnaires qui ont fait carrière dans le ministère en cause ; de nouvelles organisations ont été créées pour assurer la prestation de services. Et la liste pourrait s'allonger. Il ne faudrait pas en conclure que les fonctionnaires eux-mêmes ont été à l'origine de toutes ces transformations. Dans plusieurs cas l'impulsion en est venue des dirigeants politiques, au premier chef de Margaret Thatcher. Mais dans plusieurs pays tels l'Australie, la Grande-Bretagne et la Nouvelle-Zélande, de nombreux changements de grande portée ont été mis en œuvre par les fonctionnaires.

L'évolution des derniers vingt ans démontre abondamment que les fonctionnaires peuvent se rallier au changement, fût-il d'une espèce qui ne semble pas répondre à leurs intérêts institutionnels. Pourtant, nul ne sait avec certitude ce qui fonctionne, ce qui ne fonctionne pas et quels changements sont les plus susceptibles de renforcer les capacités de conseil du gouvernement et son aptitude à assurer les services publics. Aucun grand dessein n'a présidé aux réformes, de sorte que les fonctions publiques nationales ont dû se débrouiller, chacune à sa manière, pour découvrir ce qui pourrait fonctionner[1]. Certes, nous savons pourquoi les dirigeants politiques tenaient au changement. Une situation fiscale difficile, doublée d'une inébranlable conviction que la machinerie gouvernementale devait être remise en état, tout cela appelait au changement. Comment les dirigeants allaient-ils s'y prendre ? Cela, par contre, était moins clair.

Bien que la première vague de réformes ait été le fait de gouvernements de droite, leurs successeurs, d'idéologie différente (par ex. de Bush à Clinton, de Major à Blair, de Mulroney à Chrétien), veulent toujours un changement — et on ne sait trop ce qu'ils attendent de leur fonction publique respective. Sans doute veulent-ils qu'elle soit plus réceptive à leurs préférences en matière de politiques et qu'elle gère le plus efficacement possible les programmes gouvernementaux. Mais cela n'est pas différent de ce qu'on en attendait il y a trente ou même cinquante ans. Les manifestes ou les programmes des partis politiques ne disent pas grand-chose du rôle de la fonction publique, sinon qu'elle devrait être autre que ce qu'elle est maintenant. On ne s'y aventure guère au-delà des généralités classiques sur la nécessité d'améliorer le fonctionnement de l'appareil et les services à la population. On aurait grand peine à y déceler la moindre « vision » quant au futur rôle de la fonction publique. Les partis se sont toujours contentés — et se contentent toujours, pour la plupart — d'affirmer que la mécanique interne du gouvernement serait bientôt en meilleur état si les électeurs choisissaient le bon parti (le leur).

Bien que le présent ouvrage ne vise pas à définir une telle vision, ses auteurs entendent y contribuer en discutant des changements survenus depuis quelques années et de ce qu'ils signifient pour l'avenir. Les défis potentiels et la manière d'y faire face y sont aussi abordés. En bref, ces textes explorent les conditions et les exigences de la revitalisation de la fonction publique.

Nous en sommes au troisième ouvrage de la collection « Gouvernance et fonction publique ». Le premier, intitulé *Les nouveaux défis de la gouvernance*, tentait de comprendre comment étaient redessinées et repensées la gouvernance et l'administration publique. Le deuxième, *Réformer le secteur public : où en sommes-nous ?*, revenait sur plus d'une décennie de réformes afin de tirer les leçons d'expériences menées dans plusieurs pays. Les deux livres résultaient de la collaboration de chercheurs et de praticiens. Des cadres supérieurs du gouvernement fédéral ont ainsi participé à la révision des thèmes et des ébauches des différents articles, ainsi qu'à des séances de discussion avec les auteurs.

Dans sa préface au premier volume, Ralph Heintzman, qui fut directeur adjoint de la recherche du Centre canadien de gestion (CCG), a bien décrit les trois étapes de ce processus. La première consistait à réunir, au début et vers la fin de l'entreprise, les membres de l'équipe de recherche afin qu'ils se livrent à des échanges et à des discussions approfondies. La deuxième visait à créer des occasions de dialogue entre le groupe de chercheurs et un groupe de cadres supérieurs de la fonction publique ; tel fut l'objet de nos réunions conjointes. À la troisième étape, chercheurs et gestionnaires se rencontraient individuellement[2].

Nous avons ici, pour l'essentiel, adopté la même méthode, avec cette seule différence que les praticiens ont participé très tôt à l'établissement du calendrier de recherche et aux décisions relatives aux sujets abordés. À cet effet, des membres de la direction du CCG ont tenu des rencontres avec quinze fonctionnaires supérieurs. Il importe de souligner que ce sont les praticiens qui ont eux-mêmes choisi les thèmes abordés dans chacun des chapitres. En un sens, cet ouvrage est le leur.

Les sujets étant ainsi déterminés, nous avons recruté, pour en traiter, une remarquable équipe de chercheurs internationaux. Entrevues et rencontres diverses entre chercheurs et praticiens furent également organisées à divers moments des travaux.

Plusieurs praticiens et chercheurs ont participé aux trois ouvrages de cette collection, ce qui assurait une certaine continuité à l'entreprise. Il s'ensuit que plusieurs chapitres du présent ouvrage abordent des questions générales de gouvernance et prennent acte de diverses réformes entreprises depuis quelque quinze années. Cela dit, nous nous sommes aussi efforcés d'entrevoir l'avenir et d'évoquer quelques moyens de renforcer la fonction publique. À l'instar de ses deux prédécesseurs, ce livre propose donc une perspective comparative.

Il fut aussi, à bien des égards, le plus difficile mais aussi le plus satisfaisant à réaliser. Le plus difficile, car explorer en mode prospectif les conditions et les exigences de la revitalisation de la fonction publique n'est pas chose facile, même lorsque la situation s'y prête — c'est-à-dire en période de stabilité. Or personne ne se hasarderait à décrire comme stable la situation de la fonction publique dans les pays sous étude dans ce livre. En outre, les chercheurs sont toujours hésitants à spéculer sur ce qui pourrait advenir. Il en va ainsi des praticiens, que nos consultations ont montrés davantage intéressés, dans l'ensemble, à analyser les expériences passées et les défis actuels. Le plus satisfaisant, car nous sommes parvenus à réunir chercheurs et praticiens afin de déterminer les principaux défis de la fonction publique canadienne et de discuter des meilleurs manières de la renforcer.

La plus grande difficulté tient, il va sans dire, à ce que les variables, les forces en jeu et les inconnues sont trop nombreuses pour que chercheurs ou praticiens puissent éprouver quelque certitude quant à l'avenir. Tout ce que nous pouvons affirmer avec quelque assurance, si l'on se fie à l'histoire récente, c'est que nous assisterons à d'autres changements destinés à « réparer », une fois de plus, fonction publique et fonctionnement du gouvernement. En dépit de cette difficulté, les auteurs ont fait tout en leur pouvoir pour s'attaquer au problème et explorer conditions et exigences d'une revitalisation de la fonction publique.

LES DÉFIS QUI NOUS ATTENDENT

Même si l'avenir demeure imprécis, les défis rencontrés par les pays occidentaux sont assez clairs. L'organisation de coopération et de développement économique (OCDE) affirme que : « l'ouverture croissante de l'économie mondiale confère une importance particulière à la compétitivité et met en relief l'interdépendance des secteurs public et privé. Les citoyens ont des exigences plus diversifiées et plus complexes et, dans le même temps, la capacité des gouvernements à faire face à des problèmes sociaux tenaces est mise en question. L'action gouvernementale se déroule dans un environnement marqué par beaucoup de turbulences et d'incertitudes, et par un rythme de changement qui s'accélère. Un important déficit public et des déséquilibres financiers limitent en même temps la marge de manœuvre des pouvoirs publics[3].» Nous pourrions ajouter, à cette liste de l'OCDE (OCDE, 1995), les changements démographiques, une plus grande intégration économique régionale et globale, ainsi que l'interdépendance de plus en plus étroite des secteurs de la société, la moindre n'étant pas celle du public et du privé et celle des divers ordres de gouvernement. Tout cela à une époque où l'on réclame, en plusieurs quartiers, la réduction du rôle de l'État-nation dans la société.

Nous nous intéressons ici, tout particulièrement, au besoin de protéger ou, mieux encore, de renforcer la capacité de gouverner et d'assurer des services publics. Les réformes des quinze dernières années ne semblent pas avoir rapproché le gouvernement de la population ou augmenté la confiance des citoyens à son endroit. Joseph Nye amorce ainsi son essai sur la gouvernance (1997): «La confiance envers le gouvernement a décliné.» Il écrit: «En 1964, les trois quarts de la population américaine déclaraient faire confiance au gouvernement fédéral, estimant qu'il agissait correctement la plupart du temps. Aujourd'hui, ce pourcentage n'est plus que de un quart.» Nye se hâte d'ajouter que «les États-Unis ne sont pas les seuls dans cette situation. Le Canada, la Grande-Bretagne, l'Italie, l'Espagne, la Belgique, les Pays-Bas, la Norvège, la Suède et l'Irlande ont aussi vécu une certaine baisse de confiance envers leur gouvernement[4].» Il importe de noter, cependant, que ce phénomène est parfaitement contemporain d'une chute marquée de la confiance dans presque toutes les institutions, y compris la grande entreprise et les médias.

Chose remarquable, Nye a écrit cet essai après un défilé ininterrompu de réformes qui se sont succédées durant presque vingt ans. À peine l'une était-elle dévoilée, rayonnante de promesses, qu'une autre lui succédait. Nouveaux systèmes d'information de gestion, nouvelle méthode de révision des dépenses, sous-traitance, gestion intégrale de la qualité, responsabilisation des gestionnaires et de leurs employés de première ligne, des clients et des politiciens, et restructuration de l'appareil gouvernemental, notamment par la création d'organismes d'exécution et d'organismes de services spéciaux. Pourtant, les recherches concordent: notre «confiance envers le gouvernement» a diminué.

Rappelons que tous les politiciens qui, depuis vingt ans, ont voulu «réparer» l'appareil gouvernemental, sont partis du principe que le problème tenait à la bureaucratie. Phénomène révélateur, les institutions politiques n'ont guère été touchées, tout au moins si on les compare aux fonctions publiques. C'est ainsi que le Parlement canadien n'a été ni «réduit» ni «restructuré». Il en va de même du

Congrès et de la Présidence aux États-Unis. Nous n'avons pas cherché à confier les fonctions parlementaires à la sous-traitance. Les relations entre Parlement et exécutif dans les régimes parlementaires de type britannique ou les relations entre Président et Congrès aux États-Unis n'ont pas été remaniées.

Les réformes, cependant, ont affecté la perception qu'avaient les fonctionnaires de leur institution et de leur propre rôle. Elles ont été appliquées sans véritable cohérence et, dans plusieurs cas, étaient «intrinsèquement incompatibles» les unes avec les autres[5]. Mais un thème, au moins, leur est commun : le secteur privé est, par définition, supérieur au secteur public. D'où l'opinion, largement partagée par les élites politiques, selon laquelle l'adoption des méthodes du privé représente la meilleure manière d'améliorer le fonctionnement de la bureaucratie publique. Inutile d'ajouter que ce postulat a eu pour effet de décourager les fonctionnaires. Nombre d'analystes américains, britanniques et canadiens ont ainsi fait état d'une crise de confiance et d'une baisse du moral dans la fonction publique[6]. Dans le quatrième rapport annuel sur la fonction publique, présenté au premier ministre, le greffier du Conseil privé et secrétaire du cabinet évoquait ce problème. Premier fonctionnaire de l'État, il employa les termes de «crise tranquille dans la fonction publique», expliquant que certains fonctionnaires à la retraite, «après une carrière exemplaire, déconseillent à leurs enfants de suivre leurs traces[7]». Les politiciens ne sont pas les seuls à entretenir une telle opinion de la fonction publique. Au Canada, en Australie, aux États-Unis et dans plusieurs autres pays, les citoyens ordinaires semblent être du même avis. Selon un haut fonctionnaire australien, «le peu d'estime dont elle jouit représente le principal défi de la fonction publique[8].»

Il ressort de cette situation que quiconque entend suggérer des manières de revitaliser la fonction publique devra le faire avec grande prudence. Le remède risquera toujours d'être pire que le mal. Une telle baisse de moral chez les fonctionnaires ne devrait pas étonner les chefs politiques qui lancèrent la première vague de réformes — Thatcher, Reagan et Mulroney. Leurs réformes n'avaient pas pour but de remonter ce moral mais de ramener les bureaucrates à l'ordre. Thatcher croyait vraiment, de fait, que les hauts fonctionnaires étaient la cause du piètre état de l'économie britannique. Durant la campagne électorale de 1980, Reagan qualifia la bureaucratie fédérale d'«obèse et hypertrophiée» et implora les électeurs d'élire une équipe qui «combattrait la corruption». De son côté, Mulroney promit de donner aux bureaucrates, une fois élu, «une note de congédiement et une paire de souliers de course». Il déclara aussi avoir été, «depuis [mon] passage du secteur privé à Ottawa, stupéfait de constater la perte de temps et le gaspillage de talent au gouvernement.» Tous ces chefs évoquèrent, à tour de rôle, la nécessité de «déprivilégier la fonction publique» et de «vider le marécage[9]».

Afin de déterminer les moyens de sauvegarder ou de renforcer la capacité de gouverner et d'assurer des services publics, il nous faut comprendre les raisons de ce déclin de la confiance envers le gouvernement. Il serait injuste d'en imputer la responsabilité aux seuls Thatcher et compagnie. En répétant à l'envi que le gouvernement faisait partie du problème et non de la solution, ils ont certes joué un rôle important. Lorsque politiciens et médias répètent «ineptie du gouvernement» comme s'il s'agissait d'un proverbe de la sagesse populaire, la perception prend les couleurs de la réalité. Nye trace un parallèle entre le message selon lequel le gouvernement ne peut rien faire de bon et les «campagnes de marketing négatif» du secteur privé, qui «invitent les consommateurs à ne pas acheter certains produits[10].» Les politiciens ne se contentent plus de faire campagne contre le parti au pouvoir. Ils se présentent aussi contre le gouvernement. On nous dit, par exemple, que depuis Jimmy Carter les politiciens se présentent contre Washington[11]. Mais cette perte de respect et de confiance tient aussi à d'autres raisons.

Il se peut fort bien que l'on ait dû réajuster les attentes quant aux capacités des gouvernements, et tel est bien ce qui s'est produit depuis vingt ans. Au cours de la Deuxième Guerre mondiale, les gouvernements prouvèrent leur capacité à relever tous les défis en s'ingérant dans tous les secteurs de l'économie. La guerre terminée, Britanniques, Australiens, Canadiens et Américains estimaient leur gouvernement capable de faire face à toute nouvelle situation. L'effort de guerre avait été couronné de succès et l'économie «de guerre» avait bien fonctionné. Le chômage avait été nul et les prix, pourtant, n'avaient pas augmenté. La guerre avait aussi légué, dans chacun de ces pays, un appareil gouvernemental créatif et fonctionnant sans accrocs. Durant les années d'après-guerre, le jeune universitaire intelligent, ambitieux et préoccupé de servir la société songeait spontanément à faire carrière dans la fonction publique. En Grande-Bretagne, l'archevêque William Temple avait prôné, avec grand succès, la notion d'État-providence qu'il opposait au concept hitlérien d'État guerrier. Participer à l'édification de cet État-providence pouvait être tout aussi passionnant que l'avait été la contribution à l'effort de guerre.

La guerre avait donc montré que le gouvernement peut être extrêmement efficace lorsqu'il poursuit un seul objectif absolument prioritaire, tel que la victoire sur Hitler. Mais tout change en période moins troublée, alors que divers objectifs se partagent des ressources fiscales limitées et que les politiciens ne savent trop où placer les priorités, ni pour combien de temps. Et lorsque surgit une crise politique imprévue, tout s'arrête. Watergate nous a appris que de telles crises peuvent survenir à tout moment. Les médias, cela est bien connu, sont moins respectueux et plus critiques du gouvernement qu'ils ne l'étaient avant cet épisode. L'instantanéité des moyens de communication, particulièrement de la télévision, exerce sur les gouvernements une pression énorme pour qu'ils décident rapidement de tout, de crainte de donner une impression d'indécision et de faiblesse. La télévision a ainsi permis à son auditoire d'assister directement et immédiatement à la guerre du Golfe. Les médias ont aujourd'hui une portée mondiale, sont de plus en plus critiques et largement accessibles, y compris à la classe non instruite[12]. Il leur est possible, en un instant, de se concentrer sur un sujet n'importe où au monde et de comparer n'importe quelle situation survenant dans un pays avec une situation analogue survenue dans un autre. Par-dessus tout, les médias ont le pouvoir d'intervenir dans l'arène politique et dans le fonctionnement du gouvernement, et d'informer la population rapidement, visuellement et de façon percutante sur ce qui ne fonctionne pas. Cela dit, le fait que les populations de partout au monde soient *mieux* informées que jadis ne signifie pas qu'elles soient *bien* informées. Sur ce plan, à n'en pas douter, un long travail reste à accomplir.

Certes, les sujets de reportage ne manquent pas. L'époque est bien révolue des gouvernements de petite taille qui se payaient le luxe de poursuivre avec acharnement des objectifs peu nombreux et connus de tous. L'après-guerre immédiat a engendré la reconstruction, une forte croissance économique et l'application d'une doctrine économique nouvelle (Keynes) qui s'imposa à toutes les trésoreries occidentales. Les gouvernements s'étendirent tous azimuts. Mais ils souffrirent bientôt, et leurs dirigeants avec eux, d'une « surcharge pondérale ». Présidents, premiers ministres et cabinets ne pouvaient plus suffire à une tâche qui comportait un aussi grand nombre de domaines, d'activités et de politiques. Certaines affaires étaient fort bien menées, particulièrement lorsque les dirigeants avaient décidé d'en faire une priorité, mais les autres étaient laissées à la traîne. Les hauts fonctionnaires, incapables d'obtenir des directives précises de ceux-là seuls qui pouvaient les formuler, faisaient de leur mieux pour maintenir l'équilibre. Mais on les accusa bientôt de privilégier le *statu quo* et d'exercer une trop grande influence sur les décideurs.

Entre-temps, on mit en œuvre certains programmes qui se contredisaient les uns les autres. Les gouvernements se révélèrent particulièrement inaptes à coordonner leurs politiques et à poursuivre un objectif ou même une suite d'objectifs. L'exemple classique en est aujourd'hui le gouvernement américain, où le département de l'Agriculture aide les producteurs de tabac au moment même où le département de la Santé s'affaire à la promotion de campagnes contre le tabagisme. Les exemples de ce type abondent dans les domaines du développement économique, de l'environnement, des politiques sociales et des politiques d'approvisionnement du gouvernement. Tout compte fait, rares sont les organisations gouvernementales dont la tâche découle clairement d'objectifs législatifs précis ou d'un processus de révision des politiques. Le gouvernement, de par sa nature même, poursuit des objectifs et des politiques de divers ordres et qui ne sont pas toujours mutuellement compatibles. Au sein même des ministères et des organismes, ces objectifs sont souvent définis de manière imprécise, parfois intentionnellement. C'est pourquoi les hauts fonctionnaires se font administrateurs circonspects plutôt que gestionnaires audacieux. Changer d'orientation ou clarifier des objectifs conflictuels exige un violent coup de barre. Quoi qu'il en soit, les chefs politiques sont seuls à pouvoir y arriver et, trop souvent, sont trop occupés à poursuivre leurs priorités « préférées », ou à gérer la dernière crise politique, pour en avoir le temps.

Les gouvernements doivent aussi traiter avec une population mieux informée, et donc plus exigeante, qu'il y a quarante ans. On peut certes y voir l'influence des médias, et particulièrement de la télévision, mais il y a davantage. Tout d'abord, les citoyens sont aujourd'hui mieux éduqués et s'y connaissent mieux en matière de politique et de fonctionnement de l'État. De plus, les progrès technologiques ont rendu plus accessible l'information sur les intentions, les programmes et les activités du gouvernement. Il s'ensuit que groupes et individus sont désormais en mesure d'adopter des positions sur un ensemble de sujets et de contester les politiques gouvernementales.

Selon l'OCDE, la mondialisation et la compétitivité des États-nations seront les principaux défis des prochaines années. Mais, peut-être paradoxalement, ce défi comporte un envers. Les groupes historiquement marginalisés, les groupes culturels, les collectivités régionales et locales, acquièrent une importance de plus en plus grande dans la vie politique. Nous assistons, dans plusieurs pays avancés, à une véritable « explosion des appartenances ethniques », de même qu'à un « pluralisme culturel à connotation politique[13] ». Ces phénomènes ont donné naissance, dans la société, à un type de clivage radicalement différent, qui crée de nouvelles pressions sur les structures du gouvernement. Opinions et préoccupations des gens ne passent plus par les partis politiques mais par des groupes d'intérêts ou au nom de droits « individuels » ou, si l'on préfère, « inscrits dans la Charte ». Les requérants qui brandissent ainsi des « droits » agissent au nom des « considérations morales les plus fortes » et ne sont habituellement pas d'humeur à se plier à un consensus ou à négocier[14].

On peut conclure, de tout ce qui précède, que les défis ne manquent pas aux gouvernements et à leurs fonctions publiques. Les mesures de revitalisation de la fonction publique doivent être développées dans ce contexte.

MESURES DE REVITALISATION

Comment les États-nations répondent-ils à ces défis ? Comment entendent-ils revitaliser leurs fonctions publiques ? Au risque de nous répéter, notons que les tentatives de réformer le gouvernement ont été, jusqu'à maintenant, essentiellement centrées sur la fonction publique.

À l'instar de notre *Réformer le secteur public*, le rapport de l'OCDE constate que chaque pays a relevé le défi à sa manière. Il ajoute, cependant, que « bien qu'il n'existe pas d'approche idéale en matière de gestion publique, des tendances de réforme communes peuvent être décelées. Certaines ont été inspirées par les meilleures pratiques suivies par le secteur privé et adaptées aux besoins du secteur public. Leur objectif est un changement fondamental qui transforme comportement et attitudes[15]. » Passant en mode prospectif, l'OCDE remarque que « les circonstances qui poussent à rendre les services publics plus attentifs à la demande et plus soucieux du rapport coût-efficacité ne disparaîtront pas du jour au lendemain. » L'organisme prévoit qu'« au cours des décennies à venir, le secteur public performant aura des formes et des comportements radicalement différents. Il aura tendance à restreindre la participation à la fourniture directe de services ; à s'employer davantage à mettre en place un cadre souple à l'intérieur duquel l'activité économique puisse se dérouler ; à mieux réglementer en disposant d'une information plus complète sur les incidences probables ; à évaluer en permanence l'efficacité des politiques suivies ; à renforcer ses capacités de gestion prévisionnelle et de dirigeant pour une meilleure adaptation aux défis économiques et sociaux à venir ; et ; à conduire les affaires publiques de façon plus participative[16] » (OCDE, 1997, p.10). Peter Self trace à grands traits ce qu'il décrit comme « un nouveau et puissant paradigme » qui rejoint la vision d'avenir de l'OCDE. Selon lui, ce « paradigme maintient que les gouvernements devraient, en général, en faire moins ; [...] qu'ils devraient, lorsque la chose est faisable, privatiser les services publics ou leur prestation ; et qu'ils devraient réajuster leur fonctionnement conformément aux concepts de concurrence et d'efficience prévalant sur le marché[17]. »

On serait porté à conclure, devant de tels propos, qu'on infligera aux fonctions publiques nationales les mêmes traitements que par le passé. Plusieurs, de fait, ont tenté de modifier radicalement leur allure et leur comportement — et c'est pourquoi, par exemple, on a créé des organismes de services spéciaux, on a introduit ou renforcé des mesures de rémunération au rendement et mis l'accent sur la réceptivité aux besoins de la clientèle.

Pourtant, les praticiens qui ont collaboré à cette étude et en ont défini les thèmes principaux ont soulevé les mêmes préoccupations que l'OCDE. Ils ont évoqué l'effet de la mondialisation sur les politiques de leur département et sur leurs activités quotidiennes. Ils ont aussi mentionné la surcharge de travail du gouvernement et se sont demandé comment faire coexister la coordination des politiques et l'existence d'organismes d'exécution indépendants. Ils se sont interrogés, plus précisément, sur la possibilité de diriger des réseaux d'organisations autodirigés.

Ils ont évoqué la nécessité de repenser le rôle du gouvernement et les frontières de la fonction publique. Des limites existent désormais au rôle des gouvernements nationaux, depuis les accords commerciaux internationaux jusqu'au nouvel accent placé sur l'engagement et la participation des citoyens : quelles sont ces limites et où sont les nouvelles frontières ? Ils ont également soulevé des inquiétudes devant le modèle des organismes, estimant qu'il comporte des limites encore inexplorées. Quand devrait-on l'adopter ? Quelles en sont les conséquences quant à l'imputabilité, aux valeurs et à l'éthique de la fonction publique ?

Ils ne se sont pas opposés à ce que le gouvernement accentue son orientation client ou son orientation rendement. Pour l'essentiel, ils ont reconnu que l'adoption par le secteur public d'une certaine discipline de marché était prometteuse. Ils ne s'objectent pas à la concurrence. Ils prévoient même la mise en œuvre de plus en plus généralisée de mécanismes d'ordre concurrentiel, dont la sous-traitance, l'imposition de frais aux usagers et le développement de marchés internes. Mais, ajoutent-ils, tout cela n'est qu'une partie de la réalité. Le gouvernement continuera d'assurer des services et les fonctionnaires, de procurer des conseils de politique.

Comment connaîtrons-nous l'efficacité de la fonction publique, demandent-ils, et comment la connaître ? On a fait de grands efforts pour déceler les occasions de sous-traitance à partir du principe que ce délestage était garant d'une meilleure gestion. Ce faisant, il se peut que nous ayons perdu de vue ce que la fonction publique accomplit aussi bien ou mieux que le secteur privé. Mais, ajoutent-ils, nous devons savoir comment parvenir à en juger.

\ Les praticiens attachent une grande importance aux mesures et à l'évaluation du rendement. Selon eux, la mesure du rendement devra être conçue pour deux groupes, les gestionnaires à l'interne et les examinateurs à l'externe, y compris les citoyens intéressés au programme en cause. On devrait s'efforcer d'encourager les groupes de l'extérieur, notamment les comités parlementaires, à s'intéresser davantage à ces techniques et à l'évaluation des programmes et de la qualité des services publics.

∿ Les mesures de revitalisation de la fonction publique, nous disent encore ses praticiens, devraient être entreprises « à partir des individus ». Selon eux, l'avenir dépend de la perception qu'auront les fonctionnaires de leur institution et de leur travail, ainsi que du traitement qui leur sera accordé. Les réductions successives de la taille de la fonction publique n'auront pas été sans conséquences. Plusieurs praticiens croient fermement que la loyauté envers l'institution a décliné. Selon eux, les réductions de personnel ont renforcé cette tendance et pourraient même l'avoir accélérée[18].

\ Le « facteur personnel » soulève d'autres questions. Les praticiens se demandent si l'on devrait véritablement tenter de renforcer la loyauté au sein de la fonction publique. Si on s'y résout, qui le fera, et comment ? La fonction publique devrait-elle être plus unifiée qu'elle ne l'est maintenant ? Certains estiment qu'elle devra l'être davantage en certains domaines (par ex. la formulation des politiques) et moins dans d'autres (par ex. le personnel). Quelles en seront les conséquences ? Le gouvernement et les organismes, par exemple, devraient-ils être des employeurs séparés ?

Le développement et la formation en gestion acquerront de l'importance au fil des ans. Une fonction publique délestée de la prestation directe de services devra être experte dans la gestion de partenariats et de contrats au rendement, savoir exercer des fonctions de courtage, de mise en réseau et de conseil et savoir gérer les relations intergouvernementales. Selon l'ex-greffier du Conseil privé et secrétaire du cabinet, les gouvernements et les organisations sont probablement mal armés pour faire face au nombre grandissant de problèmes de politique, car les problèmes les plus importants sont désormais horizontaux et transgressent frontières et domaines de compétence. La solution, écrit-il, « passe par un sentiment *collectif* des priorités, partagé non seulement par les ministères mais aussi par les gouvernements. Encore une fois, notre capacité à former les alliances nécessaires est une condition essentielle à notre aptitude à vaincre les obstacles que posent les questions horizontales.

Toute la mécanique peut être modifiée en fonction de la priorité du jour mais, sans une vision commune de l'importance des questions en jeu, le changement horizontal ne mènera à rien à lui seul[19]. » (traduction libre) Voilà pourquoi, entre autres raisons, le développement et la formation en gestion seront bientôt indispensables.

Les praticiens nous ont aussi dit qu'il importe de réexaminer la relation entre politiciens et fonctionnaires. Bien qu'elle se soit considérablement modifiée depuis quelques années, les uns et les autres continuent d'appliquer les vieilles règles, essentiellement parce que nous n'en avons pas élaboré de nouvelles. Les politiciens en quête de conseils et d'avis ne passent plus par leurs fonctionnaires, préférant s'en remettre automatiquement à leur personnel politique, à des groupes de pression, à des lobbyistes et à des « think tanks ». Non moins importante est la tendance marquée à une plus grande visibilité des fonctionnaires, tendance probablement permanente. Il pourrait facilement s'ensuivre une nouvelle fonction publique dans laquelle les bureaucrates deviendront acteurs politiques ou défendront des politiques devant les médias ou les comités parlementaires. Une telle évolution aura des conséquences importantes sur l'imputabilité et sur le contrat implicite qui lie le cabinet et la fonction publique. Certains praticiens se sont interrogés : est-il encore possible de distinguer clairement imputabilité « politique » et imputabilité « bureaucratique » ?

D'autres ont fait état de contradictions inhérentes aux mesures de réforme déjà mises en œuvre, contradictions qu'il importerait de résoudre avant de passer à d'autres réformes. Des groupes de travail composés de hauts fonctionnaires en poste à Ottawa ont récemment souligné la faiblesse, qui va s'aggravant, des liens entre politiques et opérations[20]. Pourtant, le gouvernement a adopté, fût-ce timidement en certains cas, le modèle des organismes. La faiblesse des liens tient à ce modèle. Comment, ont demandé les praticiens, le gouvernement peut-il, dès lors, déléguer le pouvoir de gestion tout en conservant la capacité de coordonner les politiques et de penser en termes stratégiques ?

L'évolution de la fonction publique sera largement déterminée, ont souligné ces collaborateurs, par les nouvelles technologie de l'information. Il y a là un potentiel énorme, susceptible d'améliorer l'efficacité opérationnelle, de promouvoir une plus grande participation à l'élaboration des politiques, d'améliorer la prestation des services publics et de mener à un travail plus satisfaisant. Ces technologies remettent en question le modèle traditionnel de conception des programmes et de prestation des services, et réduit la nécessité d'une vaste infrastructure physique. Il s'ensuit que les citoyens « verront » de moins en moins leur gouvernement. Comment réagiront les politiciens à une telle évolution ? Les nouvelles technologies permettent de répartir les bureaux sur un plus grand territoire, ce qui rapproche les services des citoyens. Elles permettent des configurations organisationnelles jadis impensables. Elles peuvent transformer la fonction publique en rendant désuet le travail de bureau. La nouvelle fonction publique accueillera plutôt des spécialistes du savoir, qui exigent une tout autre culture organisationnelle et administrative que celle des employés de bureau. Ils veulent davantage qu'un emploi et un chèque de paie. Comment la fonction publique attirera-t-elle et retiendra-t-elle les personnes de ce calibre?

Voilà donc ce que nous ont dit les praticiens au cours des séances de travail qui ont mené à ce livre. Les chercheurs ont répondu à ces propos en présentant leurs travaux lors d'une table ronde tenue à Ottawa à la fin de 1998. À leur tour, les praticiens ont soumis de nouvelles questions et suggéré des améliorations. Il a résulté de ce processus, croyons-nous, un ouvrage cohérent qui aborde les principaux problèmes auxquels font face les gouvernements nationaux et propose quelques avenues menant à la revitalisation de la fonction publique.

UN APERÇU

Gouvernance et politique publique

B. Guy Peters examine l'abondante littérature consacrée à la gouvernance et soutient que l'État-nation demeure et continuera d'être le principal déterminant des objectifs d'une société. Il conteste certaines idées proposées dans les travaux récents et aborde les divers rôles attendus des gouvernements nationaux. Ces gouvernements, soutient-il, devront continuer d'apporter des solutions aux conflits sociaux, ne serait-ce qu'en vertu d'une légitimité qui leur est exclusive. Trop souvent, ajoute-t-il, nous supposons que ce qui est vrai dans un domaine le sera dans un autre. La mondialisation, par exemple, influe lourdement sur l'élaboration des politiques économiques d'un gouvernement. Mais cette influence est moins évidente dans le champ des politiques sociales.

Le débat entourant le rôle de l'État-nation, poursuit Peters, ne devrait pas se résumer à un jeu à somme nulle. Il devrait plutôt s'engager sur la meilleure manière de gouverner les États-nations, sur les nouvelles méthodes à introduire, sur les mécanismes qu'exige une authentique imputabilité. Il conclut en évoquant l'avenir et en suggérant des manières de renforcer la gouvernance dans les États-nations.

Repenser les frontières

David Cameron et Richard Simeon étudient les changements récents survenus dans les relations intergouvernementales canadiennes et concluent à l'émergence d'un nouveau fédéralisme, le fédéralisme de collaboration. Ils replacent ensuite ces relations dans le contexte plus vaste d'une citoyenneté démocratique. Quelles en sont les conséquences, demandent-ils, sur des valeurs démocratiques telles que l'imputabilité, la transparence et la participation des citoyens?

Ils ne limitent pas leur enquête au Canada, mais y incluent d'autres pays de régime fédéral, estimant qu'une perspective comparative propose des enseignements applicables en divers pays. Poussant encore leur analyse, ils soulignent le fait que les problèmes de gouvernance à plusieurs niveaux ont remplacé les questions de gouvernance fédérale-provinciale. On attend désormais du fonctionnaire canadien qu'il traite avec des institutions nouvelles, chez lui (par ex. les structures gouvernementales autochtones) et à l'étranger (par ex. les tribunaux internationaux). Tous ces phénomènes interpellent non seulement les officiels gouvernementaux mais aussi la citoyenneté démocratique.

À l'avenir, soutiennent-ils, la gouvernance s'exercera à plusieurs niveaux, ce qui soulève de nombreuses questions : comment s'appliqueront les contraintes d'imputabilité ? Comment devront agir les fonctionnaires lorsque problèmes et solutions seront « simultanément locaux, régionaux, nationaux et internationaux » ?

« Comment pouvons-nous évaluer la qualité des services publics ? » Chris Pollitt répond à cette question en expliquant l'usage que font du mesurage certains pays de l'OCDE. La tendance à créer des objectifs et à employer des mesures quantitatives a été particulièrement forte dans les pays anglo-américains et elle transcende les idéologies ou les partis politiques.

Pollitt décèle plusieurs problèmes associés à une « gouvernance par mesurage ». Premièrement, la mesure comporte ses limites, car toute décision gouvernementale est, par définition, une décision politique. S'il n'en était pas ainsi, nous pourrions théoriquement établir des objectifs et créer des indicateurs de rendement pour chaque activité gouvernementale, nous contentant ensuite d'appliquer un mode décisionnel automatique. Les choses ne seront jamais aussi simples dans un contexte hautement politique, où des moyens limités doivent être employés à satisfaire des besoins illimités. D'autres problèmes existent aussi, qui vont des motivations aux obstacles d'ordre technique.

Pourtant, note Pollitt, de nombreux pays ont emprunté cette voie et ne sont guère susceptibles d'y renoncer. Il formule deux importantes suggestions afin de renforcer la culture du mesurage dans le secteur public. Premièrement, de bons ensembles de données exigent uniformité et stabilité. Les données doivent, autant que possible, être produites selon un format bien compris et largement accepté. Deuxièmement, les gouvernements doivent prendre conscience du fait que les mesures de rendement n'ont guère soulevé d'intérêt politique et que, par conséquent, ils doivent s'efforcer de les étendre « à l'extérieur ».

Vincent Wright aborde l'actuelle période de transition, au cours de laquelle le gouvernement est en voie de redéfinition. Il note que la frontière est de plus en plus floue entre secteurs public et privé, ce qui aura des conséquences importantes sur l'administration publique. Certes, ajoute-t-il, il n'est jamais arrivé, dans l'histoire, que ces secteurs évoluent dans des espaces parfaitement distincts et ne se rencontrent jamais. Mais la situation est bien différente aujourd'hui, alors que l'un et l'autre s'interpénètrent et se distinguent de moins en moins l'un de l'autre. Et l'auteur de nous mettre en garde : ce phénomène ne sera pas sans conséquences sérieuses. Il en analyse les effets sur la gouvernance.

Wright soutient qu'il est impossible de revenir au *statu quo*. Les changements ont été trop profonds et trop nombreux. Cependant, poursuit-il, toute tentative de revitalisation doit comporter un élément incontournable : une réaffirmation des valeurs du secteur public, telles l'intégrité, l'équité et l'imputabilité. Il est essentiel, en outre, qu'un secteur public revitalisé comporte une réaffirmation claire du rôle des fonctionnaires en matière d'élaboration et de mise en œuvre des politiques publiques.

Christopher Hood décrit le « marché bureaucratique » conclu entre politiciens et fonctionnaires à propos de leurs devoirs respectifs et examine l'état de leurs relations. Il relève les changements administratifs qui ont eu des conséquences sur ce marché, y compris le modèle des organismes et la tendance à orienter l'administration publique en fonction des enquêtes d'opinion et des recherches menées sur des groupes cibles. Ces changements ont mis le marché bureaucratique à rude épreuve. Hood renvoie au « dilemme du prisonnier » pour décrire les raisons qu'aurait chaque partie contractante de tricher.

Le marché bureaucratique, affirme l'auteur, entraîne certaines conséquences involontaires. Des changements conçus pour améliorer les pratiques administratives peuvent entraîner le comportement contraire. C'est ainsi qu'en Grande-Bretagne les organismes d'exécution pourraient avoir responsabilisé les fonctionnaires qui « calculent » plutôt que ceux qui « administrent ».

Hood analyse l'hypothèse d'une révision ou d'un abandon du marché bureaucratique. Qu'arriverait-il si nous le remplacions par des ententes ponctuelles d'engagement ou de congédiement ? Il est plus probable, reconnaît-il, que ce marché évoluera mais ne sera pas abandonné. Les fonctionnaires de carrière y seront toujours astreints. Ils devront cependant apprendre à fonctionner de concert avec d'autres intervenants qui, tels les sondeurs et les conseillers, obéiront à d'autres règles de conduite.

Ignace Snellen soutient que les nouvelles technologies de l'information auront un impact plus grand sur le gouvernement que sur le secteur privé, car les opérations gouvernementales consistent, pour l'essentiel, à recueillir, conserver, traiter et fournir de l'information. La mise en œuvre des programmes peut être automatisée au point où il ne sera plus nécessaire de déléguer l'autorité ou de responsabiliser les fonctionnaires de première ligne. Ces technologies, cependant, laissent entrevoir la possibilité de créer un guichet unique à l'intention des « clients » (ou « citoyens »), puisque dossiers et banques de données concernant les gens peuvent être pleinement intégrées.

Ces technologies peuvent mener à une plus grande participation des citoyens aux politiques gouvernementales et au processus décisionnel. Certains croient même qu'elles représentent les instruments qui mèneront à une démocratie directe. Mais, note Snellen, la démocratie directe n'a progressé nulle part et, tout compte fait, rien n'a vraiment changé dans le mode démocratique habituel. Rares sont les politiciens qui utilisent un site Web pour consulter les citoyens.

L'impact des technologies de l'information se fait déjà sentir au sein des ministères. Selon l'auteur, le judiciaire suivra bientôt. Le secteur législatif sera le dernier à tirer parti des nouvelles technologies et l'on doute fortement que les instances démocratiques y recourent un jour pour renforcer leur position.

Peter Aucoin et Ralph Heintzman s'intéressent à l'imputabilité, qui demeure une des questions les plus importantes et les plus controversées, particulièrement depuis l'émergence de l'école de la Nouvelle gestion publique. La controverse, écrivent-ils, repose sur un malentendu, une confusion et même certains mythes concernant la signification de l'imputabilité en régime démocratique. Nous ne devrions pas, selon eux, perdre de vue la fin même de l'imputabilité — contrôler les abus et le mauvais emploi de l'autorité publique, garantir la bonne utilisation des fonds publics et promouvoir la formation qui permettra d'améliorer l'administration publique.

Divers facteurs concourent désormais à rendre plus difficile et plus complexe l'imputabilité au gouvernement. Tout d'abord, une population mieux instruite et moins respectueuse, ainsi que des groupes d'intérêt mieux organisés, sont plus exigeants en matière d'imputabilité selon le rendement. Des pressions s'exercent aussi afin d'accélérer, en matière d'administration publique, le processus de gouvernance partagée et de collaboration administrative. Plus récemment, on attend de plus en plus des gouvernements qu'ils satisfassent aux exigences de résultats et qu'ils fassent la preuve de leur rendement.

Les auteurs concluent en soutenant que l'amélioration de l'imputabilité selon le rendement constitue un important projet de revitalisation de la fonction publique. Selon eux, la question importante ne tient pas, comme l'ont suggéré certains, à une tension intrinsèque entre imputabilité et rendement. S'il en était ainsi, soulignent-ils, les principes démocratiques de l'imputabilité et la recherche d'efficacité seraient antinomiques. On devrait donc, selon eux, en étendre la portée au-delà de son application traditionnelle. L'imputabilité devrait s'appliquer au rendement et s'adapter aux changements structurels et aux organisations gouvernementales. Ainsi, par exemple, le rendement des administrateurs devrait être soumis à l'évaluation des pairs et des subordonnés ; il ne suffit plus d'en confier la tâche au seul superviseur immédiat.

Jonathan Boston rend compte de la mise en œuvre, dans divers pays de l'OCDE, de nouveaux modes de prestation des services publics. Les raisons de telles solutions de rechange sont aussi diverses qu'il existe de modes de prestation. Les gouvernements y ont eu recours afin de réduire les coûts, d'améliorer la gestion et les services, d'encourager l'innovation, de promouvoir l'exercice d'un meilleur contrôle démocratique, de responsabiliser et de motiver les employés, et ainsi de suite. Boston n'essaie pas de proposer une formule qui permettrait de déterminer quel modèle devrait s'appliquer dans telle ou telle circonstance. Tout dépend, affirme-t-il, de la situation et des objectifs poursuivis.

Plutôt que d'analyser toutes ces formes de prestation, l'auteur s'attache tout particulièrement à deux d'entre elles : le modèle des organismes et la sous-traitance. Chacun comporte ses forces et ses faiblesses, qu'il analyse en détail.

Cette tendance aux solutions de rechange se poursuivra, écrit Boston, et il apporte certaines mises en garde. Il invite instamment les gouvernements à étudier chaque cas au mérite, car il arrive souvent que des améliorations puissent être apportées sans modifier la structure ou le statut juridique d'une organisation. Il invite aussi les politiciens à prendre conscience de l'existence de risques fiscaux et politiques associés à l'objectif d'améliorer la créativité des organismes publics en matière de prestation de services.

Pour Jon Pierre, la plus importante réforme gouvernementale des dernières années s'est produite sur le plan des opérations ou des programmes. Selon une certaine opinion, aujourd'hui largement répandue, il n'est plus nécessaire que les services publics soient assurés par des organisations gouvernementales. La nature et le mode de prestation de ces services doivent désormais être déterminés par le choix des consommateurs et non plus par décision politique. Pierre décrit divers modèles afin de définir ou d'établir les frontières de la fonction publique. Quel que soit ce modèle, soutient-il à l'instar d'autres collaborateurs à cet ouvrage, nous assistons à un brouillage des frontières entre secteurs public et privé.

Mais qu'advient-il, dès lors, du désir des citoyens de participer plus activement aux affaires de leur gouvernement ? La question acquiert d'autant plus d'importance que les mêmes citoyens sont de moins en moins portés à participer aux affaires publiques par le l'entremise des partis politiques. Les partenariats (public-privé) et l'adoption du modèle des organismes semblent se prêter à un moindre contrôle politique et démocratique que les ministères et les programmes gouvernementaux classiques.

L'AVENIR DE LA FONCTION PUBLIQUE

Les récentes réformes du secteur public ont soulevé un certain nombre de questions concernant la fonction publique en tant qu'institution. Certains se sont demandé si la sécurité d'emploi était toujours nécessaire au maintien des valeurs du service. D'autres se sont efforcés d'explorer plus avant le rôle du fonctionnaire de carrière dans la sauvegarde de l'intérêt public.

Afin de déterminer les questions fondamentales et les sujets de préoccupation des cadres supérieurs des organisations publiques, Donald J. Savoie et Jacques Bourgault ont mené des interviews en profondeur auprès de quatorze dirigeants d'organisations publiques canadiennes. Ils ont aussi consulté la littérature pertinente, notamment les documents de l'OCDE et de gouvernements étrangers, afin de comparer expériences et leçons.

La gestion supérieure exige désormais des qualités différentes de celles qui étaient requises il y a, disons, une quinzaine d'années. Les « structures verticales de commandement et de contrôle » ont de moins en moins d'adeptes, les nouvelles technologies de l'information modifient les relations entre haute direction et employés et les questions sont de plus en plus de nature « horizontale ». Tout cela continuera d'influer sur les pratiques de gestion. Mais il y a davantage. Les cadres supérieurs voudront, à l'avenir, affiner leurs aptitude à gérer « vers le haut », « vers le bas » et « à l'extérieur ». Ils devront stimuler des spécialistes du savoir, ce qui est tout autre chose que de motiver des employés de bureau. Mais cela n'est qu'une partie de la solution. Politiciens et institutions politiques devront aussi se transformer afin de permettre un meilleur fonctionnement des institutions publiques, faute de quoi les hauts fonctionnaires demeureront marginalisés et ne pourront que tenter, du mieux qu'ils peuvent, de réformer leur institution.

Patricia Ingraham, B. Guy Peters et Daniel Moynihan rendent compte des plus importants développements survenus depuis quelques années dans les diverses fonctions publiques nationales. Ils évoquent la réduction, la restructuration du gouvernement dont le passage à des organisations moins hiérarchisées et les changements survenus dans les relations entre syndicats et administration. Ils soulèvent aussi de nombreuses interrogations et se demandent, entre autres, si le gouvernement dispose du personnel adéquat. Ils tentent d'y répondre en examinant les réformes apportées à la gestion des ressources humaines et en décrivant la nouvelle fonction publique et, notamment, sa composition.

Ils examinent aussi les compétences et les savoir-faire qu'exigera l'avenir. Ils s'attardent à quelques questions fondamentales qui n'ont peut-être pas reçu l'attention qu'elles méritent. Si, par exemple, les organisations publiques copient les organisations privées dans leur allure et dans leur comportement, sont-elles toujours tenues de traduire les préoccupations démocratiques de représentativité et d'équité ?

NOTES

1. Voir, entre autres, Donald J. Savoie, *Thatcher, Reagan, Mulroney : In Search of a New Bureaucracy*, Pittsburgh, University of Pittsburgh Press, 1994.

2. B. Guy Peters et Donald J. Savoie (dir.), *Les nouveaux défis de la gouvernance*, Québec, Les Presses de l'Université Laval, 1995, p. vii et viii.

3. OCDE, 1995. *La gestion publique en mutation : Les réformes dans les pays de l'OCDE*. Paris : OCDE, p. 15.

4. Joseph S. Nye Jr., « Introduction : The Decline of Confidence in Government », dans Nye, Joseph S. Jr. *et al.* (dir.), *Why People Don't Trust Government*, Cambridge, Harvard University Press, 1997, p. 1-2.

5. Voir notamment B. Guy Peters, *The Future of Governing : Four Emerging Models*, Kansas, University Press of Kansas, 1998, p. VIII.

6. Plusieurs travaux ont été consacrés à ce sujet, dont Gerry Stoner, « Public Service Needs Good Dose of the Vision Thing », *The Citizen*, Ottawa, 6 avril 1992 ; Charles H. Levine, assisté de Rosslyn S. Kleeman, *The Quiet Crisis of the Civil Service : The Federal Personnel System at the*

Crossroads, Washington, National Academy of Public Administration, 1986; Walter Williams, *Washington, Westminster et Whitehall*, Cambridge, Cambridge University Press, 1988; David Zussman et Jak Jabes, *The Vertical Solitude : Managing in the Public Sector*, Halifax, Institute for Research on Public Policy, 1989.

7. Voir Canada, Quatrième rapport annuel au Premier ministre sur la fonction publique du Canada, Ottawa : Bureau du Conseil privé, 1997, p. 43.

8. Cité dans John Halligan *et al.*, The Australian Public Service : The view from the top, Canberra, University of Canberra – Cooper & Lybrand, 1996, p. 93.

9. Voir Savoie, Thatcher, Reagan, Mulroney, p. 87-92.

10. Nye, « The Decline of Confidence in Government », p. 4.

11. *Ibid.*

12. Voir David Taras, *The Newsmakers : The Media's Influence on Canadian Politics*, Scarborough, Nelson Canada, 1990, et Joshua Meyrowitz, *No Sense of Place*, New York, Oxford University Press, 1985.

13. Voir, entre autres, Doug Williams, *Problems of Governance : Political Participation and Administration of Justice in an Information Society*, Ottawa, Ministère de la Justice, 1991, p. 10-19, et Max Kaase, « The Challenge of the Participatory Revolution in Pluralist Democracies », *International Political Science Review*, vol. 5, n° 3, p. 243-259.

14. Tom Pocklington, « Against Inflating Human Rights », *The Windsor Yearbook of Access to Justice*, Windsor, Ont., University of Windsor, 1982, p. 85.

15. OCDE, 1995. *La gestion publique en mutation : Les Réformes dans les pays de l'OCDE* (Paris : Organisation de coopération et de développement économiques, OCDE, 1995, p. 15

16. *La gestion publique en mutation : Les Réformes dans les pays de l'OCDE* (Paris : Organisation de coopération et de développement économiques, OCDE, 1995, p. 10.

17. Peter Self, *Government by the Market ? The Politics of Public Choice*, Boulder, Westview Press, 1993, p. 14.

18. Voir aussi Mitchell Lee Marks, « The Disappearing Company Man », *Psychology Today*, septembre 1998, p. 34-39.

19. Jocelyne Bourgon, *Management in the New Public Sector Cultures*, allocution au Public Policy Forum, Ottawa, 28 octobre 1993.

20. Voir, par exemple, Canada, *Strengthening Our Policy Capacity*, rapport du Groupe de travail soumis au Comité de coordination des sous-ministres (politiques), Ottawa, 3 avril 1995, p. 2.

2
Mondialisation, institutions et gouvernance

B. GUY PETERS

Le titre de cette étude m'a été suggéré par les organisateurs de ce colloque, qui entendaient peut-être établir le record du plus grand nombre de termes à la mode employés dans un seul titre[1]. Tenter d'aborder ensemble ces trois thèmes n'est pas chose facile et pourrait ouvrir des avenues fort diverses. Nous pourrions étudier le rôle des institutions mondiales dans la gouvernance, la gouvernance des institutions mondiales, et bien d'autres choses encore. Je tenterai, pour ma part, de considérer ici la gouvernance comme variable dépendante, la mondialisation étant alors la variable indépendante. Dans ce contexte, les institutions devraient être considérées comme variables intermédiaires. Emprunté aux sciences sociales, ce vocabulaire ne repose sur aucune analyse quantitative et n'est utilisé qu'à des fins de conceptualisation et d'exposition des sujets en question (King, Keohane et Verba, 1994).

INTRODUCTION

Depuis les années 1950 jusqu'à nos jours, la théorie dominante en science politique américaine a eu tendance à minimiser ou même à nier l'importance de l'État et de ses institutions, insistant plutôt sur le rôle des acteurs politiques en tant qu'individus (Almond, 1988). Il y eut d'abord le behaviorisme (Eulau, 1996), qui mit l'accent sur les comportements individuels, les déterminants de ces comportements étant sociaux ou psychologiques mais rarement politiques au sens usuel du terme. Plus tard, la théorie des choix rationnels et l'individualisme méthodologique qui lui est inhérent (Green et Shapiro, 1994) ont eu tendance à circonscrire étroitement toute évocation de l'État en tant qu'entité. Dans cette perspective, les motivations à l'action sont d'ordre économique plutôt que social ou psychologique, mais l'individu en demeure le principal acteur. La théorie des choix rationnels comporte ses manifestations institutionnelles (voir Peters, 1998: ch. 3).

Au cours des années 1980, la science politique européenne entreprit de réaffirmer l'importance des institutions d'État (March et Olsen, 1984 ; 1989) et, dans une certaine mesure, de l'État-nation lui-même (la position extrême étant tenue par Milward, 1992). Durant les années 1990, cependant, la théorie politique européenne a aussi eu tendance à diminuer le rôle de l'État, mais d'un État accompagné, cette fois, de nombreux prétendants à la fonction de gouvernance des sociétés. On compte désormais, au nombre de ces solutions de rechange, le marché mondial, les régimes et les organisations supranationales, les gouvernements et les organisations sous-nationales, ainsi que les réseaux d'organisations (publics et privés). Toute cette littérature tend à démontrer, essentiellement, que les sociétés sont sans doute soumises à une gouvernance, mais que cette gouvernance ne sera probablement pas le fait des institutions classiques de l'État-nation.

Nous examinerons ici la gouvernance dans la perspective d'un recentrage sur l'État. Une telle approche n'est pas conventionnelle et, à n'en pas douter, guère à la mode dans les milieux de la science politique contemporaine (voir Rhodes, 1997 ; Weller, Bakvis et Rhodes, 1997), mais elle m'apparaît comme la meilleure. Cette apparente originalité ne vise pas à nier les changements intervenus dans la gouvernance, ni le fait que les solutions de rechange évoquées ci-dessus produisent aujourd'hui certains effets sur le processus de gouvernement. Nous soutiendrons cependant les propositions suivantes : 1) les États-nations et leurs gouvernements tiennent toujours un rôle de gouvernance majeur et peut-être dominant ; 2) bien que réseaux, gouvernements sous-nationaux et contexte de mondialisation exercent depuis quelque temps une influence certaine, les changements à la gouvernance ne sont pas aussi grands qu'on le prétend ; 3) j'estime qu'il demeure plus raisonnable, en matière d'analyse, d'entreprendre toute enquête sur la capacité de gouvernance à partir de l'État plutôt qu'à partir d'une perspective informe, telle que systèmes globaux, réseaux ou marché.

Ainsi centré sur l'État, l'analyste sera à même de savoir si l'État-nation a perdu une capacité de gouvernance aussi importante qu'on le dit. Il y a peut-être eu perte, mais nous n'en pourrons rien connaître à moins d'aborder la question directement plutôt que de présumer, à partir de quelques développements survenus dans le domaine socio-économique, que de tels changements se sont produits. Notre problématique rejoint donc la thèse selon laquelle un chercheur ne peut porter jugement sur la mise en œuvre d'une politique sans se placer d'abord dans la perspective des « élaborateurs » de cette politique (Lane, 1983 ; Hogwood et Gunn, 1984 : 207-208). De même, nous ne pouvons évaluer le succès ou l'échec d'une mesure de gouvernance qu'à partir des objectifs déterminés selon un processus plus centralisé. Cette proposition est d'autant plus vraie que, dans cette compétition imaginaire, les prétendants au pouvoir semblent de nature beaucoup plus floue que l'État traditionnel, de sorte qu'il serait proportionnellement plus difficile d'évaluer les objectifs de la gouvernance.

GOUVERNANCE

On ne saurait comprendre l'évolution de la gouvernance dans les sociétés contemporaines sans s'assurer d'abord de bien comprendre la signification de ce terme. Fort ancien, le mot « gouvernance » a été remis en usage depuis quelques années et a revêtu des acceptions diverses (Rhodes, 1997 : 46-52) ; en certains cas, il sous-entendait l'existence, dans le secteur public, de changements qui minimisaient le rôle des acteurs gouvernementaux officiels. Il est possible, dans une certaine mesure, de reléguer l'État au second plan en adoptant une définition selon laquelle la gouvernance se produit partout ailleurs qu'au sein de l'État-nation. C'est ainsi que Rhodes (1997 : 15) adopte de la gouvernance une définition qui présume que le gouvernement a perdu sa capacité de gouverner et que la gouvernance est désormais produite par des réseaux d'inter-organisations autonomes. De même Kooiman (1993a : 6 ; voir aussi 1998) soutient que la gouvernance est devenue, à l'époque contemporaine, un phénomène inter-organisationnel et qu'elle se laisse mieux définir par des expressions comme « cogestion, codirection et coorientation » ; tous ces termes impliquent l'emploi, pour créer de l'ordre au sein de systèmes politiques complexes, divers et souvent divisés, de systèmes plus coopératifs que ceux qu'on associe habituellement aux méthodes classiques de gouvernance. Dans un autre texte, Kooiman (1993b : 258) définit ainsi la gouvernance :

> Le modèle, ou la structure, qui émerge dans un système socio-politique en tant que résultat « commun » de l'interaction de tous les acteurs en présence. Ce modèle ne peut être réduit à un seul acteur ou à un groupe d'acteurs en particulier.

J'adopterai, dans cet essai, une perspective fondée sur l'étymologie. Le mot gouvernance implique « conduite », « pilotage » ou utilisation d'un mécanisme quelconque afin d'assurer à la société une direction cohérente[2]. Selon cette conception, une société ne peut réussir à relever tous les défis qui la confrontent que s'il y existe une forme quelconque de direction centrale. Il ne s'agit pas ici, répétons-le, de nier l'importance des tentatives de décentralisation (Crozier et Trosa, 1992) de certains volets du secteur public ou de procéder à la déconcentration de certains autres champs d'autorité au sein du même secteur (Greer, 1994 ; Hogwood, 1994). Nous soutenons plutôt que de telles mesures ne doivent pas faire obstacle à la capacité de « diriger » du gouvernement de l'État-nation. Selon de récents travaux hollandais (Kickert, 1997 ; Bovens, 1990), la gouvernance se transforme en direction « à distance ». Même exercée à distance, cette « direction » peut encore constituer une gouvernance par le gouvernement si ces gouvernements conservent une certaine capacité de guider, de diriger, d'influencer, sinon de contrôler, l'évolution économique et sociale (voir aussi Lundquist, 1987).

Cette perspective centrée sur l'État est solidement enracinée dans la science politique. Les travaux traditionnels consacrés à l'État y ont vu la nature fondamentale du gouvernement et du pouvoir. En outre, lorsqu'on y a ramené pour la première fois l'État à l'avant-scène (Evans, Rueschmeyer et Skocpol, 1985; Nordlinger, 1981; Peters, 1997), il fut clairement établi que le gouvernement avait pour rôle d'assurer à la société une direction centrale, cette conception unitaire apparaissant même exagérée aux yeux de certains. On y a aussi défendu l'idée que les États véritables étaient indépendants des forces sociales, dont peut-être les «réseaux», qui pourraient tenter de les contrôler. Analysant les processus d'élaboration des politiques dans des périodes de risques et d'adversité, Dror (1986) a étudié le rôle du «cerveau central du gouvernement» et la nécessité, pour un gouvernement qui réussit, de générer une orientation à partir du centre. Richard Rose (1978) a aussi attiré l'attention sur le rôle de direction en tant que moyen de comprendre la gouvernance et le rôle du secteur public dans la direction prise par la société[3]. Toutes ces approches à la gouvernance présument, en quelque manière, qu'elle ne saurait exister sans une direction centrale, faute de quoi elle ne signifie rien d'autre que la simple description de ce qui est advenu dans la société.

Fort utile dans le passé, et peut-être même dans un passé récent, cette conception d'une gouvernance «directrice» est-elle encore pertinente à l'époque contemporaine? Plusieurs critiques de la littérature traditionnelle sur la gouvernance emploient toujours les termes classiques «direction» ou «diriger», mais dans un sens très différent (Kickert, 1997; Reichard, 1997). Dans leur vocabulaire, le mot devient un concept générique plutôt qu'il ne renvoie à la présence centrale d'un gouvernement dans le processus de gouvernance. L'une ou l'autre de ces acceptions soulève des questions d'ordre empirique. Ces questions, cependant, s'éclairciront davantage en menant une investigation directe sur cette capacité de direction, plutôt qu'en présumant qu'elle est un vestige du passé. Si le rôle de l'État s'est transformé comme on en a fait l'hypothèse, alors l'une ou l'autre des conceptions parallèles des sources de la gouvernance seront plus aptes à prévoir l'issue des politiques que ne le serait la conception centrée sur l'État. Principal tenant de l'approche «nouvelle gouvernance», Rhodes a lui-même soutenu (tout au moins en référence à la dimension «mise en œuvre» du processus), que cette perte de contrôle doit être considérée à titre d'interrogation ou d'hypothèse plutôt que comme une certitude (voir aussi Saward, 1997).

En termes normatifs, il est avéré que la cohérence des politiques et la présence d'une direction centrale sont peut-être plus importantes qu'elles ne l'étaient il y a encore quelques années (Peters, 1997). Cette importance accrue semble tenir à plusieurs raisons. Premièrement, la rareté des ressources disponibles dans le secteur public impose à tout gouvernement contemporain d'établir un ordre de priorités (Peters et Savoie, 1996). Cette rareté est, dans une certaine mesure, fonction de la méfiance des citoyens à l'égard du gouvernement et de leur réticence à accepter un plus lourd fardeau fiscal (Nye, Zelikow et King, 1997). L'incohérence administrative que supposent certaines définitions opérationnelles de la gouvernance ne peut qu'accroître cette méfiance[4]. Finalement, l'importance même du marché international rend plus importante la cohérence au sein du secteur public. La concurrence internationale force des segments du gouvernement, qui seraient autrement restés étrangers les uns aux autres, à mettre au point des programmes coordonnés. Si, en outre, les forums internationaux sont à ce point importants pour le succès d'un pays, le gouvernement de ce pays a tout intérêt à y faire preuve de cohérence.

La meilleure manière d'aborder la question de la gouvernance, disions-nous, consiste à poser comme postulat que l'État demeure un acteur pertinent, qu'il est même le principal « définisseur » des objectifs sociaux. Je défends cette proposition pour la simple raison qu'elle représente un ensemble de prédictions plus cohérent que ne le permettent les conceptions parallèles de la gouvernance. Il est possible qu'une prédiction cohérente naisse d'un gouvernement supranational, mais les autres solutions de rechange sont dénuées d'une direction centralisée susceptible de proposer un ensemble d'autres prédictions. Certes, la capacité des États à se comporter comme un acteur unique est largement exagérée dans la littérature centrée sur l'État, mais il est néanmoins plus facile de partir d'une telle conception centraliste, et d'en dégager ensuite les exceptions, que de chercher à dégager des modèles à partir de l'hypothèse d'un ordre inexistant. Présumer d'une « gouvernance éparse » (Pacquet, 1993) escamote tout point de départ à une évaluation de son mode de réalisation et du succès de l'opération.

Le recours aux notions conventionnelles de la gouvernance comme point de départ de l'analyse est particulièrement important compte tenu de l'absence de prédictions claires provenant de la plupart des conceptualisations concurrentes concernant l'élaboration des politiques. La littérature de la mondialisation, par exemple, prétend à l'existence d'une convergence des politiques (Schmidt, 1998 ; Berger et Dore, 1996), compte tenu de ce que les forces de la mondialisation sont présumées restreindre la latitude des gouvernements ; d'où une forme obligée d'isomorphisme institutionnel, relatif aux politiques, qui permet de composer avec ces énormes pressions extérieures[5]. D'autres analystes, cependant, voient la mondialisation comme un stimulant à l'innovation nationale plutôt que comme la fin de l'État-nation et prévoient l'apparition de politiques divergentes (Ostry, 1997 ; Schmidt, 1998). Les données actuelles, cependant, ne confirment pas l'hypothèse de la convergence, particulièrement dans des domaines comme la taxation, qu'on aurait pu croire plus sensible aux pressions économiques mondiales[6] (Hellerberg et Basinger, 1998).

Quant aux conceptualisations de la gouvernance en matière de réseaux, elles ne permettent pas de connaître avec certitude laquelle, d'un ensemble quelconque d'opinions, déterminera les politiques issues du processus (Peters, 1998 ; voir aussi Daugbjerg et Marsh, 1998). Certaines études montrent dans quelle mesure les réseaux traitent de manières différentes certains problèmes relativement semblables et aboutissent à des résultats différents (Daubgjerg, 1998). Sans l'existence d'un modèle stable de décisions provenant de réseaux semblables, il est difficile, sinon impossible, de prévoir le degré de réussite de la gouvernance. La gouvernance, tel est le véritable danger, peut perdre toute signification et devenir tautologie : quelque chose s'est produit, un phénomène de gouvernance s'est donc manifesté. L'analogie est ici très claire avec les écoles évolutionnistes et « bottom up » (Linder et Peters, 1998).

PROPOSITIONS RELATIVES À LA GOUVERNANCE

Je formulerai maintenant une suite de propositions et d'hypothèses concernant la gouvernance. Je soutiendrai que la gouvernance ne peut être efficace qu'à certaines conditions. J'analyserai l'aptitude de cinq acteurs (ou ensemble d'acteurs) différents à satisfaire à chacune de ces conditions. Ces acteurs sont : le marché international, les organisations supranationales et internationales, les gouvernements sous-nationaux, les réseaux et, bien entendu, l'État. Je soutiendrai aussi, par ailleurs, que les débats actuels à propos du déclin de la « gouvernance traditionnelle » sont mal engagés dans la mesure où ils procèdent de certaines hypothèses qui sont peut-être fausses.

On pourrait soutenir que cette compétition est artificielle et injuste, tout au moins pour certains concurrents. Le marché, en particulier, n'est pas nécessairement défini comme une « autre » forme de gouvernance par les analystes qui soutiennent que l'État a perdu sa capacité de gouverner (Strange, 1996 ; Carnoy, 1993 ; Rosenau et Czempiel, 1992). La plupart des tenants de cette position se contentent d'affirmer que la gouvernance traditionnelle est devenue impossible, ou que les États-nations ne peuvent plus gouverner ; exiger d'une entité aussi informe que le marché qu'elle gouverne constitue une imposition de responsabilités déloyale. Phénomène intéressant, cependant, certains de ces travaux semblent attribuer un authentique rôle de gouvernance aux gouvernements sous-nationaux, particulièrement lorsqu'ils attirent des investissements dans leur ville ou leur région, mais prétendent que le gouvernement national est incapable d'en faire autant. On estime que, pour une raison ou une autre — taille, complexité, légitimité ou degré de cohérence des politiques —, un palier de gouvernement est capable de gouverner et un autre ne l'est pas.

Je n'entends pas laisser ces sceptiques (sur la gouvernance traditionnelle) s'en tirer aussi facilement. Leur argument sous-jacent semble être à l'effet que le marché international est capable d'attribuer des valeurs — ce qui est la définition eastonienne de la politique et du gouvernement — et qu'il peut en résulter davantage de coordination des politiques que prévu (Ohmae, 1995 ; Rosecrance, 1997). Cela est d'autant plus vrai que leur argumentation contre la gouvernance conventionnelle bifurque souvent vers une analyse de régimes internationaux considérés sous l'angle de politiques non économiques, d'où ils tirent d'autres raisons de nier la capacité de l'État à gouverner dans un contexte de mondialisation (Crane, 1993 ;

Rittberger, 1993). On ajoute ainsi à la thèse traditionnelle, selon laquelle la gouvernance est inopérante ; un second argument : elle a été remplacée par des solutions de rechange. Si telle est vraiment la substance de l'argument, alors les critères de cohérence et de contrôle au nom desquels on remet en question la capacité de l'État doivent aussi être appliqués aux marchés et aux régimes internationaux.

LE DÉBAT SUR LA GOUVERNANCE EST A-HISTORIQUE

Le débat contemporain sur la gouvernance fait problème en ce qu'on y présume qu'existait, il y a peu, un âge d'or de l'État, caractérisé par une domination absolue et incontestée de l'État sur l'économie et sur la société. Cette hypothèse semble être, au mieux, une exagération des pouvoirs de l'État, au pire un échec à comprendre certains aspects de l'ancienne manière de gouverner. S'il est vrai, par exemple, que les réseaux et autres manifestations de l'influence des groupes d'intérêts sont plus visibles que jadis dans le secteur public, il n'en reste pas moins que ces groupes agissent sur les politiques des démocraties depuis plusieurs décennies. On pourrait même soutenir, en vérité, que les réseaux contemporains exercent moins d'influence sur l'État qu'ils n'en exerçaient autrefois, compte tenu de leur appartenance à divers intérêts concurrents et de leurs difficultés à coordonner leurs recommandations quant aux politiques[7]. Il semble que les relations biunivoques qui existaient aux États-Unis sous l'appellation de « triangles de fer » (ou qui se manifestaient semblablement dans d'autres contextes) permettaient à la société un plus grand pouvoir que ne le permettent les « hexagones mous » qui caractérisent davantage, désormais, les relations entre l'État et la société.

De même fait-on l'hypothèse que l'influence des forces de la mondialisation sur le secteur public est exceptionnelle. Or le commerce international évalué en pourcentage du PNB n'a atteint que tout récemment le niveau qu'il avait avant la Première Guerre mondiale (Hirst et Thompson, 1996). Les flux de capitaux ont certes considérablement augmenté à l'échelle internationale (Turner, 1991 ; Strange, 1996), mais il n'est pas vrai que le monde précédent était à ce point autarcique. Le marché y était peut-être moins contrôlé, au contraire, car il n'y existait aucune institution de réglementation tels le Fonds monétaire international, l'Organisation mondiale du commerce et le GATT. En outre, tout indique que les entreprises se comportaient comme des entreprises d'appartenance nationale (Hirst et Thompson, 1996 ; Soskice, 1998) plutôt que comme des acteurs internationaux, de sorte qu'on semble avoir exagéré leur capacité (ou même leur désir) d'échapper aux contrôles nationaux.

Nous constatons de plus, en étudiant un passé plus lointain, que des organisations telles la Compagnie hollandaise des Indes orientales, la British East India Company et la Compagnie de la Baie d'Hudson fonctionnaient toutes sous des contrôles gouvernementaux infiniment moindres que ceux que doivent subir les multinationales contemporaines (Sen, 1998). De fait, la rareté des communications était telle, à cette époque, que les gouvernements pouvaient à peine savoir à quoi s'employaient ces compagnies, et encore moins les contrôler. Il en fut ainsi plus tard, alors que les compagnies d'extraction minière s'érigeaient en véritables gouvernements, particulièrement lorsqu'elles exploitaient des gisements hors de leur pays d'origine. En bref, il n'y a rien de nouveau à ce que les grandes entreprises soient relativement indépendantes, pas plus qu'à ce qu'elles jouent un certain rôle dans l'« administration » publique hors de leurs frontières.

Par contre, les organisations supranationales, particulièrement l'Union européenne, disposent maintenant d'un pouvoir probablement sans précédent (Sbragia, 1997 ; Kohler-Koch, 1996)[8]. Il existe aussi, désormais, un ensemble d'organisations internationales et de régimes internationaux institutionnalisés[9] susceptibles de restreindre l'autonomie des États-nations et de limiter leur capacité à exercer la gouvernance dans certains champs de politique jadis de portée strictement domestique. Cependant, nous y reviendrons plus loin, ce sont là, pour la plupart, des organisations gouvernementales susceptibles d'augmenter la capacité des gouvernements membres à diriger leur économie et leur société, plutôt que de les réduire à l'impuissance. Il existe même une version de la théorie de l'intégration (Moravcsik, 1991 ; mais voir Garrette et Tsebelis, 1996) qui, appliquée à l'Union européenne, met en relief les aspects intergouvernementaux du système plutôt que la construction d'une nouvelle forme d'entité politique[10].

LA GOUVERNANCE CONSISTE À ÉTABLIR DES OBJECTIFS

L'établissement d'objectifs, ou la détermination de priorités, constitue un des volets les plus importants de la gouvernance. Le vieil adage, « gouverner, c'est choisir », demeure vrai et confirme cette proposition. Nous soutiendrons ici qu'une organisation unique, ou un seul gouvernement, représente la source la plus vraisemblable de la gouvernance entendue au sens d'établissement des priorités et de coordination des politiques. Cet argument a été avancé au sein des gouvernements nationaux, alors que la nécessité d'établir des priorités par le biais de la budgétisation tend à ramener le processus décisionnel au niveau des organismes centraux et même aux directeurs généraux, et ce en dépit, ou peut-être à cause, des pressions soutenues à la déconcentration et à la décentralisation du plus grand nombre possible de volets gouvernementaux[11].

De tous les concurrents au titre de « source de la gouvernance », il apparaît évident que le marché, les réseaux et les gouvernements sous-nationaux ne sont pas des candidats susceptibles d'assurer cette sorte de direction cohérente. Ces institutions peuvent peut-être assurer l'application de politiques et se donner à elles-mêmes une orientation, mais se révéler incapables de donner une direction d'ensemble. Les gouvernements éprouvent eux-mêmes des difficultés à agir de manière cohérente, car chacun doit subir de nombreuses pressions politiques internes et tend à enfermer chaque politique dans son propre « conduit ». Par contre, ils demeurent probablement les seuls ensembles institutionnels capables d'assurer la cohérence requise dans les politiques publiques. Ainsi que l'affirment Hirst et Thompson (1996 : 184-185), les gouvernements ont pour tâche de « suturer » les éléments de la gouvernance et d'intégrer ce qui s'accomplit dans tous les domaines de politique.

Il se peut que l'État soit incapable de mettre lui-même en œuvre les priorités qu'il édicte. Cette incapacité peut fort bien être une fonction du pouvoir des réseaux, d'acteurs sous-nationaux ou même du marché. Cette observation se retrouve régulièrement dans la littérature de la mise en œuvre, depuis les analyses originales de Pressman et Wildavsky (1974). Plus récemment, l'étude de Hjern et Porter (1980) sur les « structures de mise en œuvre » et celle de Hanf et Toonen (1985) sur la mise en œuvre dans le cadre de la théorie des réseaux (voir aussi Marsh et Rhodes, 1992) signalent aussi les difficultés éprouvées à appliquer les priorités du gouvernement. Répétons, pourtant, que nous ne pourrions prendre conscience de ces difficultés qu'en partant d'une conception des priorités centrée sur l'État et qui postule que les décisions arrêtées au centre du gouvernement devraient être exécutées. Cette approche, qui va du sommet à la base, peut sembler rigide et la coordination peut certes être réalisée à des niveaux inférieurs, mais en de tels cas cette coordination se définit en matière de services à une clientèle particulière plutôt qu'en matière d'adoption et d'application d'une politique globale.

LA GOUVERNANCE CONSISTE À RÉSOUDRE LES CONFLITS

Comme suite à ce propos sur l'établissement des priorités, je soutiendrai que la gouvernance comprend aussi la capacité du système de gouvernement à résoudre les conflits. La plupart des domaines de politique importants mettent en jeu des acteurs qui poursuivent des objectifs différents et souvent diamétralement opposés. Il importe donc qu'existent des mécanismes qui permettent de décider, d'autorité, qui gagne et qui perd, ou un mécanisme qui permette de négocier une solution gagnante pour tous les acteurs en cause. Il semble bien, cependant, que la plupart de ces « sources parallèles » de gouvernance ne soient pas vraiment faites pour ce genre de travail et que, lorsqu'elles le sont, elles dépendent du pouvoir de l'État pour l'application de leur solution. Les mécanismes décisionnels de l'État ne sont peut-être ni aussi consensuels ni aussi souples que ceux qu'on attribue aux réseaux, mais ils aboutissent habituellement à une décision.

Cette apparente inaptitude à résoudre les conflits est particulièrement manifeste dans les réseaux et autres conceptualisations similaires du gouvernement et de la politique (Dowding, 1995). Ces modèles semblent reposer essentiellement sur des consensus et postulent que tous les acteurs du réseau s'entendent fondamentalement sur les politiques et sur les problèmes relatifs au domaine qui les intéresse. Au niveau le plus élémentaire, les modèles supposent que les participants partagent une même conception des questions en jeu dans le domaine des politiques. Certaines conceptualisations de la dynamique des réseaux tendent même à en exclure les idées conflictuelles en permettant aux membres du réseau de déterminer qui appartient et qui n'appartient pas au système. Cette tendance à exclure les solutions gênantes est aussi évidente si nous considérons, sur le plan international, les *policy regimes*, ou « communautés épistémiques » (Haas, 1992 ; Adler et Haas, 1992) comme des analogues approximatifs des réseaux sur le plan domestique. Il existe dans ces structures, outre des désaccords fondamentaux sur les politiques, des différences dans les styles nationaux de politiques, pour ne rien dire de l'intérêt national, qui rendent l'élaboration des politiques moins que consensuelle.

Dans ces modèles, l'accord fondamental sur la définition des questions semble avoir résulté d'une extrapolation qui sous-entend qu'aucun conflit ne devrait exister sur les objectifs ou les priorités au sein du domaine de politique. Cet heureux consensus ne se produit habituellement jamais, cependant, et même si les acteurs s'entendent sur le « cadre » de la politique, ils peuvent fort bien ne pas s'entendre, et plus souvent divergent d'opinion, sur ce qui doit être fait dans le domaine en question. Ce conflit entre fins et moyens peut également survenir chez des ensembles de gouvernements sous-nationaux. Il se peut que la théorie en ce domaine ait été fondée trop exclusivement sur des systèmes plus centralisés, tel le Royaume-Uni, où la dépendance des gouvernements sous-nationaux envers le centre tend à atténuer les conflits (Rhodes, 1988). Dans plusieurs domaines de politiques, les intérêts de diverses communautés locales peuvent fort bien s'opposer plutôt que s'harmoniser et une grande partie du marchandage politique aura pour but de résoudre ces conflits.

Il existe une conceptualisation des réseaux qui autorise le conflit et semble même s'en délecter ; il s'agit du modèle *advocacy coalition*, développé par Sabatier et Jenkins-Smith (1995). Leur argumentation propose une conception plus réaliste des différends qui surviennent entre membres d'un réseau à propos des politiques ainsi qu'un mécanisme (l'apprentissage) qui permet de les résoudre. Si les réseaux, ou ensembles de gouvernements sous-nationaux, doivent être la solution de rechange à la gouvernance, alors ils doivent être conceptualisés de manière à pouvoir régler les niveaux de conflits inhérents au processus d'élaboration des politiques.

Sur ce point, les organisations supranationales ou internationales sont mieux armées que des modèles moins rigidement structurés, tels les réseaux ou les *policy communities*. À une extrémité du spectre, des organisations, telle l'Union européenne, peuvent être conceptualisées comme des proto-États en voie de se donner plusieurs des caractéristiques, sinon la plupart, d'un État-nation (Sbragia, 1997). Elles ont adopté des modalités de scrutin qui leur permettent de résoudre les conflits ou, tout au moins, d'en trouver la source et de reporter l'examen des situations difficiles à un moment (ou à un cadre institutionnel) qui en permettra la solution dans un contexte moins conflictuel. Ces organisations supranationales disposent aussi de structures parallèles et d'arènes où les conflits se règlent par interaction des nations membres. En bref, elles fonctionnent davantage comme un gouvernement que comme le simple agrégat des membres d'un réseau.

LA GOUVERNANCE N'EST PAS UN JEU À SOMME NULLE

La littérature de la « nouvelle gouvernance » tend, pour une bonne part, à tenir pour acquis que si les gouvernements ne contrôlent pas comme jadis l'économie et la société, alors ils ont échoué et ont été remplacés par d'autres forces. Si cette conception reconnaît la nécessité d'une conduite de la société, elle propose aussi de définir la gouvernance comme un jeu à somme nulle, selon lequel tout pouvoir ou tout contrôle acquis par un acteur l'a inévitablement été au détriment d'un autre acteur. Une conceptualisation supérieure consiste à considérer plutôt le processus de gouvernance comme un jeu de coopération, dans lequel le gain d'influence d'un ensemble d'acteurs ou d'un palier de gouvernement peut améliorer la capacité de gouvernance d'un autre acteur.

Je soutiendrais volontiers qu'un tel apport, indirect et peut-être involontaire, à la capacité de gouvernance, décrit parfaitement l'utilisation par les gouvernements de l'intrusion croissante des réseaux dans de nombreux domaines de politique. Si les manières traditionnelles de gouverner à partir du sommet deviennent inopérantes lorsque existent des réseaux fortement constitués, il y a tout de même gouvernance, et gouvernance par l'intermédiaire de l'État-nation. De nombreux réseaux de politiques fonctionnent en vertu d'un pouvoir accordé par l'État, de sorte que leurs décisions doivent s'inscrire dans des paramètres précis, faute de quoi l'État leur retirera ce pouvoir. Les structures de gouvernance ne se sont pas développées de manière autonome, à la manière de champignons, mais représentent plutôt autant de solutions esquissées à une époque de scepticisme et d'appauvrissement du secteur public. Chaque fois qu'une organisation publique est en mesure d'employer à son avantage la coopération et la légitimité d'organisations du secteur privé, elle est certes incitée à le faire, mais elle peut, ce faisant, étendre sa propre influence et sa propre légitimité.

Il est important de penser aux occasions qu'offrent aux gouvernements nationaux les solutions de rechange à la gouvernance conventionnelle, qui sont aussi des concurrents potentiels au contrôle de la société. C'est ainsi que plusieurs gouvernements européens ont pu utiliser les normes et les contrôles externes, imposés par le traité de Maastricht, pour atteindre des objectifs économiques et sociaux — notamment la réduction des déficits du secteur public — qu'ils n'auraient pu atteindre en vertu des seules politiques domestiques (et peut-être particulièrement celles des réseaux). De même, les organisations internationales fournissent des mécanismes permettant d'imposer des contraintes aux concurrents économiques ; la plupart de ces ententes sont moins des accords de libre-échange que des programmes internationaux de réglementation[12]. Cette géopolitique « douce » (Mann, 1997) devrait être considérée comme un facteur de renforcement de l'État-nation plutôt qu'une limite à son contrôle, car presque tous ces arrangements sont moins des structures autonomes que le résultat d'accords entre les nations. D'autres arrangements permettent de recourir à des forces externes pour faire respecter des lois nationales, par ex. les services de police au sein de l'Union européenne (Funk, 1997).

LA GOUVERNANCE EST UN PROCESSUS D'ADAPTATION

J'estime aussi que le discrédit dont est l'objet la capacité de gouverner de l'État national traditionnel découle d'une conception statique des gouvernements et de leur aptitude à adopter des politiques qui satisfont aux objectifs prévus. L'école « autopoïétique » d'administration publique (Veld et Schapp, 1991 ; Bekke, Kickert et Kooiman, 1995) soutient que la capacité de la société à se réorganiser permet aux acteurs privés d'éviter les tentatives du gouvernement pour réglementer leur comportement. La thèse semble s'arrêter là, mais une analyse plus pénétrante nous permet de constater que les gouvernements essaient, eux aussi, de s'adapter officiellement et officieusement à leur environnement, de manière à pouvoir continuer d'exercer leurs fonctions avec succès. Il est possible qu'ils y mettent plus de temps, du moins aux premières étapes, mais tout indique qu'ils sont capables, comme toute autre institution, d'apprendre et de s'adapter.

Cette adaptation, disions-nous, peut revêtir des formes officielles. On peut considérer la série de réformes menées présentement dans la plupart des démocraties occidentales (Peters et Savoie, 1996 ; Peters, 1996) comme un ensemble de tentatives de satisfaire aux exigences de sociétés et d'économies en changement. En fait, les exemples avancés pour démontrer l'agonie des gouvernements pourraient fort bien illustrer, au contraire, les tentatives des gouvernements de poursuivre leur existence et leurs activités de gouvernance. Le recours accru à diverses organisations (commerciales ou à but non lucratif) pour mettre des politiques en œuvre ne signifie pas l'abdication des gouvernements mais leur manière d'épargner et de devenir plus efficaces. Sachant que ces organisations jouissent d'une plus grande légitimité que leurs homologues du secteur public auprès des utilisateurs de services, il se pourrait que la capacité de gouvernance des gouvernements en soit accrue plutôt que diminuée. En outre, comme le note Wilson (1997), l'abandon par certains États des modèles néo-corporatistes peut avoir pour effet de renforcer leur capacité à agir de manière autonome.

L'évolution des politiques fiscales illustre bien la capacité d'adaptation des gouvernements. Pour les critiques de l'école dite « de la mondialisation », la mondialisation croissante des marchés des capitaux et des devises interdit aux gouvernements d'augmenter leurs revenus comme ils le faisaient autrefois. Cela est peut-être vrai, mais tout indique aussi que les gouvernements ont appris d'autres manières de lever des fonds. Ainsi, depuis une dizaine d'années, le niveau de revenus provenant des impôts des sociétés a diminué, les entreprises étant plus mobiles et l'origine de leurs revenus étant plus difficile à déterminer[13]. Cette diminution a cependant été compensée par l'augmentation d'autres revenus. On a augmenté légèrement l'impôt sur le revenu des particuliers et, en particulier, les revenus provenant de taxes à la consommation et de la taxe d'assurance sociale (particulièrement la part de l'employeur en tant que modalité de la taxe sur les sociétés) (OCDE, 1996).

Les travaux sur la réglementation démontrent aussi que les organisations gouvernementales adaptent leur mode d'action à la nature changeante des industries qu'elles réglementent, de même qu'à des valeurs politiques en mutation (Wood et Waterman, 1994). Les sociétés tentent toujours de ne pas se soumettre aux contrôles qui leur sont imposés, mais cette évasion n'est habituellement pas sans lendemain ; les organismes de réglementation se sont montrés très capables d'inventer de nouvelles manières de parvenir à leurs fins. On évoquera, par exemple, l'application volontaire des règlements par les entreprises elles-mêmes, privilège toujours susceptible d'être retiré par les organismes responsables. Les gouvernements, répétons-le, ont fait la preuve d'une aptitude à apprendre tout à fait comparable à celle des membres des réseaux ou des entreprises privées engagées sur le marché international.

LA GOUVERNANCE EST UNE ACTIVITÉ DIFFÉRENCIÉE

Nous avons, jusqu'à maintenant dans cet essai, considéré la gouvernance comme un tissu sans couture. Mais si nous adoptons la conceptualisation classique du processus de politique en tant que suite d'étapes (Jones, 1984 ; Ham et Hill, 1993), alors une gouvernance réussie doit nécessairement avoir franchi toutes ces étapes. La plupart des travaux qui s'attaquent aux conceptions conventionnelles de la gouvernance se concentrent sur la mise en œuvre des politiques et, dans une certaine mesure, sur le processus d'établissement du calendrier. Ainsi, les tenants de l'école de la mondialisation semblent centrer leurs critiques sur l'étape de la mise en œuvre ; les gouvernements peuvent énoncer des politiques économiques, mais ne peuvent les rendre opérationnelles parce que les acteurs du marché peuvent se soustraire à l'application des lois ainsi édictées. Cependant, ce phénomène n'est guère différent de celui que constitue l'échec de la mise en œuvre des politiques domestiques normales, de sorte que la différence est peut-être mince entre la mondialisation et les échecs survenus sur le plan domestique (voir Gray, 1998).

De plus, à l'intérieur même du domaine général de la politique économique, un espace marginal semble exister qui permet aux gouvernements d'agir sur les résultats à l'intérieur de leurs propres frontières. La croissance d'un gigantesque marché des devises, par exemple, signifie qu'il est très difficile pour les gouvernements d'employer une politique monétaire pour gérer l'économie, mais un bref regard sur le *Financial Times*, ou autre publication de cette nature, nous montre que de telles politiques ne sont pas sans effet[14]. Ainsi, après la réaction initiale des acteurs économiques internationaux, on a estimé que la crise économique japonaise se réglerait d'abord en recourant aux mécanismes nationaux et non à l'action du marché international. La politique économique d'un gouvernement demeure efficace dans d'autres champs de réglementation, bien que, selon ceux qui croient au pouvoir de la mondialisation, le marché international limitera l'action gouvernementale; une réglementation trop sévère fera fuir les capitaux internationaux.

À l'autre extrémité (temporelle) du processus de politique, les réseaux semblent être les plus efficaces à l'étape de l'établissement du calendrier, car ils s'efforcent, de par leur fonctionnement, de réduire la portée des conflits relatifs à une question donnée. Cela étant, il leur est possible de «pré-ordonner» le calendrier des gouvernements ou, tout au moins, de tenter de prédéterminer la liste des questions à considérer et leur définition. Même alors, cependant, des difficultés peuvent surgir à propos de la résolution des divergences dans un même domaine de politique et de la rédaction d'un ensemble intégré de revendications auprès du secteur public. Les tenants de la théorie des réseaux semblent postuler que de tels problèmes n'existent pas, mais ils peuvent s'imposer de façon bien réelle dans la plupart des contextes politiques.

La gouvernance devrait aussi être différenciée par domaine de politique. Ainsi que les propos ci-dessus le donnaient à entendre, le débat sur la mondialisation porte largement sur des questions de politique économique (Strange, 1996; Savoie, 1996). Si ce domaine est certes important, particulièrement pour les gouvernements en place (Fiorina, 1991), l'économie n'est pas l'unique champ d'action des gouvernements, qui disposent d'une grande latitude pour agir par des mécanismes conventionnels en d'autres domaines de politique (et peut-être même en matière économique). Aucune politique n'est à l'abri des effets du contexte international, mais certaines relèvent davantage des capacités de contrôle habituellement reconnues aux gouvernements. Ainsi, même si les politiques sociales et les revenus non salariaux offerts aux membres de la société subissent l'influence du marché international, tout indique qu'existent des divergences ou, tout au moins, que perdurent des différences (voir Esping-Andersen, 1996; Adema, 1997). Il se peut, de plus, que certains des plus importants problèmes de politique ne puissent être abordés que par des gouvernements nationaux engagés à une politique ou par l'entremise de plus puissantes organisations supranationales ou internationales; ce sont là des problèmes d'intérêt commun qui semblent exiger des règles exécutoires plutôt que la simple présence de personnes de même état d'esprit (Ostrom, Gardner et Walker, 1994).

Lorsque l'on considère le rôle potentiel des réseaux, il peut exister, de même, une certaine différenciation de la gouvernance dans le champ des politiques. Certains domaines (souvent la réglementation des secteurs industriels) peuvent être lourdement influencés par les structures des réseaux (Wilks et Wright, 1987). D'autres domaines de politiques peuvent demeurer relativement libres de l'influence des réseaux. Nous n'entendons pas, toutefois, nier l'existence de réseaux d'acteurs préoccupés de politiques dans presque tous les champs de politiques. La question est simplement de déterminer quel est le véritable contrôle qu'exercent ces structures relativement informes sur les choix nationaux dans tel ou tel domaine de politiques. En outre, les énoncés les plus extrêmes de la théorie des réseaux sous-entendent que les gouvernements sont largement inertes et accepteront (ou devront accepter) les agissements de ces réseaux, même s'ils ne correspondent pas à leurs désirs. La littérature nous enseigne que les gouvernements ne peuvent pas contrôler tous les agissements, même lorsqu'ils le veulent, mais que leur passivité, en revanche, n'est pas si grande qu'elle permette aux propositions des réseaux de s'imposer dans le domaine des politiques. Lorsque la mise en œuvre d'une politique échoue, point n'est besoin d'admettre la défaite ; la plupart des gouvernements créeront plutôt de nouvelles structures ou inventeront de nouveaux programmes dont l'application sera plus facile[15].

Finalement, le débat sur le (présumé) déclin des formes traditionnelles de la gouvernance semble plus problématique quant aux systèmes de Westminster que pour d'autres systèmes. Cela tient, à mon avis à une histoire politique et administrative marquée par un contrôle centralisé et à un système politique caractérisé par l'imputabilité verticale et un style de gouvernement « du sommet à la base ». Les travaux de Richard Rose (1974) et d'autres sur le gouvernement des partis ont fait ressortir la capacité d'un parti élu de faire appliquer ses politiques dans l'ensemble du système politique. Dans d'autres systèmes politiques, même dans les systèmes Westminster de type fédéral et/ou multipartite, l'impression d'un contrôle par le gouvernement central n'a pas été aussi profonde et, par conséquent, le déclin présumé de la gouvernance n'a pas été aussi menaçant (Ware, 1996). De même, les participants des systèmes politiques caractérisés par des gouvernements de coalition, une politique corporatiste ou une forme de fédéralisme, se sont habitués depuis longtemps au marchandage interne concernant les politiques ; ils ne considèrent probablement pas que les approches de la nouvelle gouvernance apportent un éclairage nouveau sur l'ajustement des gouvernements à leur environnement extérieur (Laver et Schofield, 1990).

LA GOUVERNANCE EXIGE L'IMPUTABILITÉ PUBLIQUE

Finalement, la gouvernance exige la présence d'un mode quelconque d'imputabilité publique (Jorgensen, 1997) si l'on veut que soient légitimes les décisions ainsi arrêtées. Cette exigence fondamentale, propre à tous les processus politiques, semble, avec raison, laisser songeurs les tenants d'une « gouvernance sans gouvernement » (voir Rhodes, 1997 : 55-59). Tel que décrit dans leurs travaux, le retrait du gouvernement du processus de gouvernance élimine toute possibilité d'imputabilité publique. Le processus qui s'ensuit est peut-être plus efficace, les résultats peuvent satisfaire certains segments de la population, mais ils ne parviennent pas à satisfaire à des critères d'imputabilité raisonnables. Les analyses mêmes qui concluent à des changements dramatiques survenus dans la gouvernance et dans le mode d'élaboration des politiques demeurent habitées par une indéracinable inquiétude : que même si un tel réalignement des forces décisionnelles traduisait la réalité, il devrait être rejeté pour raisons normatives.

La condition première de l'imputabilité peut signifier qu'une gouvernance selon laquelle le gouvernement ne serait pas un acteur central, ou même l'acteur central, constituerait, dans le meilleur des cas, une manière non imputable d'administrer les affaires publiques. Dans le pire des cas, un tel arrangement signifie l'abandon de la voie qui mène à l'imputabilité grandissante des programmes publics et qui constitue un des éléments des réformes contemporaines. Cet abandon des normes d'imputabilité et de transparence est une question critique pour ce style de gouvernance. Si l'on en croit la littérature consacrée aux changements actuels au sein du secteur public, on tente présentement de corriger une des failles majeures de l'ancienne gouvernance, c'est-à-dire l'incapacité des citoyens à influencer, ou même à comprendre, le processus décisionnel du secteur public (Pierre et Peters, 1997) ; c'est ce qu'on qualifie souvent de manque de transparence de ce secteur. Le modèle proposé par la nouvelle gouvernance semble rendre ce processus encore plus opaque et plus sujet au délestage de responsabilités que le processus bureaucratique conventionnel.

Une des solutions à ce problème consiste à concevoir des structures de gouvernance qui substitueraient d'autres formes d'imputabilité à celles qu'assure habituellement l'engagement direct du gouvernement. Ainsi, on qualifie souvent de favoritisme le fait de nommer à certains postes des personnes qui ont des accointances avec des partis politiques, mais ces rapports à la politique peuvent constituer une solution de rechange à d'autres formes, plus acceptables, d'imputabilité politique. Si l'on doit recourir de plus en plus à des formes non conventionnelles de prestation de services et à l'utilisation de réseaux pour administrer plusieurs volets des politiques publiques, alors il nous faudra développer, de l'imputabilité, des notions de rechange qui soient acceptables en contexte démocratique. Ou bien, et cela est plus probable, nous découvrirons que l'ancienne imputabilité administrative comportait des vertus qu'il faudrait bien retrouver.

NOTES

1. J'aurais pu y ajouter « choix rationnels », mais je tenais à conserver une certaine respectabilité intellectuelle.

2. NdT : Le mot « gouvernance » est attesté au XIIIe siècle au sens de « gouvernement ». Voir *Dictionnaire historique de la langue française*, t. I, Paris, Robert, 1992, p. 906.

3. Dans un autre article, Rose (1980) dit de la gouvernance aux États-Unis qu'elle est conduite par « deux paires de mains sur la barre ».

4. En toute justice, il se peut que certains conservateurs s'accommodent fort bien de cette manière inepte de gouverner, puisqu'elle renforce leurs préjugés à l'endroit du secteur public et empêche les gouvernements de porter atteinte à leurs propres libertés économiques.

5. Selon Dimaggio et Powell (1991), cet isomorphisme résulterait de processus coercitifs et mimétiques. L'environnement international serait suffisamment puissant pour être coercitif, ou certains États voudraient imiter les politiques qui ont réussi dans d'autres États.

6. Dans ce cas précis, la politique bien connue des détenteurs de véto semble avoir prévalu sur les pressions économiques.

7. On ne sait guère si les réseaux sont un phénomène véritablement nouveau ou relèvent de la simple prise en compte d'un phénomène présent depuis quelque temps mais innommé ou mal conceptualisé. Les deux hypothèses me paraissent contenir chacune une part de vérité.

8. Le cadre d'une « gouvernance multi-paliers » (Hooghe, 1996) a été développé afin de prendre en compte les rôles des trois paliers de gouvernement des régimes européens, tout en conservant un rôle important aux gouvernements nationaux.

9. Ces régimes affichent plusieurs traits propres aux institutions (voir Peters, 1998).

10. En tant que partisan de l'Union européenne, je suis porté à déceler des failles dans cette perspective « intergouvernementaliste ». Cela dit, sa force sur le terrain indique que cette structure peut encore être considérée comme un autre agrégat d'acteurs nationaux.

11. Telle fut la critique que proposa Wildavsky (1966) de certaines tentatives de rationaliser davantage le processus budgétaire aux États-Unis, critique qui semble (paradoxalement) s'appliquer aux plus récentes tentatives de décentralisation.

12. William Niskanen, économiste, a noté, à la blague, qu'un véritable accord de libre-échange ne devrait comporter qu'un seul paragraphe. Les documents qui ont fondé l'ALENA, le GATT et l'OMC sont beaucoup plus longs.

13. La difficulté semble être d'ordre technique et tenir à la détermination de la provenance des gains plutôt qu'à l'incapacité de percevoir des taxes déjà imposées.

14. On doit supposer que les gouvernements ne vivent pas dans un monde totalement illusoire, de sorte que leur intervention sur les réserves monétaires sont bénéfiques.

15. Même si la littérature de l'école « bottom up » (Elmore, 1980 ; Barrett et Fudge, 1980) soutient que la formulation des politiques doit être fondée sur les possibilités offertes par les réseaux, les gouvernements peuvent toujours s'efforcer de mettre au point des systèmes de mise en œuvre qui fonctionnent « à partir du sommet ».

BIBLIOGRAPHIE

Adema, W. (1997), « What do Countries Really Spend on Social Policies : A Comparative Note », *OECD Economic Studies*, 28 : 153-167.

Adler, E. et P.M. Haas (1992), « Conclusion : Epistemic Communities, World Order and the Creation of a Reflective Research Program », *International Organization*, 46 : 367-390.

Almond, G.A. (1988), « The Return of the State », *American Political Science Review*, 82 : 853-874.

Bekke, H.A.G.M., W.J.M. Kickert et J. Kooiman (1995), « Public Management and Governance », dans Kickert, W.J.M. et F.A. van Vught (dir.), *Public Policy and Administration Sciences in the Netherlands*, London, Harvester/Wheatsheaf.

Berger, S. et R. Dore (1996), *National Diversity and Global Capitalism*, Ithaca, NY, Cornell University Press.

Bovens, M.A.P. (1990), « The Social Steering of Complex Organizations », *British Journal of Political Science*, 20 : 91-118.

Calvert, R.L. (1995), « The Rational Choice Theory of Institutions : Implications for Design », dans Weimer, D. (dir.), *Institutional Design*, Dordrecht, Kluwer.

Carnoy, M. (1993), « Whither the Nation State », dans Carnoy (dir.), *The New Global Economy in the Information Age*, College Park, Pennsylvania State University Press.

Crane, B.B. (1993), « International Population Institutions : Adaptations to a Changing World », dans Haas, P.M., R.O. Keohane et M. Levy (dir.), *Institutions for the Earth*, Cambridge, MA, Harvard University Press.

Crozier, M. et S. Trosa (1992), *La décentralisation : Réforme de l'État*, Boulogne, Pouvoirs locaux.

Daugbjerg, C. (1998), « Similar Problems, Different Policies », dans Marsh, D. (dir.), *Comparing Policy Networks*, Buckingham, Open University Press.

Daugbjerg, C. et D. Marsh (1998), « Explaining Policy Outcomes : Integrating the Policy Network Approach with Macro-level and Micro-level Analysis », dans Marsh, D. (dir.), *Comparing Policy Networks*, Buckingham, Open University Press.

Dimaggio, P.J. et W.W. Powell (1983), « The Iron Cage Revisited : Institutional Isomorphism and Collective Rationality in Organizational Fields », *American Sociological Review*, 48 : 147-160.

Dowding, K. (1995), « Model or Metaphor ? : A Critical Review of the Policy Network Approach », *Political Studies*, 43 : 136-158.

Dror, Y. (1986), *Policymaking Under Adversity*, New Brunswick, NJ, Transaction.

Esping-Andersen, G. (1996), *Welfare States in Transition*, London, Sage.

Eulau, H. (1996), *Micro-macro Dilemmas in Political Science*, Norman, University of Oklahoma Press.

Evans, P.B., D. Rusechmeyer et T. Skocpol (1985), *Bringing the State Back*, Cambridge, Cambridge University Press.

Fiorina, M.P. (1991), « Elections and the Economy in the 1980s », dans Alesina, A. et G. Carliner (dir.), *Politics and the Economy in the 1980s*, Chicago, University of Chicago Press.

Funk, A. (1997), « Forced Cooperation and the Reliance of the Member States on the Institutional Framework of the EU : The Case of the Third Pillar », Exposé présenté à la DAAD Conference on Europeanization in International Perspective, University of Pittsburgh, Pittsburgh, PA, septembre.

Garrett, G. et G. Tsebelis (1996), « An Institutionalist Critique of Intergovernmentalism », *International Organization*, 50 : 269-299.

Gray, P. (1998), *Public Policy Disasters in Western Europe*, London, Routledge.

Green, D.P. et I. Shapiro (1994), *Pathologies of Rational Choice Theory*, New Haven, Yale University Press.

Greer, P. (1994), *Transforming Central Government : The Next Steps Initiative*, Buckingham, Open University Press.

Haas, P. (1992), « Introduction : Epistemic Communities and International Policy Coordination », *International Organization*, 46 : 1-35.

Hallerberg, M. et S. Basinger (1998), « Internationalization and Changes in Tax Policy in OECD Countries : The Importance of Domestic Veto Players », *Comparative Political Studies*, 31 : 321-352.

Ham, C. et M. Hill (1993), *The Policy Process in the Modern Capitalist State*, 2e édition, New York, Wheatsheaf.

Hanf, K. et T.A.J. Toonen (1985), *Policy Implementation in Federal and Unitary States*, Dordrecht, Kluwer.

Hirst, P. et G. Thompson (1996), *Globalization in Question*, Oxford, Polity.

Hjern, B. et D.O. Porter (1980), «Implementation Structures: A New Unit of Administrative Analysis», *Organisation Studies*, I: 119-136.

Hogwood, B.W. (1994), «A Reform Without Compare?: The Next Steps Restructuring of British Central Government», *Journal of European Public Policy*, 1: 71-94.

Hogwood, B.W. et L.A. Gunn (1984), *Policy Analysis for the Real World*, Oxford, Oxford University Press.

Hooghe, L. (1996), *Cohesion Policy and European Integration: Building Multi-level Governance*, Oxford, Clarendon Press.

in 't Veld, R.J. et L. Schaap (1991), *Autopoesis and Configuration Theory*, Dordrecht, Kluwer.

Jones, C.O. (1984), *An Introduction to the Study of Public Policy*, Monterey, CA, Brooks/Cole.

Jorgensen, T.B. (1997), «Public In and In-Between Time», Exposé présenté à la réunion annuelle de l'European Group on Public Administration, Leuven, Belgique, septembre.

Kickert, W.J.M. (1997), «Public Management in the United States and Europe», dans Kickert, W.J.M. (dir.), *Public Management and Administrative Reform in Western Europe*, Cheltenham, Edward Elgar.

King, G., R.O. Keohane et S. Verba (1994), *Designing Social Inquiry*, Princeton, Princeton University Press.

Kohler-Koch, B. (1996), «Catching Up With Change: The Transformation of Governance in the European Union», *Journal of European Public Policy*, 3.

Kooiman, J. (1993a), «Socio-Political Governance», dans Kooiman, J. (dir.), *Modern Governance*, London, Sage.

Kooiman, J. (1993b), «Findings, Speculations and Recommendations», dans Kooiman, J. (dir.), *Modern Governance*, London, Sage.

Lane, J.-E. (1983), *The Concept of Implementation, Statsvetenskapliga Tidskrift*, 86: 17-40.

Laver, M. et N. Schofield (1990), *Multiparty Government: The Politics of Coalition in Europe*, Oxford, Oxford University Press.

Linder, S.H. et B.G. Peters (1998), «Excavating the Normative Features of Process Claims: A Reconstruction of the 1980s Debate on Implementation», Document non publié. School of Public Health, University of Texas Health Science Center, Houston, TX.

Lundquist, L. (1987), *Implementation Steering: An Actor-Structure Approach*, Lund, Studentlitteratur.

Mann, M. (1997), «Has Globalization Ended the Rise and Rise of the Nation State?», *Review of International Political Economy*, 4: 477-496.

March, J.G. et J.P. Olsen (1984), «The New Institutionalism: Organizational Factors in Political Life», *American Political Science Review*, 78: 734-749.

March, J.G. et J.P. Olsen (1989), *Rediscovering Institutions: The Organizational Basis of Political Life*, New York, Presse libre.

Milward, A. (1992), *The European Rescue of the Nation State*, London, Routledge.

Nordlinger, E. (1981), *On the Autonomy of the Democratic State*, Cambridge, MA, Harvard University Press.

Nye, J.S., P.D. Zelikow et D.C. King (1997), *Why People Don't Trust Government*, Cambridge, Harvard University Press.

Ohmae, K. (1995), *The End of the Nation State : The Rise of Regional Economies*, New York, Presse libre.

Ostrom, E., R. Gardner et J. Walker (1994), *Rules, Games and Common-Pool Resources*, Ann Arbor, University of Michigan Press.

Ostry, S. (1997), «Globalization and the Nation State», dans Courchene, T.J. (dir.), *The Nation State in a Global/Information Era : Policy Challenges*, Kingston, Ont., John Deutsch Center.

Pacquet, G. (1993), «Governance distributee et habitus centralisier», *Transactions of the Royal Society of Canada, Sixth Series*, VI : 97-111.

Peters, B.G. et D.J. Savoie (1996), *Governance in a Changing Environment*, Montréal, McGill/Queens University Press.

Peters, B.G. (1996), *The Future of Governing*, Lawrence, University Press of Kansas.

Peters, B.G. (1997), *The Politics of Policy Coordination*, Ottawa, Canadian Centre for Management Development.

Peters, B.G. (1998), *The New Institutionalism in Political Science*, London, Cassell.

Pierre, J. et B.G. Peters (1997), *Citizens vs. The New Public Manager : The Problems of Mutual Empowerment*, document non publié, Department of Political Science, University of Pittsburgh.

Pressman, J.L. et A. Wildavsky (1974), *Implementation*, Berkeley, University of California Press.

Reichard, C. (1997), « "Neues Steurungsmodell" : Local Reform in Germany», dans Kickert, W.J.M. (dir.), *Public Management and Administrative Reform in Western Europe*, Cheltenham, Edward Elgar.

Rhodes, R.A.W. (1988), *Beyond Westminster and Whitehall*, London, Unwin Hyman.

Rhodes, R.A.W. (1997), *Understanding Governance : Policy Networks, Governance, Reflexivity and Accountability*, Buckingham, Open University Press.

Rittberger, V. (1993), *Regime Theory and International Relations*, Oxford, Clarendon Press.

Rose, R. (1974), *The Problem of Party Government*, London, Macmillan.

Rose, R. (1978), *What is Governing : Purpose and Policy in Washington*, Englewood Cliffs, NJ, Prentice-Hall.

Rose, R. (1980), «Steering with Two Sets of Hands on the Tiller», dans Rose, R. et E. Suleiman (dir.), *Presidents and Prime Ministers*, New York, Holmes and Meier.

Rosenau, J.N. et E.-O. Czempiel (1992), *Governance Without Government*, Cambridge, Cambridge University Press.

Sabatier, P.A. et H. Jenkins-Smith (1993), *Policy Change and Learning : An Advocacy-Coalition Approach*, Boulder, CO, Westview.

Savoie, D.J. (1996), «Globalization and Governance», dans Peters, B.G. (dir.), *Governance in a Changing Environment*, Montréal, McGill/Queen's University Press.

Saward, P. (1997), «In Search of the Hollow Crown», dans Weller, P., H. Bakvis et R.A.W. Rhodes (dir.), *The Hollow Crown*, London, Macmillan.

Sbragia, A.M. (1997), *Governance in the European Union*, exposé pour la Conference on Governance Theory, Ross Priory, Dunb, Scotland.

Schmidt, V.A. (1998), « Convergent Pressures, Divergent Responses », dans Solinger, D. (dir.), *The State Still Matters*, London, Routledge.

Schon, D.A. et M. Rein (1994), *Frame Reflection : Toward the Resolution of Intractable Policy Controversies*, New York, Basic Books.

Sen, S. (1998), *Empire of Free Trade : The East India Company and the Making of the Colonial Marketplace*, Philadelphia, University of Pennsylvania Press.

Soskice, D. (1998), « Convergence of Economic Action ? : German and British Cases », *Lecture*, Nuffield College, Oxford, 1er juin.

Strange, S. (1996), *The Retreat of the State : The Diffusion of Power in the World Economy*, Cambridge, Cambridge University Press.

Ware, A. (1996), *Democracy and North America*, London, Frank Cass.

Weller, P., H. Bakvis et R.A.W. Rhodes (1997), *The Hollow Crown*, London, Macmillan.

Wildavsky, A. (1966), « The Political Economy of Efficiency : Cost-Benefit Analysis, Systems Analysis and Program Budgeting », *Public Administration Review*, 26 : 292-310.

Wilks, S. et M. Wright (1987), *Comparative Government Industry Relationships : Western Europe, the United States and Japan*, Oxford, Clarendon Press.

Wilson, G.K. (1997), *The State of the State in Advanced Industrial Countries*, Exposé présenté à la Triennial Conference of the International Political Science Association, Seoul, Korea.

Wood, B.D et R.W. Waterman (1994), *Bureaucratic Dynamics*, Boulder, CO, Westview.

3
Relations intergouvernementales et citoyenneté démocratique

DAVID CAMERON ET RICHARD SIMEON

I. INTRODUCTION

À l'origine de cet essai, nous nous sommes fixé quatre objectifs.

Premièrement, décrire et expliquer les changements récents survenus dans les relations intergouvernementales au Canada. Le fédéralisme canadien s'est longtemps défini comme «fédéralisme exécutif» ou encore «diplomatie fédérale-provinciale», sorte d'alliage de fédéralisme et de gouvernement de cabinet de style Westminster. Mais depuis quelques années, ce style de gouvernement a été soumis à des pressions énormes: la mondialisation, les nouvelles attentes des citoyens, la guerre contre le déficit et la question permanente du Québec et de l'unité nationale ont entraîné, dans la nature et la conduite des relations intergouvernementales, des changements majeurs. Ces changements n'ont pas abouti à remplacer le fédéralisme exécutif, mais l'ont plutôt transformé en un modèle que nous qualifions de «fédéralisme de collaboration». Nous en explorons les caractéristiques et la dynamique.

Deuxièmement, nous évaluons et nous critiquons ce modèle sous l'angle de la citoyenneté démocratique. Quelles en sont les conséquences sur des valeurs démocratiques telles que la transparence, l'imputabilité, la représentativité et la participation des citoyens? Si ce modèle ne satisfait pas aux exigences de la citoyenneté, comment résoudre les tensions entre valeurs démocratiques et pratiques fédérales? De telles questions sont inhérentes à tout modèle de relations intergouvernementales et ne sont certes pas nouvelles au Canada[1]. Le modèle «de collaboration» leur confère, cependant, une urgence particulière.

En troisième lieu, nous élargissons la perspective. Le fédéralisme canadien fait face à des défis qui, à bien des égards, lui appartiennent en propre : institutions et politiques héritées du passé, divisions régionales et dualité linguistique. Mais d'autres régimes fédéraux vivent les mêmes changements et éprouvent les mêmes difficultés à gérer leurs systèmes. Le Canada est loin d'être le seul pays à s'inquiéter des « déficits démocratiques » et à redouter les « pièges des décisions conjointes ». C'est pourquoi nous croyons que réformateurs canadiens et étrangers peuvent apprendre les uns des autres.

Le fédéralisme n'est qu'un cas particulier de la « gouvernance à plusieurs niveaux », selon laquelle le pouvoir et l'autorité sont répartis en une multitude de lieux et dans de nombreuses institutions. Il ne s'agit pas, ici, d'une simple division entre fédéral et provincial. Portée sur un graphique, cette gouvernance se présenterait comme une dispersion de points sur les trois axes de l'espace : on y retrouverait, « en dessous », des gouvernements locaux et régionaux ; « au-dessus », un assortiment d'institutions internationales et supranationales ; horizontalement, de nouvelles entités quasi gouvernementales, tels les tribunaux internationaux, les ONG, des institutions privatisées qui exercent des fonctions jadis dévolues à l'État, et de nouveaux joueurs gouvernementaux (sous la forme de structures de gouvernement autochtones). Comme l'indique son nom, le monde de la gouvernance à plusieurs niveaux est un monde multiple, dont les traits principaux sont la complexité, l'incertitude, la fluidité et l'imprécision des frontières. Une réalité aussi protéiforme ne se laisse plus saisir par des théories de la souveraineté dérivées de Bodin.

Tout cela propose d'énormes défis à la citoyenneté démocratique et, en même temps, ouvre des avenues fascinantes. Il n'est plus possible d'évaluer correctement l'état de la citoyenneté dans un cadre simplement national ; la multiplication des gouvernements qui représentent et influencent les citoyens a rendu cette citoyenneté « plurielle ». Gouvernance et citoyenneté débordent désormais les frontières de l'État et les États ne sont plus les seuls lieux du processus décisionnel politique (Wallace, 1996). Il nous faut désormais aborder démocratisation et relations fédérales-provinciales dans ce plus vaste contexte.

Notre quatrième objectif a trait à l'avenir. Si notre compréhension du monde de la multigouvernance est juste, quelle tournure prendront les relations intergouvernementales ? Que deviendra la citoyenneté dans les États démocratiques ? Quels rôles doit être prête à assumer la fonction publique ? Nous proposerons quelques réflexions autour de ces thèmes.

Tel est donc le plan de notre essai. Nous abordons d'abord, dans la section II, quelques-uns des grands changement sociaux et économiques qui forment le contexte des relations intergouvernementales au Canada. La section suivante est consacrée aux développements survenus au sein du fédéralisme canadien ; nous y esquissons aussi les grandes lignes du modèle de fédéralisme de collaboration. Dans la section IV, nous évaluons les relations intergouvernementales contemporaines, et particulièrement le nouveau modèle, en regard des critères démocratiques et nous suggérons quelques avenues de réforme. Nous tentons ensuite, dans la section V, de situer l'expérience canadienne dans un contexte international. Finalement, nous proposons quelques réflexions sur la gouvernance à plusieurs niveaux et sur la citoyenneté démocratique (section VI).

II. LE CONTEXTE CHANGEANT DES RELATIONS INTERGOUVERNEMENTALES

Les institutions et les usages du fédéralisme existent dans un environnement institutionnel, économique et politique. Tout changement à cet environnement aura d'importantes conséquences sur le calendrier des relations intergouvernementales, sur les attitudes et les aspirations de ceux qui les conduisent, sur les conflits que doit gérer ce processus et sur la dynamique même de la relation. À leur tour, les institutions et les usages du fédéralisme détermineront largement la manière dont cet environnement se traduira en politiques et les conséquences qui s'ensuivront. C'est ainsi que, durant l'après-guerre, la construction de l'État-providence et la croissance du gouvernement ont exercé une influence profonde sur le fédéralisme et que le fédéralisme, à son tour, a conféré à l'État-providence canadien un caractère différent de celui d'autres pays (Banting, 1982 ; Cameron, automne 1996).

Nous relevons ici quatre ensembles de changements survenus dans le contexte plus vaste des relations intergouvernementales. Trois d'entre eux — la mondialisation, le souci de réduire dettes et déficits, le changement d'attitude chez les citoyens — interviennent dans la plupart des pays industrialisés. Le quatrième — l'importance des divisions linguistiques et régionales et le problème d'unité nationale qui s'ensuit — est particulier au Canada et constitue un facteur déterminant qui existe depuis longtemps et qu'on ne saurait donc qualifier de nouveau.

Mondialisation

Caractérisée par un transfert de pouvoir et d'influence des gouvernements nationaux aux institutions supranationales, la mondialisation est aussi, selon plusieurs auteurs, associée à un transfert du pouvoir vers le bas, c'est-à-dire vers des États sous-nationaux, des provinces et des régions. Tom Courchene a qualifié ce phénomène de «glocalisation»[2]. Selon les tenants de cette thèse, ce sont les gouvernements nationaux, ainsi que leurs instruments de politique usuels (telles les politiques tarifaires et monétaires), qui sont les plus atteints par les forces de la mondialisation. Les gouvernements centraux sont ainsi moins aptes à agir efficacement ou à se mériter la loyauté de leurs citoyens. Inversement, les domaines de compétence des gouvernements provinciaux et locaux, depuis l'éducation jusqu'à l'utilisation des terres agricoles, seraient désormais de plus puissants moyens d'adaptation économique et d'amélioration de la qualité de vie. On prétend aussi que la coalition de gouvernements nationaux ne suffit plus à garantir la sécurité et que la désorientation occasionnée par le changement mondial amène les citoyens à trouver identité et stabilité dans des communautés plus petites, ce qui revitalise la politique locale. L'argument prête à controverse et repose souvent sur une vision grossièrement exagérée de l'affaiblissement de l'État-nation. On ne saurait douter, cependant, du fait que la mondialisation a été associée à un certain affaiblissement du gouvernement fédéral canadien et à un renforcement du pouvoir provincial. Mondialisation et décentralisation semblent bien aller de pair.

Deuxièmement, la mondialisation peut avoir pour effet de miner l'unité nationale au sein d'un pays fédéral. Particulièrement sérieux apparaît ici l'effet à long terme de la réorientation de l'économie canadienne, jadis axée sur des échanges est-ouest et qui, aujourd'hui, prend les allures d'une intégration nord-sud avec les États-Unis, chaque province, en outre, s'intégrant différemment à l'économie globale. Il est beaucoup plus difficile, désormais, d'imaginer une politique économique « nationale » qui convienne également à toutes les régions du pays. La dépendance mutuelle qui découlait de l'intégration étroite à une seule économie tend à se dissoudre, laissant chaque région à son propre sort, accroissant la concurrence entre les régions et affaiblissant potentiellement l'appui aux politiques de redistribution qui avaient traditionnellement été au cœur du « marché fédéral » canadien.

De même la mondialisation n'est-elle plus une simple affaire de relations entre États. Au sein de chaque État, les forces ainsi libérées atteignent en profondeur chaque société et chaque économie, forçant les gouvernements de tous ordres à relever les nouveaux défis. Mais l'inverse est tout aussi vrai. L'État fédéral ne s'arrête plus à ses propres frontières mais se trouve projeté dans l'arène internationale, villes et provinces s'efforçant de s'imposer sur les marchés mondiaux et dans l'esprit des investisseurs. Bien que les contraintes budgétaires aient imposé la fermeture de nombreuses délégations provinciales à l'étranger, les provinces (et des villes comme Toronto) demeurent actives sur le plan international. Il en va ainsi, et pour les mêmes raisons, des États et des localités des États-Unis, qui concluent de nombreuses ententes avec d'autres gouvernements sous-nationaux[3]. On en compte plus de 400 ainsi intervenues entre l'une ou l'autre des provinces canadiennes et 46 États américains, le gouvernement fédéral étant partie prenante à environ la moitié d'entre elles (Fry, 1993 : 19-20).

De plus, les pays fédéraux se doivent de coordonner leurs relations domestiques afin de parler d'une seule voix sur le plan international. Cet impératif est d'autant plus important, au Canada, que le pouvoir fédéral de conclure des traités est limité ; les ententes commerciales les plus récentes (ALENA, accord canado-américain sur le bois d'œuvre et réglementation sur la pêche au saumon du Pacifique) ont toutes été largement déterminées par le jeu du fédéralisme au sein même du pays. La même exigence s'impose aux États-Unis, où « une coopération inter-gouvernementale beaucoup plus étroite sera nécessaire pour maximiser les intérêts américains sur la scène internationale » (Fry, 1993 : 19-20). Le rôle des entités sous-nationales dans le processus décisionnel est devenu un problème majeur dans des pays tels l'Allemagne et l'Espagne, et l'émergence d'une «Europe des régions» représente un problème très actuel dans la communauté européenne. La Chine elle-même, guère encline au fédéralisme et fort jalouse de ses prérogatives de pays souverain, s'est vue contrainte de tolérer un fort degré d'autonomie internationale chez deux de ses constituants sous-nationaux; Hong-Kong et Macao disposent toutes deux de leur propre devise ainsi que d'un siège à l'Organisation mondiale du commerce (OMC); Macao, en outre, est membre de l'APEC (Asia-Pacific Economic Cooperation).

Changement d'attitude des citoyens

Au Canada, les relations intergouvernementales ont traditionnellement pris l'allure de ce que Arend Lijphard appelle des accords de l'élite[4], c'est-à-dire des marchés conclus par des élites libres de négocier au nom de leurs citoyens et assurées de pouvoir respecter les termes de ce marché. Un tel modèle présuppose un grand respect des citoyens pour leur gouvernement. Or cette condition essentielle existe de moins en moins au Canada et dans les autres pays occidentaux. D'une part, la confiance des citoyens dans la sagesse, la probité et la compétence des gouvernements a radicalement chuté; d'autre part, les citoyens exigent de plus en plus d'avoir leur mot à dire dans les décisions qui les touchent directement. Au Canada, ce double virage a particulièrement agi dans le domaine des relations intergouvernementales. À deux moments particulièrement déterminants (1990 et 1992), la mobilisation populaire a entraîné l'annulation de deux ententes constitutionnelles conclues entre gouvernements. Le défi consiste donc à adapter le processus des relations intergouvernementales à ces nouvelles exigences des citoyens. En outre, aux traditionnelles divisions linguistiques et régionales canadiennes se sont ajoutés d'autres intérêts et d'autres identités qui ne se laissent plus définir selon les termes territoriaux traditionnellement institutionnalisés dans le fédéralisme: groupes multiculturels, statut des femmes, peuples autochtones. Comment intégrer ces forces nouvelles dans un cadre institutionnel qui privilégie et institutionnalise la dimension territoriale de la vie politique?

Dettes et déficits

Durant les années 1960 et 1970, les querelles fédérales-provinciales les plus intenses découlaient de la croissance du gouvernement. Chaque gouvernement voyait ses revenus augmenter, tentait de répondre aux besoins de la population et accusait l'autre de s'ingérer dans ses propres domaines de compétence. C'était là le «fédéralisme de la croissance» ou encore «l'édification concurrentielle de l'État».

　　La situation s'est inversée durant les années 1980: l'attention se porta sur la taille du gouvernement et sur les déficits qui en résultaient. Sur le plan des relations intergouvernementales, on passa de l'expansion concurrentielle à la retraite concurrentielle, chaque partie s'efforçant de se délester sur l'autre de son fardeau financier. Le « fédéralisme de restriction » se traduisit par un plus grand souci des coûts du dédoublement et des chevauchements, un désir de « démêler » les responsabilités plutôt que de poursuivre la concurrence et une véritable course au délestage, Ottawa transférant son fardeau aux provinces, celles-ci aux autorités locales et, au bout du compte, aux citoyens.

Les déficits étant désormais tous sous contrôle, sauf celui de la Colombie-Britannique, reste à voir quel en sera l'impact sur le comportement du gouvernement et sur les relations intergouvernementales. Un débat s'est engagé entre Ottawa et les provinces à propos de l'importance relative des ingrédients qui composeront la future politique : réductions fiscales, abaissement de la dette et dépenses publiques. Le budget fédéral de 1999, qualifié par ses créateurs de « budget de la santé », reflète bien ce débat ; il est clair que la nouvelle santé fiscale d'Ottawa amène le parti au pouvoir à accroître la visibilité des mesures fédérales et à résister aux pressions décentralisatrices[5].

Unité nationale

Depuis les années 1960, les relations intergouvernementales auront porté essentiellement sur la gestion des divisions régionales et linguistiques. La constitution a été au cœur des « méga changements » proposés en 1968-1971, 1980-1982, 1987-1990 et 1992 (Russell, 1993). Toutes ces tentatives eurent lieu dans le cadre des relations intergouvernementales et celles qui échouèrent réduisirent considérablement la légitimité de ce processus. Le seule qui réussit — le rapatriement de la constitution en 1982 — fut aussi qualifiée d'illégitime, surtout au Québec.

À cause de cette fixation sur le volet constitutionnel, tous les autres sujets de discussion — de la santé à l'environnement — furent abordés en fonction de leur seul rapport à la constitution. On se demandait d'abord « Quel en sera l'effet au Québec ? », « Pouvons-nous aboutir à un accord intergouvernemental ? », et non « Quelle est la meilleure politique à suivre dans le domaine de l'agriculture, de la jeunesse ou de l'environnement ? ». Les participants à ces conférences étaient surtout des stratèges politiques et non des responsables et des groupes directement intéressés par les problèmes en cause et nantis d'une expertise adéquate. Ce phénomène a eu des conséquences importantes sur les relations intergouvernementales au Canada.

L'intérêt quasi exclusif sur les régions et sur la langue a aussi renforcé considérablement les tendances à la décentralisation. Fédéralistes ou séparatistes, les gouvernements québécois se sont toujours opposés à l'expansion du pouvoir fédéral. D'autres provinces, habitées d'un sentiment d'aliénation et conscientes de leur absence d'influence auprès du gouvernement national, ont emboîté le pas. La doctrine de « l'égalité des provinces », sous-entendue dans l'hostilité du premier ministre

Trudeau à l'octroi d'un statut spécial pour le Québec et popularisée par Clyde Wells, premier ministre de Terre-Neuve, s'est finalement révélée être un puissant facteur de décentralisation, puisque tout pouvoir proposé à Québec doit l'être aussi aux autres provinces.

Ces facteurs contextuels ne déterminent pas tous la même orientation ou ne soulèvent pas les mêmes problèmes. La gestion de la fédération exige de prendre en compte des pressions multiples et souvent contradictoires. Voyons maintenant comment s'y prennent les provinces et le gouvernement fédéral.

III. TENDANCES RÉCENTES DANS LES RELATIONS INTERGOUVERNEMENTALES : ÉMERGENCES DU FÉDÉRALISME DE COLLABORATION

Les forces décrites ci-dessus ont entraîné, entre autres, l'émergence d'un nouveau modèle de relations intergouvernementales durant les années 1990. Pour les fins de cet essai, nous qualifierons de « fédéralisme de collaboration » ce modèle selon lequel la gouvernance du Canada est considérée comme un partenariat entre deux ordres de gouvernement égaux, autonomes et interdépendants, qui décident collectivement de la politique nationale.

Quelques clarifications s'imposent d'entrée de jeu :

1. Le modèle que nous décrivons s'enracine dans ce qui l'a précédé ; ce qui advient était en germe dans ce qui était.

2. Nous ne postulons pas, par conséquent, l'existence d'une rupture radicale avec le passé ; les relations intergouvernementales se déroulent selon une authentique continuité. Le sujet ne se prête pas à la construction de types idéaux distincts.

3. Notre essai porte essentiellement sur ce qu'on pourrait qualifier de « fédéralisme au sommet », c'est-à-dire un processus politique qui met en cause, au plus haut niveau, des leaders fédéraux et provinciaux et porte sur un ensemble de problèmes interconnectés ou sur un problème unique d'importance majeure.

4. Aucun modèle unique de relations intergouvernementales n'existe au Canada. Tout dépend du niveau des participants (les relations entre premiers ministres étant dominées par des préoccupations stratégiques et des questions de statut) et des problèmes sous étude. Les officiels des deux parties coopèrent en certains domaines ; dans d'autres, la méfiance est de rigueur.

5. Ce que nous disons de la situation canadienne, d'autres analystes le disent, à bien des égards, de la situation d'autres fédérations. En outre, les similarités sont nombreuses entre les relations intergouvernementales au sein du Canada

et les relations internationales à l'ère de la mondialisation. Nous revenons sur ce point dans la dernière section.

Observations sur l'évolution des relations intergouvernementales depuis la fin de la Deuxième Guerre mondiale

Les relations intergouvernementales ont évolué au rythme de l'évolution du pays (Smiley, 1979; Simeon, 1997a).

L'époque du « fédéralisme coopératif » des années 1950 et 1960 fut marquée par des relations sectorielles entre gouvernements et bureaucraties relativement décentralisés, à la fois à Ottawa et dans les provinces. Ottawa disposait des ressources et d'un statut suffisants pour exercer, durant l'après-guerre, un leadership vigoureux. Représentés par des fonctionnaires d'expérience, les gouvernements concluaient entre eux des accords ponctuels et la fédération était relativement libre de tensions, exception faite de la longue bataille d'arrière-garde que livra Québec contre l'expansion d'un État-providence dominé par le fédéral.

La construction de cet État-providence ne fut pas sans affecter ce système. Les institutions fédérales y furent profondément engagées, car alors qu'Ottawa avait les moyens financiers, la plupart des principaux volets de l'État-providence touchaient à des secteurs relevant de la compétence des provinces. Néanmoins, le système s'adapta avec succès à ces nouveaux rôles et accusa peu de changements dans la distribution des pouvoirs. Principal outil d'intervention, le pouvoir fédéral de dépenser se traduisit, entre autres, par plusieurs programmes à frais partagés. Ce modèle résultait d'un vaste consensus national sur ce que Smiley a appelé la « deuxième politique nationale » de l'État-providence, d'une croissance économique rapide et de ce que les problèmes ne divisaient pas le pays sur une base régionale.

Au cours des années 1960, le pays entra dans une phase nouvelle. La révolution tranquille, au Québec, libéra un nationalisme de plus en plus puissant qui transforma la province et remit en question tout ce qu'on croyait de la nature du fédéralisme et du Canada. La constitution s'imposa au cœur des relations intergouvernementales, désormais profondément modifiées. La croissance du secteur public amena les gouvernements à se heurter de plus en plus fréquemment dans l'exécution de leur mandat et dans la poursuite de leurs ambitions politiques. De plus, dès les années 1970, le régionalisme croissant des provinces de l'Ouest et l'affirmation de plus en plus incisive des provinces de langue anglaise ajoutèrent à la pression. En 1968, l'arrivée au pouvoir de Trudeau accentua le conflit entre Québec et Ottawa et, à la longue, entre Ottawa et plusieurs provinces de l'Ouest; de nombreuses conceptions du pays se firent jour. Les provinces n'étaient plus disposées à se plier au leadership politique et financier du fédéral.

De fortes tensions intergouvernementales s'ensuivirent durant les dernières années de la décennie 1960 et tout au long des années 1970. Le « fédéralisme coopératif» se transforma en «fédéralisme concurrentiel». Les gouvernements entreprirent de concentrer le pouvoir dans des organismes centraux, y compris des bureaux du cabinet plus puissants, des ministères des Finances et, dans bien des cas, des ministères ou des organismes consacrés aux relations intergouvernementales. Ils entreprirent aussi de lier stratégiquement, pour fins de négociations, des éléments jusqu'alors distincts. Les négociations devinrent plus complexes et mirent en cause, plus souvent qu'auparavant, les premiers ministres eux-mêmes. De telles rencontres devinrent plus nombreuses et leur télédiffusion créa à ces conflits un auditoire fortement intéressé aux querelles intergouvernementales et un intérêt public à l'issue des débats.

La réélection de Trudeau, en 1980, marqua le début, pour le pays, de la plus intense période de conflit depuis la Deuxième Guerre mondiale. Résultant largement des conditions objectives qui régnaient alors au Canada, ces conflits furent cependant directement provoqués par la volonté de Trudeau de précipiter les choses dans deux domaines précis : la constitution et la politique de l'énergie. Le programme énergétique national (PEN) et la volonté de rapatrier la constitution avec ou sans l'assentiment des provinces bouleversèrent les relations intergouvernementales.

Ces deux mesures traduisaient une conception agressive de l'édification d'une nation canadienne. Elles attaquaient de front une vision différente du pays, fondée sur le développement provincial dans plusieurs provinces de langue anglaise et sur le nationalisme francophone au Québec. Elles obligeaient à un débat public deux visions du pays radicalement différentes ; elles divisaient le pays selon les régions et soulevaient des questions pénibles sur le rôle du gouvernement fédéral dans la définition et la défense d'une communauté nationale ; elles remettaient en question le statut et l'image des gouvernements et des chefs politiques en définissant les problèmes comme des jeux à somme nulle à un moment où aucun des joueurs ne pouvait se permettre de perdre. La population fut entraînée dans la bataille, d'abord comme ressource au service des acteurs gouvernementaux en lutte, ensuite comme participante de plein droit.

Au milieu des années 1980, de nouveaux leaders occupaient la scène politique et le calendrier intergouvernemental n'était plus le même. La constitution canadienne avait été rapatriée, bien que sans le consentement du Québec. La politique de l'énergie n'était plus un problème urgent, bien que les séquelles du conflit n'allaient pas disparaître de sitôt. Les deux niveaux de gouvernement se penchaient sur un autre grand dossier économique, l'accord de libre-échange nord-américain : sa conclusion était susceptible de conséquences majeures pour les provinces et c'est pourquoi elles entendaient être consultées à ce propos. Vers la fin de cette période, le gouvernement Mulroney adopta une suite de mesures qui semblaient répudier à la fois toute notion d'équité régionale et son propre engagement à la collaboration intergouvernementale, et qui eurent pour effet de briser l'harmonie fédérale-provinciale et d'accentuer les rivalités entre les régions. Citons, entre autres : la décision d'accorder à Montréal plutôt qu'à Winnipeg le contrat d'entretien des avions de combat

CF-18 ; le plafonnement de la croissance des paiements fédéraux aux provinces les plus riches, en vertu du Canada Assistance Plan, qui imposait un partage des coûts d'aide sociale ; l'entente sur l'immigration, fort avantageuse pour le Québec, mais qui laissait aux provinces et aux municipalités la responsabilité économique et sociale de l'intégration des immigrants. On minait ainsi le sentiment d'équité qui est essentiel au maintien de relations intergouvernementales harmonieuses[6]. Le terrain psychologique se trouvait ainsi préparé en vue de l'assaut contre les déficits fédéral et provinciaux lancé au cours de la décennie suivante.

Sur le front constitutionnel, la négociation en 1987 de l'accord constitutionnel Meech, conçu pour permettre au Québec d'adhérer à la constitution de 1982, constitue un exemple parfait de fédéralisme exécutif : elle se déroula derrière des portes closes, fut exclusivement conduite par des chefs de gouvernement et la population en fut délibérément exclue. De toutes les provinces, le gouvernement fédéraliste de Robert Bourassa fut le seul à soumettre à sa législature le texte de l'accord avant d'en parapher la version finale. En dépit de l'appui quasi unanime des élites, l'opposition massive des citoyens en assura néanmoins la défaite. Cet échec revigora les forces souverainistes. Il mena aussi à la conclusion de l'accord de Charlottetown ; plus complet et fondé sur une meilleure participation, cet accord était fait d'un ensemble de modifications constitutionnelles touchant à la fois aux préoccupations du Québec et aux priorités des autres provinces. Il fut lui aussi défait, cette fois lors d'un référendum national tenu en 1992. Le besoin de « conclure un marché » empêcha la tenue des délibérations publiques essentielles à la formation d'un consensus sur le changement constitutionnel.

Cette époque fut aussi marquée par la poursuite d'un « fédéralisme au sommet » ; on y retransmit en direct plusieurs rencontres des premiers ministres, mais les conflits, toujours très présents, y étaient d'une autre nature. Si le rapatriement de 1982 avait opposé des gouvernements les uns aux autres, Meech et Charlottetown révélèrent des conflits *entre* les gouvernements et les citoyens — entre élites politiques, d'une part, et citoyens et groupes organisés, d'autre part. Au début, tous les gouvernements acceptaient l'accord Meech ; au Canada anglais, des voix discordantes se transformèrent bientôt en un raz-de-marée provenant de l'extérieur des cercles gouvernementaux — des assemblées législatives, des peuples autochtones, d'activistes responsabilisés par la Charte des droits et libertés adoptée en 1982, de nombreux Canadiens inquiets des conséquences des amendements proposés. En outre, on critiqua amèrement le processus même de négociation. Quel droit permettait à ces hommes de manipuler « notre » constitution ? Les discussions de Charlottetown donnèrent droit à une large participation publique, mais l'accord subit le même sort que son prédécesseur ; appuyé par tous les gouvernements, la plupart des partis d'opposition et les chefs autochtones, il fut rejeté par la population lors du référendum de 1992. Tout indique donc, avec le recul, que Charlottetown a marqué la fin d'une époque dans les relations intergouvernementales. Les « accords de l'élite » étaient devenus inopérants.

Quelques leçons

Nous proposons ici quelques leçons concernant la nature du conflit dans les relations fédérales-provinciales. La tension sera plus grande :

* Lorsque des idéologies différentes sont en présence l'une de l'autre. Si gouvernements et citoyens s'entendent tacitement sur la nature de la politique, le rôle du gouvernement, le problème central auquel doit faire face le secteur public, la portée du changement nécessaire, et ainsi de suite, alors les risques de relations empoisonnées sont moindres.

* Lorsque le statut, la reconnaissance et l'identité des régions, des communautés et des gouvernements semblent mis en cause dans les négociations intergouvernementales. Des perspectives et une expertise communes, employées à résoudre des problèmes pratiques, encouragent au compromis ; remettre en question le statut ou l'identité d'un des acteurs mène quasi obligatoirement à des conflits. Il est plus difficile de résoudre des questions symboliques que des problèmes pratiques. Depuis les années 1960, les relations intergouvernementales incarnent une « politique de l'identité ».

* Lorsque les problèmes sont interprétés différemment selon les régions ou l'appartenance linguistique. Le programme dit de « politique nationale de l'énergie » dressa l'Ouest, et particulièrement l'Alberta, contre le Canada central. « Que les salauds de l'Est gèlent dans l'obscurité » et « les cheiks aux yeux bleus de l'Alberta » sont des expressions qui nous rappellent l'animosité interrégionale qui existait alors. L'épisode des CF-18 — les lucratifs contrats d'entretien de ces appareils ayant été accordés à Montréal plutôt qu'à Winnipeg — envenima les relations entre francophones et anglophones et fut une des principales revendications à l'origine de la création, dans l'Ouest, du Reform Party. Le plafond imposé au Canada Assistance Plan creusa un fossé entre les provinces les plus riches (Alberta, Colombie-Britannique et Ontario) et les autres ; ce fut là une des raisons invoquées, lors des négociations de Charlottetown, par les tenants d'une disposition prévoyant la nature constitutionnellement exécutoire des ententes fédérales-provinciales.

* Lorsque aucun gouvernement n'entend céder devant un autre. Durant les premières années de l'après-guerre, citoyens et gouvernements s'entendaient largement sur le fait qu'Ottawa était le partenaire « sénior », financièrement et politiquement puissant et nanti d'une bureaucratie sûre d'elle-même. Vers les années 1970, Québec avait acquis la certitude d'être la première expression politique du peuple québécois et les provinces de l'Ouest se voyaient comme les défenseurs d'intérêts régionaux non représentés à Ottawa, où un sénat faible et des partis « nationaux » devaient d'abord prêter l'oreille à un Canada central plus populeux. Au Québec et à l'Ouest, politiciens et bureaucrates professionnels n'entendaient pas céder à Ottawa.

• Lorsque les gouvernements se préoccupent d'abord de ne pas encourir de blâme, d'acquérir du crédit et d'améliorer leur statut politique par rapport à d'autres gouvernements. Ce phénomène est certes universel, mais divers facteurs détermineront l'importance de telles préoccupations durant les négociations.

D'autres événements ont aussi, durant cette période, modelé l'opinion des citoyens sur les relations intergouvernementales et provoqué des exigences accrues quant à l'imputabilité démocratique dans la conduite des affaires de cette nature.

Au cours de cette période, la confiance envers le gouvernement déclina rapidement et l'exigence d'une voix de la population dans les décisions gouvernementales s'amplifia. Le Canada suivit le même parcours que d'autres pays avancés, parcours que décrivent Ronald Inglehart et Neil Nevitte. Le premier évoque une « société post-matérialiste » (Inglehart, 1990) et le second parle du déclin du respect (Nevitte, 1996 ; Inglehart, Neville et Basanez, 1996).

Au Canada, ces phénomènes ont été centrés sur le domaine constitutionnel. Depuis 1982, tout amendement constitutionnel doit recevoir l'assentiment des assemblées législatives provinciales avant d'être sanctionné. Cette disposition permet une plus grande participation des législatures à diverses étapes du processus : livres blancs et livres verts, comités de législation, audiences publiques, etc., caractérisent désormais l'approche adoptée par la plupart des gouvernements à la réforme constitutionnelle. La population est appelée à intervenir dans plusieurs de ces activités législatives et tous les gouvernements reconnaissent, aujourd'hui, que les Canadiens doivent pouvoir se prononcer sur toute proposition ayant pour effet de modifier la constitution. De plus, plusieurs provinces exigent maintenant la tenue de référendums avant l'adoption d'un amendement constitutionnel à l'Assemblée. On admet donc, cela est évident, la nécessité d'un consentement populaire préalable à l'adoption d'une modification constitutionnelle, mais il serait faux de croire que nous savons comment fonctionnera ce nouveau système démocratique. Le processus d'amendement est devenu si complexe et à ce point parsemé d'embûches que les gouvernements s'efforcent désormais de ne plus toucher à la constitution.

Curieusement, les demandes de participation du public n'ont guère eu d'impact sur les relations intergouvernementales, exception faite du domaine constitutionnel. C'est pourquoi la mobilisation populaire contre le fédéralisme exécutif fut plutôt limitée.

Les relations intergouvernementales après l'échec de l'Accord constitutionnel de Charlottetown

Après l'échec de Charlottetown, les relations intergouvernementales changèrent de nature. Épuisés par ce long processus et déçus de ce nouvel échec, politiciens et citoyens décidèrent de ne plus se lancer dans des opérations aussi conflictuelles. On s'occuperait plutôt, dorénavant, de « faire fonctionner la fédération » et de trouver des solutions en adaptant un régime déjà fort souple, plutôt qu'en essayant de changer la constitution (Lazar, 1998).

D'autres facteurs contribuèrent à ce virage, dont des changements de gouvernement et de leadership. C'est ainsi qu'en 1993 les libéraux de Jean Chrétien accédèrent au pouvoir à Ottawa, confiant ainsi la direction du gouvernement à un politicien pragmatique, jadis «échaudé» par les questions constitutionnelles et naturellement porté à gouverner de façon terre à terre, pratique, sans poser de gestes dramatiques et en s'abstenant de toute prise de position idéologique. En ce qui concerne le fédéralisme, il fut l'élève de Trudeau et n'a guère été enclin à céder aux provinces (Ottawa, remarqua un jour Trudeau, n'entend pas devenir «le maître d'hôtel des provinces»).

En 1994, le Parti québécois, dirigé par Jacques Parizeau, remplaça les libéraux à Québec. Outre qu'elle présageait au suspense du référendum sur la souveraineté, cette élection eut un effet malheureusement simplificateur sur les relations intergouvernementales. Guère intéressé à gérer la fédération en compagnie de ses homologues, le gouvernement péquiste se limiterait à soutirer tout ce qu'il pouvait et à se plaindre des injustices dont le Québec était victime. Cette participation minimale a été, jusqu'à maintenant, celle de Lucien Bouchard, successeur de Parizeau.

D'autres provinces connaissaient aussi le changement. Élu en 1992, le premier ministre de l'Alberta, Ralph Klein, engagea les hostilités contre le «gros» gouvernement et contre le secteur public. En 1995, les «révolutionnaires du bon sens» furent élus en Ontario. Pour Mike Harris et ses collègues, les gouvernements NPD et libéraux avaient laissé la province dans un gâchis et il importait de «couper rapidement et en profondeur». À l'instar de Klein, il consacra son premier mandat à des problèmes domestiques, internes et exclusivement ontariens. Les conservateurs ne s'intéressaient pas à ce qui se passait ailleurs au Canada. Mais Klein et Harris découvrirent bientôt qu'aucun premier ministre ne peut échapper à la question de l'unité nationale et que les citoyens insatisfaits des changements peuvent toujours se tourner vers Ottawa pour protéger leurs intérêts[7]. Leur succès sur le plan intérieur exigeait, par conséquent, des changements fondamentaux au mode de fonctionnement du système fédéral.

Durant les années 1990, la question des déficits a aussi contribué à l'émergence d'un nouveau modèle de relations intergouvernementales. Gouvernements et citoyens s'entendaient désormais pour estimer trop élevée la dette publique, pour dire que le déficit devait être éliminé et pour reconnaître qu'il faudrait faire les sacrifices nécessaires au redressement des finances publiques. Tous les gouvernements mirent ainsi en œuvre des programmes diversement composés de réductions de coûts, d'augmentation des revenus, de privatisation, de mesures d'efficience et de délestage (Canada West Foundation, 1998).

À cet égard, la stratégie d'Ottawa reposait sur ce que nous pourrions qualifier d'inversion du pouvoir fédéral de dépenser. Utilisant ce «pouvoir de non-dépenser», le gouvernement fédéral décréta des réductions importantes des sommes transférées aux provinces pour fins de programmes sociaux (ces transferts destinés à l'aide sociale, à la santé et à l'éducation supérieure passèrent ainsi de 18 à 11 milliards $, et furent ensuite légèrement relevés à 12,5 milliards $). Tous ces programmes furent intégrés dans le Transfert social canadien (TSC), programme qui libérait les provinces de certaines conditions imposées par le fédéral (demeurent cependant inchangées les conditions portées au Canada Health Act, de même que l'interdiction de restreindre l'aide sociale selon le lieu de résidence).

Quelques remarques s'imposent. Premièrement, ces mesures firent l'objet d'un vaste consensus et ne provoquèrent pas les querelles auxquelles on aurait pu s'attendre. On critiqua plutôt timidement les atteintes aux budgets provinciaux; en revanche, les demandes de rétablissement des paiements de transfert qui avaient été réduits se firent plus pressantes vers la fin des années 1990, alors que le déficit s'amenuisait. Deuxièmement, l'emprise d'Ottawa sur les provinces diminua, de même que sa légitimité, au fil des réductions des transferts. Si Ottawa ne payait plus, de quel droit pouvait-il imposer ses conditions ? Troisièmement, les réductions fédérales entraînèrent ce que nous qualifierions de « délestage secondaire », c'est-à-dire la réduction des paiements de transferts que les provinces consentaient à leurs propres organismes (hôpitaux, municipalités, universités, collèges, organismes sociaux, écoles, etc.). Les effets des relations fédérales-provinciales se répercutent ainsi sur l'ensemble de la société. Finalement, l'effet net de ce phénomène (réductions fédérales, dégraissage des régimes sociaux du pays, inquiétude des citoyens et opposition aux mesures) a été de renforcer le sentiment d'autonomie des provinces ainsi que le sentiment de leur responsabilité et de leur droit de juger elles-mêmes, dans leurs domaines de compétence, de ce qui est d'intérêt national et provincial.

Émergence du fédéralisme de collaboration

Tous ces événements ont préludé à ce que nous appelons « fédéralisme de collaboration », c'est-à-dire un processus intergouvernemental qui permet d'atteindre des objectifs nationaux par l'action collective de l'ensemble (ou d'un sous-ensemble) des 11 gouvernements provinciaux et de ceux des territoires, et non plus par la seule volonté du gouvernement fédéral ou en vertu de l'emprise que son pouvoir de dépenser lui donne sur les provinces.

Ce fédéralisme peut revêtir deux formes. Premièrement, celle d'une collaboration entre gouvernements fédéral, territoriaux et provinciaux (FTP dans le jargon intergouvernemental) qui cherchent à équilibrer leurs responsabilités respectives. Le postulat en est simple : ils possèdent tous des pouvoirs fiscaux et des compétences bien établies, de sorte que l'efficacité de toute politique repose sur leur coordination. Deuxièmement, il peut s'agir d'une collaboration entre provinces et territoires, Ottawa demeurant à l'écart. Cette forme repose sur le fait qu'en vertu de la constitution la santé, l'aide sociale et l'éducation sont de compétence provinciale.

Il appartient donc aux seules provinces de décider de ce qui est politique «nationale» et des normes afférentes. Il n'est donc pas obligatoire qu'une «politique nationale» soit mise en œuvre par le gouvernement national. C'est là introduire dans le modèle canadien un important élément de «confédéralisme».

Le modèle dit «de collaboration» constitue aussi une solution de rechange aux modifications constitutionnelles. Plusieurs des questions abordées sans succès dans Meech et dans Charlottetown ont refait surface dans l'arène intergouvernementale — l'union économique, l'union sociale, le partage des compétences et le pouvoir de dépenser. Plutôt qu'exprimées dans le langage rigide des dispositions constitutionnelles et appliquées par les tribunaux, elles prendront désormais la forme de documents intergouvernementaux — «Accords», «Déclarations» ou «Ententes cadres».

Le premier exemple de cette nouvelle manière de procéder a été l'Accord sur le commerce intérieur (Agreement on Internal Trade –AIT[8]). La défaite de Charlottetown avait signifié celle des ambitions d'Ottawa quant à l'union économique. Le fédéral entreprit alors des négociations multilatérales avec les provinces, afin de réduire les barrières intérieures à la mobilité des biens, des capitaux et des services. Les premiers ministres paraphèrent en 1994 l'Agreement on Internal Trade qui entra en vigueur en juillet de l'année suivante. Bien qu'il reprenne largement les termes d'accords internationaux, tel l'ALENA, l'accord n'est pas exécutoire ; il comporte un mécanisme officiel de règlement des conflits, mais dont les décisions ne peuvent être invoquées devant les tribunaux. Un Secrétariat au commerce intérieur a bien été créé, mais il ne dispose d'aucune véritable autorité. Compte tenu des difficultés éprouvées à parvenir à une union économique plus intégrée et de la résistance des provinces à l'époque de Charlottetown, la négociation de l'AIT doit être considérée comme une réussite intergouvernementale majeure, qui ne constitue cependant qu'un premier pas[9]. Cette réussite est cependant mal connue des Canadiens. Rares sont ceux qui savent qu'un accord a été négocié ; rares sont ceux qui savent qu'il est en vigueur.

L'accord reflète certaines dimensions importantes du fédéralisme de collaboration. Il montre qu'en dépit de sa responsabilité constitutionnelle quant au commerce interprovincial et international, Ottawa ne dispose ni du pouvoir ni de la légitimité qui lui permettraient de définir et d'imposer une union économique canadienne. Il lui est tout aussi impossible de constitutionnaliser d'autorité une telle union. La collaboration intergouvernementale est la seule voie possible.

Il en va ainsi de l'«union sociale» et de l'unité nationale. Dans la foulée du référendum québécois de 1995, les premiers ministres provinciaux ont signé la Déclaration de Calgary ; ce document s'attaquait à la quadrature du cercle en affirmant tout à la fois les droits des citoyens, l'égalité des provinces et la reconnaissance du caractère distinct du Québec. Il s'agit d'une initiative des provinces, Ottawa n'y ayant été qu'observateur. La Déclaration a été approuvée par toutes les assemblées législatives provinciales, sauf au Québec.

L'union sociale et l'union économique reposent sur le postulat suivant : un pays uni se définit par un ensemble commun d'aspirations et de normes relatives aux éléments fondamentaux de la citoyenneté sociale. Deux questions s'imposent alors : comment concilier ces normes nationales avec les variantes qu'encourage le fédéralisme ? Et qui définira et imposera ces normes ? Une troisième question se pose quant à l'union sociale : comment devra s'exercer le pouvoir fédéral de dépenser qui permet les transferts fiscaux aux provinces et qui fut l'instrument principal de l'édification de l'État-providence, et comment le contrôler ?

Confrontés aux réductions et au retrait fédéral, provinces et territoires prirent l'initiative. Non seulement devaient-ils occuper l'espace abandonné par Ottawa, mais ils devaient aussi s'attacher à élaborer des politiques nationales. Ils entreprirent alors de collaborer à des approches communes, d'adopter des mesures conjointes et de présenter à Ottawa des propositions cohérentes. L'abstention du Québec ne fit pas obstacle à ce processus. Compte tenu de la diversité des intérêts en cause et de la situation particulière de chacun des interlocuteurs, le consensus qui ressortit des discussions se révéla remarquablement solide.

La démarche trouva sa conclusion le 4 février 1999. Ce jour-là, Ottawa et toutes les provinces (sauf le Québec) signèrent le *Framework to Improve the Social Union for Canadians*. Le document reconnaît explicitement à Ottawa le pouvoir de dépenser dans des domaines de compétence provinciale, en contrepartie de quoi il est affirmé qu'aucun nouveau programme et aucune modification à un programme existant ne seront introduits et que les provinces demeurent responsables de la conception et de la mise en œuvre des programmes. Le document se compose des éléments suivants : déclaration de principes généraux ; disposition de mobilité concernant le champ des politiques sociales ; engagements à respecter l'imputabilité et la transparence ; dispositions d'avis ; règles concernant l'exercice du pouvoir fédéral de dépenser ; procédures destinées à éviter et à résoudre les conflits. Le document est sujet à révision par les parties signataires après trois ans. S'il représente une réussite du fédéralisme de collaboration, l'accord cadre est plutôt vague et composé de généralités ; sa mise en œuvre repose essentiellement sur l'engagement et le suivi des gouvernements participants.

À l'été de 1998, le gouvernement souverainiste du Québec se joignit aux discussions, estimant qu'il lui serait difficile, en pleine campagne électorale, de justifier son absence à ce processus intergouvernemental. Il refusa cependant d'entériner l'entente conclue en février 1999, sous prétexte que le compromis final vidait de leur sens les dispositions antérieures acceptables au Québec, notamment quant au pouvoir fédéral de dépenser. L'absence du Québec signifie que cette province continue à fonctionner à son propre rythme, *de facto* sinon constitutionnellement.

Certains traits sont communs au processus de l'union sociale et à la Déclaration de Calgary. Tous deux sont d'initiative provinciale et ont donné lieu à des négociations entre les provinces. Tous deux s'attaquent, à leur manière, au problème de l'unité nationale et se sont déroulés en l'absence du Québec mais en toute conscience de l'impact qu'ils auraient sur l'opinion québécoise. Tous deux visaient à améliorer le fonctionnement de la fédération ; leur volonté de réforme est bien affirmée et leurs approches sont compatibles. Tous deux relèvent d'un modèle de relations intergouvernementales exercées en collaboration, qui présuppose la présence d'acteurs autonomes, travaillant sur une base d'égalité, parvenant à des fins communes par négociation et marchandage, et qui ont prévu des sanctions faibles ou imprécises pour non-respect des termes de l'accord. Tous deux augmentent la présence des provinces par rapport à celle du gouvernement fédéral[10].

Une différence notable existe cependant entre les deux mesures : la place qu'elles accordent au public et aux diverses assemblées législatives. Dès l'origine, les participants aux discussions de Calgary s'engagèrent à consulter la population (consultation soigneusement orchestrée pour éviter toute dissension). D'abord soumis comme étude préliminaire, leur document fit l'objet de sondages, d'audiences publiques et de consultations auprès de groupes cibles avant d'être proposé aux différentes assemblées législatives. L'entente cadre, en revanche, n'émane que des gouvernements participants ; elle fut négociée derrière des portes closes et n'est guère connue du public. Non seulement le public en a-t-il été exclus, mais, à dire vrai, les Canadiens n'en ont pris conscience que lors de sa signature, en février 1999. Il s'agit là d'un parfait exemple d'«accord des élites». Mais dans ce cas précis, le public ne se mobilisa pas comme il l'avait fait lors de Meech et de Charlottetown, ce qui laisse à penser que les enjeux et l'engagement de la population diminuent lorsque les ententes ont lieu hors du champ constitutionnel. En outre, le fait que Jean Charest et le Parti libéral du Québec se soient joints au PQ pour refuser l'entente a désamorcé l'affaire dans cette province.

Les institutions du fédéralisme de collaboration

L'émergence du fédéralisme de collaboration a eu un impact institutionnel important sur les relations intergouvernementales. Le changement le plus important a trait au rôle et à la position de la Conférence annuelle des premiers ministres provinciaux (CAPMP). Créée à l'instigation du Québec durant les années 1960, cette rencontre, qui n'était à l'origine qu'une réunion de vacances pour les premiers ministres et pour leur famille, est devenue une institution intergouvernementale d'importance après avoir été longtemps éclipsée par la Conférence fédérale-provinciale des premiers ministres (CFPPM). Organisée au mois d'août de chaque année sous la présidence successive de chaque premier ministre, elle constitue désormais une rencontre parfaitement officielle où les premiers ministres sont accompagnés de leurs hauts fonctionnaires ; on y prépare et reçoit des documents d'orientation, on y émet des communiqués, on y lance des projets sectoriels, et ainsi de suite. La présidence est devenue récemment le porte-parole officiel des premiers ministres. Le cadre de référence de la Déclaration de Calgary et le projet d'union sociale sont nés lors de ces rencontres et ont été élaborés au cours de rencontres subséquentes.

Un autre forum institutionnel est devenu de plus en plus important : le conseil ministériel, parfois fédéral-provincial, parfois uniquement provincial. De tels conseils existent depuis plusieurs années, mais leur nombre s'est accru depuis quelques années ; ils se sont institutionnalisés et exécutent de manière plus officielle les mandats que leur ont confiés les premiers ministres. On retrouve ainsi des conseils des ministres des Affaires sociales, des Terres et Forêts, des Transports, de l'Éducation et de l'Environnement. D'autres rencontres ministérielles portent des appellations telles que Forums, Comités et Rencontres des « ministres responsables ». Certaines ont lieu régulièrement, d'autres, selon les besoins.

Le rythme et la fréquence des rencontres intergouvernementales des sous-ministres, des ministres et des premiers ministres ont varié considérablement en fonction du calendrier politique et de l'intérêt politique des gouvernements. Entre 1973 et 1984, on note une hausse modérée d'environ 40 à 60 rencontres annuelles, le sommet étant de 103 en 1979. Sous le premier ministre Mulroney, qui s'était formellement engagé à pratiquer un fédéralisme coopératif, on n'en compta jamais moins de 82 par année, dont 130 en 1985-1986 et 127 en 1992-1993. Cette fréquence déclina légèrement sous les libéraux (et chuta à 47 dans la foulée du référendum de 1995). Depuis lors, le nombre en a été de 70 en 1997-1998 et de 98 durant l'année 1998. En 1997-1998, 60 p. cent de ces rencontres réunissaient les gouvernements fédéral, provinciaux et territoriaux et 40 p. cent, les seuls gouvernements provinciaux et territoriaux. Les sujets de négociation les plus communs : politique sociale, environnement, santé, politique économique et éducation (Secrétariat des conférences intergouvernementales canadiennes, 1998).

Le Provincial/Territorial Council on Social Policy Renewal s'est montré particulièrement actif. Mandatés par les premiers ministres, les ministres sectoriels et les officiels ont élaboré des documents d'orientation et des stratégies destinés aux premiers ministres et préparatoires aux discussions fédérales-provinciales. Ce travail a pavé la voie à l'entente sur l'union sociale, au fonctionnement de laquelle le Conseil aidera puissamment.

L'entente intergouvernementale exécutoire constitue, en un sens, une institution en attente de développement et de mise en œuvre. Les ententes de ce type ne sont pas des lois, tout au moins tant qu'elles n'ont pas été adoptées par chaque assemblée législative. Il s'ensuit qu'elles ne sont pas exécutoires par les tribunaux. L'AIT a représenté un modèle mais, comme nous l'avons vu, n'oblige pas ses signataires. La complète application de l'approche « de collaboration » exigera sans doute l'introduction d'une version exécutoire de ces ententes intergouvernementales. Ce sera là une tâche difficile dans le cadre d'un régime constitutionnel selon lequel chaque gouvernement est responsable devant sa propre assemblée et ne peut engager les futures assemblées législatives. Une tension profonde existe donc entre la logique d'une pratique de collaboration entre gouvernements et la logique du parlementarisme.

Évaluation du modèle de fédéralisme de collaboration

Bien que le contenu et la spécificité des processus intergouvernementaux soient fort divers, de récents exemples nous permettent d'en dégager certains points communs :

- Le fait que la plupart des Conseils soient coprésidés par un ministre provincial et un ministre fédéral souligne l'égalité qui existe entre les provinces et Ottawa.

- Les territoires nordiques du Canada — Yukon, Territoires du Nord-Ouest et, peut-on présumer, le tout nouveau Nunavut — sont désormais complètement intégrés aux provinces. Les rencontres se disent « fédérale-provinciale-territoriale » ou « provinciale-territoriale », en dépit du fait que les Territoires demeurent des rejetons du gouvernement fédéral. Cette évolution vers le statut de province a été à peine remarquée.

- L'absence du Québec. Habituellement, les représentants du Québec participent aux rencontres, mais la province se dissocie des ententes. Le Québec estime que l'éducation, les affaires sociales et la santé sont de compétence provinciale. Il s'ensuit que les normes édictées par des partenariats fédéraux-provinciaux ne valent guère mieux, en principe, que des impératifs fédéraux.

- La plupart des ententes insistent sur le fait que les pouvoirs constitutionnels des gouvernements demeurent inchangés ; l'objectif est d'exercer ces pouvoirs « de manière coordonnée ».

- On s'efforce de minimiser les chevauchements et les dédoublements, afin d'économiser et d'atteindre à l'efficacité.

- Conformément à la doctrine de la « Nouvelle gestion publique », les ententes réitèrent la nécessité de partager les « meilleures pratiques », de développer des indicateurs de rendement et d'assurer la surveillance des résultats.

- Une pratique habituelle consiste à en arriver à un accord cadre entre gouvernements, lequel sera suivi d'ententes bilatérales négociées séparément.

- Toutes les ententes insistent, pour la forme, sur la nécessité d'une plus grande transparence et d'une clarification des lignes d'imputabilité dans les relations intergouvernementales.

- De plus en plus d'ententes reconnaissent explicitement le besoin de « faire participer les intéressés » et de « créer des liens avec d'autres structures dans l'environnement social et économique. »

- Même si tous ces développements marquent une progression de l'institutionnalisation des relations intergouvernementales au Canada, il importe de ne pas exagérer les changements survenus. Comparées à la Fédération allemande ou à l'Union européenne, les relations intergouvernementales canadiennes demeurent extrêmement fluides et ponctuelles. Leur *modus operandi* n'a aucun fondement constitutionnel ou législatif, aucun calendrier précis, aucun appui de la part de bureaucrates qui seraient intéressés à son succès plutôt que liés à leur gouvernement, aucune règle décisionnelle officielle et aucun pouvoir décisionnel.

• Il s'ensuit que la portée et l'étendue de ces relations dépend essentiellement de l'intérêt qu'y trouvent les premiers ministres, particulièrement celui du Canada. En ce sens, le système est extrêmement fragile[11].

Deux experts ont récemment apporté leur caution à ce modèle de collaboration. Dans un ouvrage intitulé *Le mal canadien* (Burelle, 1995), André Burelle propose l'instauration d'un partenariat fondé sur l'interdépendance et la « non-subordination ». Les gouvernements concluraient un « Pacte sur l'union sociale et économique canadienne » dont ils établiraient les règles fondamentales, y compris les règles gouvernant les politiques budgétaires. Un conseil permanent des premiers ministres instituerait les normes communes et rendrait des décisions exécutoires, à l'unanimité ou à la majorité qualifiée, un peu comme le conseil des ministres de l'Union européenne. De telles institutions deviendraient « l'instrument qui permet, d'une part, d'accommoder le droit à la différence des communautés fédérées sans balkaniser le pays, et d'autre part, de renforcer l'union canadienne en respectant la part de souveraineté reconnue par la Constitution aux États partenaires de la fédération » (Burelle, 1995, 162).

Pour sa part, Tom Courchene estime que les Canadiens tiennent profondément à leur union sociale, à ses normes nationales, et ce, même si « la politique sociale est en voie de subir une décentralisation d'une importance sans précédent » (Courchene, 1997). La seule manière de résoudre ce problème consiste à amener les provinces à « accepter intégralement et officiellement l'objectif social de préservation et de promotion du Canada social ». Selon ce modèle, les provinces conserveraient l'entière responsabilité de la santé, des affaires sociales et de l'éducation, mais une entente interprovinciale ou fédérale-provinciale exécutoire établirait les principes et les normes auxquelles elles devraient se soumettre. Burelle et Courchene précisent ainsi un modèle confédéral de relations intergouvernementales.

Il est beaucoup trop tôt pour juger du succès de ce nouveau modèle. À dire vrai, les acteurs peuvent définir ce « succès » fort différemment :

• Pour certains, le processus lui-même constitue un succès s'il mène à une coopération plus étroite ou s'il réduit les conflits.

• Pour les provinces, particulièrement pour les plus sûres d'elles-mêmes (telles l'Ontario et la Colombie-Britannique), le succès se définit par la capacité d'arracher l'initiative à Ottawa, de limiter sa capacité d'« ingérence » dans leurs priorités et leurs programmes et d'augmenter leur autonomie dans les domaines de compétence partagée.

• Pour les provinces les plus petites et les plus pauvres, l'autonomie est moins importante que l'assurance de recevoir des subventions fédérales.

- Le Québec entretiendra de fortes réserves vis-à-vis du processus. Il y verra des avantages dans la mesure où il y trouvera des alliés dans ses efforts pour limiter la liberté d'action du fédéral, mais craindra que ce fédéralisme de collaboration n'aboutisse qu'à remplacer la domination d'Ottawa par celle des provinces de langue anglaise.

- Pour Ottawa, le succès consistera probablement à conserver son influence et sa visibilité, particulièrement en période de surplus budgétaires. Il souhaitera conserver sa capacité à satisfaire, par diverses politiques, aux besoins et aux aspirations des Canadiens. Il cherchera, en particulier, à fournir des services aux citoyens sans l'intermédiaire des provinces.

La plupart des gouvernements chercheront ainsi à maximiser leur liberté d'action, à réduire les contraintes extérieures, fiscales ou réglementaires, alors que d'autres, particulièrement les plus faibles, seront enclins à sacrifier une part d'autonomie en retour d'une aide financière stable et adéquate.

Pour les groupes indifférents à la nature du fédéralisme ou au statut relatif des gouvernements, le « succès » se définira en matière de contenu et de résultat des politiques. Ils se demanderont d'abord si le processus atteint ou n'atteint pas les objectifs qui les intéressent. La réponse, bien entendu, variera selon les groupes. Dans la mesure où les gouvernements peuvent accomplir collectivement ce qu'aucun d'entre eux ne peut accomplir à lui seul, dans la mesure où ils peuvent intégrer toutes leurs politiques et leurs programmes et dans la mesure où coûts, chevauchements et dédoublements peuvent être réduits, alors le fédéralisme de collaboration profite à tous les Canadiens. Il représente, en outre, une manière raisonnable d'équilibrer intelligemment les tensions inévitables entre, d'une part, normes et standards nationaux ; et, d'autre part, la nécessité de répondre aux besoins, aux préférences et à la situation de chaque communauté provinciale.

Ce modèle comporte cependant des coûts potentiels, bien décrits dans les travaux sur l'Union européenne. Le « piège des décisions conjointes » se fait menaçant lorsque des acteurs autonomes et interdépendants, commis à un mode décisionnel par consensus, cherchent à parvenir à une décision. Une telle coordination peut être de longue durée et fort coûteuse ; on peut éviter de décider ou se rallier au plus petit commun dénominateur. Les préoccupations institutionnelles des acteurs — statut, reconnaissance, crédit ou blâme — peuvent éclipser le fond des questions elles-mêmes. De tels obstacles ne sont pas facilement surmontés.

Mais nous nous intéressons d'abord, dans cet essai, aux conséquences de ce processus sur la démocratie. Voyons ce qu'il en est.

IV. DÉFICITS DÉMOCRATIQUES ET CALENDRIERS DE RÉFORME

Doyen des experts canadiens du fédéralisme, Donald Smiley entreprit ainsi, en 1979, sa critique du fédéralisme exécutif :

J'accuse le fédéralisme exécutif de :

1. Contribuer à maintenir un secret excessif dans la conduite des affaires publiques.

2. Contribuer à maintenir à un niveau très bas la participation des citoyens aux affaires publiques.

3. Réduire et édulcorer la responsabilité du gouvernement devant la législature et devant le grand public (Smiley, 1979).

Deux décennies plus tard, au moment où les relations intergouvernementales ont pris une importance accrue dans l'élaboration des politiques au Canada, plusieurs observateurs font écho à ces propos[12]. L'environnement est différent, disent-ils, mais nous n'avons guère progressé démocratiquement. Les relations intergouvernementales sont largement les mêmes que jadis : les rencontres ont habituellement lieu à huis clos ; le discours du fédéralisme fiscal demeure ésotérique et obscur ; les lignes de responsabilité sont imprécises et indirectes ; les citoyens n'ont pas vraiment accès au processus intergouvernemental.

Quelques exemples :

• Les mécanismes de transferts fiscaux, qui constituent l'armature du pays, dissimulent les relations de cause à effet. Comment un citoyen saurait-il que la fermeture d'une clinique à Moose Jaw ou l'augmentation des frais de scolarité en Ontario résultent d'une décision arrêtée l'année précédente à Ottawa ? (Simeon, 1997).

• L'Accord sur le commerce intérieur fut élaboré sans la participation de la population. Il est farci de dispositions d'antériorité relatives aux pratiques existantes et rend difficile l'accès des citoyens à ses mécanismes de mise en œuvre (Howse et Monahan, dans Trebilcock et Schwanen (dir.), 1995).

• Les propositions d'union sociale et le partage de responsabilités en matière d'environnement n'ont guère fait l'objet de discussions publiques ou parlementaires, ce qui a suscité une profonde méfiance chez les groupes concernés par ces mesures.

Dans une perspective plus globale, Keith Banting note l'existence d'une tension fréquente entre valeurs du fédéralisme et valeurs démocratiques. Il décrit les discussions sur les politiques sociales comme « la forme la plus accomplie d'inter-gouvernementalisme — le modèle de co-détermination », et rappelle avec insistance qu'« il faut se souvenir de la critique démocratique d'un intergouvernementalisme aussi puissant » (Banting, 1998). Un autre observateur perspicace, Roger Gibbins, soutient que de tels modèles de collaboration « réduiraient, tout au moins marginalement, le rôle et l'efficacité des législatures, des partis politiques, des élections, des groupes d'intérêts et du public ». La combinaison de décentralisation et d'intergou-vernementalisme « retire les décisions des législatures et les reporte dans des forums relativement à l'abri des pressions publiques, du débat partisan et de la lutte électorale » (Gibbins, 1997 ; Phillips, 1995 ; Biggs, 1996). Plusieurs autres observateurs partagent ces opinions.

Qu'il s'agisse de l'environnement, de la politique sociale ou de la tragédie du sang contaminé, le processus décisionnel intergouvernemental semble souvent obscur, inaccessible aux citoyens et plus soucieux de protéger les intérêts institutionnels des acteurs gouvernementaux que de répondre aux inquiétudes des citoyens.

Ce sont là de fortes critiques. Nous les partageons, à quelques importantes réserves près.

Premièrement, il se pourrait qu'elles soient mal placées. Le déroulement des relations intergouvernementales n'est que le produit, ou la réflexion, de la structure institutionnelle dans laquelle elles s'insèrent. Il s'agit ici, bien entendu, du système de gouvernement du Cabinet — nous préférons l'expression « gouvernement du premier ministre » –, caractérisé par l'extrême concentration du pouvoir dans l'exécutif. Ainsi que le notent Wallace et Fletcher, « le fédéralisme exécutif est davantage une conséquence qu'une cause de la domination de l'exécutif dans le système parlementaire moderne[13] ».

Deuxièmement, ces critiques ne tiennent pas compte de certains développements qui ont augmenté la transparence et l'imputabilité du système :

• Ce phénomène est particulièrement manifeste dans le domaine constitutionnel. Après la défaite de l'Accord Meech, en 1990, les discussions constitutionnelles subséquentes prirent davantage en compte l'opinion des citoyens : on proposa que soient tenues des discussions publiques et un examen législatif avant que les gouvernements ne procèdent à huis clos. Le gouvernement fédéral organisa cinq grandes conférences publiques. Lorsque s'amorça le marchandage intergouvernemental, les représentants des principaux groupes autochtones étaient présents. Et lorsque les gouvernements eurent mis la dernière main à leur projet, celui-ci fut soumis à la population lors d'un référendum national... et fut défait. Avant l'épisode du rapatriement (1980-1982), un amendement constitutionnel procédait d'une simple décision de l'exécutif ; aujourd'hui, tout indique que la convention s'est imposée de la nécessité du consentement de la population à tout changement constitutionnel d'importance.

• Dans la Déclaration de Calgary de 1997, une initiative non constitutionnelle, les neuf gouvernements provinciaux (sauf le Québec) se sont engagés à informer et à consulter la population avant d'adopter des résolutions à leur assemblée législative. La Déclaration a été adoptée par les neuf provinces.

• Dans des domaines plus « prosaïques », tels l'environnement, l'agriculture, et les pêcheries, diverses rencontres intergouvernementales ont été transformées en tables rondes auxquelles ont participé, outre les représentants ministériels, des membres des groupements intéressés aux politiques sous étude.

• Sur le plan législatif, la présence de deux partis politiques régionaux a mené, au Parlement fédéral, à un débat sur le fédéralisme. Le Reform Party a proposé

l'adoption d'un « New Canada Act » qui préconise « un nouvel accord de partenariat entre le Canada et les provinces », l'imposition de limites au pouvoir
fédéral de dépenser, la reconnaissance des gouvernements municipaux au titre
de « premier niveau de gouvernement au Canada », l'élection du Sénat et la
création d'une assemblée constituante pour toute future révision constitutionnelle (Reform Party of Canada, 1998). Mais compte tenu de la domination du
parti gouvernemental et de la tyrannie de la discipline de parti, le Parlement
risque peu de devenir le lieu d'une conciliation intergouvernementale.

Troisièmement, il faut reconnaître que le déficit démocratique ne tient pas
d'abord au fédéralisme *per se*, mais au rôle envahissant de l'intergouvernementalisme en général, qui provient lui-même de l'interdépendance et des chevauchements. Ce sont là des traits propres aux sociétés modernes et aux gouvernements
contemporains, à preuve l'intergouvernementalisme rampant et largement irrespon-
sable qui sévit dans l'Union européenne. Dans la mesure où les discussions actuelles
sur le rééquilibrage mènent à une plus claire définition des rôles et des responsabilités, les lignes d'imputabilité seront plus précises et les classiques vertus du fédéralisme — proximité du gouvernement, capacité de configurer les politiques en
fonction des préférences locales et compétition intergouvernementale pour obtenir
l'appui des citoyens — deviendront encore plus présentes.

Toutes ces raisons nous portent à tempérer quelque peu les critiques du fédéralisme exécutif. Le problème, en un sens, tient à ce que les attentes des citoyens gran-
dissent plus rapidement que les progrès fort limités accomplis en matière de
démocratisation du processus. Le calendrier démocratique demeure donc parfaitement actuel.

Un calendrier démocratique

Plusieurs conceptions de la démocratie existent ; il est donc possible d'en évaluer
les institutions et les méthodes selon plusieurs critères. Trois dimensions nous
paraissent importantes.

•   La première découle du concept de gouvernement représentatif. La clé en est
    l'imputabilité. Les citoyens devraient savoir qui est responsable des décisions
    qui les affectent et pouvoir sanctionner ces responsables, si nécessaire, lors
    d'élections.

•   La seconde découle de la notion de démocratie délibérante. Les clés en sont la
    délibération et le dialogue que le gouvernement entretient avec les citoyens
    afin d'arrêter ses choix de politiques. Cela exige que les modes en soient acces-
    sibles aux intéressés, que les décisions ne soient pas « préfabriquées » par un
    « cartel des élites » (Breton, 1985), et que les discussions soient ouvertes, trans-
    parentes et conduites dans une langue compréhensible par tous.

• La troisième découle de l'idée d'une démocratie directe, ou populiste, dans laquelle citoyens et groupes participent directement aux décisions qui les touchent. D'où référendums, assemblées constituantes, rappels et autres mécanismes de même nature.

Chacune de ces dimensions a un rôle à jouer dans la réforme du système de relations intergouvernementales.

Ce que les citoyens attendent avant tout de leur gouvernement, c'est qu'il soit efficace, c'est-à-dire qu'il adopte et applique des mesures qui satisfont à leurs besoins. Marcus Horeth, analyste de l'Union européenne, qualifie ce phénomène de « légitimité par les résultats ». Le succès de l'Union européenne, et partant sa justification, repose sur son utilité à produire des résultats importants au bénéfice des États membres et de leurs populations (Horeth, 1998 : 6-7). La masse des relations intergouvernementales, particulièrement en ce qui concerne des fonctionnaires subalternes, met en jeu les contraintes administratives, techniques et procédurales nécessaires au fonctionnement d'un système d'une grande complexité. On n'exige pas, en ce cas, une participation plus grande des citoyens, mais une limpidité et une imputabilité suffisantes pour que les citoyens puissent juger des résultats.

Les normes de participation populaire aux délibérations doivent être plus élevées lorsque les rencontres intergouvernementales sont consacrées à de grandes orientations de politique, à l'énoncé de valeurs fondamentales et à l'établissement de standards — lorsque, en bref, les corps intergouvernementaux revêtent un statut quasi législatif. Il importe, en de tels cas, de renforcer le rôle des législatures dans les délibérations concernant les politiques et de faire en sorte que les principaux groupes sociaux et économiques dont on débat des intérêts soient présents et puissent se faire entendre.

Les critères les plus exigeants doivent être imposés lorsque les relations intergouvernementales portent sur des problèmes qui sont « constitutionnels » au sens large du terme — questions de valeurs profondes, d'identités et d'objectifs nationaux, de réforme fondamentale des institutions. C'est en de tels cas que le débat public est nécessaire avant que les gouvernements ne se réunissent et où la démocratie exige d'obtenir un consentement populaire par voie de référendum. Les citoyens doivent pouvoir intervenir à toutes les étapes ; ces questions ne peuvent être laissées aux seuls décideurs intergouvernementaux.

À partir de ces considérations générales, nous proposons quelques réformes susceptibles de renforcer la légitimité démocratique du fédéralisme de collaboration. Elles reposent sur deux stratégies d'imputabilité : la responsabilité de chaque gouvernement devant sa législature et devant les citoyens pour son comportement en matière intergouvernementale et l'imputabilité des institutions intergouvernementales elles-mêmes, ainsi que de leurs mécanismes (Horeth, 1998 : 8). Ces deux stratégies peuvent potentiellement s'opposer. Renforcer le rôle politique des institutions intergouvernementales, dussent-elles devenir transparentes et accessibles, affaiblit l'autorité des législatures constituantes. Par contre, soumettre les exécutifs des gouvernements fédéral et provinciaux à un fort contrôle démocratique sur les activités intergouvernementales risque de réduire la capacité décisionnelle des institutions intergouvernementales (Horeth, 1998 : 18).

Clarifier « qui fait quoi »

Premièrement, la démocratie sera bien servie si le fédéralisme exécutif occupe le rôle le plus limité possible. Nous reconnaissons, cependant, que l'évolution du gouvernement et de la vie modernes rendent de moins en moins soutenable la notion de « compartiments étanches ». Le fédéralisme exécutif est né des nécessaires conséquences de l'interdépendance. Dans un monde idéal, cependant, chaque administration gouvernementale serait pleinement responsable et tenue de rendre compte d'un ensemble donné d'activités. Le besoin ne se ferait guère sentir de mécanismes intergouvernementaux complexes et élaborés. Minimiser l'étendue de la collaboration et de l'intergouvernementalisme amenuise le déficit démocratique et évite les problèmes « d'action collective » ou « les pièges des décisions conjointes » inhérents à la prise de décision consensuelle par des acteurs autonomes mais interdépendants (Scharpf, 1988 ; Breton, 1985 ; Kennett, 1998). Il importe donc de s'efforcer davantage de clarifier les rôles et les responsabilités, constitutionnellement ou non constitutionnellement, dans la mesure où la chose est faisable et tout en admettant que le potentiel de progrès est plutôt mince dans ce domaine.

Selon John Richards, « L'imputabilité compte. Un palier de gouvernement, et un seul, devrait être responsable d'un domaine particulier de politique sociale et nous devrions exiger de ce gouvernement qu'il prélève les revenus nécessaires via sa propre fiscalité » (Richards, 1998 : 83). Comme l'a écrit un chercheur américain : « Il est impossible de tenir quelqu'un responsable d'un acte dont on ne peut affirmer qu'il en avait la responsabilité » (Zuckert, 1992 : 132).

Ouvrir le processus intergouvernemental

Mais comme nous l'avons souligné précédemment, nous savons qu'interdépendance et responsabilités partagées sont inévitables dans tout système complexe. C'est pourquoi il importe d'ouvrir les processus intergouvernementaux eux-mêmes.

Il y a d'abord nécessité de transparence. Les citoyens doivent savoir de quoi il est question, quelle position adoptent leurs représentants et quelles décisions ont été arrêtées. Il n'est pas nécessaire d'ouvrir toutes les rencontres à la population, mais échéanciers et ordres du jour doivent en être largement diffusés. Présentement, toute matière d'ordre fédéral-provincial échappe aux dispositions des lois provinciales et fédérale d'accès à l'information ; cette exemption devrait être abolie.

Deuxièmement, les consultations avec les groupes mis en cause devraient être intégrées plus étroitement au processus. On peut y parvenir de deux manières. D'une manière indirecte : les gouvernements se livreraient à de vastes consultations avant d'entreprendre des discussions intergouvernementales. Cependant, de nombreux groupes intéressés débordent les frontières provinciales et ne se définissent pas par une appartenance à tel ou tel territoire. La solution consiste, et c'est la manière directe, à intégrer citoyens et groupes à l'appareil intergouvernemental ; les conseils ministériels tiendraient alors leurs propres audiences et leurs propres consultations[14]. Un impact public direct à la table intergouvernementale contribue, en outre, à empêcher les acteurs gouvernementaux de privilégier leurs intérêts partisans ou institutionnels plutôt que de s'attacher aux questions fondamentales. Par contre, elle complique les lignes d'imputabilité par rapport à leurs assemblées législatives respectives.

Surveillance du fédéralisme de collaboration

Plus la collaboration fédérale-provinciale s'étend à des ententes intergouvernementales sur les politiques, les normes, la réglementation et les procédures de règlement des conflits, plus les citoyens doivent en resserrer la surveillance. Des représentants des citoyens devraient être associés à la surveillance et à l'application des ententes, et avoir un accès direct aux mécanismes de règlement des conflits.

En bref, plus les relations entre gouvernements tendent à se substituer, au Canada, au processus législatif normal de chacun d'entre eux et plus la conférence annuelle des premiers ministres se transforme peu à peu en une « super législature », plus nous devrions appliquer à ces processus les mêmes critères d'imputabilité et de démocratie que nous appliquons maintenant aux assemblées législatives.

Améliorer le fédéralisme législatif

Incorporer davantage le Parlement et les législatures dans le processus (intergouvernemental) améliorerait considérablement le fédéralisme démocratique. Dans l'Union européenne, note Horeth, « la légitimation démocratique passe nécessairement par la réactions aux actions des institutions européennes dans les parlements des États membres » (Horeth, 1998). Au Canada, de puissants facteurs institutionnels — notamment la tyrannie de la discipline de parti et l'échec du Sénat à véritablement représenter les opinions régionales et provinciales au Parlement — s'opposent à un tel phénomène. Les corps législatifs n'interviennent guère dans la surveillance des relations intergouvernementales et ne sont guère des lieux de débats sur les problèmes constitutionnels.

Il serait pourtant possible, même dans ce contexte, d'accomplir beaucoup en adoptant des mesures comme celles-ci :

- Création de comités permanents sur les relations intergouvernementales.
- Tenue de débats ou d'audiences sur les questions intergouvernementales avant les conférences des premiers ministres.
- Ratification législative de toute entente intergouvernementale importante.
- Participation de membres de l'Opposition à l'équipe de négociation du gouvernement.

Démocratie directe

Confier aux citoyens un rôle direct est évidemment la manière la plus efficace de faire en sorte que le fédéralisme de collaboration traduise leurs opinions. La défaite de Charlottetown en 1992 en a donné une preuve éclatante. Tout indique désormais qu'une nouvelle convention est née : aucun amendement constitutionnel important ne peut exister sans ratification par référendum. La dynamique des prochains débats constitutionnels en sera profondément transformée. Il serait intéressant de savoir, par exemple, ce qu'auraient été le processus et le résultat de Charlottetown si les négociateurs gouvernementaux avaient su, *d'entrée de jeu*, que les citoyens allaient porter jugement sur leur accord final.

Au niveau provincial, la démocratie directe est aussi susceptible d'entraîner des conséquences majeures sur la dynamique intergouvernementale. L'impact des deux référendums québécois en est une preuve suffisante. Mais d'autres mesures de démocratie directe peuvent avoir le même effet. À cet égard, l'élection d'un sénateur en Alberta pourrait fort bien n'être que le présage d'événements à venir. Dans la mesure où cette province adopte les habitudes de nombreux États américains, où les citoyens peuvent proposer eux-mêmes des mesures législatives sujettes à approbation lors d'élections, on introduit dans le système un élément novateur et déstabilisant. Aux États-Unis, de telles mesures (telle la Proposition 13 en Californie) ont influencé de manière importante la politique nationale (Agranoff, 1993).

Au Canada, le remplacement du fédéralisme exécutif par un fédéralisme législatif exigerait des réformes plus fondamentales, tels l'assouplissement de la discipline de parti et une réforme du sénat qui en augmenterait la légitimité et permettrait une représentation plus juste des régions. Cela dit, les contraintes institutionnelles actuelles laissent encore place à amélioration du rôle des législateurs et, par extension, de leurs électeurs.

V. LE CANADA : UNE PERSPECTIVE COMPARATIVE

Ce que nous avons décrit du Canada se retrouve quasi intégralement dans d'autres pays et pour les mêmes raisons — mondialisation, pressions fiscales, nouvelles attitudes des citoyens et nécessité de composer avec des groupes sous-nationaux basés sur un territoire et dotés d'un fort sentiment identitaire. S'ensuivent des questions semblables à propos de la démocratie et de la gouvernance.

Délégation de pouvoir et décentralisation sont ici des tendances communes, officieuses ou officielles. Au cours des dernières décennies, l'Espagne (Agranoff, 1998), la Belgique (Hooghe, 1993 ; Witte, 1992) et maintenant la Grande-Bretagne (Bradbury, automne 1997 ; *The Economist*, mars 1999) sont toutes passées d'un statut d'État unitaire à celui d'un État fédéral ou quasi fédéral.

Chez les fédérations existantes, les tendances sont plus diversifiées. Aux États-Unis, le nouveau fédéralisme de Reagan amorça, au cours des années 1980, un retrait fédéral qui s'est poursuivi, durant les années 1990, par ce qu'on a appelé « the devolution revolution », c'est-à-dire le déplacement massif des responsabilités en matière de politique sociale vers les États (Cole et Stenberg, 1996). Les gouvernements des États et les gouvernements locaux en sont devenus extrêmement novateurs, mais plusieurs observateurs craignent que ces changements ne précipitent « une course au plus bas dénominateur ». Cependant, plusieurs éléments de « fédéralisme coercitif », imposés aux États par Washington, demeurent en vigueur sous la forme, entre autres, de « mandats non subventionnés[15] » imposés par Washington, d'où il ressort que la domination du fédéral dans des domaines de compétence partagée est beaucoup plus grande qu'elle ne l'est au Canada (Kinkaid, 1990). « Au Congrès et à la Maison-Blanche, a pu écrire un observateur, la délégation des pouvoirs fut davantage de l'ordre du discours que de celui des réalités ; à chaque fois que l'exigeaient l'intérêt politique ou le besoin de reconnaissance nationale, on a fort opportunément mis de côté les préoccupations des États et des villes » (Weissert, 1998 : 4). Si le nombre des États et la structure institutionnelle de la division des pouvoirs interdisent d'instituer aux États-Unis un fédéralisme de collaboration semblable à celui du Canada, on en retrouve pourtant certains éléments. C'est ainsi que les différents responsables de la justice des États (*attorneys-general*) ont décidé de se donner une stratégie nationale pour contrer les fabricants de cigarettes et d'organiser des campagnes anti monopole contre les principaux transporteurs aériens et les entreprises d'informatique[16]. En novembre 1997, un « sommet sur le fédéralisme » eut lieu sous l'égide des quatre principales organisations des États — la National Governor's Association, le Council of Sate Governments, la National Conference of State Legislatures et l'American Legislative Exchange Council. Ces organisation élaborèrent un programme en 11 points visant à mieux équilibrer le « partenariat fédéral-États », exigeant notamment que le Congrès fasse état de son autorité constitutionnelle pour tout projet de loi affectant les États, que des limites soient imposées au droit de préemption fédérale sur les lois des États, que l'on modernise le régime de subventions globales (*block funding*) et que l'on clarifie les règles relatives aux mandats non assortis de subventions. La présidence répondit par un décret-loi sur le fédéralisme qui n'accordait pas grande importance à ces préoccupations et qui fut retiré devant l'opposition des États (Weissert, 1998 : 24).

En Allemagne, les observateurs sont divisés. Certains estiment que la participation allemande à l'Union européenne a «provoqué un glissement du pouvoir de la Fédération aux Lander» (Goetz, 1995: 105) et que la mondialisation de l'économie a «amoindri l'autonomie du gouvernement fédéral allemand en matière d'élaboration de politiques économiques» et incité à «décentraliser d'autres instances décisionnelles au sein de système fédéral» (Deeg, 1996: 27). D'autres soutiennent plutôt que «l'appartenance de l'Allemagne à l'Union européenne a directement marginalisé les Lander» et que l'équilibre des pouvoirs a été «nettement rompu à l'avantage du gouvernement fédéral» (Burgess et Gress: 245).

Réductions, délestage et réduction du rôle des gouvernements nationaux sont des phénomènes communs à la plupart des fédérations. Il s'ensuit que les États et les provinces ont occupé les espaces ainsi abandonnés et sont devenus plus dynamiques et plus novateurs.

En certains cas, par exemple en Australie, les pressions ambiantes ont mené à un accroissement de la collaboration pour fins de gestion de l'interdépendance et de réduction des coûts de dédoublement et de chevauchement. Institué en 1992, le Council of Australian Governments (COAG) a institutionnalisé ce *modus operandi*, ce qui a mené à l'établissement d'un cadre de collaboration possiblement plus élaboré que son pendant canadien (Watts, 1996: 52). En même temps, la concurrence pour les ressources et des investissements peu nombreux ont accru la rivalité entre les constituants du système fédéral et aggravé leurs disparités.

Dans plusieurs fédérations, particulièrement chez les membres de l'Union européenne, relations intergouvernementales et relations internationales s'entremêlent de plus en plus.

Ces similitudes et des différences laissent entrevoir un fort intéressant champ d'études comparatives sur les réactions des régimes fédéraux à la mondialisation, la diversité domestique accrue et les changements du rôle de l'État (Boeckelman, 1996).

Mais ces évolutions parallèles soulèvent aussi des questions semblables à propos de la citoyenneté et de la démocratie. Les expressions «déficit démocratique» et «piège des décisions conjointes», que nous employons désormais au Canada, sont nées dans le contexte de l'Union européenne. On craint, dans plusieurs pays, que la complexité des relations intergouvernementales ne renforce le pouvoir des technocrates et des cadres, au détriment des législateurs et des citoyens (Goetz, 1995: 99; Keating, 1997).

Les remèdes qu'étudient d'autres pays fédéraux présentent aussi plusieurs points communs. En Europe, le débat sur la «subsidiarité» porte sur les moyens de minimiser le déficit démocratique en faisant en sorte que ne soient portées au niveau supranational que les seules questions dont on a fait la preuve qu'elles exigeaient une action collective. Aux États-Unis, on a pareillement tenté de dégager les principes d'un partage des responsabilités (Rivlin, 1992). De même, les États-Unis et d'autres pays ont fait écho aux interrogations canadiennes concernant les effets de la décentralisation et de la délégation de pouvoir sur la capacité d'instituer et de maintenir des normes nationales, des services comparables dans tout le pays, et d'éviter la « course au plus bas dénominateur » selon laquelle les pressions concurrentielles conduisent à l'érosion progressive de la redistribution (Peterson et Kelly, 1996 ; Cook, 1995). Ici encore, le champ de recherches comparatives est très riche. Selon Alain Noel, la décentralisation est une notion à ce point polymorphe qu'il est impossible de généraliser quant à ses conséquences sur les politiques ou sur la démocratie (Noël, 1997 ; *National Tax Journal*, juin 1996).

Ces quelques exemples confirment nos points de vue : les Canadiens ont beaucoup à apprendre des expériences menées ailleurs, et vice versa.

Elles nous convainquent aussi du fait qu'on ne saurait explorer à fond les facteurs favorables ou défavorables à la citoyenneté démocratique sans aller au-delà des préoccupations traditionnelles du fédéralisme concernant les relations entre gouvernement central et gouvernements provinciaux ou gouvernements des États. Le régime fédéral n'est qu'une variante d'un phénomène plus vaste : la « gouvernance à plusieurs niveaux », que Gary Marks définit comme « des systèmes caractérisés par une prise de décision conjointe à travers plusieurs paliers bien établis de gouvernements, des domaines de compétence mal définis et instables, [...] et une recherche constante de principes relatifs à la distribution des fonctions décisionnelles et applicables à ce nouvel ensemble politique » (Marks, 1996 ; Hooghe, 1996).

Le monde de la gouvernance à plusieurs niveaux est un monde d'identités et de lieux de pouvoir multiples, depuis le voisinage immédiat jusqu'à l'univers entier ; un monde d'interdépendance et d'interconnexion, dans lequel l'autorité est mal définie, changeante et fluide ; un monde dans lequel les intérêts et les préoccupations de la société civile et de l'économie s'étendent au-delà des frontières et n'ont cure des pouvoirs inscrits dans une constitution nationale. Le phénomène de la « globalisation » exige que nous nous tournions vers les échelons inférieurs pour intégrer aux relations intergouvernementales les gouvernements locaux et régionaux, ainsi que les nouveaux pouvoirs, tels les gouvernements autochtones. Il exige aussi que nous nous tournions vers l'échelon supérieur pour prendre en compte des institutions internationales et supranationales qui ne cessent de se multiplier. Et il nous demande de comprendre que les informations, les idées et le pouvoir circulent librement à travers ces niveaux politiques et que la responsabilité de telle ou telle politique particulière est rarement entièrement attribuable à l'un ou l'autre niveau. L'interdépendance est la seule réalité : les problèmes sont simultanément locaux, régionaux, nationaux et internationaux ; les solutions le sont aussi. Les notions mêmes de communauté et de citoyenneté sont devenues multidimensionnelles et comportent une multitude de facettes.

Il n'est pas facile de composer, conceptuellement ou pratiquement, avec une telle réalité. David Held remarque, fort pertinemment :

Si l'agent qui se trouve au cœur du discours politique, qu'il s'agisse d'un individu, d'un groupe ou d'une collectivité, se retrouve enfermé dans un ensemble de communautés politiques qui se recouvrent partiellement — qu'elles soient domestiques ou internationales — alors la question de savoir où est vraiment le « lieu » de la politique et de la démocratie se transforme en une énigme (Held, 1996 : 225).

Où, demande-t-il, se trouve « le lieu où s'énonce la formulation du bien politique démocratique » ?

À n'en pas douter, la gouvernance à plusieurs niveaux impose d'immenses défis à la citoyenneté démocratique. Si l'imputabilité et la détermination des responsabilités sont des tâches difficiles dans un système fédéral à deux niveaux, que penser d'un système à plusieurs niveaux pour lequel, en outre, on ne possède aucun manuel d'instruction. Si les citoyens se sentent impuissants à infléchir les politiques de leur pays — là même où ils ont des droits et des responsabilités —, comment seraient-ils efficaces dans un espace mondial ? Depuis quelques années, rappelle Mark Zacher, nous avons vécu une véritable explosion d'accords, de traités et de tribunaux internationaux, toutes instances qui demeurent essentiellement bureaucratiques, directoriales et largement à l'abri des pressions populaires (Zacher, 1999).

Nous croyons pourtant que ce monde, comme Janus, présente deux visages : il est à la fois menaçant et porteur d'espoir (Simeon, 1997b). La décentralisation multiplie, pour les citoyens, les occasions de participation ; la mondialisation multiplie les arènes politiques et ouvre la voie à la formation d'une société civile mondiale, capable d'aborder des problèmes qui débordent les frontières nationales ou locales.

Le défi à la démocratie et à la citoyenneté se manifeste aux deux extrémités de cette chaîne. Nous nous sommes attachés à la démocratisation des relations intergouvernementales canadiennes. Mais cette entreprise s'étend aussi aux autres niveaux. La démocratie ne peut plus s'arrêter aux frontières nationales.

En outre, les travaux des chercheurs qui sont en quête d'un ordre international plus démocratique ont une incidence sur la situation canadienne. Pour David Held, entre autres, le modèle westphalien de relations internationales ne s'applique plus aux réalités modernes. Un tel modèle, qui décrit des relations faites d'interactions entre les pouvoirs exécutifs d'États souverains, « se trouve à cent lieues de ce que nous pourrions appeler l'ordonnance "plus compacte" des affaires mondiales » (Held, 1995 : 270). Held cherche à définir un modèle de gouvernance cosmopolite qui institue un ensemble de droits, d'obligations et de normes partagé par tous et qui puisse régir les institutions locales, nationales et internationales. Cet ensemble coifferait des procédures et des pratiques diverses destinées à rendre les institutions internationales à la fois ouvertes, réceptives et imputables. Un tel monde est encore à l'état embryonnaire, mais se précise de jour en jour grâce à la mobilisation de groupes de citoyens à travers le monde.

Quel rapport cela entretient-il avec le Canada ? Eh bien, les relations intergouvernementales canadiennes se conforment étrangement au modèle westphalien de relations internationales et sont, par conséquent, tout aussi dépassées (Simeon, 1972; Smiley, 1979). Les recommandations de Held — normes démocratiques acceptées par tous, processus ouverts à la diversité des appartenances et des opinions, transparence et rôle accru des citoyens — acquièrent donc une grande pertinence pour les réformateurs canadiens en quête d'une approche basée sur la collaboration et susceptible de sauvegarder l'union sociale et économique d'une fédération extrêmement décentralisée.

VI. EN GUISE DE CONCLUSION : RÉFLEXIONS PROSPECTIVES

Comment pourrait évoluer, à l'orée du XXIe siècle, le rapport entre citoyenneté et relations intergouvernementales? La vie moderne étant faite de mutations tout autant que de continuité, il est toujours hasardeux de spéculer sur l'avenir. Nous conclurons, pourtant, par quelques réflexions sur ce qui pourrait advenir.

La gouvernance à plusieurs niveaux

Considérée sous son aspect le plus général, la gouvernance se prête à plusieurs hypothèses prospectives.

Les États continueront d'être, comme ils le sont depuis longtemps, le lieu où s'est le mieux réalisée la combinaison de l'exercice du pouvoir et de l'imputabilité. S'ils sont loin de la perfection, les États démocratiques ont davantage progressé, sur ce point, que toute autre organisation ou institution. Mieux que tout autre « concurrent », l'État démocratique a su équilibrer le pouvoir nécessaire à la réalisation d'objectifs publics et les mécanismes propices à un certain contrôle populaire sur ce pouvoir. À cet égard, les organisations politiques internationales, les corporations privées d'envergure mondiale, les alliances militaires et les ententes commerciales internationales sont encore loin de faire le poids. Sur le plan intérieur, les municipalités, les secteurs industriels auto-réglementés, les églises, les gouvernements autochtones ou les associations coopératives ne sont guère plus évolués — du moins pas encore. Rien n'indique que cette insigne avancée, propre aux États démocratiques, soit à la veille de disparaître ou d'être remplacée.

Il apparaît clairement, néanmoins, que l'État démocratique sera aux prises avec des problèmes sérieux, tout au moins dans un avenir prévisible. Nous vivons une époque que Daniel Yankelovich a décrite comme « l'épuisement du paradigme de l'État nation[17] ». Cet État est certes assailli de toutes parts, mais nous ne savons guère de quoi sera fait son successeur.

L'éparpillement du pouvoir se poursuivra donc, croyons-nous, pour quelque temps encore. Le pouvoir, revêtu ou non de légitimité, migrera dans toutes les directions, au profit d'organisations internationales publiques et privées, de gouvernements municipaux, locaux et régionaux et d'entités non étatiques et quasi étatiques

existant au sein de communautés nationales et qui assumeront des fonctions autrefois assumées par l'État.

Cette dispersion du pouvoir s'accompagnera, à notre avis, d'une exigence croissante d'imputabilité publique et de contrôle par la population. C'est ainsi, par exemple,
qu'une réaction populaire, largement basée sur Internet, a réussi à stopper l'Accord
multilatéral sur les investissements (AMI). Les rencontres de l'Organisation mondiale du commerce, organisées à Seattle à l'automne de 1999, ont elles aussi été per-
turbées par une opposition publique militante. Ce pourrait être là un présage et
signifier que le « fédéralisme exécutif », coupé de la population qu'il est supposé servir, est aussi problématique au niveau mondial qu'il l'est dans l'Union européenne
ou dans la Fédération canadienne. Des signes d'agitation se manifestent aussi au sein
de l'économie mondiale. Le financier international George Soros n'est qu'une des
nombreuses voix qui réclament une forme quelconque de contrôle public sur les
mouvements de capitaux, jusqu'à maintenant libres de toute contrainte.

Il fut un temps où le retour à la profitabilité signifiait, pour une compagnie, le
retour au travail de ses employés ; aujourd'hui, les profits augmentent au rythme des
mises à pied et de la mise au rancart des usines dans les pays non compétitifs.
L'ancien contrat moral qui liait travailleurs et patrons semblent être devenu inopé-
rant. Et trop souvent, les gouvernements aident à la poursuite de ce cycle destruc-
teur. Les citoyens des démocraties industrielles entendent de moins en moins
absorber les coûts de la mondialisation ; une réaction s'installe. Klaus Schwab et
Claude Smadja, respectivement fondateur et directeur administratif du Forum économique mondial, qui est le congrès annuel du capitalisme, ont fait état de ces préoccupations lors de l'ouverture du congrès de 1996. Signalant que la réaction
« menaçait de perturber l'activité économique et la stabilité sociale dans de nombreux pays », ils affirmèrent que « l'opinion publique des démocraties industrielles
ne se satisfera plus de simples professions de foi dans les vertus et les bénéfices de
la mondialisation. Il est urgent d'agir. » Selon eux, il est impératif « de rendre visibles
les bénéfices sociaux du capitalisme mondial [...] toute considération morale mise à
part, aucun développement durable ne peut advenir sans que la population en général ne se considère comme partie prenante à la réussite de l'économie » (Schwab et
Smadja, 1996).

La réaction populaire prendra probablement deux formes. La première consistera
à chercher à contrôler ces forces et ces organismes internationaux qui fonctionnent
hors d'atteinte de la population. C'est là tenter de démocratiser la mondialisation en
mondialisant la démocratie, tâche herculéenne s'il en est. La seconde sera vraisemblablement d'ordre interne : il s'agira de revigorer l'État-nation en lui redonnant la
capacité de contrôler, au nom de ses citoyens, les puissances qui forgent l'économie
nationale. La tâche sera tout aussi ardue. Les difficultés étant nombreuses, les progrès seront lents et les réformes, difficiles à réaliser. Nous croyons pourtant que les
années qui viennent seront marquées, dans plusieurs pays et dans de nombreuses

organisations, par des efforts pour réaliser des réformes démocratiques adéquates à ce monde nouveau qui se fait jour.

Relations intergouvernementales et démocratie au Canada

À propos de relations intergouvernementales et de démocratie au Canada, il est possible d'être plus concret.

Nous avons décrit, dans cet essai, l'émergence d'une forme différente de relations intergouvernementales, que nous avons nommée «fédéralisme de collaboration». Ce phénomène se poursuivra-t-il au cours des prochaines années? Certains prétendront qu'il découlait, en dernière analyse, de l'impuissance fiscale d'Ottawa et qu'il disparaîtra avec le retour à la santé financière du gouvernement fédéral. Certes, le budget de février 1999, le premier de cette nouvelle ère, a considérablement modifié la situation et la dynamique fédérale-provinciale. Il a mis en relief le fait que l'argent fédéral lubrifie la mécanique de la collaboration fédérale-provinciale et augmente l'influence qu'Ottawa exerçait traditionnellement sur les provinces grâce à son pouvoir de dépenser.

Cela dit, cependant, nous estimons que des raisons existent de croire que le fédéralisme de collaboration ne disparaîtra pas :

- Premièrement, les Canadiens ont toujours considéré que la collaboration entre leurs gouvernements était un objectif important; le fédéralisme de collaboration répond à ces exigences.

- Deuxièmement, les approches antérieures, fondées sur un leadership incontesté du fédéral et sur l'utilisation unilatérale de son pouvoir de dépenser, ne sont plus aussi praticables que jadis. Conscient de ce phénomène, Ottawa s'est même engagé à limiter sa propre liberté d'agir à l'ancienne manière.

- Troisièmement, les réalisations du fédéralisme de collaboration — l'AIT, l'accord de Calgary et l'entente cadre sur l'union sociale, entre autres — augmentent la probabilité d'un recours à des procédures identiques dans l'avenir. L'entente sur l'union sociale, par exemple, comporte un engagement de révision après trois ans. Cette approche procède donc d'une certaine dynamique.

- Quatrièmement, les provinces et les territoires ont pris conscience du fait qu'ils pouvaient réaliser des progrès importants, établir leur propre calendrier et travailler les uns avec les autres. Cette dynamique interprovinciale fait contrepoint à la relation fédérale-provinciale classique pratiquée jusqu'alors. L'institutionnalisation de cette approche, par le biais de la Conférence annuelle des premiers ministres et des conseils ministériels, procure une armature administrative à ce qui aurait pu n'être qu'une impulsion sans contenu.

• Cinquièmement, les gouvernements ont découvert qu'ils pouvaient, en travaillant en collaboration sur des champs de politique spécifiques, trouver des
terrains d'entente impossibles à dégager lors de rencontres constitutionnelles.

Si l'on considère l'évolution globale de la fédération canadienne depuis une
quarantaine d'années, nous constatons que la domination du fédéral s'est essentiellement définie en fonction de deux forces : le *nation building* au Québec, le *province building* partout ailleurs. Ces deux forces ont eu un impact majeur sur le
gouvernement du Canada et sur sa capacité à s'imposer sur le plan intergouvernemental. La maturation des gouvernements provinciaux a modifié l'équilibre du pouvoir au sein de la Confédération et redéfini les modes d'action d'Ottawa. À notre
avis, le fédéralisme de collaboration s'insère logiquement dans l'évolution qu'a
connue le pays depuis les quatre dernières décennies.

Dire de ce fédéralisme qu'il marquera les relations intergouvernementales ne
signifie pas que la partie se jouera sur ce seul terrain. Plusieurs des sujets qui importent
aux Canadiens — et donc au gouvernement fédéral — relèvent largement de compétences provinciales. Dans la mesure où le fédéral ne peut agir à son gré dans le
domaine des programmes à frais partagés et des programmes *block-funded* (avec les
provinces), il empruntera tout naturellement d'autres avenues, où rien ne fera obstacle à sa liberté d'action. C'est ainsi qu'Ottawa interviendra probablement dans le
domaine des politiques sociales par le biais de son régime fiscal ou par le moyen de
subventions directes aux individus ou aux organisations. Le Crédit d'impôt pour
enfant demeure un bon exemple de la première méthode, même s'il résulte d'une
coopération fédérale-provinciale ; la création des « Bourses du millénaire » illustre
la seconde approche, fort critiquée au Québec. Mises en application, ces solutions
de rechange ne seront pas à l'abri de controverses politiques, mais elles permettront
à Ottawa d'agir sans avoir à se soumettre aux volontés des provinces.

Notre conception du fédéralisme de collaboration doit être replacé dans le contexte plus large de la multigouvernance au Canada. Il deviendra de plus en plus
nécessaire de considérer le rôle des gouvernements locaux, territoriaux et autochtones dans leurs rapports aux institutions provinciales, nationales et internationales.
Et cela, non seulement parce que les municipalités n'ont, constitutionnellement,
aucune existence propre, mais aussi parce que les provinces exercent habituellement
un contrôle étroit sur les structures et les pouvoirs des gouvernements locaux. Si le
Canada est une des fédérations les plus décentralisées en matière de relations fédérales-
provinciales, il en est une des plus centralisées en matière de relations provinciales-
municipales. Cette situation a largement amputé de leur dynamisme et de leur vita-
lité les gouvernements qui sont les plus proches des citoyens et qui interviennent le
plus immédiatement dans tout ce qui touche la qualité de leur vie. Or nous vivons à
une époque où villes et régions sont au cœur de l'innovation culturelle et économique, sont de plus en plus multiculturelles et sont fréquemment liées davantage à
des réseaux nationaux et internationaux qu'à leur propre arrière-pays. La multigouvernance ne saurait s'enrichir sans leur présence active.

De plus, le Canada explore des formes institutionnelles autres que le cadre traditionnel fédéral-provincial-municipal. Les territoires nordiques se comportent de plus en plus comme des provinces plutôt que comme des protectorats fédéraux. La création du nouveau territoire de Nunavut, essentiellement peuplé d'Inuit, constitue la première expérience canadienne d'autonomie politique autochtone. Ailleurs au pays, les peuples autochtones sont, eux aussi, en quête d'une autonomie qui leur convienne. Ils deviennent, eux aussi, des acteurs dans ce monde de la multigouvernance.

Qu'en est-il du rapport entre citoyenneté démocratique et relations intergouvernementales? À notre avis, tout dépendra des circonstances.

- Premièrement, sur le plan opérationnel et administratif, où l'incidence politique et les questions de politique prennent moins d'importance, où le contenu technique domine et où les officiels provinciaux et fédéraux partagent les mêmes valeurs professionnelles, les relations seront conduites comme elles l'ont toujours été — discrètement, professionnellement, à l'abri du public et entre les seuls représentants des deux parties. Typiques du fédéralisme coopératif classique, ces opérations n'attireront pas davantage que jadis l'attention du public. Le postulat de la démocratie représentative s'appliquera intégralement : les citoyens voudront que le travail soit fait, et bien fait, mais ne seront guère intéressés à être consultés ou à participer au processus — si toutefois ils en connaissent même l'existence.

- Deuxièmement, sur le plan sectoriel — où programmes importants, thèmes politiques, sujets de politique, groupes d'intérêts et secteurs influents entrent en jeu — nous prévoyons un accroissement de la pression, perceptible depuis quelques années, en faveur de la participation de la population. Politique des pêcheries au large de l'une ou l'autre de nos trois côtes, traités et revendications territoriales autochtones, programmes de R&D industriels et universitaires, programmes de formation en politique d'immigration — tous ces sujets ne mettent pas en cause la société politique dans son ensemble, mais affectent et intéressent des secteurs importants de la société civile. En de tels domaines, nous croyons que les publics directement touchés par les ententes conclues en leur nom par les représentants des gouvernements ne cesseront pas d'exiger d'être entendus à toutes les étapes du processus, y compris définition des problèmes, détermination des options, examen des ressources et des conséquences.

- Troisièmement, sur le plan du système lui-même se retrouvent des questions qui vont au cœur de la conception et du fonctionnement de la fédération; ces questions, en un sens, sont d'ordre constitutionnel. L'accord sur le commerce intérieur, l'accord de Calgary, l'entente cadre sur l'union sociale — toutes ces questions sont systémiques. Paradoxalement, on pourrait prétendre que les exigences de participation publique à un tel processus systémique seront probablement moindres qu'elles ne le seront dans le cas de négociations bilatérales portant sur des problèmes sectoriels, même si les questions en cause sont beaucoup plus importantes dans le premier cas. Le cas des négociations bilatérales met en cause un public déjà sensibilisé, qui peut se mobiliser rapidement pour défendre ses intérêts. Les négociations systémiques, par contre, traitent de ce qu'on pourrait appeler l'architecture et les processus qui entourent les problèmes concrets. Elles ne s'adressent donc pas directement à un public organisé, mais à un public mal défini, vaste et difficile à saisir. Il faut beaucoup de temps avant que les thèmes systémiques ne mûrissent et soient expliqués à la population, beaucoup de temps avant qu'ils provoquent une réaction populaire. Mais lorsque cette réaction se produit, la voix de la population peut être puissante et sans appel, comme nous l'ont enseigné Meech et Charlottetown. Mais cette dynamique est lente à se développer, de sorte que les pressions pour ouvrir ce processus ne seront pas très fortes, même si la nécessité de transparence est urgente. Voilà qui impose aux acteurs gouvernementaux un lourd fardeau en matière de procédures.

Citoyens et fonctionnaires

Nous en sommes donc à nos dernières remarques. Nous avons, dans cet essai, examiné les relations intergouvernementales dans la perspective du citoyen. Mais qu'en est-il des officiels responsables du fonctionnement de ce système ? Si nos intuitions prospectives ne sont pas fausses, quelles en sont les conséquences sur la manière d'agir des fonctionnaires ?

De toute évidence, le modèle conventionnel d'administration publique, déjà sérieusement atteint, le sera davantage au cours des prochaines années. Le modèle simpliste selon lequel les politiciens décident et les fonctionnaires exécutent signifie que le rapport citoyens/gouvernement devrait être l'affaire des politiciens. Or la multigouvernance et la nouvelle allure des relations intergouvernementales nous enseignent que cette vision, pour autant qu'elle ait déjà été juste, ne rend absolument pas compte de la réalité. Les fonctionnaires doivent, de plus en plus, être capables de multiples interactions avec le public. La démocratie actuelle l'exige. Mais rares sont les fonctionnaires qui se plaisent à un tel rôle public et « politique ».

Cette réticence tient à une excellente raison : la nécessité de modifier le parlementarisme et les principes de responsabilité ministérielle qui le sous-tendent. Tout fonctionnaire qu'on a invité à s'exprimer publiquement et à qui l'on a ensuite reproché ses propos a fort bien compris qu'il nous manque une théorie et un mode de distribution des rôles adéquats à la réalité nouvelle.

Au-delà de ce problème, notre compréhension conventionnelle du gouvernement parlementaire est remise en cause à divers titres (déjà évoqués au début de ce chapitre). Dans la mesure où certaines des plus importantes mesures émanent des rencontres intergouvernementales et s'inscrivent désormais dans des institutions de même ordre, les problèmes de transparence, d'imputabilité et de démocratie se posent à nouveau. Cela étant, il est clair qu'il ne suffit plus de se fier aux seules lignes d'imputabilité qui vont de chaque gouvernement à son cabinet et à sa législature. Qu'en est-il de la responsabilité des participants intergouvernementaux eux-mêmes, en tant que groupe ? Quelle relation entretient, ou devrait entretenir, le citoyen avec ces puissantes instances où sont arrêtées des décisions majeures ?

Sur ce point, la théorie et la pratique sont encore trop parcellaires pour nous être de quelque utilité ; pourtant, tout indique que nous sommes encore fort loin de pouvoir combler ce vide dans notre théorie de la démocratie. Y arriver ne sera pas facile. Mais tout progrès dans cette direction ne pourra que bénéficier à l'étude plus vaste de la multigouvernance.

CONCLUSION

Dans les fédérations existantes, la pratique intergouvernementale est faite de très nombreuses structures, institutions et mécanismes conçus pour composer avec les inévitables chevauchements et avec l'interdépendance qui caractérisent la vie moderne. Chaque fédération a certes suivi sa propre voie en fonction de sa situation particulière, mais toutes ont obéi aux mêmes exigences fonctionnelles, c'est-à-dire à la nécessité de trouver des moyens de gérer l'interface entre les gouvernements. La capacité de gérer ces interfaces prendra une importance de plus en plus grande à mesure que seront créés de nouveaux systèmes fédéraux et que proliféreront, à l'avenir, des structures de gouvernance à plusieurs paliers.

Il est facile de se perdre dans les aspects techniques de ces processus et de concentrer l'analyse sur les structures et les mécanismes qui permettent de réglementer la concurrence ou de promouvoir la coopération entre gouvernements. Nous croyons cependant avoir montré qu'il existe un autre contexte au sein duquel doivent être replacées les relations intergouvernementales ; ce cadre, qui est en définitive le plus important, est celui des normes et des valeurs démocratiques. De quelque couleur qu'ils soient, les gouvernements modernes font face à de sérieux défis démocratiques. Envisagés sous l'angle des relations entre gouvernements, ces défis sont doublement difficiles à relever.

On peut dire, en effet, qu'il existe une théorie et des institutions relativement solides permettant de justifier l'adjectif « démocratique » de la phrase « l'État démocratique moderne ». Mais aucune théorie n'a encore été développée, ni aucune institution correspondante, qui permettent de parler avec certitude de « relations intergouvernementales démocratiques ». Ces relations sont pourtant au cœur de la vie politique moderne — non seulement dans les fédérations — et ne pourront que l'être davantage à l'avenir. À l'orée de ce nouveau siècle, démocratiser les relations intergouvernementales constitue un des principaux défis de la gouvernance.

NOTES

1. Dès le milieu des années 1960, les parlementaires s'inquiétaient de l'émergence d'un nouveau palier de gouvernement, susceptible de miner la souveraineté du parlement. Voir Richard Simeon, *Federal-Provincial Diplomacy*, Toronto, University of Toronto Press, 1972.

2. NdT : Intraduisible en français, le jeu de mots contracte « globalization » et « local » en substituant « c » à « b ». La langue anglaise emploie « globalization », la langue française « mondialisation » ou « globalisation », selon le contexte.

3. Ce phénomène est décrit et analysé dans Earl H. Fry, « The Expanding Role of State and Local Governments in U.S. Foreign Affairs », étude présentée à l'American Political Science Association, Boston, le 3 septembre 1993. Ainsi, au moment où ces lignes furent écrites, la Californie maintenait un Export Finance Office, une State World Trade Commission, un Office of Foreign Investment, un Office for Export Development et huit bureaux à l'étranger (bientôt portés à 11) (p. 14).

4. Hudson Meadwell qualifie le modèle canadien de « fédéralisme associatif » (NdT : *consociational federalism*. Consociation se définit comme une association étroite, in Oxford Reference Dictionary, 2ᵉ éd., 1996, p. 307). Voir « Nations, States and Unions : Institutional Design and State-Breaking in the Developed West », document présenté à l'American Political Science Association, Boston, septembre 1998.

5. Les Bourses du millénaire furent un signe avant-coureur de cette tendance. Selon cette mesure, les bourses seront versées directement aux étudiants du post-secondaire, sans passer par les provinces, ce qui a soulevé de nombreuses protestations, particulièrement de la part du Québec.

6. C'est pourquoi le gouvernement ontarien intitula « Fair Share » (« Partage équitable ») la campagne qu'il mena contre les politiques fédérales. Queen's Park commanda à une société privée, Informetrica, une série de dix études d'où résulta, de la part de l'Ontario, la première analyse coûts-bénéfices du fédéralisme canadien.

7. Cela en dépit des réductions massives imposées par Ottawa et qui ont sérieusement affecté les provinces. Le secteur de la santé en fut particulièrement éprouvé.

8. Le projet de consolidation des marchés boursiers canadiens, rendu public au printemps de 1999, montre à quel point l'intégration économique transnationale impose une discipline aux instances de réglementation non gouvernementales, sans égard aux gouvernements. Le projet fut proposé par les Bourses elles-mêmes, sous la pression des marchés financiers mondiaux et, en plusieurs cas, à l'encontre des préférences des gouvernements eux-mêmes.

9. Pour Daniel Schwanen et Robert Howse, l'accord vaut d'être applaudi mais doit être renforcé (Daniel Schwanen, *Drawing on Our Inner Strength*, C.D. Howe Institute Commentary, juin 1996 ; Robert Howse, *Securing the Canadian Economic Union*, C.D. Howe Commentary, juin 1996). Les auteurs recommandent, par exemple, de donner au Secrétariat le pouvoir d'analyser les obstacles à la mise en œuvre de l'accord et de recommander des solutions, de transformer en vote qualifié le vote par consensus des gouvernements membres, d'étendre aux parties privées l'accès au mécanisme de règlement des conflits et de faire connaître au public l'existence et les objectifs de l'accord.

10. Le *processus* d'union sociale a incontestablement été amorcé par les provinces. Il est permis de s'interroger, en revanche, sur les avantages relatifs qu'ont retiré Ottawa et les provinces de *l'entente* sur l'union sociale. La diversité des opinions à ce sujet demeure un des traits les plus marquants de cette récente réalisation du fédéralisme de collaboration.

11. Le même phénomène vaut pour une autre fédération parlementaire, l'Australie, où un changement de gouvernement survenu en 1996 a mis fin à une fort prometteuse expérience de collaboration intergouvernementale (le COAG).

12. Le présent essai, notons-le, ne s'interroge pas sur la nature démocratique du fédéralisme ; il porte sur les relations intergouvernementales au sein du fédéralisme. Pour une discussion du fédéralisme en matière d'imputabilité démocratique, voir William Downs, « Accountability in Systems of Multilevel Governance : American Federalism in Comparative Perspective », document présenté devant l'American Political Science Association, Boston, 3-6 septembre 1998. Aux « vertus » du fédéralisme — contrepoids à l'abus de pouvoir, nombreux points d'accès, attention aux préoccupa-

tions locales et socialisation des leaders potentiels — l'auteur oppose les «vices» que sont l'extrême complexité du système, l'imprécision des lignes de responsabilité, la probabilité d'une «lassitude de l'électorat» et l'amenuisement du rôle des gouvernements locaux.

13. Cité dans Kenneth Norrie, Richard Simeon et Mark Krasnick, *Federalism and the Economic Union*. Travail de recherche pour le compte de la Commission royale sur l'union économique et les perspectives de développement du Canada, 59, Toronto, University of Toronto Press, 1985, p. 157.

14. Un débat semblable sur les modes de représentation a été tenu outre-atlantique, où les groupes d'intérêts interviennent de plus en plus fréquemment dans les affaires de l'Union européenne.

15. En 1997, par exemple, on proposa d'imposer de tels mandats (nouveaux ou non assortis de subventions) aux États en matière de conduite en état d'ébriété, d'administration des coupons d'aide alimentaire (Food Stamps), d'aide sociale et d'assurance maladie (Medicaid) (on exigea même que les programmes Medicaid des États assument les coûts du Viagra!).

16. *Loc. cit.*

17. Remarque prononcée lors du colloque consacré aux *Scenarios for the Future*, La Sapinière, P.Q., novembre 1997.

BIBLIOGRAPHIE

Agranoff, Robert (1993), «Intergovernmental Politics and Policy : Building Federal Arrangements in Spain», *Regional Politics and Policy*, 3, été : 1-28.

Banting, Keith (1986), *The Welfare State and Canadian Federalism*, Montréal, McGill-Queen's University Press.

Banting, Keith (1998), «The Past Speaks to the Future : Lessons from the Postwar Social Union», dans Lazar, Harvey (dir.), *Canada : The State of the Federation, 1997*, Kingston, Institute of Intergovernmental Relations, p. 39-69, 64.

Biggs, Margaret (1996), *Building Blocks for the New Social Union*, Ottawa, Canadian Policy Research Network.

Boeckelman, Keith (1996), «Federal Systems in the Global Economy», *Publius*, 26, hiver : 1-10.

Bradbury, Jonathan (1997), «The Blair Government's White Papers on British Devolution», *Regional and Federal Studies*, 7, automne : 115-133.

Breton, Albert (1985), «Supplementary Statement», dans Royal Commission on the Economic Union and Canada's Development Prospects, *Rapport*, Vol. III, Ottawa, Travaux publics et services gouvernementaux.

Burelle, André (1995), *Le mal canadien,* Montréal : Fides.

Burgess, Michael et Franz Gress (1991), «German Unity and the European Union», *Regional Politics and Policy*, vol. 1, p. 242-259, 245.

Cameron, David R. (1994), «Half-Eaten Carrot, Bent Stick : Decentralization in an Era of Fiscal Restraint», *Canadian Public Administration*, vol. 37, n° 3, automne.

Canada West Foundation (1998), *Red Ink IV : Back From the Brink ?*, Calgary.

Canadian Intergovernmental Conference Secretariat, *Report to Governments, 1997-98*, Ottawa, CICS.

Cole, Richard L. et Carl W. Stenberg (1996), «Reversing Directions : A Ranking and Comparison of Key Intergovernmental Events, 1960-1980 et 1980-1945», *Riblins*, 26, printemps : 25-41.

Cook, Gareth (1995), « Devolution Chic : Why Sending Power to the States Could Make Monkey out of Uncle Sam », *The Washington Monthly*, 27, avril : 9-17.

Courchene, Thomas (1997), *ACCESS : A Convention on the Canadian economic and social systems*, août 1996. Document préparé pour le ministère des Affaires intergouverne-mentales de l'Ontario, p. 2. Réimprimé à l'Institute of Intergovernmental Relations, *Assessing ACCESS*, Kingston, Institute of Intergovernmental Relations.

Deeg, Richard (1996), « Economic Globalization and the Shifting Boundaries of German Federalism », *Publius*, 26, hiver : 27-53, p. 27.

The Economist (1999), « Towards a Federal Britain : An England of Regions », 27 mars, p. 23-25.

Fry, Earl H. (1993), « The Expanding Role of State and Local Governments in U.S. Foreign Affairs », Document présenté à l'American Political Science Association, Boston, septembre.

Gibbins, Roger (1995), « Democratic Reservations about the ACCESS Models », dans Institute of Intergovernmental Relations, *Assessing ACCESS : Towards a New Social Union*, Kingston, Institute of Intergovernmental Relations, 41-44.

Goetz, Klaus (1995), « National Governance and European Integration : Intergovernmental Relations in Germany », *Journal of Common Market Studies*, 33, mars : 91-116, p. 105.

Held, David (1995), *Democracy and the Global Order : From the Modern State to Cosmo-politan Governance*, Stanford, Stanford University Press.

Hooghe, Liesbet (dir.) (1996), *Cohesion Policy and European Integration : Building Multi-level Governance*, Oxford, OUP.

Hooghe, Liesbet (1993), « Belgium : From Regionalism to Federalism », *Regional Politics and Society*, 3, été : 44-67.

Horeth, Marcus (1998), « The Trilemma of Legitimacy — Multilevel Governance in the EU and the Problem of Legitimacy », Avant-projet C 11, Center for European Integration Studies, Rheinische Friedrich-Wilhelms-Universität Bonn, 6-7.

Howse, Robert (1995), « Between Anarchy and the Rule of Law : Dispute Settlement and Related Mechanisms in the Agreement on Internal Trade », et Patrick J. Monahan, « To the Extent Possible : A Comment on Dispute Settlement in the Agreement on Internal Trade », dans Trebilcock, Michael J. et Daniel Schwanen (dir.), *Getting There : An Assessment of the Agreement on Internal Trade*, Toronto, C. D. Howe Institute, p. 170-195 et 211-218.

Inglehart, Ronald (1990), *Culture Shift in Advanced Industrial Society*, Princeton, Princeton University Press.

Inglehart, Ronald, Neil Nevitte et Miguel Basanez (1996), *The North American Trajectory : Social Institutions and Social Change*, New York/Berlin, Aldine de Gruyter.

« Is Decentralization Conservative ? Federalism and the Contemporary Debate on the Canadian Welfare State » (1997), Document préparé pour la Conference on « Decentralization : Dimensions and Prospects in Canada », University of Western Ontario, octobre.

Keating, Michael (1997), « Challenges to Federalism : Territory, Function and Power in a Globalizing World », Document présenté à la Conference on Federalism, University of Western Ontario, octobre.

Kennett, Steven (1998), *Securing the Social Union : A Commentary on the Decentralized Approach*, Kingston, Institute of Intergovernmental Relations.

Kincaid, John (1990), « From Cooperative to Coercive Federalism », *The Annals of the American Academy of Political and Social Science*, 509, mai : 139-152.

Lazar, Harvey (dir.) (1998), *Canada : The State of the Federation, 1997*, Kingston, McGill Queen's University Press.

Marks, Gary (1996), « Structural Policy and Multilevel Governance in the EC », dans Klausen, J. et L. Tilley (dir.), *Processes of European Integration, 1880-1995 : States, Markets and Citizenship*, *National Tax Journal*, 49, juin.

Nevitte, Neil (1996), *The Decline of Deference*, Peterborough, Broadview Press.

Noël, Alain (1999), « Is Decentralization Conservative ? Federalism and the Contemporary Debate on the Welfare State », dans Young, Robert (dir.), *Stretching the Federation : The Art of the State in Canada*, Kingston, Institute of Intergovernmental Relations, Queen's University, 195-219.

Peterson, Paul et Kevin Kelly (1996), « Leave It to the States and It Won't Get Done », *Commonwealth*, 123, 9 février : 11-14.

Phillips, Susan (1995), « The Canada Health and Social Transfer », dans Brown, Douglas et Jonathan Rose (dir.), *Canada : The State of the Federation, 1995*, Kingston, Institute of Intergovernmental Relations, 65-96.

Norrie, Kenneth, Richard Simeon et Mark Krasnick (cité dans), *Federalism and the Economic Union*, Research Studies for the Royal Commission on the Economic Union and Canada's Development Prospects.

Reform Party of Canada (1998), *New Canada Act : An Act to Modernize Our Government for the 21st Century*, Ottawa.

Richards, John (1998), « Reducing the Muddle in the Middle : Three Propositions for Running the Welfare State », dans Lazar, Harvey (dir.), *Canada : The State of the Federation, 1997. Non-Constitutional Renewal*, Kingston, Institute of Intergovernmental Relations, 71-104, p. 83.

Rivlin, Alice (1992), *Reviving the American Dream*, Washington, The Brookings Institution.

Russell, Peter (1993), *Constitutional Odyssey*, 2e édition, Toronto, University of Toronto Press.

Scharpf, Fritz (1988), « The Joint Decision Trap : Lessons from German Federalism and European Integration », *Public Administration*, 66, été : 236-278.

Schwab, Klaus et Claude Smadja (1996), *Globe and Mail*, 16 février.

Simeon, Richard (1972), *Federal-Provincial Diplomacy*, Toronto, University of Toronto Press.

Simeon, Richard (1997a), « The Politics of Fiscal Federalism », dans Courchene, T.J. et Keith Banting (dir.), *The Future of Fiscal Federalism*, Kingston, School of Policy Studies.

Simeon, Richard (1997b), « Citizens in the Emerging Global Order », dans Courchene, Thomas J. (dir.), *The Nation-State in a Global/Information Order : Policy Challenges*, Kingston, John Deutsch Institute for Economic Research, p. 299-314.

Smiley, D.V. (1979), « An Outsider's Observations of Intergovernmental Relations among Consenting Adults », dans Simeon, Richard (dir.), *Confrontation or Collaboration : Intergovernmental Relations in Canada Today*, Toronto, Institute of Public Administration of Canada.

Wallace, William (1996), «Governance without Statehood: The Unstable Equilibrium», dans Wallace, Helen et William (dir.), *Policy-Making in the European Union*, 3ᵉ édition, Oxford, Oxford University Press, p. 439-460.

Watts, Ronald (1996), *Comparing Federal Systems in the 1990s*, Kingston, Institute of Intergovernmental Relations, p. 52.

Weissert, Carol S. (1998), «The State of American Federalism, 1997-1998», document présenté à l'American Political Science Association, Boston.

Weissert, Carol S. (1998), «The State of American Federalism, 1997-1998», document présenté à l'American Political Science Association, Boston, 3-6 septembre.

Witte, Els (1992), «Belgian Federalism: Towards Complexity and Asymmetry», *West European Politics*, 15, octobre: 95-117.

Zacher, Mark (1997), «The Global Economy and the International Political Order», dans Courchene, T.J. (dir.), *The Nation State in a Global Information Order: Policy Challenges*, Kingston, John Deutsch Institute for Economic Research, 67-95.

Zuckert, Michael P. (1992), «The Virtuous Polity, the Accountable Polity: Liberty and Responsibility in The Federalist», *Publius*, 22, hiver.

4
Comment parvenons-nous à évaluer la qualité des services publics ?

CHRISTOPHER POLLITT

PRÉAMBULE

À la question « Comment pouvons-nous évaluer la qualité des services publics ? »,
nombreux sont les pays de l'OCDE qui, depuis dix ans et davantage, ont essentiellement répondu : « en la mesurant ». Cette tendance aura été particulièrement perceptible en Australie, en Nouvelle-Zélande et au Royaume-Uni, mais semble aussi se
manifester de plus en plus au Canada, aux États-Unis et aux Pays-Bas (par ex.
Boston *et al.*, 1996 ; OCDE, 1997 ; Sandberg, 1996 ; Sorber, 1996 ; Summa, 1995 ;
Wholey, 1997). On a pu dire, du Royaume-Uni, que :

> Aucun employé du secteur public n'a échappé à la portée de plus en plus éten-
> due des méthodes d'évaluation du rendement. La pression à atteindre des objectifs
> ou à se plier à des normes de rendement, que ce soit quant aux listes d'attente des
> hôpitaux, aux résultats d'examens, à la réduction du taux de criminalité ou au clas-
> sement de la recherche universitaire, a induit des changements profonds dans les
> organisations publiques. Les indicateurs de rendement (IR) devenant de plus en plus
> liés à l'affectation des ressources et aux récompenses monétaires aux individus, cul-
> tures organisationnelles et comportements individuels ont été transformés (Carter,
> 1998 : 177).

De l'ensemble de la situation européenne, Bouckaert écrit :

> Des changements importants quant à la mise en œuvre des mesures de rendement
> sont communs à tous les pays européens.

La mesure est devenue plus *extensive*. On y inclut davantage de niveaux [...] davantage de domaines.

Elle est aussi devenue plus *compréhensive*, dans la mesure où elle est appliquée à des fonctions de gestion de plus en plus nombreuses (non seulement la fonction de supervision mais aussi la prise de décision, le contrôle et même la prestation d'imputabilité).

En dernier lieu, la mesure du rendement devient plus *externe*. On ne l'applique pas qu'à l'interne, mais aussi aux membres des corps législatifs et même à la population » (Bouckaert, 1996 : 234. Les deux adverbes « même », dans cette longue citation, sont particulièrement éloquents).

La mesure du rendement se pratique aussi de plus en plus dans le Nouveau Monde. Aux États-Unis, la National Performance Review et la Government Performance and Results Act (GPRA, 1993) ont provoqué une véritable orgie de mesurage. À cet égard, la GPRA est particulièrement importante puisqu'elle appelle à évaluer l'ensemble du gouvernement fédéral. Elle « exige des organismes qu'ils planifient et évaluent le rendement par rapport aux "activités de programmes" inscrites à leurs dépôts budgétaires » (General Accounting Office, 1997a).

Dans plusieurs pays, cette généralisation de la mesure se traduit aussi par un rapide développement des procédés de vérification du rendement et de l'amélioration de la qualité. La vérification du rendement ne remplace pas la traditionnelle vérification financière, mais en constitue plutôt le complément (Pollitt *et al. :* 1999). C'est ainsi que Power (1997) démontre et analyse l'existence d'une « explosion des mesures de vérification » survenue durant les années 1980 et 1990. Pour leur part, Hood *et al.* (1998 : 66) concluent à « une croissance importante, depuis 20 ans, de la réglementation au sein du secteur public du Royaume-Uni en matière de dotation de personnel et de dépenses directes » ; la réglementation est ici définie comme « vérification, poursuite des griefs, établissement de normes, inspection et évaluation », toutes activités qui présupposent souvent l'utilisation de mesures quantitatives (*ibid. :* 61). Quant à la qualité, la prolifération des « chartes des citoyens » (au niveau national en Belgique, en Finlande, en France, au Portugal et au Royaume-Uni) et les diverses applications de la Gestion intégrale de la qualité (GIQ)) ont conduit à la formulation de normes, dont plusieurs sont quantitatives et dont de nombreux organismes et groupes divers surveillent l'application (voir, par ex. Gaster, 1995 ; Joss et Kogan, 1995 ; Pollitt et Bouckaert, 1995 ; Premier ministre, 1991).

Cette tendance à l'emploi de mesures quantitatives et à l'instauration de normes et d'objectifs n'est l'apanage d'aucun parti ou d'aucune idéologie. Elle fut manifeste sous les Conservateurs britanniques dès le début des années 1980 et jusqu'à leur défaite en 1997, et leurs successeurs travaillistes promirent d'y surenchérir (*new quality standards, new efficiency standards*, et ainsi de suite — voir Chancellor of the Exchequer, 1998 : 13 *et sq.*). En Nouvelle-Zélande, elle fut perceptible sous les gouvernements travaillistes de 1984 à 1990 et sous les conservateurs du National Party qui leur succéda. En Finlande, la coalition Holkieri dirigée par les conservateurs de 1987-1991 et la coalition de centre droit de Aho (1991-1996) y participèrent tout autant, de même que la «coalition arc-en-ciel» de Lipponen, en fonction depuis 1996.

Le mesurage permettra, selon certains, de connaître la qualité des services publics et de déceler la direction, bonne ou mauvaise, de leur évolution. D'une activité ainsi soumise à cet œil inquisiteur, politiciens et gestionnaires sauront parfaitement quoi faire. «Ce que l'on mesure, on le gère» ; ainsi le veut la rengaine maintes fois entendue lors de congrès et d'ateliers consacrés à la gestion du secteur public. Dans sa version la plus ambitieuse, ou la plus naïve, cette phrase évoque un état de grâce selon lequel toute décision relative à des programmes devient quasi *automatique*. Selon cette utopie administrative, les mesures de rendement révéleront ce qui fonctionne et ce qui ne fonctionne pas, et les allocations budgétaires, les objectifs sectoriels, les objectifs personnels (articulés par le système d'évaluation) et la rémunération selon le rendement seront tous fonction des activités les plus efficaces. Les meilleures options décisionnelles sont pratiquement inscrites dans les fiches de rendement régulièrement transmises aux principaux décideurs et aux gestionnaires hiérarchiques. Tous savent à quoi s'en tenir.

Une telle croyance aux vertus du mesurage, fût-ce sous une forme moins extrême que celle qui précède, n'est pas sans soulever de nombreuses difficultés. Le présent document entend explorer ces difficultés et marquer les limites de cette forme d'évaluation des services publics. Nous n'en conclurons pas, cependant, que cette approche devrait être délaissée (proposition inutile, du reste, puisque trop de gouvernements se sont largement engagés sur cette voie). Nous prétendrons plutôt que de telles activités devraient être repensées de manière à les intégrer plus soigneusement aux préoccupations traditionnelles concernant les institutions démocratiques et la qualité du débat public. La mesure du rendement peut être extrêmement utile et éclairante, mais ses données ne seront jamais qu'un des facteurs du processus décisionnel, facteur souvent limité et fragile. C'est de ces *interactions* entre données quantitatives, structures institutionnelles et jeu des idées et des doctrines politiques que naissent et évoluent les politiques et les programmes.

TROIS ESPÈCES DE PROBLÈMES LIÉS AU MESURAGE

La rengaine déjà citée — «Ce que l'on mesure, on le gère» — devrait se lire plus justement «Ce que l'on mesure, on s'y intéresse», ce qui est bien différent. Mais les difficultés sont plus profondes. On peut distinguer au moins trois types de problèmes liés les uns aux autres :

• Problèmes conceptuels (à quel point le mesurage est-il significatif et compréhensible pour les divers groupes qui en subissent les effets : groupes sociaux, politiques et appartenant à la fonction publique ?)

- Problèmes de motivation (problèmes surtout mineurs de fonctionnement bureaucratique : qui mesure qui, dans quel but et quelles sont les protections contre les distorsions et les abus ?)

- Problèmes techniques (tout ce qui est important se prête-t-il à des mesures, à des mesures fiables, et le processus peut-il être accompli sans délais indus et à des coûts raisonnables ?)

Les gestionnaires du secteur public et les réformateurs politiques des années 1990 sont loin d'être les premiers à rencontrer de telles difficultés. Il ne faudrait pas oublier, par exemple, que le président Breshnev et les planificateurs du Soviet central s'y heurtèrent il y a trente ans. C'est ainsi qu'au Congrès du Parti communiste de 1976, M. Breshnev éprouva le besoin de mettre en garde les dirigeants d'entreprise contre la tentation de « courir après des résultats intermédiaires » (Pollitt, 1990 : 170-171). Phénomène encore plus ancien, le gouvernement fédéral américain tenta d'établir un budget fonctionnel à la fin des années 1940 et durant les années 1950. Il introduisit ensuite le PPBS durant les années 1960 et la Gestion par objectifs et le Budget base zéro durant la décennie suivante — tous systèmes basés sur le développement de nouveaux champs de mesure et de calcul. Aucun d'eux ne réalisa pourtant ses objectifs, même s'ils léguèrent certaines pratiques et certaines perspectives fort utiles, et l'acronyme de chacun n'est désormais synonyme que d'échec (General Accounting Office, 1997a ; Jones et McCaffrey, 1997 : 48). L'histoire offre beaucoup d'autres exemples d'obstacles à la réalisation, fort séduisante, d'une gouvernance par mesurage.

J'analyserai ici, dans l'ordre indiqué ci-dessus, chacune des trois catégories de problèmes. Les difficultés les plus générales étant identifiées, la dernière partie du document (« Down the Measurement Road ») abordera la question sous un angle plus positif et plus normatif. J'y évoquerai brièvement certaines composantes possibles d'un système qui répondrait mieux que nous ne l'avons fait jusqu'à maintenant à la question : De quelle qualité est la fonction publique ? ».

PROBLÈMES CONCEPTUELS : MESURER ET ÉVALUER

« Un homme qui sait le prix de tout et la valeur de rien » (Lord Darlington, dans *L'Éventail de Lady Windermere*, d'Oscar Wilde).

Écrit en 1896, ce mot célèbre de Wilde devrait nous mettre en garde contre un danger : que le gouvernement en vienne à savoir le prix de tout, la durée exacte de chaque processus, le pourcentage d'erreurs commises dans toute démarche, le nombre d'objectifs atteints, et ainsi de suite, mais demeure pourtant parfaitement ignorant de la *valeur* qu'accordent divers groupes de citoyens à divers services publics et des *raisons* sous-jacentes à de telles valeurs.

Dans la pièce de Wilde, écrite en 1896, Lord Darlington définit ainsi, à la demande d'un autre personnage, ce qu'est un cynique. Mais cette description s'appliquerait aussi à certains types contemporains dont, par exemple, des comptables ou des administrateurs à qui l'imagination fait quelque peu défaut.

Les problèmes conceptuels fondamentaux se définissent simplement. Imaginons, pour un moment, qu'il nous soit possible de mesurer avec une extrême précision les coûts et les résultats d'un service public quelconque. Supposons, en outre, qu'à la suite de ces mesures, ce service se classe parmi les meilleurs au monde. Admettons, par exemple, qu'il s'agit d'un système scolaire public dont les coûts par étudiant sont relativement peu élevés mais qui produit d'excellents résultats normalisés dans toutes les matières inscrites au curriculum. Tout cela en fait-il un « bon » service public ? Je répondrai « peut-être ». Tout dépend, en effet, de la valeur que les citoyens, les étudiants et les parents accordent à cette combinaison de coûts peu élevés et d'excellents résultats aux examens. Il est probable que la plupart y accorderont une grande valeur. Mais il est aussi probable que ces trois groupes (citoyens, étudiants et parents) divergeront d'opinion quant à ce qui est le plus important en éducation. Certains privilégieront les résultats aux examens, mais d'autres y verront plutôt l'acquisition d'une autodiscipline, d'autres encore le bonheur, ou la créativité, ou la formation de normes éthiques, ou encore la séparation des garçons et des filles en milieu éducatif, toutes choses qu'ils placeront au-dessus des simples résultats scolaires. Dans une société moderne, il est hautement improbable que de telles questions engendrent un consensus absolu sur les valeurs. Il est donc possible que ce qui est une « bonne » école aux yeux d'une certaine catégorie d'étudiants soit considéré insatisfaisant par une autre catégorie.

Cela dit, le système scolaire prête moins à controverse que beaucoup d'autres services publics. Considérons trois cas plus difficiles : les prisons, les prestations d'assurance emploi et le UK Child Support Agency. Tous trois donnent lieu à des opinions fort divergentes quant à ce qui constitue un « bon » service. Certains veulent que les prisons soient un lieu de punition, où les détenus expient leur comportement anti-social par un régime très dur. Pour d'autres, la prison est un lieu de réhabilitation qui prépare les détenus à la réinsertion sociale la plus rapide possible. Il est évident que des prisons conçues pour rencontrer le premier objectif seront bien différentes de celles qui entendraient satisfaire au second. De même, la divergence est profonde entre ceux qui conçoivent les prestations d'assurance emploi comme un moyen de permettre aux malchanceux de poursuivre une existence relativement normale, et ceux qui veulent ces prestations les plus basses possibles, de manière à forcer les paresseux et les « profiteurs » à chercher activement du travail. Par rapport au régime d'assurance emploi, les uns et les autres concevraient des indicateurs de rendement fort différents et les interpréteraient différemment. Quant au Child Support Agency, il naquit dans une atmosphère de controverse largement due à l'existence d'opinions fort différentes sur l'opportunité de poursuivre les pères divorcés ou séparés et de les obliger à débourser davantage en frais d'entretien de leurs enfants.

Telles sont quelques-unes des raisons fondamentales pour lesquelles les indicateurs de rendement établis pour certains services publics ne pourront jamais être «complets», «objectifs» ou même stables à long terme (des raisons de motivation sont aussi en cause, sur lesquelles nous reviendrons à la section suivante). En ce qui concerne les programmes les plus complexes ou les plus controversés socialement, il est probable qu'aucun ensemble d'indicateurs ne sera jamais assez étendu et assez divers pour intégrer tous les paramètres que les intéressés estiment importants. Encore moins peut-on regrouper ces indicateurs pour en composer un unique indice de «qualité» (quelle que soit la jubilation qu'en éprouverait le personnel du budget). De plus, les valeurs changent au fil du temps, de sorte que les ensembles d'indicateurs doivent aussi changer. Depuis une génération, les opinions de la population se sont considérablement modifiées quant aux files d'attente, aux heures d'ouverture, aux mères célibataires, à la réceptivité des services publics aux minorités ethniques ou aux handicapés, ainsi qu'à une foule d'autres choses. Ajoutons que ces fluctuations des principaux indicateurs ne se sont pas limitées au secteur public. Dans un article remarquable, Meyer et Gupta ont montré comment les mesures de rendement des sociétés privées ont maintes fois fluctué au fil du temps (Meyer et Gupta, 1994).

Tous les services publics, bien entendu, ne suscitent pas le même niveau de controverse que les prisons, les écoles ou le soutien financier aux enfants. On imagine sans peine l'existence d'un consensus social plus vaste à propos, par exemple, de l'évaluation du rendement d'un organisme d'émission de permis de conduire ou de perception de la taxe sur les véhicules à moteur. Les usagers se limiteront probablement à exiger simplicité et rapidité des procédures, prix raisonnable et politesse des employés. Des indicateurs peuvent être établis pour mesurer chacun de ces paramètres. Même alors, cependant, la situation peut se compliquer. Un gouvernement peut décider, pour des raisons environnementales, de décourager la propriété de véhicules à moteur en augmentant le prix des permis, le taux de la taxe ou les deux à la fois. Ou il peut décider d'identifier et de disqualifier les conducteurs déjà convaincus d'abus d'alcool (et donc de vérifier soigneusement le statut des demandeurs de permis). Il n'en demeure pas moins, cela dit, que certains services publics sont moins complexes et davantage susceptibles que d'autres de faire l'objet d'un consensus dans la société. Savoir lesquels ressort d'une recherche empirique.

Pour certains commentateurs, ce qui précède traduit un pessimisme outrancier. Après tout, objectera-t-on, les sondages d'opinion et les enquêtes relatives à la satisfaction des consommateurs ont atteint un grand raffinement. Au Royaume-Uni, le nouveau gouvernement travailliste a abondamment utilisé ces techniques. Lorsque M. Blair écrit (que) «la population veut consacrer plus d'argent à l'éducation, à la santé, à la prévention du crime et aux transports. Elle sera satisfaite», il sait que ses propos s'appuient sur les données de multiples sondages (Chancellor of the Exchequer, 1998). De même, le ministre d'un service public de l'administration Blair a fait grand état de la formation d'un «comité du peuple» composé de 5 000 personnes que les instituts de sondage consulteront sur diverses questions. Sachant qu'il en coûtera 184 000 $ par année, c'est là une excellente affaire pour autant qu'elle permettra de faire coïncider politiques des services publics et valeurs sociales.

Malheureusement, les choses ne sont pas — et ne pourraient être — aussi simples. Le consensus est peut-être très vaste en faveur d'un accroissement des dépenses en santé, mais il commencera probablement à s'effriter dès que l'on voudra connaître lequel des nombreux services du réseau de la santé profitera de cette nouvelle injection de fonds ou, en vérité, comment devrait être évalué le rendement de tel ou tel secteur dans ce domaine. Si, plus précisément, le « comité du peuple » fonctionne parfaitement, il ne pourra que refléter les divergences dont je faisais état précédemment, ce qui laissera au gouvernement le soin de décider du degré d'équilibrage ou de la préférence accordée aux valeurs et aux priorités exprimées par « le monde ordinaire ». Entre utilisateurs de services et contribuables qui n'y ont pas recours, les différences d'opinion sont monnaie courante, particulièrement lorsque les utilisateurs peuvent être désignés, d'une manière ou d'une autre, comme étant des « non-contribuables » (criminels, immigrants et même chômeurs de longue durée). La disponibilité des données de sondage n'affecte en rien la validité de l'expression « gouverner, c'est choisir ». En fait, ces données compliquent même la détermination des choix, dans la mesure où les gouvernements connaissent désormais avec une précision plus grande les groupes que déçoit leur décision, et l'intensité de cette déception. Déjà, le gouvernement Blair a été l'objet de nombreuses critiques pour avoir semblé moduler en fonction des sondages sa position sur de nombreux problèmes, telle sa politique sur le milieu rural. Gouverner ne peut se limiter à atténuer l'insatisfaction des citoyens.

L'importance de ce dernier point appelle un exemple. Supposons qu'une réforme administrative ait permis de combiner le système de répartition des ressources au niveau scolaire local et le système d'évaluation et de comparaison de la qualité des écoles au même niveau (il s'agirait là, en vérité, d'une avancée considérable car, nous le verrons plus loin, l'intégration de la budgétisation et des mesures de rendement s'est révélée de réalisation extrêmement difficile). Supposons, en outre, qu'un consensus raisonnable existe sur le fait que les techniques de mesures utilisées permettent de prendre en compte les caractéristiques les plus importantes d'une « bonne éducation ». Les résultats montrent que l'école X fonctionne bien sur tous les plans, que l'école Y est moyenne et que l'école Z obtient partout des résultats inférieurs. Quelle en serait, dès lors, la conséquence sur l'allocation des ressources budgétaires ? On pourrait décider de récompenser la meilleure école en lui accordant des ressources supplémentaires qu'on aurait retirées de l'école Z (et peut-être aussi de Y). On pourrait, à l'inverse, retirer des ressources de X et de Y pour les accorder à Z, de manière à lui permettre de s'améliorer. L'argumentaire serait alors le suivant : dollar pour dollar, les progrès seront plus considérables dans une école mal en point que dans une école qui a déjà atteint un summum d'excellence. Il s'agirait alors d'une stratégie égalitaire, destinée à accorder une chance égale à tous les enfants de ce secteur. Par contre, un tel égalitarisme serait probablement perçu comme extrêmement démotivant par les parents et les éducateurs de l'école X, dont on réduirait les budgets parce qu'elle a été la meilleure ! La décision finale, quelle qu'elle soit, sera donc politiquement fort difficile. On voit aussi que l'existence d'un système de mesure du rendement et d'une politique qui en fait un des facteurs de l'allocation des ressources a probablement, quelle qu'en soit par ailleurs la logique en matière décisionnelle, davantage compliqué que simplifié la tâche des décideurs (tout au moins sur le plan politique). Antérieurement, on aurait alloué les budgets en fonction de quelques principes généraux ou en modifiant légèrement la distribution historique, sans avoir à tenir compte du rendement de chaque école.

De plus, il n'y a pas là qu'une simple affaire de différences *entre* groupes ou segments de la société. Il y a aussi le fait que les gens en chair et en os, contrairement aux modèles que s'en donnent les économistes, ne semblent pas entretenir de préférences stables, cohérentes et logiquement structurées. Ils semblent plutôt, au contraire, vouloir des choses mutuellement contradictoires, selon le moment, le contexte et la manière dont on leur présente le sujet. Moins de taxes, mais davantage d'investissements dans l'éducation et la santé. Une meilleure protection de la vie privée, mais aucune censure. Un environnement plus sain, mais aucune restriction et aucune taxe supplémentaires imposées aux automobilistes. Et ainsi de suite.

En bref, la définition d'un « bon » service public sera, dans une société diversifiée et multiculturelle, relativement diverse (à un moment donné) et sujette à changement (au fil du temps). Aucune somme de mesures ne peut « résoudre » des différences de cette nature, de même que le mesurage ne peut, à lui seul, déterminer l'action à entreprendre lorsque le rendement a été évalué bon ou mauvais. Les optimistes soutiennent que, pour plusieurs services publics, les différences de valeurs et leur taux de changement ne sont pas, en pratique, si grands qu'on ne puisse s'en accommoder. D'où le fait, selon eux, qu'un unique ensemble d'indicateurs de rendement peut représenter, sans trop de distorsion, les préférences générales de la majorité. Les services publics peuvent ainsi être alignés sur des priorités démocratiquement confirmées. Pour les moins optimistes, la variété et la volatilité des opinions sont beaucoup plus grandes qu'on ne l'imagine, ce qui permet de douter de la validité des mesures de rendement. Cette position plus critique laisse cependant en suspens la question de savoir comment s'y prendre pour configurer et orienter les services publics, sinon par une forme quelconque de mesurage.

Entre ces deux extrêmes, une position médiane consisterait à admettre que la mesure du rendement sera toujours imparfaite mais qu'elle pourrait, dans certaines situations, être utile à deux titres. Premièrement, elle peut, jusqu'à un certain point, fournir des repères aux gestionnaires et aux prestataires de services et améliorer, lorsque configurée avec soin, la qualité du débat démocratique sur la mission des services publics. Mais elle agira moins efficacement en certains domaines que dans d'autres (voir la section concernant les problèmes techniques) et ne peut guère engendrer de décisions « automatiques », même lorsqu'elle fonctionne sans accrocs. Les mesures devront toujours être interprétées et combinées à d'autres considérations non-quantitatives, à des sensibilités et à des valeurs, avant que ne soient arrêtés les « choix difficiles ». Savoir ce qui se passe dans la société, et même connaître ce qu'en pense la population, n'est pas la même chose, tant s'en faut, que savoir quoi en faire.

PROBLÈMES DE MOTIVATION

Nos mesures ne sont pas trompeuses, elles mesurent les choses que nous voulons mesurer ; elles peuvent ne pas mesurer les choses que vous voulez qu'elles mesurent (Officiel du Conseil du Trésor de Grande-Bretagne, interrogé par un Comité parlementaire à propos des indicateurs de rendement (IR) énoncés au livre blanc sur les dépenses du secteur public. Chambre des communes, 1988).

Il est largement admis que les tentatives de mesurer certains aspects du rendement de la fonction publique provoquent souvent la résistance, certaines manœuvres tactiques et d'autres distorsions tenant à diverses motivations, à la fois à l'intérieur et à l'extérieur des organismes responsables de la prestation des services (Hood, 1976 ; Pollitt, 1990 ; Smith, 1993). Les sociologues, en particulier, ont fait état de telles distorsions depuis plus d'un demi-siècle. C'est ainsi, par exemple, que l'imposition d'un ensemble d'objectifs et de mesures du rendement peut amener le personnel à *réduire* ses efforts et ses engagements de manière à atteindre les objectifs prescrits, mais sans plus (Gouldner, 1954). Cette imposition peut aussi conduire à une « vision sélective », selon laquelle l'importance exclusive accordée à un volet du rendement, alors sous évaluation, amène à négliger certains autres volets tout aussi importants mais non soumis aux mesures (Smith, 1993). On sera aussi tenté de manipuler les données de manière à donner du rendement de l'organisme la meilleure impression possible (Hencke, 1998 ; National Audit Office, 1995).

De telles distorsions sont loin d'être particulières au secteur public. Meyer et Gupta (1994 : 310) ont formulé une proposition générale concernant la tendance des indicateurs de rendement à « s'user » et à perdre de leur utilité au fil du temps. Ils évoquent une perte de variabilité, laquelle est définie comme « la capacité d'une mesure à prendre en compte un éventail de résultats de rendement » :

[…] les mesures de la performance perdent de leur variabilité pour plusieurs raisons. L'une d'entre elles tient à un apprentissage positif qui se traduit par une amélioration du rendement. On relève aussi un apprentissage négatif qui se traduit par un changement apparent mais non réel. La perte de variabilité tient aussi au fait de choisir des individus particulièrement performants et à supprimer les tests quantitatifs qui permettraient de révéler les différences constantes dans les résultats.

Si la première de ces trois raisons relève de la vertu, les deux autres produisent un effet pervers et sont directement liées à des considérations relatives aux motivations.

On se tromperait en croyant que la conscience de l'existence de tels effets pervers signifie qu'on puisse les prévoir et les éliminer. Ainsi, lorsqu'on décida, au début des années 1990, de considérer le nombre de publications comme un des critères d'« évaluation » des universités britanniques, le nombre de journaux augmenta, le nombre de publications augmenta et certains départements entreprirent, un peu avant la date butoir du mesurage, de « s'acheter » certains universitaires particuliè-rement prolifiques. Toutes ces manœuvres tactiques étaient parfaitement compré-hensibles, et dans une certaine mesure prévues, mais elles se sont malgré tout produites. Leur rapport aux concepts sous-jacents à la qualité de la recherche était, c'est le moins que l'on puisse dire, obscur.

La Nouvelle-Zélande est devenue célèbre pour la sophistication et la relative cohérence de ses réformes administratives (Boston *et al.*, 1996 ; Pollitt et Summa, 1997). Il est donc particulièrement significatif d'entendre un ministre de ce pays reconnaître certains dangers au nouveau système de mesurage intensif :

> Il se peut, entre autres [dangers], que des fonctions peu attrayantes mais néanmoins importantes soient progressivement omises, ou que naissent d'absurdes conflits d'attribution, analogues à ceux qui minaient sans répit les unions ouvrières de jadis. Si l'« obsession des extrants [de la production] » distrait les départements [les ministères] des résultats et si la « fixation sur les termes du contrat » les conduit à ignorer tout ce qui n'y est pas nommément spécifié, tout cela ne risque-t-il pas de se produire ? (Hon. Paul East, ministre des Services de l'État, lors d'une allocution aux cadres supérieurs de la fonction publique de Nouvelle-Zélande, 9 octobre 1997 – Est, 1997).

Ces remarques soulignent une des limites de l'approche par mesurage, tout au moins lorsqu'elle est combinée à une « fixation sur le contrat ». Si on ne se préoc-cupe *que* de ce qui est mesuré et, facteur déterminant, si la confiance est réduite (de sorte que la lettre des règlements et des contrats prend une importance absolue), alors il devient quasi impossible de gérer les services complexes qui sont monnaie courante dans le secteur public. Les aspects à spécifier, mesurer et surveiller sont tout simplement trop nombreux. Un de mes étudiants a récemment trouvé copie d'un contrat, intervenu entre une administration publique locale et un entrepreneur à qui était confié le soin de tondre le gazon sur des terrains publics ; ce contrat com-prenait 70 pages de dispositions diverses. On y traitait certes de rendement, mais un tel document était-il bien raisonnable ? L'atteinte d'un bon rendement dépend sou-vent de variables déterminantes auxquelles il est extrêmement difficile d'assigner des indicateurs quantitatifs. Les récentes tentatives de formulation d'un modèle général d'efficacité des organisations gouvernementale mettent en relief l'impor-tance de ces facteurs difficilement mesurables, dont le comportement positif des principaux intéressés de l'extérieur, l'autonomie opérationnelle optimale, l'octroi d'une mission intéressante et certains types de comportement chez les dirigeants (Ingraham, Thompson et Sanders, 1998 ; Rainey et Steinbauer, 1999). Les mesures de rendement qui sont établies avec sensibilité peuvent composer avec ces facteurs qualitatifs, mais les mesures maladroites peuvent aussi agir contre eux.

Les tendances actuelles dans la prestation des services publics sont susceptibles d'accentuer, il importe de le noter, les problèmes de motivation associés au mesu-rage. Ainsi qu'on l'a observé un peu partout, il est de mode, dans de nombreux pays, d'assurer la prestation des services par le biais de «partenariats» et, quant aux programmes et aux projets, d'y associer un mode quelconque d'appel d'offres pour des fonds limités. Selon deux études empiriques réalisées depuis peu au Royaume-Uni,

ces appels d'offres tendaient à mettre l'accent sur le mesurage quantitatif des résultats, au détriment des résultats qualitatifs (et de pousser à ce type de mesurage) (Lowndes et Skelcher, 1998 : 326).

La présence de distorsions due à des facteurs de motivation (couplée à la propension normale à l'erreur) signifie qu'il devient souhaitable de valider les données de rendement. Dans plusieurs pays, les organismes nationaux de vérification se sont attaqués à ce problème ; c'est ainsi qu'en 1998, le National Audit Office britannique publiait un manuel intitulé *Validation of Performance Measures* et que le Riskrevisionverket suédois vérifie, depuis 1993, les rapports de rendement publiés annuellement par les organismes publics. Ces vérifications ont révélé, en certains cas, l'existence de données outrageusement inexactes ; Boivard et Gregory apportent l'exemple d'une enquête qui donnait un taux de réussite de 100 % (dans le domaine de la formation) et que la révision a ramené à 20 % (Boivard et Gregory, 1996 : 264 ; voir aussi Hencke, 1998).

Parallèlement à la mesure des résultats, la détermination des objectifs appelle, elle aussi, un examen minutieux. Qui fixe les objectifs, et dans quel but — pour tirer le maximum d'une organisation en lui imposant un défi difficile, pour se simplifier la vie, pour détourner l'attention de l'un ou l'autre aspect douteux au profit d'un volet mieux réussi ? Dans le cas des organismes britanniques Next Steps, il semble que le processus de détermination des normes, amorcé en 1995, avait été lancé, entre autres raisons, parce que le sous-ministre de cette époque soupçonnait les organismes de mettre de l'avant des objectifs qui n'étaient guère plus contraignants — et souvent plus faciles à atteindre — que ceux des années précédentes (Chancellor of the Dutchy of Lancaster, 1997 : 8-15, et entrevues).

De par leur nature même, ces aspects de la «politique du rendement» sont difficiles à dessiner et à évaluer, mais il serait naïf de croire que tout fonctionnait parfaitement et qu'aucune vérification n'était nécessaire — particulièrement lorsque (comme il en va de plus en plus) les revenus d'un organisme sont liés à la mesure de son rendement. Les «manœuvres tactiques» menées sur la question du rendement se déroulent généralement selon une chronologie différente de celle des fluctuations de valeurs évoquées précédemment dans la section sur les problèmes conceptuels. Comme l'ont montré Meyer et Gupta (1994), les modes conceptuelles varient à moyen terme et peuvent représenter une évolution authentique (ou, tout au moins, cyclique) de la conception de ce qu'est le rendement. Les manœuvres tactiques, par contre, se jouent à court terme et visent essentiellement à maximiser le pointage tel qu'établi selon les règles en vigueur, et donc à «sauver la face». Lorsque la mesure du rendement est liée aux questions de statut, de réputation, de promotion ou de revenus, la configuration d'un système d'indicateurs de rendement (IR) se transforme inévitablement en un système d'incitatifs et de punitions. On peut donc soutenir, cela étant, que le savoir d'un psychologue social est tout aussi pertinent que celui d'un gestionnaire ou d'un comptable.

PROBLÈMES TECHNIQUES

> Requêtes pour pensions en souffrance depuis plus de 52 semaines : objectif 1994/5 = 1 %, situation = 50 %. Note : les cas les plus anciens sont devenus de plus en plus complexes et les efforts ont été centrés sur les plus récents (Extrait de la section consacrée à la Social Security Child Support Agency, dans le rapport 1996 *Next Steps Agency Review* — Chancellor of the Duchy of Lancaster, 1997 : 131).

Une bonne mesure est à la fois valide, fiable, fonctionnelle et «propriété» de ceux qui recueillent et utilisent les données (Pollitt et Bouckaert, 1995 : ch. 2). Un bon *ensemble* de mesures doit afficher quelques autres caractéristiques. Ainsi, un tel ensemble doit pouvoir englober tous les aspects d'un service que ses principaux intéressés estiment importants (compréhension), mais n'être pas étendu au point de devenir incompréhensible. En pratique, le Federal Productivity Program, lancé par le président Nixon en 1973, provoqua la création de plus de 3 000 indicateurs de rendement ; vers la fin des années 1980, les dirigeants des services de santé britanniques utilisaient plus de 1 000 indicateurs et l'évaluation du rendement des organismes Next Steps, qui consistait pour l'essentiel en une liste des indicateurs utilisés, formait un document de 314 pages (Chancellor of the Duchy of Lancaster, 1997).

Un ensemble de mesures devrait aussi être raisonnablement stable au fil du temps, sans quoi il devient impossible, pour les utilisateurs, les législateurs ou même les gestionnaires, de déceler l'évolution chronologique des tendances (et donc de savoir si le service s'améliore ou se dégrade). Selon une étude récente sur la gestion décentralisée des écoles, des hôpitaux et des organismes de logement social au Royaume-Uni, il était rare que l'un de ces services puisse faire état de séries temporelles régressives excédant une très courte période. Les catégories de données et les frontières organisationnelles avaient fréquemment changé (Pollitt, Birchall et Putman, 1998). Une autre étude, cette fois sur les «principaux indicateurs de rendement» utilisés sur 10 organismes Next Steps, montra que plus des deux tiers de ces indicateurs avaient été abandonnés ou remplacés sur une période de six ans (Talbot, 1997 : 2). Ainsi que noté précédemment, il semble que les indicateurs présentent une forte tendance à «l'usure», de sorte qu'on tend à les remplacer ou à les modifier (Meyer et Gupta, 1994). Ce mouvement cyclique est parfois parfaitement justifiable (les valeurs ont changé ; une mesure a perdu son pouvoir de distinction ; on a découvert une amélioration technique), mais il arrive aussi que des mesures soient modifiées pour des raisons défensives — pour dissimuler ou voiler certains aspects du rendement qui ne sont pas à l'honneur de l'organisme en cause.

Qui plus est, les liens entre objectifs, intrants, extrants et indicateurs sont souvent obscurs ou inexistants. Dans l'étude réalisée par Talbot en 1996, près de la moitié des buts et objectifs des organismes semblaient n'avoir été pris en compte par aucun indicateur de rendement. Au Canada, le document publié en 1997 par le Conseil du Trésor et intitulé *Rendre compte des résultats* était censé représenter un progrès dans le domaine des rapports sur le rendement (Président du Conseil du Trésor, 1997. «Dans le présent document, comme dans les rapports sur le rendement ministériels qui l'accompagnent, le gouvernement fait le point sur les succès qu'il a obtenus par rapport à ses engagements de résultats» (p. 1). Un regard plus attentif révèle cependant que les engagements des ministères y étaient rarement quantifiés et que les principales mesures présentées se limitaient, pour chaque organisme, aux intrants budgétaires globaux (non ventilés en matière d'activités ou de programmes). On pourrait dire de ce document — qui est loin d'être exceptionnel — que *beaucoup* d'autres mesures eussent été nécessaires pour en justifier le titre. Aux États-Unis, les analyses de la première génération de plans de rendement des départements et organismes, réalisés en vertu de la Government Performance and Results Act (1993), révèlent l'existence de vides nombreux entre objectifs, stratégies, mesures et actions planifiées. L'évaluation qui suit concerne le Département d'État, mais d'autres analyses démontrent que les faiblesses dénoncées dans ce document étaient généralisées :

> Pour l'année fiscale 1999, le plan de rendement annuel du Département d'État échoue généralement à satisfaire aux exigences de la loi. Spécifiquement, ce plan ne décrit pas clairement le rendement souhaité de l'organisme, les stratégies et les fonds employés à atteindre les objectifs de rendement, ou les moyens utilisés pour assurer la crédibilité de l'information servant à évaluer ce rendement (General Accounting Office, 1998 ; voir aussi les défis indiqués dans General Accounting Office, 1997b).

On a beaucoup appris sur la configuration des indicateurs, et fourni là-dessus d'excellents conseils (par ex. H.M.Treasury, 1992 ; Likierman, 1993). Savoir que des problèmes peuvent survenir, cependant, n'équivaut pas à pouvoir les résoudre. De grands progrès ont certes été accomplis, mais on constate aisément que, au Royaume-Uni tout au moins, certains des déséquilibres fondamentaux décelés vers le milieu des années 1980 — telle la trop grande insistance sur le processus, l'importance relative de la mesure de l'économie et de l'efficacité par rapport à celle des résultats, de la qualité et de la satisfaction des usagers — sont toujours présents, une décennie plus tard, dans les systèmes IR (Pollitt, 1986 ; Carter, 1998). Il est beaucoup moins difficile et moins risqué de mesurer ce qui se passe *à l'intérieur* d'une organisation que d'aller *à l'extérieur* en mesurer les résultats, les impacts et les réactions des citoyens. Ce phénomène est commun à plusieurs pays ; on le retrouve en Nouvelle-Zélande (East, 1997 ; Pollitt, 1997) et dans plusieurs rapports d'évaluation des programmes de fonds structurels de l'Union européenne (Centre for European Evaluation Expertise, 1998). [Ce n'est pas là prétendre qu'il faille abandonner toute mesure des processus et des extrants. De telles données sont essentielles aux gestionnaires et forment aussi la base des enquêtes du vérificateur. La réussite des évaluations repose, cela est universellement reconnu, sur le bon contrôle interne des processus et des résultats.]

Autre faiblesse commune aux systèmes IR : la faiblesse ou même l'inexistence des rapports qu'ils entretiennent avec les processus de budgétisation et d'allocation des ressources. Échecs et difficultés sont, à ce sujet, abondamment documentés (voir, par ex., Bouckaert et Ulens, 1998 ; Gianakis, 1996 ; Jones et McCaffrey, 1997 : 47-49 ; Mayne, 1996 : 13-14 ; Rubin, 1992 : 13 ; Sandberg, 1996 : 167 ; Sorber, 1996 : 311 ; Summa, 1995). Dans plusieurs pays, les allocations budgétaires — particulièrement aux échelons supérieurs — sont encore déterminées sans véritable relation au rendement tel que mesuré. Ayant étudié les tentatives de budgétisation selon le rendement qui ont été réalisées depuis cinquante ans aux États-Unis, le General Accounting Office en conclut :

> Depuis 1950, le gouvernement fédéral a tenté à plusieurs reprises de faire concorder plus étroitement les décisions de dépense avec les rendements attendus. [...] Il est généralement admis que toutes ces tentatives, qu'elles soient venues de l'exécutif ou du législatif, ont échoué à faire porter le processus de budgétisation sur le résultat des programmes plutôt que sur leur objet traditionnel, les secteurs de dépenses (General Accounting Office, 1997a, résumé).

Les obstacles à ces tentatives, aux États-Unis comme ailleurs, ont largement relevé de motivations diverses. Ainsi, par exemple, les politiciens ne tiennent pas forcément à ce que des données sur le rendement fassent la lumière sur les compromis budgétaires (comme dans le cas des écoles X, Y et Z précédemment évoqué). Certains problèmes ont cependant été d'ordre plus technique. L'un d'eux, qui réapparaît sans cesse, tient à ce que le mot « rendement » est généralement compris par rapport à un programme (réduire la criminalité, améliorer l'alphabétisation en milieu défavorisé, etc.) plutôt que par rapport à une institution particulière. Or la plupart des budgets, ainsi que leurs exigences en matière de comptabilité et d'imputabilité, sont liés à des institutions plutôt qu'à des programmes. Les programmes sont, de plus en plus, mis en œuvre par divers ministères et organismes qui (espère-t-on) travaillent en collaboration. Il est donc difficile d'associer les budgets à des mesures de programme et de plus en plus difficile de créer un consensus sur ce que devraient être les mesures appropriées (sans parler de la responsabilité des « résultats »).

De ces phénomènes se dégage une proposition plus générale : les ensembles de mesures utilisés par divers acteurs du processus d'élaboration des politiques, de la mise en œuvre, de la surveillance, de la vérification, de l'évaluation et de l'utilisation, doivent être liés les uns aux autres et mutuellement compatibles. Si le processus annuel de budgétisation se déroule sans égard, ou presque, aux indicateurs de rendement utilisés pour faire rapport au législateur, cette divergence devient une cause possible de tension et de confusion pour les membres de l'organisation en cause. À ce qui était d'abord un problème technique s'ajoutent alors des aspects de l'ordre des motivations. Atteindre à une intégration raisonnable de ces deux systèmes, historiquement tout à fait distincts, est très difficile et apparemment très long — si jamais on y parvient. La tendance actuelle, en divers pays, est à l'adoption de méthodes de comptabilité d'exercice. Théoriquement, ces méthodes procureraient une base plus transparente aux mesures du rendement financier des organisations du secteur public (Likierman, 1995 ; 1998). Mais quiconque garde en mémoire les tentatives précédentes d'intégration de la planification et de la budgétisation, ou de la gestion du rendement et de l'administration des finances, demeurera dans l'expectative avant d'admettre que ces méthodes aient pu « régler » ce problème particulier. La littérature propose déjà, à ce propos, des mises en garde de diverses natures (par ex. Heald et Georgiou, 1995 ; Jones, 1998 ; Gillibrand et Hilton, 1998).

Ce problème de l'intégration de divers systèmes de gestion (budgétisation, comptabilité, etc.) au sein d'une même organisation, se profile sur un arrière-plan encore plus complexe et que décrit bien la question évoquée précédemment : « Comment peut-on évaluer le rendement lorsqu'un programme est mis en œuvre par un assortiment d'organisations tout à fait différentes les unes des autres, plutôt que par une seule organisation ou un ensemble homogène d'organisations ? » Chaque organisation de l'ensemble peut avoir ses propres objectifs, ses propres normes, ses propres systèmes de mesure, etc. Une telle complexité devient la norme plutôt que l'exception dans de nombreux domaines de politiques publiques. Dans le domaine des services communautaires britanniques, par exemple, les pouvoirs locaux sont supposés coopérer avec les responsables de la santé, les organisations volontaires et les sociétés commerciales, de manière à assurer des services locaux fort divers à un ensemble tout aussi diversifié d'usagers. Les programmes de revitalisation urbaine sont tout aussi complexes, sinon davantage. Dans le cas des fonds structurels de l'Union européenne, qui mettent régulièrement en cause la Commission européenne, les gouvernements nationaux, les pouvoirs régionaux, les autorités locales et les entreprises privées locales, cette complexité acquiert une dimension multinationale. Rien d'étonnant, dès lors, à ce que l'évaluation de tels programmes soit problématique et qu'il soit souvent difficile d'obtenir des données de surveillance qui soient fiables (Barbier et Simonin, 1997 ; Centre for European Evaluation Expertise, 1998 ; Lowndes et Skelcher, 1998).

Nous en arrivons donc, finalement, à l'insoluble question technique : « Comparé à quoi ? » En regard de quel critère peut-on dire d'un indicateur qu'il est bon, acceptable ou inadéquat ? Un pourcentage de 80 % de réussite aux examens est-il acceptable ? Un coût de 10 000 $ par emploi créé est-il élevé, peu élevé ou à peu près normal ? En termes généraux, un certain nombre de réponses classiques existent à ces questions, chacune comportant ses avantages et ses limites. Les comparaisons les plus communes sont les suivantes :

- comparer aux propres objectifs de l'organisation (comme dans le cas du Child Support Agency, mentionné au début de cette section) ;

• comparer au rendement passé de l'organisation (par ex. les séries statistiques chronologiques) ;

• comparer à des organisations semblables (par ex. les « tables par catégorie » d'écoles ou d'hôpitaux, telles que dressées dans le système britannique) ;

• comparer à une quelconque norme professionnelle (l'ambulance doit arriver en deçà de x minutes après l'appel ; l'étudiant au doctorat doit bénéficier d'au moins y heures de supervision personnelle par semestre) ;

• comparer à un modèle abstrait d'organisation performante (par ex. le modèle d'excellence en entreprise développé par la European Foundation for Quality Management — voir Next Steps Team, 1998 et Talbot, 1997).

En langue anglaise, *benchmarking* est un terme populaire désignant un processus qui, sous des formes diverses (« compétitive », « générique », « fonctionnelle », etc.), emploie différents modes de comparaison, y compris les modes c), d) et e). On peut établir les comparaisons les plus globales en utilisant la technique e), qu'ont récemment adoptée les organismes britanniques Next Steps et qu'étudie actuellement l'OCDE/PUMA. Cette technique permettra de comparer des organismes publics aux missions fort diverses, des organisations des secteurs public et privé et des organisations de pays différents. On commence à peine, cependant, à utiliser cette approche — et on commence à peine à la critiquer sérieusement (Talbot, 1997). On soulève les arguments habituels entre particularité — préférence pour les comparaisons de type 1), 2) et dans une certaine mesure 3) et généralité (préférence pour 4) et 5). Une chose est certaine : le choix technique du point de comparaison aura des conséquences importantes. Le même service peut obtenir des résultats excellents ou médiocres selon ce à quoi on le compare. Au terme d'une étude sur une série de « grandes questions », Bok (1997) soutient que le gouvernement fédéral américain a considérablement amélioré son rendement au cours des dernières décennies *mais* que si l'on utilise les modes de comparaison 3) plutôt que 2) (selon ma propre échelle), on doit alors conclure que ces gouvernements ont beaucoup moins bien réussi que les gouvernements du Canada, de la France, de l'Allemagne, du Japon, de la Suède et du Royaume-Uni.

Laissées à elles-mêmes, plusieurs organisations (et plusieurs gouvernements) choisiraient probablement de s'évaluer en regard des critères qui leur seraient les plus favorables. Pourtant, un « bulletin équilibré », qui comprendrait la plupart ou la totalité des critères énoncés précédemment, serait vraisemblablement trop dispendieux et trop élaboré pour que les organisations de taille moyenne puissent y songer.

En bref, nous avons beaucoup appris, sur les plans national et international, sur la création et la mise en œuvre de systèmes d'indicateurs de rendement. Cette connaissance nous révèle la présence fréquente de certains problèmes techniques dont les principaux sont :

1. Un accent indu porté sur les mesures des processus (plus faciles à recueillir) que sur la mesure des extrants ou des résultats ;

2. Un accent indu porté sur les extrants plutôt que sur les résultats, ce qui entraîne un certain désintérêt à l'égard des effets ultimes. Il est plus coûteux et plus ardu de recueillir des données sur les résultats, outre qu'il est aussi plus difficile d'y établir, avec l'activité ou le programme en cause, un rapport certain de cause à effet ;

3. L'absence de liens clairs entre les objectifs explicites de l'organisation, l'allocation interne de ses ressources et les principaux indicateurs par lesquels elle évalue son rendement ;

4. De trop fréquents changements des ensembles d'indicateurs, ce qui amoindrit la capacité de constituer des séries chronologiques et encourage aux manœuvres tactiques et à l'opportunisme ;

5. L'échec à intégrer les systèmes d'indicateurs utilisés dans une organisation et, plus encore, dans un ensemble d'organisations qui appliquent des programmes en partenariat ou en réseau ;

6. Le fait de ne pas choisir un point de comparaison clair et sensé.

N'y a-t-il que des problèmes ?

Sans doute est-il utile de rappeler ici que cette étude a pour objets *les limites et les problèmes communs* au mesurage conçu comme outil de connaissance des services publics, et *non* de nier l'utilité du mesurage ou la portée de son évolution. Nous admettons d'emblée qu'il est habituellement plus difficile, sinon impossible, de former *sans l'aide* de mesures un jugement sérieux sur la qualité des services publics. Il est, par exemple, extrêmement utile de savoir combien d'écoliers satisfont, à un âge donné, à telle ou telle norme d'écriture et de lecture. Il est également essentiel que soit du domaine public l'information concernant les taux de mortalité associés à telles procédures opératoires, par hôpital et par chirurgien. Si de tels renseignements avaient été disponibles jadis, certaines tragédies auraient probablement été évitées, ou du moins décelées plus tôt. En dépit de leur faisabilité technique, de telles informations ne sont pas disponibles partout. De même est-il important pour les gestionnaires de savoir si les taux d'erreur sont à la hausse ou à la baisse dans le domaine du traitement des réclamations ou de l'allocation des subventions et de pouvoir comparer ces taux d'un bureau à un autre. Et le public a un intérêt légitime à connaître l'évolution du taux d'évasion des prisons (Chancellor of the Duchy of Lancaster, 1997 : 114). Mais nous n'entendons pas discuter ici des réussites de la mesure du rendement. Nous entendons en analyser les limites, à un moment où les indicateurs de rendement ont acquis une grande importance et sont fréquemment utilisés pour conclure péremptoirement un débat et/ou pour écarter d'autres types d'informations ou d'intuition.

Les perspectives d'avenir

Je passerai, dans cette dernière section, de l'analyse à l'énoncé de prescriptions (légères) — ou tout au moins de suggestions. Nous évoquerons ce que pourrait être un système avancé de mesure du rendement dans une démocratie libérale moderne, compte tenu des embûches et des limites décrites dans les sections précédentes.

Les suggestions qui suivent ne résoudraient pas, cependant, tous les problèmes soulevés précédemment. Certains de ces «problèmes» devraient plutôt être nommés «échanges de compromis» ou «dilemmes», puisqu'ils se présentent moins comme des problèmes résolubles que comme des choix difficiles. Cycliques ou récurrents, certains surgissent au fil de la transformation, dans le temps, des systèmes d'indicateurs. On pressent qu'un rapport dérivé existe peut-être entre la stabilité des systèmes d'indicateurs et leur utilité comme intrants dans les débats sur la réussite des politiques et des programmes. Des changements trop rapides des indicateurs annulent la possibilité d'édifier une somme interprétative de haute qualité et de développer des séries chronologiques. Des changements trop lents réduisent leur capacité de distinction et ouvrent la porte à la manipulation et aux jeux tactiques (Meyer et Gupta, 1994). Les suggestions proposées ici pourraient, au mieux, prendre acte de ces dilemmes et aborder certaines des distorsions et des faiblesses observées dans les systèmes de mesure du rendement pratiquées au cours des derniers 25 ans dans plusieurs pays.

Remarquons aussi, en passant, que l'option «encore plus de mesures» n'est pas la seule. Dire que l'OCDE s'intéresse au mesurage ne signifie pas que tous les pays agissent de la même manière (Pollitt et Summa, 1997). La «mentalité du mesureur» n'est pas aussi répandue en Allemagne ou en France, par exemple, qu'en Amérique du Nord, en région australe et au Royaume-Uni. Le modèle de la «Nouvelle gestion publique», qui place la mesure du rendement au centre de tout, est loin d'être universellement considéré comme la meilleure manière de procéder (voir, par ex., Derlien, 1997 ; Fynn et Strehl, 1996). Ainsi, l'utilisation de mécanismes de type marché (MTM), qui exige souvent la surveillance et le mesurage des augmentations par paliers, a été moins répandue en France, en Allemagne et même dans les pays nordiques qu'au Royaume-Uni et en zone australe. Dans les premiers, on reconnaît plus volontiers un caractère distinctif à la fonction publique, la conformité aux lois occupe toujours une place d'honneur dans la mentalité générale et on n'accorde pas aux vertus de la concurrence une portée aussi universelle. Diverses combinaisons de confiance et d'engagement éthique constituent souvent des solutions de rechange fort économiques à la surveillance intensive du rendement. Une des faiblesses de la Nouvelle gestion publique (NGP), tout au moins dans sa forme puritaine, tient à ce qu'elle peut ébranler la confiance et amoindrir l'engagement au sein des organisations publiques (Canberra Bulletin of Public Administration, 1997 ; Kernaghan, 1997). Or ces traits, une fois disparus, sont difficiles à retrouver. Cela dit, cependant, il ne faudrait pas exagérer ce point. Tous ces pays ont de plus en plus recours aux indicateurs de rendement, même s'ils équilibrent tous différemment la modernisation de l'État et sa réduction.

Quoi qu'il en soit, nous n'entendons pas, dans cette section, élaborer une stratégie de non-mesurage (qu'il serait difficile d'imaginer), mais plutôt proposer des manières d'accroître la validité et la fiabilité des mesures de rendement de la fonction publique. Ces remarques finales prendront la forme de deux propositions générales qui, toutes deux, traitent de la plus grande *intégration* des systèmes de mesure du rendement aux institutions et au fonctionnement d'une gouvernance démocratique. Les voici :

•   il importe de s'efforcer davantage de rattacher les questions de mesurage aux nouveaux modèles institutionnels dans les secteurs publics qui ont subi une réforme; et

•   la mesure du rendement doit continuer à s'étendre « à l'extérieur ».

Chacune de ces propositions sera abordée à tour de rôle.

La pensée NGP classique affiche une préférence quasi instinctive pour la décentralisation et la souplesse organisationnelle. On y préfère les organismes à vocation unique aux bureaucraties polyvalentes des ministères, les marchés d'approvisionnement « mixtes » à la production de services provenant exclusivement du secteur public. On attend des organisations qu'elles s'adaptent à un environnement en changement — et il arrive fréquemment, en pratique, que la haute direction les force à s'adapter en imposant des restructurations (Boston *et al.*, 1996 ; Pollitt, Birchall et Putman, 1998). Nous défendrons pourtant une proposition qui s'inscrit directement à l'encontre de l'orthodoxie NGP (risquant ainsi l'accusation habituelle d'être conservateur et rétrograde). Cette proposition est la suivante : *les bons ensembles de données exigent d'abord stabilité et uniformité.* Les données doivent être recueillies selon un format normalisé et bien compris à travers l'ensemble du programme ou du domaine de politique en cause. L'essentiel de ce qui est ainsi recueilli ne doit pas être l'objet de constantes modifications. Cela ne signifie *pas* qu'il faille, pour assurer cette cohérence, « geler » artificiellement le format des organismes de prestation de services. Ce que cela implique, par contre, est tout aussi passé de mode : *un organisme central responsable des données, puissant et suffisamment indépendant,* qui puisse faire en sorte que les catégories de données demeurent uniformes et relativement stables, même si les organisations d'où proviennent ces données changent constamment de forme ou d'identité. Il est absurde, par exemple, d'adopter une loi telle que la Government Performance and Review Act, qui impose de recueillir des données extrêmement précises, pour ensuite instaurer d'autres réformes qui entravent considérablement la capacité des organismes centraux à exiger des prestataires de services qu'ils leur fournissent des renseignements (Radin, 1998). Une plus grande stabilité et une plus grande uniformité amoindriraient les problèmes techniques mentionnés précédemment. De même, lorsque des changements *sont* envisagés (ce qui, peut-on conclure des propos qui précèdent, se produira souvent), on aura tout intérêt à ce que leurs avantages et leurs désavantages soient rendus publics par un organisme qui n'a pas à prêcher pour sa propre paroisse.

Cette notion d'une autorité centrale appelle une élaboration. Premièrement, il n'est pas nécessaire que cet organisme *se livre lui-même à la collecte des données*. Il peut se limiter à faire en sorte qu'elle soit réalisée par d'autres instances. De même n'est-il pas nécessaire qu'il exerce quelque autorité sur des données additionnelles que d'autres organismes publics estimeraient utiles de recueillir à leurs propres fins. Deuxièmement, l'organisme devra jouir d'une grande *indépendance*. S'il doit tenir compte des coûts imposés aux autres organismes pour raisons de conformité, il devrait cependant ne pas être vulnérable à des pressions politiques ou administratives visant à empêcher la collecte ou la publication de données qu'il estime être d'intérêt public. L'indépendance garantie par la loi est un mécanisme démocratique traditionnel destiné à atténuer certains problèmes nés de motivations diverses, particulièrement dans le domaine de l'information. C'est pourquoi les organismes de vérification nationaux jouissent habituellement d'une très large autonomie. Troisièmement, le mandat de cet organisme devrait comporter une disposition spécifiant clairement qu'*il lui incombe, de par sa mission, de préparer et fournir des informations essentielles sur le rendement à des publics « extérieurs » à l'exécutif du gouvernement* — législature, population et médias. L'analyse de notre seconde proposition expliquera la nécessité de tels publics.

Il importe aussi de valider les données fournies à cet organisme central, c'est-à-dire d'en vérifier la validité et la fiabilité. Or un organisme central responsable de la configuration d'ensembles de données pourrait ne pas être suffisamment critique de son propre travail, de sorte qu'il y aurait avantage à faire de cette validation une fonction distincte. Ici encore, il y aurait lieu de situer cette fonction hors de l'exécutif, et de la confier, possiblement, à un organisme de vérification existant. Certains bureaux de vérification ont déjà entrepris d'occuper ce terrain, dont le RRV suédois et le National Audit Office du Royaume-Uni (Pollitt *et al.*, 1999) :

> Le National Audit Office est à l'avant-garde du développement d'une méthodologie permettant de valider les mesures de rendement et nous souhaiterions que ces vérifications et leur diffusion au public soient plus nombreuses (National Audit Office, 1997 : 1).

La validation n'est pas la seule forme d'enquête externe qui soit souhaitable afin d'assurer le bon fonctionnement du système de mesure des forces et des faiblesses des services publics. Elle nous rassure quant à la validité et la fiabilité des données, mais elle ne nous dit pas *pourquoi* le rendement de tel ou tel service est bon ou médiocre, s'améliore ou se dégrade. La recherche des causes appelle une investigation de type « évaluation ». Dans une démocratie libérale, on invoquera ici encore la nécessité de conduire de telles enquêtes *hors de* l'exécutif. Les bureaux de vérificateurs pourraient remplir cette fonction, mais ils ne représentent pas nécessairement la solution idéale (Pollitt *et al.*, 1999 : ch. 11). On pourrait penser à des unités d'évaluation autonomes qui feraient rapport aux législatures, ou à des fondations indépendantes de type américain ou allemand. Ce qui importe ici, c'est qu'une authentique « gouvernance du rendement » devrait être à même de produire des évaluations indépendantes et « synthétiques », essentiellement à des fins d'imputabilité publique et externe. En pratique, cependant, la croissance récente des modes d'évaluation en Europe a surtout été de type interne et « formateur », conçue en fonction des besoins des gestionnaires d'opérations et des directeurs de programmes (voir, par ex., Barbier et Simonin, 1997 ; Centre for European Evaluation Expertise, 1998 ; Pollitt, 1998 ; pour un meilleur éclairage sur la distinction entre « synthétique » et « formative », voir Patton, 1997 : 75-79). Nous ne plaidons pas ici *contre* la tenue d'évaluations dites formatives, qui sont essentielles, utiles et susceptibles de contribuer à l'amélioration des systèmes de mesure du rendement, mais plutôt pour la conduite, *en outre*, d'évaluations synthétiques à des fins d'imputabilité publique.

Selon ma deuxième proposition, la mesure du rendement doit continuer à s'étendre « à l'extérieur ». J'entends par là que l'on doit encourager fermement ceux qui s'efforcent de s'engager dans les deux virages stratégiques cruciaux : des extrants aux résultats et d'une audience interne et administrative à une audience externe composée des législateurs, des médias, du public et des usagers des services. Cette double mutation est déjà en cours (par ex. Chancellor of the Duchy of Lancaster, 1997 ; President of the Treasury Board, 1997), mais la tâche est difficile et les reculs, toujours possibles.

Il faut bien reconnaître que, jusqu'à maintenant, les données de rendement n'ont pas soulevé un intérêt passionné dans le monde politique (par ex. Carter, Klein et Day, 1992 : 182-183). D'un autre côté, on ne s'est guère préoccupé des intérêts des législateurs et de la population lorsqu'on a mis au point les ensembles d'indicateurs (par ex. Boivard et Gregory, 1996 : 265-268). La *Charte du citoyen*, au Royaume-Uni, en est un bon exemple ; le gouvernement central publia un livre blanc contenant toutes sortes de normes quantifiables applicables aux services publics, mais au sujet desquelles il avait omis de consulter les citoyens qui en étaient les bénéficiaires présumés (Prime Minister, 1991). En dépit de ces difficultés et de ces limites, l'intérêt du public aux données de rendement des écoles, des universités et des hôpitaux a été considérable, aux États-Unis comme au Royaume-Uni. Les professionnels qui travaillent à « l'interne » s'en prennent parfois à la validité des données et au degré de compréhension du public, mais il s'agit là de problèmes qui devraient diminuer avec la pratique (de part et d'autre) plutôt que de raisons pour cesser de fournir à la population des informations dont elle est clairement avide.

Afin de susciter un plus grand intérêt du public et du monde politique, il serait bon, en premier lieu, de permettre aux législateurs et aux citoyens d'avoir leur mot à dire sur la nature des données à recueillir. On y parviendrait grâce à divers mécanismes désormais familiers — groupes cibles, comités de citoyens, sondages. On s'écarterait, cependant, des procédures habituelles en pareils cas. Les opérations ne seraient pas menées privément, au profit d'un gouvernement ou d'un parti politique, mais publiquement par un organisme parfaitement indépendant. Seraient exclues, de même, les questions habituellement posées lors des enquêtes sur la satisfaction des consommateurs («quel est votre degré de satisfaction par rapport au service X : très satisfait, assez satisfait ou insatisfait?»). L'organisme chercherait plutôt à savoir trois choses essentielles. Premièrement, *quelle* information les citoyens souhaiteraient-ils recevoir à propos du service public en cause? Deuxièmement, *pourquoi* cette information est-elle perçue comme étant particulièrement importante? Troisièmement, par quels *canaux* et selon quel *format* les informations sur le rendement devraient-elles être communiquées aux divers publics? Il pourra s'agir de dépliants, de vidéos, d'émissions de radio ou de télé, d'Internet, de présentoirs dans les édifices et les lieux publics, et ainsi de suite. Ce type de recherche pourrait devenir un élément important de la mode dite (au Royaume-Uni) de «l'éducation pour la citoyenneté».

En empruntant cette voie, les responsables de la mesure du rendement ne créeraient rien de particulièrement nouveau; selon un des principes fondateurs du mouvement moderne pour la qualité, ce sont les consommateurs, et non les experts, qui sont habilités à faire savoir aux gestionnaires ce qu'est la qualité (Pollitt et Bouckaert, 1995). Cette tendance se manifeste déjà en certains lieux et pour certains services. Mais il existe aussi certaines organisations de services publics qui maintiennent avec leurs usagers (et particulièrement avec le grand public) des rapports mesquins et sans imagination. En vertu du scénario que nous envisageons ici, les citoyens seraient appelés à intervenir à deux niveaux. Premièrement, ils seraient consultés par l'organisme central relativement au contenu des ensembles minima de données concernant chaque service. Deuxièmement, ils seraient aussi consultés par l'administration de chaque service, lequel chercherait à obtenir des données plus détaillées à propos des besoins et des préférences selon le contexte et le service. Ces deux consultations contribueraient à réduire (sans les éliminer complètement) certaines des difficultés conceptuelles évoquées précédemment. Elles permettraient d'effectuer, à terme, des changements dans les indicateurs, mais ces changements répondraient davantage aux valeurs et aux préférences de la population plutôt qu'aux manipulations de l'administration ou à de simples modifications techniques.

Ces suggestions sont loin d'être compréhensives. Certains des problèmes évoqués dans cette étude demeureraient, même si un organisme central est institué et que l'on parvient à collecter les données, à les valider et à évaluer correctement les services. Néanmoins, l'instauration d'un rapport plus étroit entre les questions de configuration institutionnelle et les problèmes de mesurage, doublée d'une plus grande volonté de disséminer de l'information dans le domaine public, pourraient constituer des éléments importants du virage de la gestion du rendement à *une démocratie du rendement*.

BIBLIOGRAPHIE

Barbier, J.-C. et B. Simonin (1997), «European social programmes: can evaluation of implementation increase the appropriateness of the findings?», *Evaluation*, 3(4), octobre, p. 391-407.

Boivard, T. et D. Gregory (1996), «Performance indicators: the British experience», dans Halachmi, A. et G. Bouckaert (dir.), *Organisational Performance and Measurement in the Public Sector*, London, Quorum Books, p. 239-273.

Bok, D. (1997), «Measuring the performance of government», dans Nye, J., P. Zelikow et D. King (dir.), *Why People Don't Trust Government*, Cambridge, Mass., Harvard University Press, p. 55-76.

Boston, J., J. Martin, J. Pallot et P. Walsh (1996), *Public Management: the New Zealand Model*, Auckland, Oxford University Press.

Bouckaert, G. (1996), «Measurement of public sector performance: some European perspectives», dans Halachmi, A. et G. Bouckaert (dir.), *Organisational performance and measurement in the public sector*, London, Quorum Books, p. 223-237.

Bouckaert, G. et W. Ulens (1998), *Mesure de la performance dans le service public: exemples étrangers pour les pouvoirs publics belges*, Bruxelles, Services Fédéraux des Affaires Scientifiques, Techniques et Culturelles.

Canberra Bulletin of Public Administration (1997), *Public Service Legislation 1997* (thème), n° 85, août, p. 1-55.

Carter, N. (1998), «On the performance of performance indicators», dans Kesler, M.-C., P. Lascoumes, M. Setbon et J.-C. Thoenig (dir.), *Évaluation des politiques publiques*, Paris, L'Harmattan, p. 177-194.

Centre for European Evaluation Expertise (1998), *Development of evaluation of structural interventions in the member states*, mars, Lyon, C3E.

Chancellor of the Duchy of Lancaster (1997), *Next Steps agencies in government: review, 1996*, CM3579, London, The Stationery Office.

Chancellor of the Exchequer (1998), *Modern public services for Britain: investing in reform*, Cm4011, London, The Stationery Office.

Derlien, H.-U. (1997), *From administrative reform to administrative modernisation*, Verwaltungswissenschaftliche Beitrage 33, Bamberg, University of Bamberg.

East, P. (1997), *From outputs to outcomes*, discours prononcé par l'hon. Paul East, Minister of State Services, to the New Zealand Public Service Senior Management Conference, Wellington, 9 octobre.

Flynn, N. et F. Strehl (1996), *Public sector management in Europe*, London, Prentice Hall/Harvester Wheatsheaf.

Gaster, L. (1995), *Quality in public services: managers' choices*, Buckingham, Open University Press.

General Accounting Office (1997a), *Performance budgeting: past initiatives offer insight for GPRA implementation*, GAO/AIMD-97-46, Washington DC, 27 mars.

General Accounting Office (1997b), *Managing for results: analytic challenges in measuring performance*, GAO/HEHS/GGD-97-138, Washington DC, 30 mai.

General Accounting Office (1998), *The Results Act: observations on the Department of State's Fiscal Year 1999 annual performance plan*, GAO/NSIAD-98-210R, Washington DC, 17 juin.

Gianakis, G. (1996), « Integrating performance measurement and budgeting », dans Halachmi, A. et G. Bouckaert (dir.), *Organisational performance and measurement in the public sector*, Westport CT, Quorum, p. 127-143.

Gouldner, A. (1954), *Patterns of industrial bureaucracy*, New York, Free Press.

Gillibrand, A. et B. Hilton (1998), « Resource accounting and budgeting : principles, concepts and practice — the MoD case », *Public Money and Management*, 18(2), avril/juin, p. 21-28.

Heald, D. et G. Georgiou (1995), « Resource accounting : valuation, consolidation and accounting regulation », *Public Administration*, 73(4), hiver, p. 571-579.

Hencke, D. (1998), « Jobcentres fiddled the figures », *Guardian*, 8, janvier, p. 2.

H.M.Treasury (1992), *Executive agencies : a guide to setting targets and measuring performance*, London, HMSO.

Holmes, M. et D. Shand (1995), « Management reforms : some practitioner perspectives on the past ten years », *Governance*, 8(4), octobre, p. 551-578.

Hood, C. (1976), *The limits of administration*, London, Wiley.

Hood, C., O. James, G. Jones, C. Scott et T. Travers (1998), « Regulation inside government : where the New Public Management meets the Audit Explosion », *Public Money and Management*, 18(2), avril/juin, p. 61-68.

House of Commons (1988), *The Government's public expenditure plans 1988/89 to 1991/92*, *CM288*, HC299, Second Report of the Treasury and Civil Service Committee, London, HMSO.

Ingraham, P., J.R. Thompson et R. Sanders (dir.) (1998), *Transforming government : lessons from the reinvention laboratories*, San Francisco, Jossey-Bass.

Jones, L. et J. McCaffrey (1997), « Implementing the Chief Financial Officers Act and the Government Performance and Results Act in the federal government », *Public Budgeting and Finance*, 17(1), printemps, p. 35-55.

Jones, R. (1998), « The conceptual framework of resource accounting », *Public Money and Management*, 18(2), avril/juin, p. 11-16.

Joss, R. et M. Kogan (1995), *Advancing quality : Total Quality Management in the National Health Service*, Buckingham, Open University Press.

Kernaghan, K. (1997), « Values, ethics and public service », dans Bourgault, J., M. Demers et C. Williams (dir.), *Public administration and public management : experiences in Canada*, Québec, Les Publications du Québec, p. 101-111.

Likierman, A. (1993), « Performance indicators : 20 early lessons from managerial use », *Public Money and Management*, 13(4), octobre/décembre, p. 15-22.

Likierman, A. (1995), « Resource accounting and budgeting : rationale and background », *Public Administration*, 73(4), hiver, p. 562-570.

Likierman, A. (1998), « Resource accounting and budgeting : where are we now ? », *Public Money and Management*, 18(2), avril/juin, p. 17-20.

Lowndes, V. et C. Skelcher (1998), « The dynamics of multi-organisational partnerships : an analysis of changing modes of governance », *Public Administration*, 76(2), été, p. 313-333.

Mayne, J. (1996), *Implementing results-based management and performance-based budgeting : lessons from the literature*, Avant-projet n° 73, Ottawa, Office of the Auditor General of Canada.

Meyer, M. et V. Gupta (1994), «The performance paradox», *Research in Organizational Behaviour*, 16, p. 309-369.

National Audit Office (1995), *The Meteorological Office : evaluation of performance*, HC693, 29 août, London, HMSO.

National Audit Office (1997), *Annual Report, 1997*, London, National Audit Office.

Next Steps Team (1998), *Towards best practice : an evaluation of the first two years of the Public Sector Benchmarking Project, 1996-98*, London, Office of Public Service (Cabinet Office).

Patton, M. (1997), *Utilisation-focused evaluation : the new century text* (3e édition), Thousand Oaks, Calif., Sage.

Pollitt, C. (1986), «Beyond the managerial model : the case for broadening performance assessment in government and the public services», *Financial Accountability and Management*, 2(3), automne, p. 155-170.

Pollitt, C. (1990), «Performance indicators : root and branch», dans Cave, M., M. Kogan et R. Smith (dir.), *Output and performance measurement in government : the state of the art*, London, Jessica Kingsley, p. 167-178.

Pollitt, C. et G. Bouckaert (1995), *Improving the quality of European public services : cases, concepts and commentary*, London, Sage.

Pollitt, C. (1997), *Looking outcomes in the face : the limits of government action*, exposé présenté à la New Zealand Public Service Senior Management Conference, Wellington, 9 octobre.

Pollitt, C. (1998), «Evaluation in Europe : boom or bubble?», *Evaluation*, 4(2), avril, p. 214-224.

Pollitt, C. et H. Summa (1997), «Trajectories of reform : public management change in four countries», *Public Money and Management*, 17(1), janvier/mars, p. 1-13.0.

Pollitt, C., J. Birchall et K. Putman (1998), *Decentralising public management : the British experience*, Basingstoke, Macmillan.

Pollitt, C., X. Girre, J. Lonsdale, R. Mul, H. Summa et M. Waerness (1999), *Performance or conformity ? Public management and performance audit in five countries*, Oxford, Oxford University Press.

Pollitt, C. et G. Bouckaert (2000), *Reforming public management : a comparative analysis*, Oxford, Oxford University Press.

Power, M. (1997), *The audit society : rituals of verification*, Oxford, Oxford University Press.

President of the Treasury Board (1997), *Accounting for results, 1997*, Ottawa, Treasury Board of Canada Secretariat.

Prime Minister (1991), *The citizen's charter : raising the standard*, Cm.1599, London, HMSO.

Prime Minister and Minister for the Cabinet Office (1999), *Modernising government*, Cm.4310, London, The Stationary Office.

PUMA (1999), *Managing accountability in intergovernmental partnerships*, PUMA/ RD(99)4/ Final, Paris, PUMA/OECD.

Radin, B. (1998), «The Government Performance and Review Act (GPRA): hydra-headed monster or flexible management tool?», *Public Administration Review*, 58(4), juillet/ août, p. 307-316.

Rainey, H.G. et P. Steinbauer (1999), «Galloping elephants: developing elements of a theory of effective government organisations», *Journal of Public Administration Research and Theory*, J-Partie: 1, p. 1-32.

Rubin, I. (1992), «Budgeting: theory, concepts, methods, and issues», dans Rabin, J. (dir.), *Handbook of public budgeting*, New York, Marcel Dekker, p. 3-22.

Sandberg, B. (1996), «Annual performance accounting and auditing: is it possible?», dans Halachmi, A. et G. Bouckaert (dir.), *Organisational performance and measurement in the public sector*, London, Quorum Books, p. 167-186.

Smith, P. (1993), «Outcome-related performance indicators and organisational control in the public sector», *British Journal of Management*, 4, p. 135-151.

Sorber, B. (1996), «Experiences with performance measurement in central government: the case of the Netherlands», dans Halachmi, A. et G. Bouckaert (dir.), *Organisational performance and measurement in the public sector*, London, Quorum Books, p. 309-318.

Summa, H. (1995), «Old and new techniques for productivity promotion: from cheese slicing to a quest for quality», dans Halachmi, A. et G. Bouckaert (dir.), *Public productivity through quality and strategic management*, Amsterdam, IOS Press, p. 155-166.

Talbot, C. (1996), *Ministers and agencies: responsibility and performance*, document soumis à la House of Commons Public Services Committee, Pontypridd, University of Glamorgan Business School.

Talbot, C. (1997), *Public performance: towards a public service excellence model*, Avant-projet n° 1, Llantilio Crossenny, Monmouthshire, Public Futures.

Wholey, J. (1997), «Trends in performance measurement: challenges for evaluators», dans Chelimsky, E. et W. Shadish (dir.), *Evaluation for the 21st century*, Thousand Oaks, Calif., Sage, p. 124-133.

5
L'effacement de la ligne de démarcation entre public et privé

VINCENT WRIGHT

La revitalisation du secteur public soulève partout la même question : où doit-on tracer la ligne de démarcation entre les secteurs public et privé ? Depuis un demi-siècle, cette ligne n'a cessé de se déplacer. Des années 1950 aux années 1970, le secteur public a eu tendance à s'étendre et à assumer des responsabilités historiquement dévolues au secteur privé. Les gouvernements se sont rendus responsables d'activités économiques qui auraient pu tout aussi bien demeurer privées, même sous réglementation publique. On a aussi procédé à une expansion massive des programmes sociaux afin d'y inclure une batterie de bénéfices à l'intention des classes moyennes tout autant qu'aux moins bien nantis.

À partir des années 1970, la crise pétrolière et surtout l'élection de plusieurs leaders conservateurs ont provoqué un virage important chez les gouvernements des démocraties occidentales. On eut recours à la privatisation et à la déréglementation pour réduire le rôle de l'État dans les affaires économiques (Wright, 1994). On réduisit les programmes sociaux et, dans certains cas, on les élimina (Pierson, 1998). Réduction et modernisation devinrent des euphémismes qui exprimaient une vaste retraite de l'État des responsabilités sociales et économiques qu'il avait assumées quelques décennies auparavant. En outre, pour de nombreux politiciens et pour la majeure partie de la population, le marché et le secteur privé sont devenus exemplaires de la manière la plus efficace de réaliser des objectifs, qu'ils soient publics ou privés (Taylor-Gooby, 1998). Après plusieurs décennies d'attaques soutenues contre le secteur public, le temps est sans doute venu de le revitaliser et, peut-être, de le redéfinir.

Aux avatars des programmes publics ont fait écho les changements de fortune des fonctionnaires qui les administraient. Durant l'après-guerre immédiat, et d'une manière générale jusqu'à l'arrivée des gouvernements conservateurs évoqués ci-dessus, les fonctionnaires en poste dans la plupart des sociétés occidentales étaient respectés et présumés capables d'administrer efficacement l'économie et la société. On les considère désormais, en ce tournant du siècle, comme faisant partie du problème plutôt que de la solution. À l'instar d'autres volets du gouvernement, la fonction publique a été réduite et les fonctionnaires de carrière ont perdu leur monopole sur les postes les plus importants du secteur public. La notion d'un ensemble exclusif de compétences analytiques et administratives essentielles au gouvernement a été rejetée et remplacée par une approche générique selon laquelle la gestion est la gestion (voir Stewart, 1998).

Nous examinerons ici les relations changeantes entre secteurs public et privé, et la tension qui existe maintenant entre l'un et l'autre. Notre approche sera historique, mais les thèmes principaux et les questions soulevées seront contemporains et prospectifs. Quelles politiques et quelles activités est-il convenable, ou essentiel, que les gouvernements se réservent en tant que composantes de leur rôle distinctif dans le monde contemporain ? Les activités reconnues d'utilité publique doivent-elles être accomplies par des membres de la fonction publique ou se prêtent-elles à des solutions de rechange ? Comment le gouvernement peut-il reconquérir sa légitimité et justifier la poursuite de ses activités ?

LES MODÈLES TRADITIONNELS

Les changements évoqués ci-dessus sont survenus dans le contexte de divers modèles traditionnels de relations entre les secteurs public et privé, modèles qui furent jugés inadéquats à cette époque. Chaque régime politique entretenait une conception particulière de ces relations, mais on avait généralement tendance à insister sur la séparation des deux secteurs, d'où la nécessité d'une ligne de démarcation parfaitement tracée. La fonction publique, de même, était conçue de manière telle qu'on la voulait distincte de toute autre institution afin d'assurer la probité et l'imputabilité des activités publiques.

Différences entre les modèles traditionnels

Ces traits communs aux modèles de relations public/privé s'accompagnaient cependant de caractéristiques particulières, nées dans différents contextes sociaux et politiques. Le modèle le plus répandu était probablement celui qui découlait de la conception wébérienne de la bureaucratie et de la nature du gouvernement (Weber, 1958). Là même où il n'était pas accepté à titre de définition opérationnelle des relations entre les deux secteurs, ce modèle aidait puissamment à concevoir les modes d'organisation du secteur public (voir Page, 1994) et faisait (et fait) partie du bagage intellectuel de quiconque s'intéresse à la nature du secteur public dans les démocraties industrialisées.

En France et dans des pays tels l'Italie et l'Espagne, où la conceptualisation du secteur public a subi l'influence du « modèle napoléonien » (Wünder, 1995), on conçoit quelque peu différemment la relation qui doit exister entre les deux secteurs. Selon la conception napoléonienne, le secteur public tend à occuper la position dominante dans la société et a occupé, historiquement, un rôle de leader dans nombre de domaines économiques et sociaux. En outre, les élites formées au service public sont souvent devenues, grâce au pantouflage, des puissances dans le secteur privé. Ce modèle produit donc, entre les deux secteurs, une intégration plus importante que ne le laissaient prévoir ses fondements théoriques.

Dans les démocraties anglo-américaines, on a insisté, peut-être davantage qu'ailleurs, sur la séparation des deux secteurs, mais on a généralement confié le rôle dominant au secteur privé[1]. Ces sociétés ont mis en pratique une conception plus ou moins lockéenne des relations public/privé. De même, la séparation entre secteurs a été plus marquée dans les systèmes d'origine anglaise, nonobstant les nombreux allers et retours des hauts responsables américains (qui, cependant, sont rarement des fonctionnaires). L'approche anglo-américaine postulait essentiellement la séparation des secteurs, d'abord pour assurer l'intégrité du gouvernement et, tout au moins dans sa formulation wilsonienne, pour dépolitiser autant que possible la fonction publique (Doig, 1987).

LES MODÈLES TRADITIONNELS EN PRATIQUE

Les modèles traditionnels de relations entre l'État et la société étaient certes intellectuellement intéressants, mais on avait tendance, en pratique, à n'en pas tenir compte dans la mesure même où on leur rendait hommage. En dépit des thèses officielles concernant la séparation des secteurs public et privé, l'un et l'autre se mélangeaient et s'influençaient de multiples façons. Compte tenu de la complexité des modes de gouvernance dans une société moderne, un tel phénomène était peut-être inévitable. Cela dit, cependant, il importe de comprendre l'évolution historique afin de pouvoir mieux interpréter l'état du secteur public contemporain et les changements qu'il a subis. L'amalgame des deux secteurs peut revêtir différentes formes.

a   **Le personnel**. Secteurs public et privé étaient présumés séparés, mais les échanges ont été nombreux entre l'un et l'autre dans de nombreux pays. On connaît le phénomène tel qu'il se produit aux États-Unis, ainsi que le pantouflage français. Mais les échanges ont été plus fréquents, et dans des pays plus nombreux, qu'on ne l'admet généralement. Dans plusieurs systèmes traditionnels, en outre, les fonctionnaires ont été politisés et les cadres pourraient tous faire état d'une allégeance politique connue.

b   La prestation des services. Des services ont été considérés comme publics,
      mais leur prestation a été assurée durant des années par le secteur privé. Ces ser-
      vices vont de l'émission de prêts garantis dans les institutions bancaires
      jusqu'aux agents de bord qui voient à l'application des règles de sécurité à bord
      des avions. Les services gouvernementaux ont souvent été assurés grâce à l'inte-
      raction des deux secteurs et, dans de nombreux domaines, le gouvernement a
      confié la prestation des services à des organisations autoréglementées – depuis
      la profession médicale jusqu'aux offices de commercialisation du lait.

c   Finance. On connaît depuis longtemps des cas de financement privé de pro-
      grammes publics et de financement public consenti afin d'aider l'entreprise
      privée. Bien que ce financement prenne souvent une forme indirecte, telles des
      garanties d'emprunt ou des exemptions fiscales, il aura néanmoins permis
      l'existence de projets privés qui n'auraient jamais vu le jour autrement.

d   Effet de levier. Les deux secteurs se sont aussi soutenus l'un l'autre, particu-
      lièrement quant à la capacité du secteur public d'aider le privé en recourant à
      des instruments telles les dépenses fiscales et les subventions à frais partagés
      (Salamon, 1989) qui exigent une participation financière du récipiendaire
      privé. De même, le secteur privé aidera le gouvernement en acceptant de colla-
      borer à certains projets en échange de concessions fiscales ou d'autres avan-
      tages consentis par l'État.

e   Néo-corporatisme et réseaux. Les mécanismes utilisés pour gérer les relations
      entre groupes d'intérêts et gouvernement se sont aussi traduits par un mélange
      des deux secteurs. Ces institutions ont essentiellement pour effet de conférer à
      ces groupes un statut officiel, ce qui réduit d'autant la capacité du secteur
      public d'arrêter seul ses propres décisions.

f   Réglementation. Même lorsque les gouvernements n'occupaient pas une posi-
      tion déterminante sur le marché, par ex. par le biais des nationalisations, ils
      pouvaient néanmoins y exercer une influence importante. C'est ainsi que les
      gouvernements américains, guère présents sur le marché, ont joué dans l'éco-
      nomie un rôle important grâce à leur pouvoir de réglementation (Peters, 1998).

g   Objectifs poursuivis. Finalement, les objectifs poursuivis par les secteurs
      public et privé ont souvent concordé, même dans les modèles traditionnels.
      Cette compatibilité fut souvent fonction des rapports étroits entretenus entre
      groupes d'intérêts et gouvernement, de même que du va-et-vient de personnel
      entre les secteurs. En outre, le plus *étatiste* des gouvernements ne pouvait se
      permettre, au fil du temps, de se distancer complètement des aspirations de ses
      propres citoyens.

En bref, les modèles traditionnels prônaient la séparation des deux secteurs,
mais la pratique a imposé une définition beaucoup plus équivoque du privé et du
public. Sur le terrain, la prestation des services s'est souvent traduite par une
influence mutuelle et par la coopération plutôt que par la séparation. Au rythme de

leur carrière, des individus ont aussi occupé diverses fonctions dans l'un et l'autre secteur. Dans le contexte administratif européen, ce passage de l'un à l'autre se produit la plupart du temps une seule fois, l'intéressé quittant la fonction publique pour accéder à un poste plus lucratif dans le secteur privé.

UNE FONCTION UTILE ?

Nonobstant l'interaction plus intense que prévue entre les deux secteurs, la notion de séparation demeure une fiction utile aux gouvernements. Le concept de deux secteurs distincts a aussi servi à définir un rôle inaliénable pour le secteur public. Se sont ainsi trouvés justifiés, de manière permanente, les vastes domaines de politique d'État qui se sont développés en Europe, ainsi que l'énorme et puissante fonction publique qui y assure (ou tout au moins y supervise) la prestation de ces services. On a donc entériné cette fiction de diverses manières et, en psalmodiant la théorie, on a créé une certaine réalité.

DÉFINIR UN DOMAINE PUBLIC

Le concept de rôle inaliénable du secteur public ne se justifie qu'en démontrant le caractère intrinsèquement public de certains services. Cette justification a revêtu différentes formes, dont la plus commune a trait aux caractéristiques économiques des programmes (Wolf, 1991). Il existe quatre variantes de ce type de justification.

a   *Les biens publics.* Les biens dont il est impossible, lorsqu'ils sont produits, de décourager la consommation. La défense ou la qualité de l'air, par exemple, ne peuvent être commercialisées, de sorte que le gouvernement doit en être responsable.

b   *Les coûts sociaux.* Si les coûts sociaux de la création d'un produit ne sont pas inclus dans son prix, comme il en va des industries polluantes, alors le gouvernement doit intervenir pour réglementer la production ou pour obliger le producteur à intégrer ces coûts.

c   *Les monopoles naturels.* Certains biens, par ex. l'électricité et le téléphone avant les changements technologiques, sont produits plus efficacement sur de vastes territoires et en l'absence de concurrence. Il faut alors que le gouvernement en assure la réglementation.

d   *Les inégalités.* Finalement, les marchés tendent à produire, à terme, d'importantes inégalités économiques parmi la population et dans les régions. Dans la plupart des démocraties industrialisées, de telles inégalités sont jugées inacceptables, de sorte que le secteur public doit intervenir.

Bien qu'on ait généralement recouru à l'analyse économique pour comprendre et justifier les activités propres au secteur public, son rôle est aussi justifiable pour des raisons plus politiques et même idéologiques. L'analyse comparative doit cependant composer avec le fait que ces justifications sont souvent culturellement spécifiques, alors que les justifications économiques sont présumées valables dans tous les cas[2]. Ainsi, l'alimentation en eau est assurée par l'entreprise privée dans de nombreux pays européens, alors qu'elle est considérée comme un service public aux États-Unis, supposé bastion du secteur privé.

Un des principaux concepts susceptibles d'aider à déterminer le secteur duquel doit relever un service est celui de « service public » tel que l'entendent les experts français intéressés à ce problème. De tels services publics, selon cette acception, sont présumés relever des fonctions inaliénables du secteur public, bien que le fondement intellectuel de cette distinction ne soit pas aussi clair que celui qu'apportent les économistes. Le secteur public est défini, dans une certaine mesure, par la constitution ou par le droit, ces diverses lois se justifiant par la conception plus ou moins traditionnelle de ce que devrait être le rôle de l'État.

Au sein du système défini par le concept de *service public*[3], l'administration publique peut elle-même être définie par des lois, par des modalités de recrutement particulières et par des droits et obligations émanés à la fois de la loi et de pratiques traditionnelles. Cette distinction est particulièrement manifeste lorsqu'un régime de fonction publique officiel différencie l'emploi public de l'emploi privé. Néanmoins, une conception traditionnelle de l'État et de ses serviteurs prescrit un rôle clair à ces fonctionnaires et leur accorde généralement un statut plus élevé que celui qui est le leur dans le monde de la « Nouvelle gestion publique ».

Même lorsque les distinctions juridiques entre emploi du privé et emploi du public ne sont pas fortement marquées, les distinctions sociales et culturelles peuvent remplir un rôle équivalent. Plusieurs études existent sur les différentes origines socio-économiques des employés du public et du privé (voir Rouban, 1999 ; Selden, 1997) et sur les différences de leur comportement politique (Blais, Blake et Dion, 1997). Dans plusieurs pays, le recrutement des fonctionnaires est très particulier, par ex. le poids du Sud en Italie ou (tout au moins historiquement) [celui d']Oxbridge en Grande-Bretagne. Dans ce contexte non officiel, la ligne de démarcation public/privé est parfois très nette et distingue les deux types d'emplois, même lorsque les employés du secteur public sont engagés sous contrat privé.

Finalement, le concept de séparation demeure une affabulation généralisée chez les membres des deux secteurs. Elle a permis au secteur privé de se plaindre de mauvais traitements de la part du gouvernement — par ex. la réglementation des entreprises — tout en parvenant à ses fins grâce à des ententes plus ou moins secrètes avec les officiels du même gouvernement. Quant au secteur public, elle y a justifié des pratiques administratives et des modes de gestion du personnel qui auraient été impraticables dans le secteur privé. De plus, cette norme de séparation a permis au secteur public de conserver, en partie, sa capacité à exercer l'autorité de l'État sur la société et à forcer le secteur privé à consentir des ressources sans pour autant céder son autorité juridique sur les programmes. La séparation des secteurs est peut-être fictive, mais elle est certes fort utile.

TENDANCES ACTUELLES

Bien que la réalité n'ait pas confirmé la séparation inscrite dans les modèles officiels, les gouvernements contemporains tendent à accepter plus volontiers le mélange des deux secteurs. Plusieurs des réformes adoptées au cours des dernières décennies ont davantage célébré cette fusion que tenté de maintenir la séparation; elles ont provoqué, en revanche, des réactions qui prônent la nécessité de conserver ou même de renforcer cette séparation.

ACCUMULATION

On tend de plus en plus, actuellement, à définir le rôle du secteur public en multipliant, et donc en amplifiant, les modalités de fusion des deux secteurs. C'est ainsi que la création des « quangos », ou autres organisations de même nature qui accomplissent les tâches du secteur public, n'est pas la seule manière de réduire le contrôle gouvernemental. Ces organisations, en effet, fournissent leurs services en concluant des contrats ou des partenariats public/privé qui s'écartent encore davantage du secteur public.

DIFFUSION

Bien que les démocraties industrialisées accusent des différences structurelles et culturelles considérables, les pressions à l'uniformisation y sont fortes et on y diffuse abondamment les notions de fusion entre les deux secteurs. Ces idées empruntent des véhicules divers. Certaines organisations internationales, tels l'OCDE et le FMI, ont contribué à promouvoir des réformes de cette nature. Il en va ainsi des sociétés conseil et des promoteurs privés, qui ont tout intérêt à en faire autant et à amener les décideurs à croire que la « bonne » réforme améliorera l'efficacité du gouvernement; le désenchantement populaire à l'endroit des formes actuelles de gouvernance leur rend la tâche plutôt facile.

Ce qui étonne le plus, c'est la promptitude avec laquelle les pays de forte tradition étatique ont cédé à cette fascination: amener le secteur public à fonctionner selon les lois du marché. C'est ainsi que le gouvernement français, par exemple, a adopté, sous une forme ou sous une autre, les mêmes réformes qu'appliquent les pays anglo-saxons les plus audacieusement réformistes (Bezes, 1999). Les principales exceptions en seraient l'Allemagne et les régimes de même tradition. Mais ces pays eux-mêmes ont adopté quelques-uns de ces changements, quoique moins globalement qu'en certains autres pays (Schroter, 1999). Ainsi, les États sont certes capables de définir clairement la nature du privé et du public, mais choisissent pourtant de modifier leurs lignes de démarcation.

PROBLÈMES SOULEVÉS PAR L'HYBRIDATION

« Hybridation » est le terme qui décrit le mieux ces changements. Plutôt que de provenir d'un secteur défini, la plupart des activités publiques passent maintenant par des mécanismes mettant en cause les deux secteurs. Le secteur privé, de même, est désormais solidement rattaché au secteur public et peut même en dépendre quant à son financement et à l'instauration de mesures de réglementation protectionnistes. En termes biologiques, on considère souvent les espèces hybrides comme étant particulièrement résistantes. En matière d'administration publique, elles le sont extrêmement, compte tenu du fait qu'elles sont aussi très dangereuses.

CRITIQUES FAMILIÈRES : CORRUPTION, CONQUÊTE ET COLLUSION

Dans le monde politique, la gauche et la droite se sont toutes deux inquiétées de ce que ce mélange des deux secteurs tendait à abolir la raison d'être de l'un et de l'autre et aboutissait à des résultats désastreux pour l'ensemble de la société. Leurs critiques sont fort différentes, bien entendu, mais portent toutes sur ce mélange d'interventions publique et privée. De plus, ces critiques familières dépassent largement la rhétorique politique pour atteindre à des débat plus académiques. La science politique et l'administration publique se préoccupent depuis longtemps de ce mariage des deux secteurs (Mosher, 1980; Smith, 1975), mais les réformes des années 1980 et 1990 ont accru ces inquiétudes et ont conféré au problème une plus grande pertinence auprès des simples citoyens.

À droite, on estime que la collusion entre intérêts particuliers et organisations du secteur public mène à la multiplication des dépenses publiques et à une surproduction de biens privés, de même qu'à une possible sous-production de biens publics (Downs, 1960). Mancur Olson (1982), par exemple, a soutenu que des intérêts particuliers concluaient avec des organisations du secteur public des accords de distribution qui leur profitaient au détriment de l'intérêt public. William Niskanen (1971) a avancé des arguments semblables, mais a blâmé les organisations bureaucratiques plutôt que les groupes d'intérêts. Quoi qu'il en soit, cependant, coalitions d'intérêts et bureaucrates intéressés mènent à des dépenses publiques excessives.

À gauche, les arguments sont différents mais la logique est la même. Pour la gauche, l'hybridation de l'État n'est qu'un moyen par lequel le secteur privé parvient à contrôler à son propre avantage le pouvoir de l'État — ce que Lowi (1973) appelle

« l'usage privé du pouvoir public ». Les intérêts privés s'empareraient ainsi des instruments étatiques de réglementation et en atténueraient les effets sur l'industrie.

Pour certains analystes, surtout d'Europe continentale, ce serait plutôt la bureaucratie qui s'empare ainsi des intérêts privés qu'elle utilise ensuite au service de l'État. La réalité, cependant, n'est pas aussi limpide que le voudraient l'une ou l'autre interprétation ; il se produit probablement une interdépendance des deux secteurs et un affaiblissement du rôle de chacun d'eux. Les industries, par exemple, disposent généralement de plus d'informations que les bureaucraties et en profitent pour réduire la portée des règlements qui pourraient leur être imposés. De même, le monopole financier que peut détenir le gouvernement sur des tiers fournisseurs, particulièrement dans le domaine des politiques sociales, fait de ces fournisseurs des créatures gouvernementales souvent plus soucieuses d'être agréables aux corps publics qui les subventionnent que de défendre les intérêts de leur clientèle.

HYBRIDATION ET PERSONNEL

Outre ses effets sur le mode de prestation des services, l'hybridation affecte aussi, de diverses manières, le personnel à l'emploi du gouvernement. D'une part, la fonction publique a cessé d'être une carrière exclusive ; d'autre part, les postes supérieurs du secteur public vont de plus en plus à des recrues de l'extérieur. En outre, les employés des corps publics ne sont plus traités comme appartenant à un groupe social distinct dont les membres ont sacrifié certains avantages financiers en retour de la qualité de serviteur de l'État ; ils sont désormais traités comme tous les autres travailleurs, et parfois plus mal encore[4].

Cet incessant va-et-vient au sein du gouvernement, et particulièrement le nombre élevé de nouveaux arrivants, n'est pas sans causer divers problèmes. De nombreuses différences culturelles sont ainsi source de tensions au sein des organisations, particulièrement quant à des questions de probité et de confidentialité (spécialement délicates lorsqu'un employé quitte ses fonctions). En outre, plusieurs nouveaux employés ont été engagés par contrat, sans avoir gravi les traditionnels échelons, et sont donc beaucoup mieux rémunérés ; les fonctionnaires peuvent certes concourir pour l'obtention des postes les plus lucratifs, et les obtiennent souvent, mais le différentiel interne des salaires ainsi créé est important (Hood et Peters, 1994).

L'hybridation peut aussi entraîner, dans les organisations publiques, des problèmes relatifs à la mise en œuvre et à l'élaboration des politiques. Ainsi, de plus en plus d'employés deviennent « temporaires » et passent d'un secteur à l'autre, de sorte que les organisations perdent leur mémoire et leur continuité institutionnelles. De ce phénomène peuvent découler l'adoption de politiques moins bien adaptées, de conseils de politique moins utiles et une réduction de la prévisibilité pour la clientèle. Or l'un des objectifs de la réforme consistait à faire du gouvernement, dans divers domaines, un partenaire plus fiable pour le secteur privé, mais l'effet net pourrait bien avoir été de le rendre plus arbitraire et plus imprévisible.

SCHIZOPHRÉNIE

À ce qui précède s'ajoutent quelques problèmes que l'on pourrait considérer comme une sorte de schizophrénie gouvernementale due à l'hybridation. On demande de plus en plus fréquemment aux administrateurs publics d'appliquer les normes et d'utiliser des méthodes du secteur privé, de sorte qu'ils sont désormais nombreux à administrer d'une manière à laquelle ils ne s'attendaient pas lorsqu'ils ont débuté leur carrière. De plus, les organisations, comme les individus, sont devenues des lieux où se vivent des valeurs concurrentes. Dans un tel contexte, il est difficile pour un administrateur de saisir précisément quelles sont les valeurs de l'organisation et du secteur public.

Ces problèmes de schizophrénie peuvent être amplifiés dans la mesure où on n'a pas réussi à transformer l'emploi du secteur public en authentique emploi du secteur privé. C'est ainsi qu'on demande aux employés du secteur public de gérer en employant les valeurs du secteur privé et d'abandonner certains bénéfices traditionnels, telle la sécurité d'emploi, mais de renoncer aux salaires que leur vaudrait le secteur privé. Plusieurs fonctionnaires estiment avoir hérité du pire de deux mondes (Ingraham, Murliss et Peters, 1999). Si la Nouvelle gestion publique entend motiver les employés du public comme elle motive ceux du privé, il lui faut trouver le moyen de compenser en rémunération les valeurs qu'elle exige de sacrifier lorsque sont appliquées les nouvelles formes d'administration.

COMPLICATIONS

Si nous avions à décrire dans le langage des économistes cet aspect du problème de l'hybridation, nous dirions que les coûts de transaction imposés au secteur public ont augmenté à cause de la complexité croissante des mécanismes de financement et de prestation des services. Selon la thèse célèbre de Coase (1935), les firmes et autres institutions hiérarchisées constituent des moyens de surmonter l'obstacle des coûts du marché[5]. Plusieurs réformateurs contemporains semblent avoir oublié, ou délibérément ignoré, ce point, préférant introduire des modes de négociation compliqués et des arrangements contractuels qui auront quasi certainement pour effet d'accroître les coûts de transaction au sein du secteur public et entre les secteurs public et privé lorsque le gouvernement tentera de mettre en œuvre un programme.

Nous pouvons aussi interpréter ces complications comme des problèmes politiques et administratifs. Les complications qui entraînent des coûts au sein du secteur public imposent aussi des coûts externes aux citoyens et aux organisations qui travaillent de concert avec le secteur public à la prestation des services. Ici encore, le changement d'orientation du gouvernement a des conséquences paradoxales. La réforme avait pour but, entre autres, de simplifier la prestation des services et de fournir aux citoyens un « guichet unique » chaque fois que la chose était possible. Or le mélange de prestations publique et privée est susceptible de multiplier le nombre de fournisseurs, de sorte qu'on saura encore moins qu'auparavant qui est le fournisseur et qui est le responsable de tel ou tel service public.

DIFFUSION DU POUVOIR

Diffusion du pouvoir et perte de contrôle au centre du gouvernement auront aussi marqué les dernières décennies. Les réformes ont visé, entre autres objectifs, à décentraliser et à responsabiliser ; le pouvoir politique réel est ainsi passé des institutions qui le détenaient traditionnellement au reste du système politique. Dans presque tous les cas, ce glissement s'est traduit pas une augmentation du pouvoir des gouvernements sous-nationaux aux dépens des institutions de l'État central. Il s'ensuit que les multiples centres de pouvoir ainsi créés peuvent ne pas fonctionner de concert, de sorte qu'il y a perte de contrôle, et même d'influence, sur l'économie et sur la société. Plusieurs politiciens contemporains se félicitent de cet abandon du centralisme, mais il peut en découler de nombreux problèmes de gouvernance.

La diffusion du pouvoir se traduit aussi par une responsabilisation qui permet à la population d'agir sur les politiques et les programmes d'une manière qu'ont jugée inacceptable les modèles de gouvernements où avait cours une plus nette séparation des lieux de pouvoir. Tel que noté précédemment, la prestation des services met en cause un alliage d'acteurs privés et publics que n'aurait pas admis le modèle traditionnel de l'État. Dans l'État réformé, il est possible de responsabiliser la population dans son ensemble, par des consultations et des « participations des citoyens » (Pierre, dans cet ouvrage), et de l'amener à jouer un rôle plus important dans l'élaboration et la mise en œuvre des politiques. Ce phénomène peut sembler démocratique, mais peut fort bien, en pratique, réduire le caractère public des politiques et accroître le degré du contrôle privé.

DÉPENDANCE RÉCIPROQUE

La tendance de plus en plus prononcée à la dépendance réciproque en matière de financement et de mise en œuvre de projets transforme les secteurs public et privé en otages l'un de l'autre. Tout projet amorcé de cette manière, en effet, ne sera mené à terme que si chacun y participe tel que prévu. Chaque partenaire est donc en mesure de faire pression sur l'autre afin de lui arracher concessions ou modifications à l'entente. À ce jeu, le gouvernement est plus vulnérable dans la mesure où il est juridiquement responsable de la prestation du service, les modalités de prestation étant affaire de simple commodité. Le gouvernement sera donc à la merci, juridiquement et politiquement, de toute menace de révocation de l'entente par le partenaire privé. Cette dépendance réciproque variera selon le type de relation. C'est ainsi que les accords de financement (particulièrement en matière d'immobilisations) sont probablement les plus contraignants, même s'ils sont de court terme. Rien n'est pire qu'un pont à demi construit ou une route à demi pavée ; mieux vaut ne rien entreprendre qu'afficher ainsi les symboles de l'incompétence du gouvernement. En adoptant des mesures telles que le Private Finance Initiative (en Grande-Bretagne), ou la multitude de programmes analogues institués dans d'autres pays, les gouvernements se sont rendus prisonniers d'ententes financières qui limitent leur autonomie (Timmins, 1999). En outre, ils peuvent être forcés de forger avec les acteurs privés des relations de type patrimonial qui réduisent le caractère juridico-rationnel de l'État, tout cela sans que le gouvernement en retire d'économies appréciables.

OBSCURCISSEMENT

Autre conséquence quasi inévitable de l'hybridation, l'obscurcissement des zones publique et privée entraîne confusion et incertitude. Cet obscurcissement se manifeste à divers titres dans les changements intervenus au gouvernement. C'est ainsi que les réformes introduites par la Nouvelle gestion publique proposent plusieurs objectifs différents, dont certains sont contradictoires ou tout au moins incompatibles. D'une part, par exemple, les employés du gouvernement sont tenus responsables de leurs actes et rémunérés selon leur rendement personnel ; d'autre part, ils sont censés être membres d'une équipe dont les membres collaborent à des objectifs communs.

De même, le Private Finance Initiative (voir ci-dessus) tend à obscurcir les relations de propriété et les relations fiduciaires existant dans les programmes publics. La participation du secteur public étant ainsi dissimulée, il est difficile pour le citoyen ou pour la législature de déterminer les vrais bénéficiaires d'un programme ou de porter jugement sur les projets ainsi créés à la suite d'une entente financière privée. La nouvelle génération de gestionnaires publics ne tient peut-être pas compte des normes traditionnelles (par ex. l'interdiction de confondre les fonds), mais de tels montages financiers violent les principes qui ont fondé, durant des décennies, la probité et l'imputabilité du gouvernement.

L'obscurcissement du contrôle se répand aussi dans la direction inverse ; le gouvernement peut sembler privatiser et réduire sa présence dans l'économie, tout en conservant le contrôle d'une industrie (voir Wright et Parotti, 1999). Cette pratique se retrouve fréquemment dans des programmes de « privatisation partielle », selon lesquels l'État conserve une minorité de blocage, ou peut-être même une simple « action privilégiée », mais demeure actif dans l'industrie et en garde le contrôle. L'État peut certes faire des profits lorsque les actions de ces sociétés sont vendues, mais les sociétés en cause ne sont guère moins publiques qu'elles ne l'étaient avant leur privatisation partielle et pourraient bien ne pas être plus efficaces.

LÉGITIMITÉ

L'hybridation affecte aussi la légitimité des programmes publics et celle du gouvernement en général. Le public, en effet, s'attend à ce que certaines activités relèvent du secteur public — ces activités étant de nature différente selon les pays — de sorte que tout montage hybride devient immédiatement suspect. De même les agents du secteur public (particulièrement les fournisseurs de services) bénéficient parfois d'une légitimité plus grande que les « petits comptables » qui sont peu à peu devenus des intervenants importants dans le processus décisionnel relatif aux politiques publiques. Ainsi, des programmes conçus pour accroître la légitimité par une plus grande efficacité et par un abaissement des coûts peuvent avoir pour effet, en pratique, de raréfier davantage ce qui est devenu un article peu commun dans le secteur public contemporain.

La privatisation des prisons, réalisée dans de nombreux pays, est un bon exemple de la menace à la légitimité évoquée ci-dessus. Bien que les institutions carcérales se prêtent facilement à la privatisation — car il n'est pas difficile de spécifier par contrat le genre d'activités auxquelles s'engage le contractant privé —, la population demeure méfiante devant une telle éventualité. Pour le citoyen, l'administration des prisons relève du monopole de la force dévolu à l'État et ne peut être exercée que par des fonctionnaires publics. Il en va de même, en Grande-Bretagne, du National Health Service qui multiplie le nombre des administrateurs et réduit peut-être celui des travailleurs de la santé ; ce virage paraît suspect à la population et les questions se font de plus en plus nombreuses sur l'utilisation des coûts comme critères de décisions d'ordre médical[6].

IMPUTABILITÉ

Finalement, et tel est peut-être le point le plus important, les changements apportés dans le secteur public créent des problèmes majeurs quant au maintien de l'imputabilité des actions du gouvernement. L'hybridation et la diffusion du pouvoir associés à ces changements s'accompagnent d'ambiguïté et d'absence de transparence, d'où découlent des problèmes d'imputabilité. En effet, la prestation des services étant désormais assurée grâce à des montages complexes mettant en cause le secteur public et le secteur privé, il devient difficile de déterminer qui en est, en fin de compte, responsable. Dans une certaine mesure il y a là un paradoxe, car de nombreuses réformes avaient précisément pour objectif d'améliorer la capacité à identifier les responsables et à instaurer une plus grande transparence administrative (Reichard, 1998). Pour le citoyen moyen, cependant, cette confusion des rôles ne l'empêchera pas de considérer le gouvernement comme responsable, même si le programme est mis en œuvre par des méthodes mixtes[7].

La notion d'imputabilité entretenue par la population aura pour conséquence que le gouvernement héritera du blâme lorsque des erreurs seront commises, même si la prestation du service relève de plusieurs acteurs. Cette persistance d'une responsabilité (perçue) non accompagnée de contrôle place le gouvernement dans une position extrêmement difficile. Il semble que les gouvernements cherchent désormais, là où existe cette dichotomie, des moyens de reprendre le contrôle des programmes; mais ils risquent, ce faisant, de créer des pratiques clientélistes qui porteront davantage atteinte à la nature weberienne du secteur public[8]. Si, en effet, le mode traditionnel de contrôle par réglementation n'est plus viable, alors les leaders politiques pourraient opter pour des moyens politisés (Rouban, 1999; Peters, 1999).

REDÉFINIR LE PUBLIC

Compte tenu de tous les changements apportés par la réforme et des problèmes qui y sont associés, quelle voie devra emprunter le secteur public? Politiquement, le retour au *statu quo ante* est certes hors de question; les changements ont été trop profonds et, du reste, plusieurs fonctionnaires de carrière parviennent à y déceler certaines vertus. Mais s'il est impossible de revenir aux anciennes méthodes, les difficultés actuelles — particulièrement en matière d'imputabilité et de traitement infligé aux fonctionnaires — sont assez importantes pour qu'on exige un retour partiel à des modèles traditionnels de gouvernance.

Toute revitalisation du secteur public doit passer par une réaffirmation de certaines valeurs traditionnelles, telles l'intégrité, l'équité et tout particulièrement l'imputabilité. L'efficacité et l'esprit compétitif, qui sont des valeurs du secteur privé, peuvent avoir place dans le secteur public, mais certainement pas la place exclusive qu'on leur a récemment accordée[9]. Les divers changements déjà énumérés ont tous eu pour effet de dénigrer les valeurs traditionnelles du secteur public. Par conséquent, les réformateurs ont non seulement tenu à imposer des valeurs « gestionnaristes », mais ils pourraient avoir miné les valeurs anciennes au point où les recrues du secteur public n'ont plus d'autres valeurs de référence que celles de la nouvelle gestion. Cela étant, il pourrait être difficile de ressusciter l'ancienne culture du secteur public.

Il est particulièrement urgent de considérer les effets de la réforme sur l'imputabilité dans le secteur public. Les formes traditionnelles d'imputabilité parlementaire dans les systèmes de Westminster mettaient souvent en relief le rare scandale et ignoraient les questions plus importantes concernant la performance d'ensemble du gouvernement (Aucoin, dans cet ouvrage). Elles fournissaient néanmoins aux élus un moyen d'exercer un certain contrôle et de tenter d'amener l'administration à agir « dans l'intérêt public ». Les réformes actuelles peuvent ramener ces questions politiques à de simples questions de coûts et d'efficience économique. De telles valeurs économiques sont certes importantes, mais elle ne sont pas les seules — et peut-être même les plus importantes — qu'il faille inclure dans un système d'imputabilité publique.

Outre la nécessité de redonner vie aux valeurs du service public, il importe aussi de définir clairement et consciemment les frontières du secteur public. Nous avons relevé la difficulté d'une telle tâche et nous savons qu'une zone grise existera toujours entre le public et le privé. Cette zone, cependant, a eu tendance à s'étendre à mesure que s'imposaient des idées plus limitatives sur la nature et sur le rôle des deux secteurs. Ce phénomène tient peut-être à la facilité avec laquelle l'hybridation a été admise et, par conséquent, à la facilité d'éviter les conflits politiques à propos de ces questions. Cette absence de conflits a cependant engendré des problèmes de gouvernance suffisamment graves — particulièrement quant au brouillage et à la perte d'imputabilité — pour justifier de plus fréquentes batailles politiques.

Finalement, toute réaffirmation du rôle du secteur public n'ira pas sans une réaffirmation claire du rôle des fonctionnaires dans l'élaboration et la mise en œuvre des politiques publiques. Les fonctionnaires sont présentement considérés comme faisant partie du problème du secteur public, mais si l'on espère promouvoir efficience et efficacité au gouvernement, il faudra faire une place plus importante à la fonction publique considérée comme incarnation et gardienne des valeurs du secteur public. Dans une certaine mesure, ces valeurs devront changer avant qu'il soit possible de redonner à la fonction publique le rôle qui lui revient.

NOTES

1. Bien entendu, des différences ont existé et existent toujours entre les systèmes anglo-américains. Le secteur privé domine nettement aux États-Unis, cependant que le Canada et la Grande-Bretagne ont accordé des pouvoirs plus importants au secteur public et à la fonction publique.

2. La notion d'inégalité sera, bien tendu, interprétée différemment selon les sociétés. Un degré d'inégalité inacceptable en Europe du Nord a été parfaitement acceptable aux États-Unis ou en Europe du Sud. Voir Cohen et Henry (1997).

3. Italiques de l'auteur.

4. Le statut des employés de l'État tend à diminuer même dans les sociétés qui le privilégiaient. À cet égard, la France constituerait une exception (Rouban 1998a ; 1998b).

5. Voir aussi Williamson (1996) et Majone (1998).

6. La question des coûts préoccupe probablement le NHS depuis longtemps, mais le problème semble s'être manifesté avec plus d'insistance après les réformes mises en œuvre par les conservateurs durant les années 1980.

7. La population semble avoir une certaine notion de ce qu'est un service public, même si les spécialistes et les membres du gouvernement sont incapables d'en donner une définition claire. En outre, les citoyens croient (à tort ou à raison) que le secteur public leur permet plus de recours que le privé.

8. Les gouvernements semblent revenir, en certains cas, à des formes d'administration patrimoniales (alors que les ministres développent leur propre personnel).

9. Il est faux de croire que l'efficacité n'était pas une valeur du secteur public. Weber, Wilson et d'autres ont tous parlé d'efficacité, mais dans des termes différents de ceux des réformateurs actuels, attachés au marché.

BIBLIOGRAPHIE

Bezes, P. (1999), *The French Reinvention Exercise (1988-1997): A Legitimation Process Between Politicians and Higher Civil Servants*, document présenté à la rencontre annuelle Workshops of the European Consortium for Political Research, Mannheim, Allemagne.

Blais, A., D. Blake et S. Dion (1998), *Politics, Elections and Public Employment*, Pittsburgh, University of Pittsburgh Press.

Coase, R. (1937), « The Nature of the Firm », *Economica*, 4 : 386-405.

Cohen, E. et C. Henry (1997), *Service public, secteur public*, Paris, Conseil d'Analyse Économique.

Downs, A. (1960), « Why the Government Budget is Too Small in a Democracy », *World Politics*, 12 : 541-563.

Doig, J. (1983), « "If I See a Murderous Fellow Sharpening a Knife Cleverly..." : The Wilsonian Dichotomy and Public Authority », *Public Administration Review*, 43 : 292-304.

Hood, C. et B.G. Peters (1994), *Rewards at the Top*, London, Sage.

Ingraham, P.W., H. Murliss et B.G. Peters (1999), *The Higher Civil Service and Administrative Reform*, Paris, OECD.

Lowi, T.J. (1973), *The End of Liberalism*, New York, W.W. Norton.

Olson, M. (1982), *The Rise and Decline of Nations*, New Haven, CT, Yale University Press.

Page, E.C. (1994), *Political Authority and Bureaucratic Power*, 2ᵉ éd., Brighton, Wheatsheaf.

Peters, B.G. (1998), « Institutionalization and Deinstitutionalization : Regulatory Institutions in American Government », dans Doern, G.B. et S. Wilks (dir.), *Comparative Regulatory Institutions*, Toronto, University of Toronto Press.

Peters, B.G. (1999), « Is Democracy a Substitute for Ethics ? : Administrative Reform and Accountability », document présenté à la Conference on Administrative Ethics, University of Durham, 24-26 mars.

Pierson, P. (1998), *Dismantling the Welfare State*, Washington, DC, The Brookings Institution.

Reichard, C. (1998), « The Impact of Performance Management on Transparency and Accountability in the Public Service », dans Hondeghem, A. (dir.), *Ethics and Accountability in a Context of Governance and New Public Management*, Amsterdam, IOS Press.

Rouban, L. (1999), *The French Civil Service*, Paris, La Documentation Française.

Salamon, L.M. (1989), *Beyond Privatization : The Tools of Government Action*, Washington, DC, Urban Institute Press.

Schroter, E. (1998), « Reform of the Public Sector in Germany », document présenté à la Conference on Public Sector Reform en Allemagne et au Royaume-Uni, Humboldt University, Berlin, décembre.

Stewart, J. (1998), « Advance or Retreat : From the Traditions of Public Administration to the New Public Management and Beyond », *Public Policy and Administration*, 13 : 12-27.

Taylor-Gooby, P. (1998), « Commitment to the Welfare State », dans Jowell, R. *et al.* (dir.), *British and European Social Attitudes*, 15^e Rapport, Aldershot, Ashgate.

Timmins, N. (1999), « Private sector partners share government's traditional role », *Financial Times*, 29 avril.

Weber, M. (1958), « Bureaucracy », dans Gerth, H.H. et C.W. Mills (dir.), *From Max Weber : Essays in Sociology*, New York, Oxford University Press.

Williamson, O.E. (1996), *The Mechanisms of Governance*, Oxford, Oxford University Press.

Wright, V. (1994), « Reshaping the State ; Implications for Public Administration », *West European Politics*, 17 : 102-134.

Wright, V. et L. Parotti (1999), *Privatization*, vol. 11 de l'International Library of Comparative Public Policy, Cheltenham, Edward Elgar.

Wünder, B. (1995), *Les influences du « modèle » napoléonien d'administration sur l'organisation administrative des autres pays*, Bruxelles, IIAS, Cahiers d'Histoire de l'Administration, 4.

6
Relations entre ministres/politiciens et fonctionnaires : l'ancien et le nouveau marchandage

CHRISTOPHER HOOD

FORMES DE MARCHÉS BUREAUCRATIQUES

La réforme contemporaine de la fonction publique s'est accompagnée d'une littérature abondante mais prolixe, qui entendait décrire, comparer et expliquer des phénomènes tels la «Nouvelle gestion publique» et «l'État réglementaire». Mais il devient de plus en plus évident qu'une meilleure compréhension de ces phénomènes (qui réalise quel type de réforme et pourquoi) passe par la détermination des divers points d'origine des réformes réalisées dans différents pays. Cette détermination suppose, à son tour, que l'on distingue les différents modes de la «vieille gestion publique», trop souvent assimilée, dans la littérature, au modèle bureaucratique «traditionnel». Nous entendons ici aider cette compréhension en développant le concept de «marché bureaucratique» comme outil de comparaison et d'analyse des systèmes de fonction publique.

La notion de «marché bureaucratique» est particulièrement associée au nom de feu Bernard Schaffer (1973 : 252) qui l'utilisa pour caractériser et expliquer le développement de la bureaucratie publique dans un pays donné (le Royaume-Uni) à un moment donné de l'histoire (le dix-neuvième siècle). Pour Schaffer, le marché bureaucratique britannique fut un marché implicite conclu entre politiciens élus et fonctionnaires et portant sur leurs droits et devoirs respectifs. Schaffer dressait ainsi un parallèle avec le contrat implicite tel que dégagé par l'analyse juridique. Le marché schafferien s'exprima entièrement par convention et prit une forme draconienne : « Selon ce [...] marché, conclu au XIXe siècle entre politiciens élus et cadres supérieurs de la bureaucratie, ces derniers échangeaient leur appartenance explicite à un parti, certains droits politiques et une reconnaissance publique, contre la permanence de carrière, des distinctions honorifiques et la journée de travail de six heures » (cité dans Hood et Jackson 1991 : 168). Au XIXe siècle, à une époque où président et premiers ministres ne travaillaient que quelques heures par jour (Savoie, 1999 : 19), une journée de six heures représentait une durée considérable pour ce type de travail. De leur côté, les politiciens échangeaient la capacité de nommer et de congédier les fonctionnaires, ainsi que celle de modifier arbitrairement leurs conditions de travail, en retour d'une obéissance non partisane et d'une compétence professionnelle. Cette notion schafferienne de marché, appliquée à la fonction publique britannique, s'apparente à une fiction juridique dans la mesure où le marché qu'il décrit est implicite et non officiellement conclu. Mais les marchés implicites (ou « constructifs ») se retrouvent partout dans le domaine juridique et, plus généralement, dans la vie en société ; selon Schaffer, politiciens et fonctionnaires britanniques se sont comportés *comme si* un tel marché avait vraiment été conclu.

Bien que Schaffer ait d'abord vu ce marché bureaucratique comme phénomène spécifique au Royaume-Uni — ou tout au moins aux régimes de type Westminster —, le concept peut en être étendu dans plusieurs directions, à la fois à des fins d'analyse stratégique et à des fins de comparaisons historiques et internationales. Dans son sens le plus général, nous pouvons définir le marché bureaucratique comme un marché réel ou imaginé conclu entre fonctionnaires et autres acteurs du système politique à propos de leurs droits et devoirs, et exprimé dans une convention, dans une loi ou selon une combinaison de l'une et de l'autre. Un tel concept, en outre, est potentiellement utile non seulement comme moyen de déterminer les diverses formes de « marchés » qui ont précédé, historiquement et internationalement, l'époque de la Nouvelle gestion publique, mais aussi comme instrument d'analyse, car la compréhension des stratégies en situation de marché est un des thèmes privilégiés de la science politique contemporaine. C'est pourquoi nous entendons aborder ici le développement du concept de marché bureaucratique dans la double perspective analytique et comparative.

Afin d'étendre cette notion à d'autres formes que britannique, il sera utile d'emprunter à Feigenbaum et Henig (1993) la distinction (d'abord établie pour déterminer certains modes de privatisation) entre types « pragmatique » et « systémique ». Un marché bureaucratique de type systémique est un marché qui fait partie d'un accord constitutionnel fondamental (fût-il « imaginé »). L'exemple patent en est celui d'un système dans lequel la fonction publique est au cœur d'un accord « intersociétal » intervenu dans une société divisée. En vertu d'un tel accord, les fonctionnaires issus des différents groupes sociaux (ethniques, raciaux, religieux, etc.) constituent le « ciment » — parfois le seul ciment — qui assure cohésion à la société. Ils obtiennent, en échange, une partie du pouvoir administratif sous forme de quotas, explicites ou *de facto*, impartis aux différents groupes sociaux. Plusieurs structures politiques contemporaines, par exemple la Belgique ou l'Union européenne, ne se concevraient pas sans leur « bureaucratie représentative » (cf. Page, 1997).

Autre type de « marché systémique », l'agencement envisagé par G.W.F. Hegel dans la *Philosophie du droit* (1896) et selon lequel les fonctionnaires se font « gardiens » ou « fiduciaires » du bien public ou collectif de l'État, de la société ou de l'ordre constitutionnel, en échange de prestige, d'aisance matérielle (tout au moins selon Hegel) et de la promesse d'une sécurité garantie par l'État au terme d'une carrière qui les aura libérés de la nécessité d'être d'abord attentifs à leurs propres intérêts. Cette hypothèse accuse une parenté étroite avec la notion confucéenne d'officiels publics à qui est accordé un statut élevé en échange de leur obligation de placer les intérêts de la société au-dessus des leurs. Bien que tournés en ridicule par des spécialistes de l'économie de la bureaucratie, tel William Niskanen (1971 : 193) qui estime peu vraisemblable un tel échange, les marchés hégéliens sont fréquemment évoqués avec insistance, notamment lors des arrangements institutionnels (telle l'indépendance des banques centrales) visant à assurer l'autonomie des officiels publics. Un des principaux exemples en est le rôle de tutelle implicitement conféré à la fonction publique par la Loi fondamentale de l'Allemagne (1949) et qui oblige les fonctionnaires à demeurer loyaux à la Constitution plutôt qu'au gouvernement en place. Aux termes de tels marchés, les fonctionnaires ont un statut d'« état » au sein de la structure constitutionnelle ; ils agissent à titre de « fiduciaires » plutôt qu'à titre d'« agents » (selon la métaphore commettant-agent que chérissent d'innombrables tenants de la théorie des choix rationnels).

Contrastant avec les marchés bureaucratiques « systémiques », qui vont à l'essence de la constitution ou aux fondements mêmes de la société, il existe des marchés conclus en aval, ou de nature plus pragmatique, qui concernent les rôles, les devoirs et les relations de travail entre politiciens élus et fonctionnaires. Selon Waever et Rockman (1993), ces marchés font partie d'ententes décisionnelles arrêtées en aval, plutôt que de contraintes institutionnelles fondamentales. De toute évidence, cette distinction est à la fois imprécise et marginalement problématique puisqu'elle repose sur des faits que l'on peut interpréter de diverses manières. Il s'agit, plus simplement, de comprendre ceci : alors qu'il est inconcevable que des entités politiques comme la Belgique ou la communauté européenne puissent poursuivre leur existence en ne recrutant leurs fonctionnaires que dans un seul groupe national ou ethnique, il est possible, en revanche, de concevoir que d'autres systèmes politiques puissent modifier, sans conséquences sur leur survie, leur régime bureaucratique (en passant, par exemple, d'une fonction publique de carrière à une bureaucratie partisane, ou vice-versa). Dans de tels systèmes, les marchandages bureaucratiques reposent donc sur des assises sociales moins profondes ; ils traduisent des accords politiciens-bureaucrates de portée moins grande que les marchés de type systémique (en fait, ils se prêtent davantage à la métaphore commettant-agent).

Il existe plusieurs types possibles de marchés bureaucratiques «pragmatiques».
À une extrémité de l'échelle, on trouve les marchés «collectifs», qui s'appliquent à
l'ensemble de la fonction publique ou à l'ensemble de certaines classes de
fonctionnaires; à l'autre extrémité, les marchés «individuels», aux termes desquels
les hauts fonctionnaires négocient, de personne à personne, leur rôle, leurs conditions de travail et leurs relations aux politiciens. Ces marchés individuels ne constituent pas, à proprement parler, un marché bureaucratique au sens large, mais un
ensemble de marchés *ad hoc* dont chacun est conclu avec un ministre en particulier
et selon lequel un haut fonctionnaire acquiert une certaine latitude (non sujette aux
exigences du ministre) quant à la gestion ou à la réglementation, en échange de
l'obligation d'assumer la responsabilité de ses erreurs devant le public.

Sous cet angle, la plupart des systèmes seront probablement hybrides, mais
occuperont des positions diverses sur l'échelle de classification. Il n'existe aucun
type pur, mais le marché schafferien présente peut-être la forme la plus «collective»
de marché pragmatique: les fonctionnaires apportent au gouvernement loyauté et
compétence en échange de sa confiance, d'anonymat, de sélection au mérite et
d'assurance d'un poste permanent (ou, tout au moins, de durée indéfinie). Ce type
de marché imaginé est peu commun quant au degré d'impuissance politique exigée
des fonctionnaires et dans la mesure où nominations et congédiements échappent,
dans la fonction publique, au contrôle des élus. Un tel marché affecte la fonction
publique dans son ensemble, car il laisse peu de possibilités aux fonctionnaires de
conclure, quant à leurs relations, un marché particulier avec les élus, ou *vice versa*.
À l'autre extrémité de l'échelle, on trouve des marchés fortement «administratifs»
ou «réglementaires», selon lesquels les conditions et les relations de travail sont
individuellement négociables et fonction des personnes. On pourrait mentionner, à
ce chapitre, le mode de recrutement des gérants municipaux aux États-Unis, la
nomination de chefs de cabinet de certains ministres ou la très controversée structure CEO qui s'imposa en Nouvelle-Zélande après 1986. De tels marchés mettent en
cause des politiciens élus qui échangent leur responsabilité publique (qui implique
une possibilité de blâme) contre un certain «glissement de la confiance» [selon
l'expression bien connue de Fiorina (1986)].

Entre les types «schafferien» et «administratif» s'insère une catégorie
hybride selon laquelle les possibilités d'ententes entre fonctionnaires et politiciens
sont plus nombreuses que dans un marché schafferien, mais sont conclues dans le
cadre d'un marché collectif plus vaste qu'un marché administratif (ou réglementaire) et qui prévoit que le blâme sera partagé avec les politiciens plutôt qu'imputé
aux seuls fonctionnaires en cause. Un exemple classique de marché hybride serait
peut-être le régime de *cabinet* qui existe en France (et dans la Communauté européenne), selon lequel les politiciens choisissent leurs principaux conseillers (habituellement, quant à la France, dans la fonction publique), avec lesquels ils
travaillent «en équipe».

TABLEAU 1
Cinq types classiques de « marché bureaucratique »

Type général	Sous-types	Ce qu'obtiennent les politiciens ou la société	Ce qu'obtiennent les fonctionnaires	Cas
« Systémique » ou en amont ; marché d'ordre général, social ou constitutionnel	**Marché intersociétal**	« Ciment social » par le biais de la bureaucratie représentative	Une partie du pouvoir administratif	Belgique, Communauté européenne, Trinidad
	Marché hégélien ou confucéen	S'attache au rôle fiduciaire de promotion du bien général	Statut (et, pour Hegel, aisance matérielle durant leur carrière)	Allemagne
Pragmatique ou en aval ; marchés plus spécifiques entre politiciens et bureaucrates	**Marché schafferien**	Loyauté et compétence au service du gouvernement en place	Poste permanent, confiance de la part des ministres, à l'abri du blâme public pour leurs politiques	Royaume-Uni, modèles classiques de Westminster
	Marché hybride	Service compétent accompagné de loyauté au ministre ou au parti	Confiance de la part des ministres, encourent une partie du blâme public pour leurs politiques	Cabinets ministériels français
	Marché administratif/ réglementaire	Les fonctionnaires peuvent être blâmés pour erreurs réglementaires ou opérationnelles	Autonomie opérationnelle ou latitude administrative	Gérants municipaux aux É.-U., postes de chefs de cabinet, etc.

Le tableau 1 résume ces cinq types principaux. Une telle classification ne se prétend pas compréhensive. Nous entendons surtout montrer que la notion de marché bureaucratique peut être étendue à des formes autres que celle qu'elle revêt dans les pays de modèle Westminster et que sa forme schafferienne, considérée dans une perspective comparative, n'en est qu'une des formes possibles. En outre, cette classification ne décrit que des types « purs », alors que la plupart des régimes de fonction publique proposent l'une ou l'autre combinaison de types (par exemple un mélange de marchés intersociétal, hybride et schafferien au Canada ou un alliage de marchés hégélien et intersociétal à Singapour). Au Royaume-Uni lui-même, le type schafferien ne s'applique qu'à la fonction publique régulière et non à la fonction publique secondaire qui occupe, depuis les années 1970, les « quangos », et dont les directeurs ont été recrutés, en maintes occasions, dans des conditions qui rappellent le favoritisme ayant cours dans d'autres États. Mais les distinctions établies au tableau 1 ont le mérite de souligner ou de repérer le point de départ institutionnel à partir duquel les régimes de fonction publique sont entrés dans l'ère de la «Nouvelle gestion publique». On pourrait s'attendre, en général, à ce que ce point de départ influe lourdement sur le type de réforme de la fonction publique entreprise (ou non entreprise) dans chaque système politique. Tel sera l'objet de la section suivante.

DIVERSITÉ ET CHANGEMENT DANS LA FONCTION PUBLIQUE

De manière purement abstraite, on pourrait décrire le fonctionnement du marchandage bureaucratique comme une dynamique articulée autour des types généraux précédemment décrits et des divers hybrides auxquels ils peuvent donner naissance. Nous ne disposons encore, cependant, d'aucune analyse comparative du changement et de la stabilité des marchés bureaucratiques. De même n'existe-t-il aucune base communément acceptée qui puisse en expliquer les variations et les changements au niveau transnational. Mais on peut avancer trois hypothèses provisoires : qu'à l'ère de la Nouvelle gestion publique, les marchés «systémiques» semblent avoir été plus «collants» que les «pragmatiques»; que le marché de type schafferien pur a été soumis, durant la même période, à des pressions particulièrement fortes; mais que son affaiblissement ne semble pas, dans la plupart des cas, avoir mené à la conclusion de marchés purement administratifs, mais plutôt à celle de marchés hybrides de type schafferien-administratif. Pour autant que ces hypothèses soient justes, elles appellent une explication.

La littérature, encore fragmentaire, consacrée à la réforme de l'administration publique dans les démocraties riches (par ex. Barzelay, 2000, à paraître) semble indiquer que dans les pays de modèle Westminster le marché de type schafferien a subi des changements plus radicaux que tout autre type de marché. Ce n'est pas là prétendre que les marchés «systémiques» sont demeurés parfaitement inchangés. En Allemagne, par exemple, on semble avoir eu tendance à contourner le marché «hégélien» en créant, aux côtés de la fonction publique, des entités privées à qui sont confiées plusieurs fonctions gouvernementales. Et l'on semble avoir appliqué, dans les domaines de la gestion et de la prestation de services, plusieurs doctrines à la mode dans des systèmes régis par des marchés bureaucratiques différents. Mais les attaques les plus directes ont été dirigées contre le marché de type schafferien. Ces attaques ont porté sur deux points : d'une part, on a fait en sorte que la traditionnelle permanence des fonctionnaires, caractéristique du modèle schafferien, soit peu à peu abandonnée au profit de mandats de durée limitée (comme il en fut en Australie après 1983); d'autre part, on a voulu faire du fonctionnaire de carrière, conseiller privé du ministre — et tenu de lui fournir des avis impartiaux sur les politiques —, un exécutant ou un responsable de la réglementation semi-autonome (tel qu'établi dans le contrat type mis au point pour la fonction publique en Nouvelle-Zélande à la fin des années 1980, ainsi que dans les organismes d'exécution et de réglementation quasi indépendants du Royaume-Uni).

En vérité, les « marchés schafferiens » ont été affaiblis dans plusieurs pays de modèle Westminster, et ce non seulement quant à la « journée de six heures » que Schaffer considérait comme partie intégrante du marché du XIXe siècle, mais de multiples manières. De nombreux États (Australie, Nouvelle-Zélande et Royaume-Uni quant aux organismes d'exécution) ont limité la permanence d'emploi et la structure de promotion. L'anonymat des fonctionnaires a aussi été réduit, les ministres décidant unilatéralement de réduire la portée de leur propre responsabilité, considérée comme absolue dans la doctrine de Westminster, et de s'accorder davantage de pouvoir d'engagement et de congédiement. L'apanage de la fonction publique en matière de gestion et de conseils de politique a été contré par l'entrée en scène de « chefs de cabinet » (au Canada), de conseillers spéciaux et de *regulators*. La confidentialité a été réduite par l'adoption de lois d'accès à l'information qui empêchent les hauts fonctionnaires de livrer par écrit, « en toute liberté et en toute franchise », des notes de service qu'ils savaient jadis tenues secrètes pour une durée de trente ans en vertu d'une loi ou d'un accord de confidentialité. Ces atteintes à l'exclusivité et à la confidentialité rompent avec la tradition du conseiller permanent, autorisé à « dire la vérité au pouvoir » en échange de loyauté et d'apolitisme.

Non seulement a-t-on eu tendance à s'écarter du modèle de marché de type schafferien plutôt que de s'en rapprocher, mais cette tendance a été d'autant plus forte que le marché initial était fortement schafferien. C'est ainsi qu'au sein des pays de modèle Westminster, un des marchés les plus schafferiens fut celui qui existait en Nouvelle-Zélande, où la Loi de la fonction publique de 1912 accordait aux hauts fonctionnaires des droits à la permanence plus étendus encore que ceux qui avaient cours au Royaume-Uni (où la loi de la fonction publique autorisait les congédiements sans explication, en vertu de la « prérogative royale ») (Hood, 1998).

À en croire le discours politique, les marchés de type schafferiens ont été remplacés, dans plusieurs pays de tradition britannique, par des marchés de type « administratif » en vertu desquels on accorde aux fonctionnaires une plus grande « latitude administrative » ou réglementaire, en contrepartie de leur responsabilité quant aux résultats. L'exemple le plus saisissant en est la Nouvelle-Zélande, où la fonction publique tout entière est entrée, vers la fin des années 1980, dans un marché à peu près « administratif », selon lequel les directeurs généraux sont directement responsables de « résultats » prédéterminés, en échange d'une plus grande liberté administrative. Cependant, et quoi qu'en dise le discours administratif, ce « virage à 180° » n'a pas été commun à tous les pays de tradition parlementaire britannique. Tout indique, plutôt, qu'on y ait amorcé un mouvement partiel vers un marché administratif associé à une forme atténuée de marché schafferien[1].

Ces hypothèses, répétons-le, sont éminemment provisoires. De nombreux travaux empiriques seront nécessaires pour les étayer. Mais pour autant que notre caractérisation tienne la route, il faudra expliquer pourquoi le marché schafferien pur semble plus vulnérable que d'autres types de marché à l'ère de la Nouvelle gestion publique, et pourquoi les marchés de ce type ont évolué, dans la plupart des cas,

vers des formes de marchés hybrides plutôt que purement administratifs. Cela signifie que nous ne pouvons faire état d'un simple mouvement de pendule ou recourir à
une théorie de l'action-réaction selon laquelle tous les types de marchés bureaucratiques produisent, à terme, des effets inattendus et non voulus qui entraînent leur
remplacement par d'autres formes de marchés. Une telle explication sous-entendrait
que tous les types de marchés bureaucratiques sont également vulnérables aux pressions réformistes engendrées par la déception ou par l'impression que «l'herbe est
plus verte» ailleurs ; or tel n'est pas ce qui semble s'être produit. Toute explication
des phénomènes décrits ci-dessus devrait tenir compte, tout à la fois, des facteurs
qui déterminent la configuration institutionnelle sur le plan des «marchés bureaucratiques» et de l'évolution historique de la politique, de la technologie et de l'organisation à l'époque de la Nouvelle gestion publique ; or nous ne disposons, de ces
phénomènes, d'aucune explication communément admise.

L'analyse des choix institutionnels sous l'angle de leurs coûts opérationnels
pourrait ici servir d'amorce. Selon cette analyse bien connue que nous devons à
Murray Horn (1995), les législateurs ou autres concepteurs institutionnels cherchent
à obtenir un engagement (durabilité de leurs lois sur une longue période), tout en
minimisant les coûts d'agence (le risque qu'agents ou organismes administratifs
suivent leur propre calendrier et échappent à tout contrôle) et les coûts d'incertitude
pour les intéressés (le risque qu'un arrangement n'aboutisse à imposer des coûts
importants à l'un ou l'autre des contractants). Ainsi considérés, les marchés de type
hégélien et intersociétal privilégient l'«engagement» institutionnel à une forme
particulière de gestion des conflits raciaux/ethniques ou à une position constitutionnelle précise (la variable des coûts d'agence pour la société ou pour les politiciens
étant alors fonction de facteurs telle la facilité à diriger la bureaucratie dans les
dédales juridiques). Modifier de tels marchés entraînerait, par conséquent, des coûts
d'opération élevés.

Quant aux marchés de type pragmatique, l'engagement y est intrinsèquement
faible dans le cas des marchés schafferien et hybride, et variable dans celui des marchés de type administratif/réglementaire (bien que de tels engagements institutionnels soient essentiellement limités aux systèmes de type Westminster ou
parlementaire). Les coûts d'agence imposés aux politiciens élus seront vraisemblablement plus variables dans un marché de type schafferien pur (car ils ne peuvent, à
cause de la permanence d'emploi accordée aux fonctionnaires, exercer leur contrôle
qu'au terme de longues «conversations», surtout lorsqu'ils n'entretiennent pas de
très bons rapports), ainsi que dans un marché administratif (à cause du temps requis
pour instituer des cadres de référence communs et pour travailler en mode semi-
autonome), que dans un marché de type hybride (où le fonctionnaire tient son poste
d'un politicien et où le contrôle de l'encadrement semi-autonome n'est pas requis).
Les coûts d'incertitude imposés aux politiciens seront plus élevés dans les cas de marchés schafferiens et hybrides (puisque le blâme y est respectivement imputé aux

ministres et partagé avec l'équipe de fonctionnaires) que dans les marchés administratifs, lesquels permettent aux politiciens de refiler le blâme à certains fonctionnaires. Le tableau 2 résume ces cas de figure. Il permet de conclure, pour autant qu'il soit juste, que le marché schafferien pur ne serait préféré aux deux autres que si ses coûts d'agence sont perçus comme inférieurs. Le marché administratif (ou réglementaire) pur recevrait la préférence si les coûts d'incertitude étaient très évidents ou si les questions d'engagement étaient importantes, annulant ainsi les coûts d'agence élevés associés à ce type de marché.

TABLEAU 2

Engagement, incertitude et représentation dans les marchés pragmatiques

Capacité ou caractéristiques des coûts	Types de marchés pragmatiques		
	Schafferien	Hybride	Administratif
Capacité d'engagement	Peu élevé (loyauté au gouvernement en poste)	Peu élevé (loyauté au partie ou au ministre)	Variable
Coûts d'incertitude imputés aux politiciens par suite d'erreurs de politique	Plus élevé (fonctionnaires « anonymes »)	Plus élevé (blâme partagé avec l'équipe)	Potentiellement peu élevé si on réussit à refiler le blâme
Coûts d'organisme imputés aux politiciens pour avoir dirigé des fonctionnaires	Variable (coûts de démarrage peu élevés, mais les fonctionnaires sont permanents, d'où la nécessité de les persuader au moyen de conversations)	Moyen (pas de coûts d'encadrement semi-autonome, les postes des fonctionnaires sont liés à celui du ministre, mais nécessité de sélection et de nomination)	Plus élevé (le contrôle du fonctionnaire semi-autonome implique un engagement à consacrer du temps à l'encadrement et aux contrats)

On constate, à cette analyse, que les conditions propices à l'abandon d'un marché de type schafferien (coûts d'incertitude plus élevés, coûts d'agence perçus comme élevés) ne sont pas très strictes. Quelles raisons nous amènent, dès lors, à croire que les coûts d'incertitude pourraient avoir augmenté à l'époque de la Nouvelle gestion publique (ou tout juste avant), amenant les politiciens à se préoccuper davantage d'« éviter le blâme » et/ou que les coûts d'agence associés au marché schafferien aient pu paraître élevés par rapport au marché administratif? Au nombre des changements historiques susceptibles d'amener les politiciens à agir ainsi (reportant ainsi sur les fonctionnaires une part plus grande des coûts d'incertitude), on pourrait relever l'expansion des services de l'État (ce qui multiplie les risques d'erreurs pour les politiciens), la diminution croissante de la confiance envers les politiciens (le public étant moins enclin à leur accorder le bénéfice du doute lorsque les choses vont mal), la professionnalisation croissante de la vie politique et un style politique d'après-guerre-froide selon lequel l'administration publique devient elle-même le thème principal des débats[2]. Telle pourrait être une des conséquences du triomphe quasi universel d'une forme particulière de capitalisme démocratique, associé à la fin de la guerre froide et lié à des régimes internationaux qui se consacrent à la libéralisation et à des politiques de rationalisme économique (cf. Aucoin 1990; Dryzek 1996 : 17-34, et, par contraste, Campbell et Wilson 1995, qui voient une époque de recrudescence des idéologies).

Mais si ce qui précède est vrai, les politiciens qui se retirent d'un marché schafferien pur doivent choisir entre une combinaison de coûts d'incertitude peu élevés et de coûts d'agence élevés (plus quelques éléments d'engagement) dans le cas d'un marché administratif, et un alliage de coûts d'incertitude élevés et de faibles coûts d'agence dans un marché hybride. Si fort peu de systèmes sont passés d'un marché schafferien à un marché administratif, doit-on en conclure que les politiciens en cause se préoccupaient davantage des coûts d'agence que des coûts d'incertitude ?

A priori, une telle conclusion semble contredire la logique selon laquelle les politiciens fuient le blâme, logique dont on dit souvent qu'elle est au cœur de la politique contemporaine et qu'elle a été renforcée par les développements évoqués ci-dessus. Pourquoi, dès lors, la plupart des systèmes de type Westminster n'ont-ils pas évolué vers des systèmes d'organismes à la suédoise ou une structure de type néo-zélandais ? La réponse tient peut-être à ce que les multiples occasions de « tricher » en matière de marché bureaucratique compliquent l'analyse, soit que les politiciens peuvent tricher, en marché hybride ou schafferien, en refilant le blâme sans passer à un contrôle « à distance », ou que les fonctionnaires peuvent tricher, en marché administratif, de manière telle que les coûts d'incertitude soient relancés aux politiciens chaque fois que surgissent des questions de « responsabilité résiduelle ». La section suivante examine donc la « tricherie » en matière de marchés bureaucratiques.

TRICHER OU JOUER FRANC ?
LE JEU DES MARCHÉS BUREAUCRATIQUES

Pour comprendre les marchés bureaucratiques, il importe d'analyser les raisons et les occasions de tricherie (ou de jouer franc jeu) des « parties contractantes », car la tricherie peut être étroitement liée aux coûts d'opérations. Le tableau 3 résume certaines des principales occasions de tricherie offertes aux parties en fonction des cinq types de marchés bureaucratiques déjà décrits. En marché intersociétal, aux termes duquel les fonctionnaires exercent une fonction de « ciment » dans une société divisée, en retour de quoi ils partagent le pouvoir administratif, la principale tricherie des fonctionnaires consistera à promouvoir plutôt la division sociale (par racisme ou par préférence ethnique ou nationale). Quant aux politiciens ou à la société en général, le comportement de « tricheur » consistera en des actions telles que le contournement de cette bureaucratie intersociétale ou l'attribution du pouvoir administratif à des groupes sociaux privilégiés. En marché « hégélien », la principale occasion de tricherie offerte aux fonctionnaires consiste à « s'occuper d'eux-mêmes » plutôt qu'à agir comme fiduciaires du bien commun, notamment par un comportement allant de la corruption ouverte au *bureau-shaping* et à l'abandon de son poste. Pour les politiciens et pour la société en général, la tricherie consistera, entre autres, à nier ou à amenuiser le statut accordé à la fonction publique et à réduire les émoluments qui permettraient aux personnes soucieuses du bien public de se consacrer à leur travail sans défendre des intérêts particuliers (y compris les leurs).

TABLEAU 3
Occasions de tricherie offertes dans cinq marchés bureaucratiques

Type général	Sous-types	Ce qu'en retirent société ou politiciens	Ce qu'en retirent les fonctionnaires	Comment peuvent tricher les politiciens	Comment peuvent tricher les fonctionnaires
Marchés d'ordre social ou constitutionnel	Marché intersociétal	« Ciment social » par la bureaucratie représentative	Une part du pouvoir administratif	Discrimination discrète en matière de recrutement, de congédiement, etc.	Promotion de la division sociale
	Marché hégélien ou confucéen	Rôle du fiduciaire responsable du bien commun	Statut élevé (et, pour Hegel, aisance matérielle durant toute la carrière)	Refus/réduction de statut ou d'émoluments aux fonctionnaires	Corruption et recherche de son propre intérêt
Marchés spécifiques entre bureaucrates et politiciens	Marché schafferien	Loyauté et compétence au service du gouvernement en place	Permanence d'emploi, confiance des ministres, jamais publiquement blâmés pour leurs politiques	Favoritisme en matière de recrutement, de congédiement, etc., tromper, contourner, blâmer la bureaucratie	Déloyauté (coulage, sabotage) ou incompétence
	Marché hybride	Compétence au service du parti ou loyauté personnelle	Confiance des ministres, acceptent partie du blâme pour erreurs pour leurs politiques	Tromper et ne pas supporter les fonctionnaires de façon réciproque	Déloyauté (coulage, sabotage, ou incompétence)
	Marché administratif/ réglementaire	Fonctionnaires sujets au blâme pour erreurs opérationnelles ou réglementaires	Autonomie opérationnelle ou latitude administrative	Ingérence politique dissimulée dans les opérations	Refus d'accepter le blâme pour erreurs ou mauvais rendement

Quant aux formes pragmatiques de marché bureaucratique, on constate d'abord qu'en marché schafferien les fonctionnaires peuvent tricher en refusant loyauté, compétence apolitique ou les deux à la fois. Les écarts au devoir de loyauté peuvent comprendre le « coulage » de dossiers confidentiels ou de projets de politique aux médias ou aux partis d'opposition, ainsi que d'autres formes de sabotage (habituellement justifiées en invoquant l'existence d'un marché de type « hégélien » conclu avec le parlement ou l'ensemble de la société, plutôt qu'un marché schafferien qui engage à servir le gouvernement en place). Au nombre des occasions de tricherie quant à la compétence apolitique, on compte les préjugés politiques et l'incompétence administrative. Les politiciens, quant à eux, peuvent tricher en contournant la bureaucratie et en faisant preuve de favoritisme en matière de recrutement, de congédiement et de promotion. En marché « hybride », les fonctionnaires auront les mêmes occasions de tricherie qu'en marché schafferien. Duplicité et refus d'appuyer leurs fonctionnaires en seront la contrepartie chez les politiciens.

Le marché de type administratif pur offre aux deux parties de nombreuses occasions de tricher. Les fonctionnaires peuvent ainsi conclure, hors des termes du marché, des ententes parallèles et secrètes avec politiciens et législateurs (Barker, 1998), échapper aux structures de contrôle (ce que réussirent fréquemment, selon Foster (1992), les administrateurs des industries nationalisées à l'époque de l'entreprise publique « morrissonienne »), se livrer à des activités de lobbying afin d'agir sur les politiques (à l'instar des organismes suédois), l'organisme se faisant alors acteur plutôt qu'exécutant de politiques adoptées par les politiciens élus. De leur côté, les politiciens peuvent tricher en s'ingérant officieusement dans l'« espace administratif » dévolu aux fonctionnaires — phénomène qui troubla, durant quarante ans, les relations officiellement « distantes » existant entre ministres et sociétés publiques « morrissoniennes » du Royaume-Uni, et qui fut largement responsable de la disparition de cette forme d'entreprise et son remplacement par des services publics réglementés (ce qui entraîna la conclusion d'un nouveau marché entre politiciens et administrateurs quasi indépendants). On a pu observer une telle forme de tricherie dans le cas des organismes Next Steps, notamment au Prison Service Agency dont le directeur général, congédié en 1995, donna subséquemment les preuves d'interventions nombreuses mais clandestines du Home Secretary en matière d'administration carcérale, alors que ce même ministre se disait non responsable des questions « opérationnelles » (Lewis, 1997 ; Barker, 1998).

Considérer les marchés bureaucratiques dans une perspective de jeu (« tricher ou jouer franc ») propose au moins trois sujets d'analyse. Premièrement, l'issue globale de tels marchés dépend, il va sans dire, de la stratégie combinée des deux parties et, comme dans le jeu classique du Dilemme du Prisonnier, les possibilités sont les suivantes : les deux contractants jouent franc jeu, les deux trichent, l'un triche et l'autre respecte les termes du contrat. Divers résultats sont ainsi possibles, qui vont d'un « équilibre coopératif » (les deux respectent leur contrat) à une sorte de jeu de poker selon lequel chacun manœuvre constamment et se méfie de l'autre, de sorte qu'aucun marché n'est vraiment crédible et ne dure très longtemps. Le tableau 4 résume ces possibilités.

TABLEAU 4

Marchés bureaucratiques : Tricher ou jouer franc jeu ?

	Société / Politiciens	
Fonctionnaires	**Jouent franc jeu** *(1)*	**Trichent** *(2)*
Franc jeu	« Équilibre coopératif » : accords de confiance	Fonctionnaires intimidés ou fatalistes mais apathiques ou résignés
	(3)	*(4)*
Trichent	Public ou politiciens ne font pas confiance aux fonctionnaires, mais se croient impuissants à changer le système	Partie de poker, méfiance et aucun arrangement bureaucratique stable

Deuxièmement, ce qui importe vraiment, dans ce type d'interactions, c'est la *perception* de tricherie ou de franchise. Ces perceptions ne seront pas les mêmes selon les joueurs. Ainsi, dans plusieurs pays de modèle Westminster à l'époque de la Nouvelle gestion publique, certains politiciens (forts de l'expérience des années 1960 et 1970) estimaient que leurs relations avec la fonction publique avaient dégénéré au stade (3) du tableau 4, les fonctionnaires sabotant les initiatives des politiciens afin de protéger leurs propres intérêts et les politiciens étant devenus incapables de contrôler leurs propres ministères (voir Savoie, 1994 : 11-12 ; Polidano, 1998 : 36). En même temps, les fonctionnaires percevaient ces relations comme immobilisées au stade (2), les politiciens refilant unilatéralement leurs responsabilités aux fonctionnaires, sans réelle contrepartie, et leur refusant le droit, traditionnel en marché schafferien, de s'exprimer en toute franchise sous réserve de confidentialité.

Autre exemple de diversité des perceptions de tricherie, les multiples combinaisons de « ménages à trois » élaborées autour des ministres et des premiers ministres dans les pays de modèle Westminster. Dans ces pays, le ministère traditionnel se composait d'un ministre conseillé par un seul sous-ministre, lui-même à la tête d'une fonction publique professionnelle (auxquels s'ajoutaient parfois certains conseillers professionnels nantis de responsabilités particulières, comme des chefs de services de santé). Mais cette structure, qui n'admettait essentiellement que deux personnes, a été remplacée, dans plusieurs de ces pays, par une relation triangulaire (et parfois même quadrangulaire). Au Canada, l'arrivée de chefs de cabinet ou de conseillers spéciaux, qui s'ajoutaient aux sous-ministres, a installé trois personnes à la tête de chaque ministère (le ministre, le sous-ministre et le conseiller spécial, c'est-à-dire le *« ménage à trois à la canadienne »*). Au Royaume-Uni, la création des organismes d'exécution, dont les directeurs généraux devinrent responsables de la prestation des services après 1988 (sous l'égide des ministères), institua une autre sorte de *ménage à trois* : le ministre, le sous-ministre et le directeur général de l'organisme, ce dernier recruté selon une forme quelconque de « marché administratif ». (Si l'on y ajoute le conseiller spécial du ministre, il s'agissait plus précisément d'un *ménage à quatre*.) Pour certains fonctionnaires de mentalité traditionnelle, les *ménages à trois* (ou *à quatre*) constituent, de par les possibilités qu'ils offrent de contourner les règles, une forme de tricherie par rapport à ce qu'ils considèrent être l'essence du marché schafferien, cependant que les politiciens et d'autres fonctionnaires les considèrent comme une manière parfaitement légitime de contrer les subtiles déloyautés commises par les hauts fonctionnaires dans les *ménages à deux* (ministre et haut fonctionnaire permanent).

En outre (comme l'illustre cet exemple), certaines formes de tricherie recoupent différentes formes de marché bureaucratique lorsque certains éléments de l'un et l'autre se retrouvent dans le même système. Tel que relevé précédemment, la création, au Royaume-Uni, des organismes d'exécution en sus des ministères traditionnels signifiait que les directeurs généraux de ces organismes administraient en vertu d'une forme de « marché administratif » (étant directement responsables devant le Parlement de fautes commises lors de la prestation des services qui leur incombait en vertu d'un « accord-cadre » conclu avec les ministres), alors que les sous-ministres des ministères responsables des politiques continuaient à se conformer à une forme de marché schaefferien. (Le même phénomène s'applique à la création des organismes semi-autonomes chargés de la réglementation des services publics.) Dans le « ménage à trois » ainsi instauré, les sous-ministres et autres officiels ont quelque intérêt à saboter la partie « marché administratif » de ce montage. Si, dans un tel *ménage à trois*, le ministre découvre qu'il lui est possible de traiter directement de problèmes de politique avec le directeur général de l'organisme sans passer par le sous-ministre du ministère responsable, alors ce dernier a toutes raisons de protéger sa position vis-à-vis des deux autres en augmentant la surveillance du ministère sur l'organisme et en s'efforçant d'en deviner les actions. C'est exactement ce qu'a fait, vers le milieu des années 1990, le Secrétaire permanent du Home Office (R.U.) en réaction aux tractations intervenues directement entre le Home Secretary et le directeur général du Prison Service Agency (Barker, 1998). Une telle dynamique triangulaire peut produire des résultats paradoxaux, dans la mesure où les fonctionnaires qui croient disposer d'une certaine latitude administrative en vertu du « marché administratif » doivent, au contraire, subir une réglementation et une surveillance plus grande de la part de la bureaucratie, ce qui les incite à subodorer une certaine tricherie venue d'ailleurs dans la fonction publique. Une bonne partie des critiques formulées par les administratifs à l'encontre du régime d'organismes d'exécution britanniques portait sur le refus des ministères responsables d'abandonner les contrôles de procédure détaillés, en dépit du discours prévalant sur l'accroissement de la responsabilité des administrateurs et sur l'orientation-résultat des organismes (cf. Trosa, 1994; Hogwood, Judge et McVicar, 1998)[3]. Dans des marchés hybrides de ce type, les occasions de tricher s'offrent à plus de deux joueurs.

Troisièmement, nous devons nous demander quels sont les mécanismes susceptibles d'empêcher les marchés bureaucratiques de glisser au mode (4) du tableau 4, c'est-à-dire à la tricherie de la part des deux contractants. Au nombre des candidats possibles à ce titre, on relève la culture (attitudes et croyances partagées, tel l'esprit de solidarité en temps de guerre), les institutions et règles (telles certaines instances — tribunaux ou commissaires spéciaux —, instituées aux fins de surveiller, de policer et de statuer quant aux marchés bureaucratiques) et la présence de contrepoids réciproques (qui mènent à penser que l'autre partie pourra user, en cas de tricherie, de représailles équivalentes [du type de celles qu'a étudiées Axelrod (1984)], annulant ainsi tout gain obtenu par non-conformité aux termes du contrat (voir aussi Scholz, 1991).

En ce qui concerne la culture : deux guerres mondiales et une crise économique majeure survenue durant la première moitié du XXe siècle, à une époque où l'on choisissait moins fréquemment qu'aujourd'hui la carrière politique, avaient probablement créé, en matière de marché bureaucratique, des conditions plus favorables à la franchise mutuelle qu'elles ne le sont à l'époque contemporaine. En matière de règlements et des mécanismes de contrôle de leur observance, les marchés bureaucratiques ne seront vraiment « policés » par de tels mécanismes que s'ils sont exprimés — ou exprimables — dans une loi plutôt que par convention, quoique comportant plusieurs traits impossibles à inscrire dans un texte de loi. Quant aux possibilités de représailles réciproques, elles ne sont possibles que si les joueurs sont sur un pied d'égalité, que la partie ne se joue pas sur un seul engagement mais sur plusieurs et que les joueurs peuvent se reconnaître l'un l'autre tout au long des engagements. Cette dernière condition existe probablement quant aux marchés bureaucratiques, mais les deux premières sont moins probables.

En marché schafferien, les menaces de représailles des fonctionnaires envers les politiciens peuvent être subtiles (dans le style *Yes Minister*), mais l'effet cumulatif d'un tel comportement aura moins pour effet de maintenir le marché schafferien que d'inciter les politiciens à passer à des marchés « hybrides » ou « administratifs ». Comme les fonctionnaires ne sont pas, en situation de « marché administratif », dans la position de confident privilégié — et qu'ils peuvent être facilement congédiés —, ils n'ont guère accès aux mécanismes de représailles permises en marché schafferien. En fait, leurs représailles les plus incisives peuvent être menées *après* leur congédiement, alors qu'ils n'ont rien à perdre en déplaisant à leurs maîtres politiques.

Entendons par là que si les politiciens, en « marché administratif », ont rompu leur engagement en s'ingérant dans des opérations administratives pour lesquelles les fonctionnaires acceptaient d'être blâmés, les directeurs d'organismes congédiés sont alors en position de rendre coup pour coup. Plutôt que de courber l'échine, ils sont en mesure de créer de sérieux ennuis politiques en attaquant publiquement les ministres qui les ont blâmés et en révélant les détails de l'ingérence ministérielle dans les affaires de l'organisme, rendant ainsi la position politique du ministre pire — ou, tout au moins, guère meilleure — qu'elle ne le serait en vertu des conventions de responsabilité ministérielle admises en marché schafferien[4]. Il arrive même que les tentatives des politiciens d'amener les directeurs d'organismes à une démission discrète en leur proposant, à la manière du secteur privé, de généreuses primes de retraite, entraînent des conséquences politiques négatives dans la mesure où on s'insurge contre le versement de pots-de-vin aux employés de l'État (comme il advint, vers la fin des années 1980, lors du congédiement du directeur de la Australian Bicentennial Authority).

Conséquemment, le fait que les pays de type Westminster ne soient pas collectivement passés d'un marché schafferien à des marchés administratifs purs peut tenir à l'une ou l'autre des raisons suivantes : ou bien les politiciens accordent un poids moins grand qu'on ne l'aurait prévu (tel qu'évoqué dans la dernière section) aux « coûts d'incertitude » d'une erreur opérationnelle, par rapport aux « coûts d'agence », ou bien ils ont tenu compte à l'avance des coûts et des occasions de tricherie. Des politiciens aux fonctionnaires, en marché administratif, tenter de refiler tous les coûts d'incertitude des erreurs opérationnelles constitue une stratégie à haut risque qui ne réussira que si les termes du contrat sont extrêmement précis ou si les politiciens ne se sont pas ingérés dans le travail des « gérants » afin de réduire leurs coûts d'agence. Passer à des marchés hybrides ou à des marchés mixtes schafferiens-administratifs présente, pour les politiciens, moins d'avantages en matière de coûts d'incertitude, mais aussi moins d'inconvénients et est susceptible de réduire les coûts d'agence existant en marché schafferien pur (particulièrement lorsque sont prises en compte les occasions de tricherie telles que les configurations triangulaires). Les facteurs de tricherie nous aident ainsi à comprendre le fait que les pays de modèle Westminster ont été si peu nombreux à se lancer à fond dans des marchés administratifs.

CONCLUSIONS

Nous avons tenté, dans cette étude, de démontrer qu'une analyse des « marchés bureaucratiques » peut être une excellente amorce à la compréhension des différentes dynamiques de la réforme contemporaine de la fonction publique ; ce concept, en effet, en fait ressortir les variantes historiques et transnationales, ainsi que les problèmes stratégiques de tricherie et de franchise associés à tel ou tel marché. Historiquement, les marchés bureaucratiques ont été de formes fort diverses dans les démocraties avancées, nonobstant la tendance de nombreux analystes contemporains de la réforme à traiter de l'administration publique « traditionnelle » comme si elle était partout la même. Nous avons laissé entendre, d'entrée de jeu, que les marchés « systémiques » (de type intersociétal ou hégélien) étaient généralement plus

« collants » que les marchés « pragmatiques », mais cela ne signifie pas qu'ils soient imperméables au changement. Les marchés de type intersociétal sont peut-être les plus susceptibles de se rompre soudainement en période de crise et les marchés hégéliens, de se dissoudre lentement au fil du temps (mais cette hypothèse appelle une recherche minutieuse). Quant aux « marchés pragmatiques », on semble généralement délaisser les marchés « schafferiens » purs, mais en dépit de la prévalence du discours « administratif » il est étonnant de constater qu'un seul État de modèle Westminster ait adopté une forme relativement pure de marché de ce type. Ce phénomène pourrait tenir, avons-nous proposé, à l'évaluation que font les politiciens de l'importance relative des coûts « d'agence » et « d'incertitude » ou au fait qu'ils ont tenu compte des occasions de tricherie dans leurs calculs relatifs à la configuration institutionnelle.

Si, à l'ère de la Nouvelle gestion publique, la tendance générale est à l'abandon des marchés « schafferiens » purs, des circonstances plausibles ou imaginables pourraient-elles survenir qui permettraient à ces marchés de croître plutôt que de décliner ? Nous en voyons trois : une recrudescence importante des préoccupations du public quant à la « corruption », une réaction brutale contre les marchés de type « hybride » ou « administratif », une crise générale du capitalisme.

En principe, une montée des préoccupations publiques quant à la « corruption » — c'est-à-dire des formes d'inconduite ou de malversation de la part des détenteurs de postes publics — depuis le comportement intéressé jusqu'à la franche corruption (Ridley et Doig, 1995) — pourrait mener à un changement dans les marchés bureaucratiques. Mais la généralisation de cette préoccupation dans plusieurs pays de l'OCDE au début et au milieu des années 1990 n'a pas entraîné de telles conséquences (dans la plupart des cas), ce qui laisse à croire qu'il y faudrait une révolte de très grande ampleur. Devant une telle révolte, une structure schafferienne (dégénérée) évoluerait probablement vers un marché hégélien (la fonction publique réclamant alors une forme d'autonomie au nom de son rôle de gardien du bien commun) ou vers une forme modifiée du marché administratif (les politiciens persistant à refiler le blâme aux fonctionnaires), plutôt que de revenir à une forme schafferienne pure.

Autre possibilité liée à la précédente, une réaction brutale contre les marchés de type « hybride » ou « administratif » pourrait aussi mener à un changement de direction dans les marchés bureaucratiques. Une telle réaction pourrait ne pas procéder nécessairement de la perception d'un état de « corruption ». Elle pourrait provenir de la perception d'un manque d'imputabilité des marchés administratifs (comme dans la tragédie de Cave Creek, survenue en Nouvelle-Zélande en 1995 et dont une enquête conclut que personne n'était à blâmer [cf. Gregory, 1995 ; 1996 ; 1998]) ; de la fragmentation du gouvernement en « compartiments » administratifs séparés ; ou d'un excès de favoritisme émanant des marchés hybride ou administratif. De telles circonstances sont loin d'être hypothétiques ; on a même admis, au cours des dernières années, l'existence de problèmes causés par les « marchés administratifs » dans des pays tels le Royaume-Uni, la Nouvelle-Zélande et la Suède (cf. Schick, 1996). Mais des trois possibilités mentionnées ci-dessus, seule la réaction contre «l'excès de favoritisme» (vraisemblablement la moins plausible de toutes) pourrait affaiblir ces deux marchés par rapport à la forme schafferienne pure. Les marchés plus purement administratifs sont davantage susceptibles de se trouver aux prises avec des formes extrêmes de problèmes «d'imputabilité» ou de «compartimentage» (même dans de tels cas, cependant, il est probable qu'une série de catastrophes majeures, survenant en un court laps de temps, serait nécessaire pour qu'on abandonne les marchés administratifs plutôt que de se contenter d'y apporter des ajustements). La forme «hybride» semble moins susceptible de provoquer ce type de réaction brutale.

La configuration des marchés bureaucratiques pourrait être modifiée, troisièmement, par une crise générale du capitalisme comparable à la dépression des années 1930, occurrence annoncée par les économistes pessimistes, mais qui ne s'est pas encore produite à l'échelle mondiale, en dépit de la «grippe asiatique» de la fin des années 1990. Si un tel événement survenait, la fonction publique pourrait assumer un rôle économique plus important que celui qu'elle avait jusqu'alors acquis dans les démocraties avancées. Mais s'il avait pour effet d'affaiblir la légitimité des politiciens élus, un tel événement de portée mondiale pourrait tout aussi bien, en matière de marchés bureaucratiques, mener à une approche «hégélienne» ou «hybride» qu'imposer un mode schafferien pur. Dans de telles circonstances, après tout, il se pourrait que l'expertise et la compétence des fonctionnaires de carrière soient tout à fait incompatibles avec les nouvelles exigences de l'État, et qu'en même temps de nombreux talents proviennent de l'extérieur de la fonction publique et soient disposés à assumer des fonctions publiques à des salaires bien inférieurs à ceux du secteur privé. De sorte que même si un cataclysme économique rendait plus difficile la création du cadre stable associé au modèle administratif ou réglementaire, il n'est pas certain qu'il renforcerait une forme de marché schafferien pur plutôt que des formes hybrides.

Tous les prévisionnistes, cela est bien connu, ont le grand défaut de supposer que l'avenir sera semblable au passé, et les spécialistes des sciences sociales, à l'instar des pronostiqueurs des hippodromes, sont bien meilleurs à identifier les chevaux (comme nous l'avons fait dans ce document) qu'à prédire le vainqueur. Mais un regard, même rapide, sur l'éventualité d'événements exceptionnels qui rompraient brutalement avec la longue période de paix (ou d'absence de guerre) vécue depuis cinquante ans par les démocraties capitalistes avancées, n'apporte aucune raison de modifier nos conclusions : les marchés bureaucratiques systémiques sont susceptibles de se montrer plus solides que les marchés pragmatiques et les formes schafferiennes pures ne risquent guère de surgir ou de ressurgir. En même temps, il est peu probable que l'univers soit bientôt couvert de marchés «administratifs» purs, nonobstant l'opinion de ceux qui, à l'ère de la Nouvelle gestion publique, en font la solution de l'avenir. L'expérience de la Nouvelle-Zélande, passée durant les années 1980 d'une forme schafferienne pure à une forme administrative relativement pure[5], a été admirée (et critiquée) mais rarement imitée. Compte tenu des points de départ historiques, la domination mondiale d'un seul type de marché bureaucratique ne semble guère plus probable que le développement de types uniformes de structures institutionnelles et constitutionnelles.

NOTES

1. Au Royaume-Uni, le marché bureaucratique semble s'être scindé en deux, un régime s'appliquant aux fonctionnaires «réguliers» (qui conservent la traditionnelle sécurité d'emploi) et un autre s'appliquant aux directeurs généraux des organismes d'exécution et aux *OF-type regulators* (qui sont recrutés pour des durées déterminées) (Hood, 1998).

2. Plusieurs de ces tendances confirment les arguments avancés par Michael Power (1997), selon qui le monde contemporain assiste au développement de «sociétés d'audit», obsédées de vérification et calculant le rendement de tout un chacun en appliquant les techniques apparemment rassurantes de l'audit financier à tous les domaines (éducation, sécurité, environnement, etc.). Si Power a vu juste, les politiciens pourraient trouver intéressant de se faire orchestrateurs de systèmes de vérification plutôt que gestionnaires de services publics.

3. À propos du programme des organismes d'exécution, un haut fonctionnaire britannique a remarqué que «nous croyions donner plus de pouvoirs aux individus qui administrent, mais nous avons abouti à donner plus de pouvoirs à ceux qui calculent» (Hood *et al.*, 1999, à paraître). Hogwood *et al.* (1998) vont jusqu'à déceler une pathologie d'hyper imputabilité dans le régime des organismes d'exécution et Polidano (1998 : 49) soutient que de tels développements réduisent involontairement la sensibilité administrative et conduisent la bureaucratie à une impasse administrative.

4. Tel fut exactement ce qui advint en 1995 à Michael Howard, Home Secretary britannique, lorsqu'il congédia Derek Lewis, directeur général du Prison Service Agency, après que quelques évasions fort embarrassantes aient entraîné la publication d'un rapport extrêmement sévère concernant le laxisme des mesures de sécurité dans deux prisons. Furieux d'être ainsi viré, Lewis, qui avait dirigé l'organisme en vertu d'un «marché administratif» s'en prit à son «patron» d'hier en intentant une poursuite devant les tribunaux et en révélant publiquement l'ingérence incessante de Howard dans des domaines opérationnels pour lesquels il refusait d'être tenu responsable. La réaction de Lewis fournit des armes puissantes aux ennemis de Howard, au sein du Parti conservateur et dans d'autres milieux, et le força à une position défensive aussi précaire que s'il avait assumé la responsabilité directe de l'administration carcérale en vertu de la responsabilité ministérielle admise en marché schafferien.

5. Caractérisée par l'abandon de la pratique d'un unique employeur de la fonction publique, de solides conventions quant à la liberté d'information, de l'adoption généralisée de contrats à termes fixes pour les employés du gouvernement travaillant dans un cadre administratif et du retrait de toute barrière officielle à l'entrée latérale.

BIBLIOGRAPHIE

Aucoin, P. (1995), *The New Public Management : Canada in Comparative Perspective*, Ottawa, Institute for Research on Public Policy.

Axelrod, R. (1984), *The Evolution of Cooperation*, New York, Basic Books.

Barker, A. (1998), «Political Responsibility for UK Prison Security — Ministers Escape Again», *Public Administration*, 75, printemps, 1-23.

Barzelay, M. (2000, à paraître), *The New Public Management : Improving Research and Policy Dialogue*, Berkeley, University of California Press.

Campbell, C. et G.K. Wilson (1995), *The End of Whitehall : Death of a Paradigm ?*, Oxford, Blackwell.

Dryzek, J. (1996), *Democracy in Capitalist Times : Ideals, Limits and Struggles*, Oxford, Oxford University Press.

Feigenbaum, H.B. et J.R. Henig (1993), « Privatization and Democracy », *Governance*, 6(3) : 438-453.

Fiorina, M. (1986), « Legislator Uncertainty, Legislator Control and the Delegation of Legislative Power », *Journal of Law, Economics and Organization*, 2(1) : 33-51.

Foster, Sir C. (1992), *Privatization, Public Ownership and the Regulation of Natural Monopoly*, Oxford, Blackwell.

Foster, Sir C. (1996), « Reflections on the True Significance of the Scott Report for Government Accountability », *Public Administration*, 74(4) : 567-592.

Gregory, R. (1995), « Accountability, Responsibility and Corruption : Managing the "Public Production Process" », ch. 3, dans Boston, J. (dir.), *The State under Contract*, Wellington, Bridget Williams Books, 56-77.

Gregory, R. (1996), « Careful Incompetence at Cave Creek ? Responsibility for a National Tragedy », Document présenté à la conférence de SOG, Centre for Research in Public Sector Management, University of Canberra, 1er-3 août.

Gregory, R. (1998), « A New Zealand Tragedy : Problems of Political Responsibility », *Governance*, 11(2) : 231-240.

Hegel, G.W.F. (1896), *Philosophy of Right*, tr. S.W. Dyde, London, Bell.

Hogwood, B.W., D. Judge et M. McVicar (1998), « Too Much of a Good Thing ? The Pathology of Accountability », exposé présenté à la Political Studies Association Annual Conference, University of Keele, 7-9 avril.

Hood, C. (1998), « Individualized Contracts for Top Public Servants : Copying Business, Path-Dependent Political Re-Engineering — or Trobriand Cricket ? », *Governance*, 11(4) : 443-462.

Hood, C., C. Scott, O. James, G.W. Jones et A.J. Travers (1999), *Regulation in Government : Waste-watchers, Quality Police and Sleaze-busters*, Oxford, Oxford University Press.

Hood, C. et M.W. Jackson (1991), *Administrative Argument*, Aldershot, Dartmouth.

Horn, M.J. (1995), *The Political Economy of Public Administration*, Cambridge, Cambridge University Press.

Lewis, D. (1997), *Hidden Agendas : Politics, Law and Disorder*, London, Hamish Hamilton.

Niskanan, W.A. (1971), *Bureaucracy and Representative Government*, Chicago, Aldine Atherton.

Page, E. (1997), *People Who Run Europe*, Oxford, Oxford University Press.

Polidano, C. (1998), « Why Bureaucrats Can't Always Do What Ministers Want : Multiple Accountabilities in Westminster Democracies », *Public Policy and Administration*, 13(1) : 35-50.

Power, M. (1997), *The Audit Society : Rituals of Verification*, Oxford, Oxford University Press.

Ridley, F.F. et A. Doig (dir.) (1995), *Sleaze : Politics, Private Interests and Public Reaction*, Oxford, Oxford University Press.

Savoie, D. (1999), *Governing from the Centre*, Toronto, University of Toronto Press.

Savoie, D. (1994), *Thatcher, Reagan, Mulroney : In Search of a New Bureaucracy*, Pittsburgh, University of Pittsburgh Press.

Schaffer, B. (1973), *The Administrative Factor*, London, Frank Cass.

Scholz, J.T. (1991), «Cooperative Regulatory Enforcement and the Politics of Administrative Effectiveness», *American Political Science Review*, 85(1): 115-136.

Schick, A. (1996), *The Spirit of Reform : Managing the New Zealand State Sector in a Time of Change*, Wellington, State Services Commission.

Silberman, B.S. (1993), *Cages of Reason*, Chicago, Chicago University Press.

Trosa, S. (1994), *Next Steps : Moving On*, London, Office of Public Service and Science.

Weaver, R.K. et B.A. Rockman (dir.) (1993), *Do Institutions Matter ?*, Washington, DC, the Brookings Institution.

7
La fonction publique dans une société de l'information[1]

IGNACE SNELLEN

REMARQUES PRÉLIMINAIRES : LES TECHNOLOGIES DES COMMUNICATIONS ET DE L'INFORMATION DANS LE CONTEXTE DE L'ADMINISTRATION PUBLIQUE

Si l'on veut cerner l'importance des avancées récentes des technologies des communications et de l'information pour l'administration publique, en tant qu'organe prestateur de services publics, il faut envisager le rôle qu'elles jouent au sein de cette organisation. Les TCI constituent les technologies de base de l'administration publique et les changements fondamentaux intervenus dans ces technologies révolutionneront la structure et le fonctionnement de la fonction publique : telles sont les idées directrices de l'étude. Les concepts fondateurs du droit administratif et de la discipline de l'administration publique se transformeront également (subrepticement), par ex., les concepts directeurs de centralisation et de décentralisation perdront de leur signification dans le contexte de transparence généré par les TCI.

Pour évaluer l'importance que revêt l'informatisation de l'administration publique sur le plan politique, on doit s'interroger sur la nature des TCI utilisées par l'organisation et sur les mécanismes par lesquels s'opère la transformation de son mode de fonctionnement et de ses principes.

Qu'il s'agisse de base de données, d'aide à la décision, de réseautique, de systèmes d'identification personnelle et de suivi, de bureautique ou de systèmes multimédias, l'administration publique utilise abondamment les TCI afin de maintenir et d'enrichir sa base de connaissances.

Les *technologies de bases de données* sont appliquées à trois grands types de systèmes d'information :

1. Les systèmes d'enregistrement d'objets constituent des registres d'usage général de la population, des entités juridiques comme les fondations, les biens immobiliers, etc. Les systèmes-objets assurent la fiabilité des échanges au sein de la société. Ils fonctionnent comme des registres d'usage général. Les systèmes d'enregistrement d'objets n'effectuent pas de transactions réelles.

2. Les systèmes sectoriels sont capables d'effectuer des transactions simples dans un secteur particulier de l'administration publique, comme la sécurité sociale, les soins de santé, la police, la circulation et le transport. On développe de plus en plus d'architectures intégrant des secteurs entiers de la société et grâce auxquels on peut échanger et relier les données à l'intérieur de tout le secteur. Les systèmes sectoriels trouvent également leur utilité en modélisation informatique. Dans les domaines de la justice et de la sécurité sociale, on assiste à une « informatisation des chaînes » (Grijpink, à paraître), qui reprend la séquence de la chaîne d'accroissement de valeur de la prestation des services publics.

3. Les systèmes de contrôle des dépenses assurent la gestion et le suivi de l'utilisation des ressources financières, humaines et physiques (bâtiments et équipements) au sein des ministères et des autres organismes publics. Leur utilité s'accentue dans l'évaluation de la transparence et de la responsabilité des institutions gouvernementales au moyen d'indicateurs de rendement. Les publications du Conseil du Trésor du Canada telles que « Rendre compte des résultats, 1997 » nous en fournissent de bons exemples.

Les *technologies d'aide à la décision* facilitent le processus décisionnel en fournissant des règles précises qui sont appliquées à des données recueillies par une ou plusieurs personnes. Leur complexité peut varier : il peut s'agir de systèmes de traitement assez simples (pour la gestion des cas), qui appliquent un petit nombre de règles de production, ou de systèmes conseils et experts complexes, comme les systèmes à base de connaissances. Amorcée dans les bureaux d'administration, l'automatisation du processus décisionnel est progressivement passée du bureau d'administration aux bureaux de réception de l'administration publique. Les bases de données utilisées par différents ministères sont de plus en plus fréquemment reliées automatiquement à des systèmes de traitement des décisions dans d'autres domaines. Les Systèmes d'information de gestion (SIG) et les Systèmes d'information pour cadres (SIC) appartiennent également à cette catégorie.

Les *technologies de la réseautique* se développent à un rythme très rapide. Elles conjuguent la dimension de la communication à celle de l'information et réduisent l'importance du temps et du lieu. Elles permettent de créer une multitude de virtualités, voire un « État virtuel », un concept dont on discute sérieusement aujourd'hui. Les réseaux locaux et les réseaux étendus (WAN) ont été les premiers à être mis en place. Plus récemment, les gouvernements ont procédé à l'implantation massive de réseaux intranet et extranet fonctionnant sur Internet. Ces réseaux peuvent être affectés à un usage particulier, comme dans le cas des réseaux des services policiers, ou à un usage d'ordre général, comme la communication de données. Les administrations publiques mettent progressivement sur pied des réseaux internationaux, comme c'est le cas en Europe, où l'on doit compter sur des outils administratifs fiables pour assurer le bon fonctionnement du marché commun, caractérisé par la libre circulation des capitaux, des biens, des services et des personnes.

Les *technologies d'identification personnelle, de pistage, de repérage et de surveillance* se perfectionnent de jour en jour et envahissent peu à peu toutes les sphères de la vie. On peut utiliser les numéros d'identification personnelle généraux ou des numéros à usage plus restreint comme les numéros d'identification utilisés par le système de taxation, de la sécurité sociale, des soins de santé ou de l'éducation pour créer des bases de données générales virtuelles. Les cartes à puce avec numéro d'identification et les autres outils de repérage ou de pistage peuvent également servir à identifier les personnes qui utilisent les services publics et à surveiller la circulation des personnes et des véhicules. Les outils de pistage et de surveillance gagnent en importance : ce sont des moyens d'observation discrète, qui s'intègrent au déroulement ou aux opérations du travail et s'adaptent aux habitudes en place, en plus d'être d'une rare efficacité. Les systèmes de télévision en circuit fermé (système TVCF) constituent un bon exemple de ce type de technologies (Webster, 1998).

Les *technologies de la bureautique et du multimédia* sont utilisées dans les affaires courantes de l'administration publique : la production, la manipulation, la réorganisation et la prestation d'information sous forme accessible. Cette information doit être accessible pour servir aux divers types de vérification auxquels est soumise l'administration publique, dans son fonctionnement juridique, politique, démocratique, gestionnel ou historique. La bureautique remplit ce rôle grâce à divers outils : systèmes de traitement de textes et autres dispositifs d'entrée de données (saisie de textes, de voix et d'images), supports d'information comme les rubans magnétiques, les disques compacts ou les CD-ROM, pellicules photographiques, courrier électronique, dispositifs d'échange électronique des données et systèmes d'extraction de document et de texte. L'importance de ces formes de bureautique est déterminée par la jurisprudence, les preuves légales et les contrôles d'actions publiques.

L'évolution rapide des TCI soulève une question dont on sous-estime largement l'ampleur, celle de la longévité des archives publiques, de leur «durabilité numérique». Lorsque la société aura survécu à la problématique du millénaire, à défaut de la résoudre complètement, elle risque d'être confrontée à des problèmes tout aussi complexes liés à l'impossibilité technique d'extraire l'information stockée sur des supports d'information qui sont périmés ou à l'obsolescence des programmes de traitement de l'information (Bikson et Frieling, 1993).

LES GRANDES CARACTÉRISTIQUES DES TECHNOLOGIES DE L'ÂGE DE L'INFORMATION

L'âge de l'information se caractérise par la présence généralisée des technologies des communications et de l'information (TCI) qui, en plus d'envahir la société dans son ensemble et des secteurs comme l'administration publique, ont pris d'assaut les disciplines scientifiques comme la biologie, où le génie génétique repousse constamment les frontières du savoir.

La problématique du millénaire nous a permis de constater tout le terrain gagné (et toute la dépendance engendrée) par ces technologies de l'ère de l'information dans le secteur privé comme au sein de l'administration publique.

L'âge de l'information présente trois grandes caractéristiques, du moins en ce qui concerne l'information et le savoir :

1. L'*algorithmisation* — L'automatisation de chacune des activités susceptibles d'être transcrites en langage algorithmique. La problématique du millénaire a mis en lumière toute la portée de cet énoncé. Chaque « routine » liée au temps est automatisée, voire même intégrée dans des puces (souvent sans possibilité d'être retracée).

Au sein de l'administration publique, l'algorithmisation peut signifier que :

   •   les grandes fonctions de mise en œuvre des politiques de l'État-providence sont prises en charge par des ordinateurs,

   •   la rédaction législative et la création des systèmes informatisés de mise en œuvre des lois se fusionneront, et

   •   le pouvoir discrétionnaire des fonctionnaires de première ligne se réduira peu à peu (Snellen, 1984).

Plusieurs chercheurs ont analysé l'impact des TCI sur l'évolution de l'administration publique dans divers pays. Les TCI peuvent engendrer une perte d'intermédiation, un décentrement du rôle du décideur et une réduction de la capacité de l'administration publique à bien remplir son rôle.

2. La *transparence* — Les applications informatiques entraînent ce que Shoshana Zuboff (1988) a qualifié d'« informetant ».

la même technologie génère simultanément de l'information sur les processus de production sous-jacents et les processus d'administration au moyen desquels l'organisation s'acquitte de ses fonctions.

L'« informetant » entraîne une hausse exponentielle des capacités de réflexion de la société de l'information. Les applications aux points de vente et les programmes de fidélisation illustrent bien le processus d'«informetant». Les possibilités d'analyse de masses de données tiennent également à la nature d'«informetant» des TCI. Cette caractéristique entraîne une augmentation considérable de la transparence des processus de production et de leurs aspects administratifs et liés aux politiques, qui s'étend jusqu'au niveau de l'individu, ainsi que de la transparence de l'environnement, constitué par les clients, les marchés et les autres développements externes pertinents (Power, 1997).

Les systèmes d'information avec partage de connaissances ont d'abord été créés séparément au sein de ministères de l'administration publique. Ces formes d'automatisation «par îlots» ont été suivies par l'intégration de bases de données à l'échelle des organisations. Les infrastructures d'Internet facilitent l'implantation de systèmes sectoriels, qui sont créés pour les soins de santé, la sécurité sociale, l'aménagement du territoire, le système judiciaire et la police. Mentionnons notamment les systèmes d'assistance policière internationale (Schengen Information System: SIS) et de gestion de la sécurité sociale (SOSENET) utilisés en Europe.

La capacité (et le désir!) de contrôle des gouvernements s'est accrue et continue à s'accroître avec la transparence grandissante des secteurs de la société.

3. La *virtualisation* — Les TCI créent des virtualités, c'est-à-dire, des réalités apparentes qui n'existent pas vraiment. En plus de prendre une apparence réelle, la virtualité créée par les TCI possède une logique et entraîne des conséquences bien réelles. (Une base de données virtuelle peut se composer de plusieurs bases de données très éloignées les unes des autres; aux yeux de l'usager, cette base semble pourtant constituer une seule et même entité, dont la logique et les conséquences sont celles d'une base de données unique.)

Avec la virtualisation, les concepts de temps et de lieu, le second découlant du premier, perdent de leur signification. On assistera à une réorganisation en profondeur de l'administration publique, dont le fonctionnement s'inscrivait jusqu'ici largement dans le temps et à l'intérieur d'un territoire. La gouvernance territoriale pourrait bien être peu à peu remplacée par une gouvernance fonctionnelle (voir ci-dessous). On verra apparaître de nouveaux modes de prestation des services publics un peu partout. Plusieurs pays font déjà l'essai de nouveaux modes de direction de nos sociétés complexes.

En plus de se décloisonner de l'intérieur, les organisations de l'administration publique voient leurs frontières s'estomper. On peut s'attendre à une réorganisation des pouvoirs publics dans les prochaines décennies.

Au Canada, les partenariats établis entre le gouvernement central et les provinces dans le cadre du «fédéralisme renouvelé» pourraient être les signes précurseurs de ces remaniements (implicites).

LES PRATIQUES ET LES CONCEPTS EN ÉVOLUTION
AU SEIN DE L'ADMINISTRATION PUBLIQUE

Toutes les technologies mentionnées précédemment transforment les pratiques de l'administration publique dans leurs dimensions fondamentales d'ordre juridique, politique, économique et social[2].

Voici des domaines où le phénomène d'évolution évoqué plus haut se fait particulièrement sentir :

•   Les rapports entre la rédaction législative d'une part et l'élaboration des systèmes de mise en œuvre des lois d'autre part. Le processus juridique de rédaction législative et le processus technique de construction de systèmes se fonderont graduellement l'un à l'autre. Les contraintes liées à la construction des systèmes limitent déjà la portée et le rythme d'élaboration des lois dans les secteurs où leur application est subordonnée à l'informatique.

•   Les rapports entre les bureaucraties locales et les politiciens locaux. Les bureaucrates locaux possèdent un avantage sur les élus locaux dans la mesure où ils disposent de systèmes d'information créés automatiquement. La recherche révèle que ce sont les hauts fonctionnaires locaux qui dominent de plus en plus le programme politique (Smith, 1998).

•   Les rapports entre les fonds affectés aux ressources en personnel et aux technologies des communication et de l'information. Le remaniement de Développement des ressources humaines Canada (DRHC), dont il sera question plus loin, témoigne qu'il est possible de remplacer des employés par des technologies de l'information.

•   La relation entre le fonctionnaire de première ligne en tant que représentant de l'administration publique et le citoyen. La dévalorisation progressive du travail du fonctionnaire affaiblit sa position au sein de la bureaucratie et celle du citoyen par ricochet.

L'évolution progressive des pratiques s'accompagne d'une transformation des *concepts juridiques et théoriques* grâce auxquels on étudie et on évalue l'administration publique. Des concepts comme la centralisation et la décentralisation, la spécialisation et la « déspécialisation », l'autonomie ou la délégation sont encore utilisés comme si la réalité qu'ils sous-tendent était restée la même. Les TCI introduisent pourtant une ambiguïté fondamentale dans la notion de centralisation comme de décentralisation (« la décentralisation dans un cadre de centralisation ») tout comme dans les autres concepts de l'administration publique. Il faut donc redéfinir les concepts fondamentaux juridiques et de l'administration publique dans le contexte introduit par l'ère de l'information.

Voici les concepts fondamentaux auxquels je fais référence :

FIGURE 1
Les concepts fondamentaux de l'administration publique

```
                    a) Pouvoir politique–administration
                                    |
              ┌─────────────────────┴─────────────────────┐
   b) Pouvoir exécutif-législatif              c) Pouvoir exécutif-judiciaire
```

d) Paliers de gouvernement	e) Ministères et départements	f) Administration-société
– international		– démocratie
– national		– partis politiques
– régional		– groupes de pression
– local		– service civique
– («QUANGO*»)		– privatisation

g) Orientations et politiques	h) Organisation
– élaboration	– autonomie
– mise en œuvre	– bureaucratie
– prise de décision	– centralisation et
– suivi	décentralisation
– évaluation	– délégation
	– modèle des
	organismes

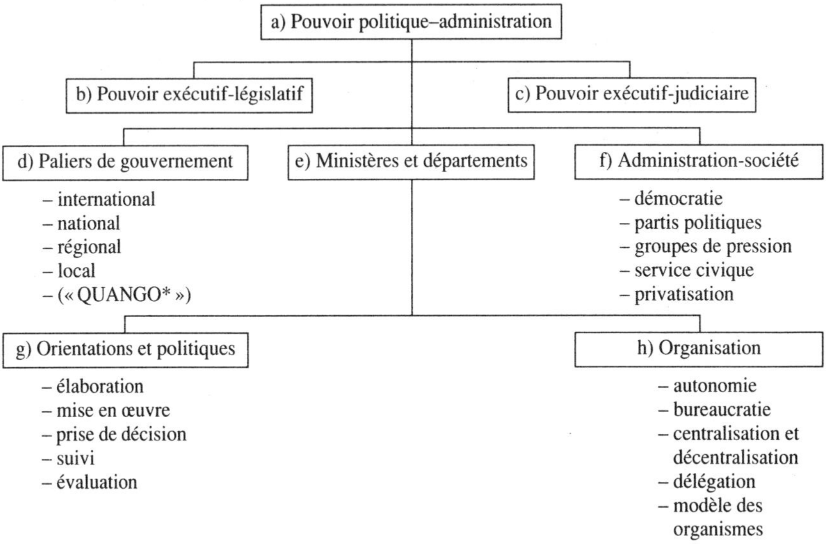

LES ORIENTATIONS POLITIQUES ET LES AMBITIONS DU GOUVERNEMENT CENTRAL EN MATIÈRE DE TCI

Les développements de *l'âge de l'information* modifient le visage de l'administration publique bien plus encore que celui de la plupart des entreprises du secteur privé parce que les TCI sont devenues ses *technologies de base* pour l'exécution de ses fonctions courantes, qui sont la collecte, le stockage, le traitement, l'acheminement et la prestation d'information. L'information et le savoir (les notions de *Dienstwissen* et de *Fachwissen* de Max Weber : le savoir organisationnel et le savoir professionnel) accumulés sur les processus de travail et sur l'évolution de l'environnement constituent la base de connaissances de l'administration publique, et de ce fait, son principal actif. Les gestionnaires doivent donc s'intéresser aux innovations des TCI et à leurs répercussions sur la gouvernance au XXIe siècle pour appuyer leur démarche vers une revitalisation de la fonction publique. Dans la plupart des pays occidentaux, on observe cependant que les gouvernements ne privilégient souvent que certains aspects de ces innovations pour des motifs qui leur sont propres.

Avec l'implantation croissante des TCI au sein de l'administration publique, les gouvernements veulent tirer davantage profit des possibilités offertes par les TCI pour améliorer le prestation des services publics, en matière d'optimum de coût, d'optimum de service et d'optimum démocratique. Les gouvernements centraux

* NdT : «Quango» est l'acronyme de *quasi-autonomous nongovernmental organizations* et désigne les organismes mis en place par le gouvernement britannique durant les années 1970. Cf. Robert-Collins, p. 1720.

modifient les orientations prises à l'égard des TCI en fonction du potentiel que recèle leur application au sein de l'administration publique.

Les avancées technologiques caractéristiques de l'âge de l'information font constamment évoluer la *fonction production* de l'administration publique. Le savoir est devenu un facteur de production de première importance. Les technologies des communications et de l'information remplacent le travail comme facteur de production. L'État-providence moderne serait incapable d'accomplir plusieurs de ses fonctions s'il n'avait pas remplacé une partie de ses effectifs par des ordinateurs.

La transformation de la fonction production des organisations de l'administration publique entraîne un changement continu du *profil de coût optimal*. Ce faisant, les pressions en faveur de la rationalisation des dépenses publiques deviendront permanentes.

Le *profil de service optimal* tout comme le *profil démocratique optimal* de l'administration publique évolueront avec la fonction production de l'administration publique. Les aspirations et les visées en faveur d'une administration publique plus à l'écoute des besoins et plus démocratique iront croissantes, à l'extérieur comme à l'intérieur de l'organisation, comme le démontreront les exemples présentés dans les pages suivantes (Snellen, 1994).

La recherche empirique vient confirmer les tendances dont il est fait état ici (Lips et Frissen, 1997). L'évolution du profil de service optimal et du profil démocratique optimal sera abondamment illustrée plus loin.

Les ramifications susmentionnées de l'âge de l'information au sein de l'administration publique risquent de se répercuter sur la revitalisation de la fonction publique en facilitant les *pratiques démocratiques*, en améliorant la *prestation des services*, en soutenant *l'élaboration et la mise en œuvre des politiques* et en raffinant la *gestion du savoir*.

Pour chacune des améliorations découlant de l'application des TCI au sein de la fonction publique, il y aura cependant un prix à payer, qui se traduira par un déséquilibre des pouvoirs, une perte d'autonomie ou une atteinte à la vie privée.

En 1991, des chercheurs ont entrepris une analyse comparative des politiques mises de l'avant par les gouvernements centraux de sept pays européens en matière d'informatisation de leur administration publique (Frissen et collaborateurs, 1992). Les résultats de cette recherche sont présentés à la figure 2 ; on y voit la séquence historique des « modes d'informatisation », c'est-à-dire, les attitudes dominantes des gouvernements centraux à l'égard de l'utilisation des TCI.

FIGURE 2
Modes d'informatisation

	Autorités responsables	Principale orientation	Principaux instruments	Intérêts représentés	Engagement politique
Mode financier	Ministère des Finances	Coût du TED	Droit de veto Plans Inventaires Vérifications		Incidents Pannes
Mode technique	Ministère de l'Industrie	Développement industriel et technique	Conseils Subventions Coordination	Industrie Science	Partage industriel
Mode bureaucratique	Ministère de l'Organisation du gouvernement	Efficacité	Conseils Plans Coordination	Secteurs	(Normes d'efficience)
Mode politique	Ministère de l'Intérieur et Organisation du gouvernement	Modernisation	Conseils Subventions	Citoyens Paliers de gouvernement	Services rendus aux citoyens Réduction de la bureaucratie

Voici les conclusions qui se dégagent de cette recherche :

- quel que soit le ministère en charge des politiques d'informatisation, elles ont suscité un intérêt plus grand à l'égard de l'efficience, de l'efficacité et de la méta-coordination ;

- les politiques d'informatisation étaient surtout orientées vers des objectifs internes (bureaucratiques). Les possibilités offertes par les TCI sur les plans politique et démocratique étaient à peine envisagées ;

- les ministères et les autres organismes gouvernementaux s'efforçaient de conserver leur marge de manœuvre et leur autonomie. Pour la plupart, les politiques restaient symboliques et officielles ;

- la représentation d'intérêt dans ces politiques renforçait leur orientation interne ;

- la classe politique participait très peu à l'élaboration des politiques d'informatisation. Les politiciens considéraient les TCI comme de simples outils, comparables aux fonctions finance, personnel et organisation, et qui ne devaient pas retenir leur attention.

Comme l'indique ce qui précède, seuls les « modes d'informatisation » financier et bureaucratique (voir figure 2) étaient plus ou moins développés par le palier de gouvernement central. Quelques rares pays commençaient à entrevoir la signification politique importante de l'informatisation au sein de l'administration publique. Cinq années se sont écoulées depuis et la situation a très peu évolué.

Où se situe la politique du gouvernement canadien à l'égard de l'informatisation de sa fonction publique et quels sont ses «modes d'informatisation» particuliers? Au Canada, le gouvernement central et la classe politique privilégient surtout les modes financier et bureaucratique d'informatisation comme en témoigne le rôle joué par le Conseil du Trésor et le ministère des Finances dans la formulation des objectifs d'informatisation de la fonction publique. En 1994, le document *Plan directeur pour le renouvellement des services gouvernementaux à l'aide des technologies de l'information* était publié sous les auspices du Conseil du Trésor. La rationalisation de Développement des ressources humaines Canada, enclenchée par l'examen des programmes amorcé au printemps 1995 et qui devait se terminer en avril 1998 au plus tard, illustre plus précisément la démarche d'informatisation du gouvernement. On a procédé à la mise en place d'un vaste Réseau des services à la clientèle comptant des milliers de kiosques d'information et d'autres installations de libre-service automatisées pour remplacer plus de 5 000 employés du Ministère. Malgré une amélioration du rendement, comparable à celle observée dans d'autres pays offrant des services similaires, on constate que la création du Réseau répond surtout à des objectifs d'efficacité bureaucratique et d'économie. Comme pour beaucoup d'autres modes de prestation basés sur le libre-service, la présélection en incombe aux bénéficiaires. (La création du réseau scolaire canadien témoigne davantage d'un véritable souci de bien servir la clientèle.)

LES TCI ET LA REVITALISATION DE LA FONCTION PUBLIQUE

La revitalisation de la fonction publique au moyen des applications TCI doit tenir compte des types de relations suivantes :

Les relations entre l'administration publique et les citoyens en tant que clients, bénéficiaires et membres de la Cité

Le citoyen en tant que *client* utilise les services gouvernementaux de son propre chef. Dans certains cas, il peut, s'il le désire, faire appel à d'autres fournisseurs. Il n'aura alors recours au service gouvernemental que si celui-ci se compare favorablement à ceux offerts par d'autres fournisseurs.

Le citoyen en tant que *bénéficiaire* fait «l'objet d'un contrôle», comme dans le cas d'un prisonnier, ou constitue «un cas à gérer», par ex., une personne qui demande des indemnités. Il dispose de très peu d'initiative et, en tant que bénéficiaire, il n'est guère en position de force face à la bureaucratie.

Le citoyen en tant que *membre de la Cité* peut exercer ses droits constitutionnels, comme son droit de vote, ou peut participer au processus d'élaboration des politiques, surtout au palier local de l'administration publique. Le citoyen jouit alors d'une autonomie relative et c'est dans ce rôle qu'il peut prendre le plus d'initiative.

Les TCI jouent un important rôle pour le citoyen en tant que *bénéficiaire* parce qu'il n'a plus à courir aux quatre coins de la ville pour être servi, ce qui constitue encore l'une des principales plaintes formulées à l'égard du fonctionnement des bureaucraties publiques. Les TCI peuvent intégrer les fichiers, les bases de données et l'information documentaire, ce qui permet de répondre aux besoins du bénéficiaire à partir d'un seul endroit.

L'intégration nécessaire des services publics peut se faire de différentes façons. La première consiste à prendre le client comme point d'intégration. Le concept de la « personne en tant qu'entité » en usage dans le secteur de la sécurité sociale au Royaume-Uni en est un exemple. Lorsqu'un citoyen se présente à l'un des nombreux bureaux de la sécurité sociale, le fonctionnaire est en mesure d'obtenir le dossier complet du prestataire et de répondre à ses besoins. La deuxième façon consiste à prendre l'organisation comme point d'intégration en créant un comptoir de service dans un lieu physique ou virtuel qui constitue la portée d'entrée à différents ministères, une sorte de « guichet unique » auquel le bénéficiaire peut accéder. Même lorsque les produits et les services sont fournis séparément au même comptoir, les concordances restent faciles à établir. Le préposé peut répondre facilement aux questions simples, les plus complexes étant adressées à l'un des bureaux d'administration. Ces derniers continuent à fonctionner de façon distincte. La troisième façon consiste à réunir les bureaux d'administration de divers ministères en un seul point d'intégration. Il faut alors remanier les divers ministères pour former une seule organisation (virtuelle) (Zuurmond et Snellen, 1997). Ce mode d'intégration est le plus fondamental et le plus difficile à réaliser. La quatrième approche combine celle de la personne en tant qu'entité et celle du comptoir intégré. Les services de différents ministères sont réunis en fonction des « profils de demandes » dominants ou des « événements marquants » dans la vie des bénéficiaires. L'obtention des divers permis requis pour rénover une maison constitue un exemple de profil de demandes alors que le décès d'un membre de la famille constitue un exemple d'événement marquant. Dans ce cas, un même comptoir traite les aspects publics et privés du cas du défunt.

Voici les types de TCI utilisés pour concentrer les services à rendre : systèmes conseils, systèmes experts et systèmes de traitement, bases de données intégrées, courrier électronique, cartes à puce, systèmes d'extraction de documents, équipement de vidéoconférences et sites Web interactifs. Les citoyens peuvent entrer en contact avec l'administration publique jour et nuit à partir de kiosques.

Résumons-nous. Pour le citoyen-bénéficiaire, voici les changements les plus importants survenus dans le mode de prestation des services publics : un gouvernement axé sur le libre-service accessible jour et nuit, offrant des guichets d'accès uniques à une variété de services et de renseignements publics, la prestation de services personnalisés et plus rapidement accessibles, et une indépendance croissante à l'égard du lieu géographique d'origine de la demande de service ou de renseignements. Pour le gouvernement, les avantages sont : une meilleure capacité de répondre aux besoins, une efficacité croissante à l'interne comme à l'externe résultant du dédoublement des données et la réduction des coûts de production et de collecte des données. Diverses questions se poseront concernant la propriété des données (particulièrement pour les cartes à puce), la capacité de bien répondre aux besoins et la légitimité de la prestation de services au moyen des TCI, ou la protection de la vie privée et la sécurité des opérations de mise en relation des données et des transactions électroniques formelles ; leur résolution est, pour le moment, remise à plus tard (Lips et Frissen, 1997).

D'autres questions se posent déjà, auxquelles on n'a cependant pas trouvé de réponse satisfaisante ; elles portent sur la fonction et le pouvoir discrétionnaire du fonctionnaire de première ligne d'une part et sur la sécurité de l'information et la protection de la vie privée d'autre part.

On s'accorde à dire que les fonctionnaires de première ligne doivent conserver leur pouvoir discrétionnaire afin de servir le bénéficiaire équitablement et en fonction de ses besoins. On constate cependant que ce pouvoir s'émousse peu à peu dans un environnement de travail dominé par les TCI. Lorsque le cadre de mise en œuvre des politiques est formalisé, les bureaucraties sont remplacées par des «infocraties» ; dans ce mode d'organisation, le contrôle est exercé par les infrastructures et les architectures de traitement de l'information plutôt que selon les principes d'organisation formulés par Weber. Voici les mécanismes par lesquels ce contrôle s'exerce sur le fonctionnaire de première ligne : 1) la collecte de l'information se fait par le réseau plutôt que par le fonctionnaire de première ligne lui-même ; 2) des algorithmes de décision sont intégrés au logiciel ; 3) des structures de communication sont intégrées au logiciel et dans ses schémas d'autorisation ; 4) la coordination est exécutée automatiquement par les systèmes d'information ; 5) un suivi de toutes les activités du fonctionnaire de première ligne est accompli et les résultats sont enregistrés dans des bases de données (Zuurmond, 1998).

L'application des outils de TCI susmentionnés rend le citoyen-bénéficiaire de plus en plus transparent et pose une menace au respect de sa vie privée. Dans le secteur privé, les renseignements tirés des plans de fidélité sont versés dans des bases de données dont les entreprises se servent pour analyser les masses de données et pour dresser des «profils» de leurs clients. Faire du marketing individualisé semble être leur objectif ultime. L'incursion dans la vie privée des bénéficiaires constitue le risque le plus élevé dans le secteur public en raison du monopole que détient l'administration publique à titre de fournisseur de services aux citoyens-bénéficiaires. Le fait que l'administration publique intervient dans un contexte multi-sectoriel constitue un autre risque en raison des possibilités d'échange de renseignements personnels entre les secteurs. L'objectif de lutte aux fraudeurs sert souvent d'alibi à cet égard. La réglementation de l'échange de l'information ouvre une porte toujours plus grande au risque de «vérification initiale» ou de mise en relation des bases de données appartenant à d'autres autorités.

Les systèmes de repérage et de pistage et les systèmes de surveillance tant administratifs que physiques rendent aussi le bénéficiaire de plus en plus « transparent ». On pense notamment ici aux techniques de couplage ou d'intégration des systèmes d'information, alimentés par des systèmes transactionnels, de mise en relation de bases de données et d'établissement de profils des individus et des catégories de population, à l'installation de systèmes de télévision en circuit fermé pour la surveillance et à la reconnaissance photographique automatisée.

L'implantation des « guichets uniques » évoquée précédemment sert également d'alibi pour justifier l'intrusion dans la vie privée.

Les TCI permettent aux citoyens-*membres de la Cité* d'exprimer plus facilement leurs opinions dans des sondages instantanés et de faire valoir leurs intérêts collectifs par voie référendaire.

On assiste à une renaissance du vieil idéal de la démocratie directe. Même si aucun gouvernement n'utilise actuellement les TCI pour tenir des plébiscites, elles constituent une solution de rechange intéressante, de type « démocratie directe », à des formes de démocratie représentative qui remettent en question les formes de démocratie par représentation. La tentation est grande d'imaginer que les membres de la Cité pourraient exprimer sur une base quotidienne leurs préférences à l'égard de certaines politiques. Cette démocratie de boutons-poussoirs est théoriquement réalisable. En pratique, elle engendrerait une vision « à la pièce » de la politique qui transformerait le processus de décision collective en gestion au jour le jour et selon l'air du temps. Cette façon de faire rendrait la coordination des politiques quasi impossible et empêcherait la résolution systémique des problèmes. La tenue de référendums ne semble pas éliminer le débat public, comme le démontre l'expérience accumulée à ce jour. La pratique ne confirme pas cette crainte souvent formulée à l'égard des référendums. Ceux-ci pourraient même permettre d'intensifier le débat démocratique et de favoriser une plus grande participation des citoyens que ne le permettent les modes fondés sur la représentation. Ces mêmes objections rendent cependant peu probable l'adoption des référendums à caractère positif. On évoque parfois l'idée de la notion de référendums à caractère correctif : une loi ayant été adoptée, une majorité qualifiée pourrait exprimer son opposition à son application. On remarque cependant parallèlement une tendance à accroître graduellement la quantité de signatures requises pour la tenue d'un référendum correctif.

Les autres mesures de démocratie directe, comme la décentralisation territoriale et fonctionnelle, les bons d'échange, les « budgets axés sur la clientèle », entre autres, semblent offrir des perspectives plus prometteuses.

Même s'il paraît peu probable que les TCI viennent renforcer les tendances à une démocratie directe, elles pourraient cependant favoriser les formes indirectes et matérielles de démocratie. Le recours croissant aux indicateurs de rendement et l'obligation des autorités publiques et des organismes privés du secteur public à gérer leurs ressources en fonction de ceux-ci pourraient favoriser cette forme matérielle de

démocratie. Les TCI accélèrent la diffusion des résultats des vérifications de rendement auprès de l'électorat et des décideurs politiques. Cette accélération pourrait
transformer le processus de correction en aval qu'est la vérification du rendement au
sein de la fonction publique en processus de correction en amont.

Si les corps démocratiques représentatifs souhaitent profiter au maximum des
occasions (offertes par les TCI) d'accroître leur influence démocratique, les TCI
pourraient renforcer leur position face à leurs contreparties gouvernementales et
bureaucratiques. Ils disposeraient alors des outils suivants : systèmes de soutien aux
décisions, comme les systèmes d'information géographique, pour l'élaboration des
énoncés de politique ; accès direct aux registres de base que possèdent les administrations gouvernementales, systèmes de suivi de la mise en œuvre des politiques ;
systèmes de sondage d'opinions instantané, pour l'évaluation des politiques ; systèmes documentaires et de gestion de l'échéancier pour leur travail au sein du conseil
représentatif, etc.

Dans leurs relations avec leurs représentants démocratiques, les citoyens-mem-
bres de la Cité ont de grandes attentes vis-à-vis des TCI comme les sites Web et les
réseaux urbains (comme les « cités numériques »). Les recherches préliminaires ne
confirment pas encore que celles-ci sont prises en compte. Les politiciens utilisent
rarement les sites Web pour consulter les citoyens, connaître leurs besoins et leurs
volontés et converser avec eux. Lorsqu'ils subissent une « attaque verbale », ils préfèrent se retirer et mettre fin à la conversation (comme cela s'est produit dans la
fameuse expérience de Santa Monica). Jusqu'à ce jour, les sites Web constituent
surtout une alternative ou un complément aux communications écrites. La mise à
jour du site est souvent négligée. Le site rejoint une petite élite de jeunes internautes
mâles dont la participation aux débats se limite surtout à celle d'observateurs pas-
sifs. Lorsque les politiciens utilisent Internet pour rejoindre leurs électeurs ou les
membres de la base de leur parti, la communication se fait surtout du sommet vers la
base[3].

Les relations avec les organismes à but non lucratif

Depuis une dizaine d'années, l'administration publique et les relations qu'elle entretient avec les organismes du secteur public ont évolué de l'intérieur en donnant naissance à de nouveaux régimes de gouvernance du secteur public. Cette évolution tient
à plusieurs facteurs. Elle s'explique en grande partie par la nécessité de rationaliser
les dépenses de l'État-providence et de pallier son manque d'efficacité à s'adapter
aux complexités de la société moderne. De nouveaux concepts de gouvernance ont
vu le jour, outre ceux liés à « l'autonomisation » sous toutes ses formes (formation
d'organismes, par ex., de type service spécial, impartition, privatisation, etc.). Ces
nouveaux concepts de gouvernance s'articulent autour de l'application des *principes
transactionnels*. Les applications des TCI comme les bases de données, les chiffriers

électroniques et les SIG, permettent de formuler les indices et les indicateurs néces-saires à l'administration de ces principes.

Les principes sont appliqués aux transactions selon quatre trajectoires : celle allant du gouvernement central aux autres paliers de gouvernement, celle entre ces derniers et les organisations qui dispensent les soins, celle allant de ces dernières aux professionnels et enfin celle entre les professionnels et les bénéficiaires.

Le maintien de la discipline est un concept important de la nouvelle gouver-nance. Dans la première trajectoire, le gouvernement central discipline les autres paliers de gouvernement en leur allouant un budget déterminé. Ces paliers négocie-ront de façon serrée avec les divers dispensateurs de soins pour éviter un déficit qu'ils auraient à combler eux-mêmes. Ces instances obligeront les dispensateurs de soins à se livrer concurrence et à proposer le plus bas prix possible. Dans la troi-sième trajectoire, les fournisseurs de soins font face aux professionnels. Ces der-niers doivent de plus en plus contribuer à la bonne gestion des ressources affectées aux organismes fournisseurs de soins. Ils se voient en outre imposés des protocoles d'intervention et des codes des meilleures pratiques fondés sur des comparaisons et des moyennes fournies par des systèmes d'information sectoriels. Dans la quatrième trajectoire, les professionnels font face aux clients qui sont placés dans une position de négociation. Ce pouvoir de négociation s'accroît si ceux-ci disposent de bons d'échange. C'est d'autant plus vrai lorsque des « budgets axés sur la clientèle » sont mis à leur disposition.

On peut donc affirmer que la transparence qui découlera de l'application des TCI conjuguée à « l'autonomisation » des volets de l'administration publique char-gés de dispenser les soins mettra fin à l'asymétrie de l'information qui a toujours dominé les relations dans beaucoup de secteurs publics. Le gouvernement central part des budgets actuels et essaie de les réduire jusqu'à ce que les autres paliers de gouvernement s'insurgent contre ce fait. Même là, les gouvernements centraux ont paré aux coups en situant leurs examens dans une perspective horizontale et en effectuant ceux-ci en partenariat (Conseil du Trésor, 1997 : 12).

Par ailleurs, les autres paliers de gouvernement alimentent la compétition entre les dispensateurs de soins dans le but d'obtenir le meilleur prix ou, à défaut, un prix réaliste. Ils effectuent des analyses horizontales des opérations des dispensateurs de soins et formulent des indicateurs comparatifs leur permettant de faire taire les revendications de ceux-ci.

Les dispensateurs de soins effectuent le même genre d'analyses lorsque les professionnels entrent en jeu. En rédigeant des protocoles et en formulant des « diagnostics regroupés », les gestionnaires parviennent à ce que les médecins res-pectent le budget établi de l'hôpital. En principe, le professionnel est récompensé en fonction des paramètres du protocole.

En bout de ligne, les gouvernements centraux, de concert avec les institutions de contrôle et de financement, peuvent discipliner les différents secteurs de l'État-providence. Le citoyen peut bénéficier de la transparence générée au cours du processus. En plus de permettre de discipliner les dispensateurs de service et les professionnels, ces analyses comparatives et ces indices peuvent être utiles aux clients ou aux bénéficiaires, comme en témoigne l'expérience de la « Charte des citoyens » au Royaume-Uni.

Ce fonctionnement peut cependant réduire les capacités d'innovation des dispensateurs de soins et des professionnels. Les dispensateurs de soins, qui rendent accessibles aux professionnels une diversité de technologies des communications et de l'information, renforcent leur contrôle de gestion. Les systèmes et les bases de données transactionnels permettent de vérifier systématiquement la charge et les méthodes de travail ainsi que les facteurs de coût des professionnels afin de les comparer aux moyennes des établissements similaires et d'y apporter des correctifs. La mise en place de systèmes conseils ou de traitement des cas pourrait limiter directement la marge d'intervention des professionnels.

Finalement, c'est non seulement la liberté d'intervention des professionnels, mais l'autonomie des organisations dispensatrices des soins qui est menacée.

Les relations avec les autres paliers de gouvernement

Les relations qu'entretiendront les gouvernements (central, régionaux ou locaux) pourraient évoluer selon des perspectives comparables à celles évoquées ci-dessus. La décentralisation, le transfert des responsabilités et le partage du fardeau s'effectuent dans un cadre de centralisation continue et dans un contexte de transparence croissante.

Dans certains secteurs, la mainmise du gouvernement central que permettent les TCI conduit à des formes d'inspection riches en politiques. Dans d'autres secteurs, on observera des inspections pauvres en politiques. Quel que soit le mode d'inspection choisi, l'importance relative de l'information et de l'informatisation dans le partage des pouvoirs entre les paliers de gouvernement augmentera. Les applications des TCI rendent plus transparentes les politiques des autres paliers de gouvernement. Dans les domaines où dominent les types d'inspection pauvres en politiques, la simple existence de moyens de surveillance appuyés par les TCI suffira aux autres paliers de gouvernement pour prévoir les domaines où les paliers supérieurs de gouvernement risquent d'intervenir. Les TCI facilitent les modes d'inspection riches en politiques, obligatoires dans les domaines complexes comme l'environnement. Ces tendances sont confirmées par la recherche empirique (Zeef, 1994).

Le cadre émergeant de l'administration publique

Dans de nombreux pays, les instances et les autorités sont en continuelles relations entre elles et avec les bureaux exécutifs (de première ligne). Là encore, la transparence croissante des activités des différents organismes gouvernementaux permet de mieux comprendre leurs relations d'interdépendance et alimente leur volonté de coordonner les politiques et les activités. On trouvera dans le Rapport n° 110 du (British) Parliamentary Office of Science and Technology (le POST), publié en février 1998, une description élaborée des développements structurels susceptibles de découler de cet état de fait. Le rapport s'appuie sur l'hypothèse de départ suivante :

le gouvernement serait fort différent si l'on devait en repenser aujourd'hui l'organisation du tout au tout ; le système actuel témoigne surtout de l'évolution désordonnée des structures et des fonctions mises en place bien avant l'invention des premiers ordinateurs.

Le rapport propose quatre scénarios de remaniement susceptibles de découler de l'application des TCI. L'application de la Refonte des processus administratifs permet de dégager deux types de clientèle : une clientèle externe qui se compose de personnes, d'entreprises, etc., et une clientèle interne formée des ministres et de la haute fonction publique.

La clientèle externe est servie au moyen des processus suivants :

- perception de revenus,
- application de la loi,
- remise de produits (passeports, etc.),
- attribution de subventions et d'indemnités,
- achat de biens et services,
- fourniture d'information.

Tous les ministères et organismes gouvernementaux ont recours à au moins trois de ces processus pour s'acquitter de leurs fonctions ; les activités effectuées présentent alors de grandes similitudes pour chaque processus.

La clientèle interne est chargée de l'élaboration des politiques et doit pouvoir compter sur des conseillers compétents et expérimentés. Les processus en jeu dans les domaines de l'analyse de l'information, de la gestion budgétaire, de l'énonciation des politiques, du perfectionnement du personnel et de la consultation juridique se ressemblent énormément d'un ministère à l'autre.

Ces considérations étant exposées, voici le *premier scénario* envisageable pour la refonte du gouvernement central :

Un ensemble de ministères d'orientation d'envergure relativement petite — leur mandat s'articulerait autour de la prestation aux ministres et à la haute direction des services touchant aux orientations politiques. Les fonctionnaires auraient accès à de l'information d'aide à la décision fournie par la technologie (pour produire des analyses et formuler des options). Ils bénéficieraient de processus communs, appuyés sur la technologie, pour la gestion des ressources et du budget et pour la communication (par ex., une unité centrale auprès de laquelle les ministères pourraient consulter un vaste réseau de ressources sophistiquées dont l'utilisation serait trop coûteuse et difficile à justifier pour un seul ministère). Une telle structure présenterait de la souplesse et pourrait facilement s'adapter aux demandes politiques en changement.

L'administration publique pourrait être remaniée suivant un *deuxième scénario* :

Un ensemble d'organismes qui fourniraient les services fondés sur les six processus précédents aux citoyens et aux entreprises et seraient regroupés. On pourrait instaurer un organisme unique pour chaque processus ou, plus probablement, un groupe d'organismes pour chaque type de processus. Ces groupes partageraient tous les éléments communs aux processus, ce qui permettrait de réaliser toutes les opérations communes de façon optimale et une fois seulement. Les organismes achèteraient des services d'autres organismes ou du secteur privé pour les opérations non essentielles à l'accomplissement de leur mandat. Les organismes ne relèveraient plus directement des ministères mais fonctionneraient et verraient leur rendement évalué dans le cadre d'ententes sur les niveaux de service établis par les ministères d'orientation requérant les services.

Voici le *troisième scénario* de refonte envisageable :

Les éléments communs aux opérations relatives aux politiques (comme la consultation juridique, le soutien technologique, etc.) dans les ministères pourraient être regroupés pour servir plus d'un ministère.

Il faudrait mettre en place une infrastructure d'information commune partagée par les ministères et reliant ceux-ci aux organismes d'exécution pour instaurer une structure globale axée sur les processus.

Voici la teneur du *quatrième scénario* :

On pourrait réorganiser les interactions entre le gouvernement et les citoyens en fonction des principaux « événements marquants de la vie » (enfance, âge adulte, troisième âge). Cette façon de faire pourrait entraîner le regroupement de sections de ministères, ce qui constitue l'option la plus radicale, mais on procéderait d'abord au regroupement des services et des centres d'information en « guichets uniques ».

On peut déceler des éléments des quatre scénarios dans les nouvelles structures mises en place dans la plupart des pays occidentaux. Les TCI et les « réalités virtuelles » qu'elles engendrent jouent une rôle fondamental dans chacun des scénarios.

Le rôle en évolution des fonctionnaires de première ligne

On observe un changement fondamental du rôle et de la fonction des *bureaucraties de première ligne* et tout particulièrement des bureaucrates de première ligne à l'intérieur des structures émergentes. La transparence croissante du contexte de travail et l'automatisation progressive du processus de décision administrative minent le pouvoir et la marge de manœuvre du bureaucrate de première ligne. Cette érosion touche quatre dimensions de son travail[4] :

• la dimension des processus — les étapes de traitement des cas. Partant des bureaux d'administration et progressant vers les bureaux de réception, des tâches de plus en plus nombreuses sont exécutées par l'ordinateur du fonctionnaire de première ligne. On observe depuis peu une informatisation progressive de la procédure d'évaluation des cas qui s'effectue sans la participation du fonctionnaire à l'accueil. Aussi, le rôle du fonctionnaire de première ligne est passé du bureau d'administration au bureau de réception.

• la dimension de la portée — le pourcentage de cas traités automatiquement plutôt que par le fonctionnaire de première ligne. Dans la première étape de l'automatisation, le fonctionnaire peut encore entrer dans l'ordinateur des données qui orientent le résultat final. Par la suite, le système conseille le fonctionnaire, mais celui-ci peut encore exercer un certain jugement personnel. Un fonctionnaire débordé qui ne veut pas prendre de risques suivra le conseil donné par le système. Dans un troisième temps, le système choisit les cas « légers » qu'il peut traiter lui-même et ne laisse au fonctionnaire que les cas plus complexes. À la quatrième étape, le système prend en charge tous les cas et exerce un monopole sur certaines étapes, voire sur l'ensemble, du processus décisionnel.

• la dimension de l'évaluation — la densité des règles limitant la place laissée à la décision. Règle générale, le pouvoir discrétionnaire du fonctionnaire est limité par des lois et règlements et des règles d'orientation et d'organisation plus précises. Les outils juridiques et organisationnels traditionnels ne permettent pas d'évacuer complètement la place laissée à l'initiative. L'automatisation du processus décisionnel modifie la situation. Même le bureau d'assistance, dont la fonction est d'aider l'usager à utiliser le système technique, peut orienter le type de décision que prendra celui-ci.

• la dimension de la responsabilité — les motifs justifiant les décisions. Un nombre toujours plus grand de processus automatisés utilisent des justifications normalisées composées de textes préfabriqués. Deux innovations modifient le travail des fonctionnaires de première ligne à cet égard. Ils participent de moins en moins à la rédaction des justifications normalisées. Certains fabricants de logiciels offrent même des abonnements pour la mise à jour des textes en fonction de l'évolution de la jurisprudence. Le fonctionnaire doit en outre se limiter

davantage à l'utilisation de justifications normalisées. L'évolution de la jurisprudence lui échappe ainsi de plus en plus.

Les changements survenus dans ces quatre dimensions, qui découlent de l'automatisation progressive du travail des fonctionnaires de première ligne, entraînent un
déplacement progressif des bases du processus décisionnel à l'extérieur de leur
sphère d'influence. Le fonctionnaire de première ligne tel qu'on le connaît est
appelé à disparaître dans plusieurs secteurs de la fonction publique et ce, à plus ou
moins brève échéance.

L'accessibilité aux sources d'information gouvernementales

Plusieurs obstacles se posent encore avant que l'accessibilité aux sources d'information dont disposent les gouvernements devienne réalité. Les lois d'accès à
l'information, dont la portée se limite aux documents écrits, entravent autant
qu'elles facilitent la démarche du citoyen voulant se renseigner sur les faits et gestes
du gouvernement. La loyauté à l'égard de la profession (il faut tenir les non-initiés à
l'écart), la loyauté envers l'organisation (il faut garder à l'interne les divergences
d'opinion) et la loyauté envers le membre du gouvernement (il faut protéger le
ministre) rendent les fonctionnaires peu enclins à partager leur information avec le
grand public. Des motifs d'ordre juridique peuvent également empêcher la divulga-
tion de l'information gouvernementale (sous forme lisible). La formulation doit être
juridiquement correcte et ne pas engendrer de fausses attentes. Le risque de créer un
précédent impose un choix circonspect de termes. Les décisions de l'administration
ne doivent pas prêter le flanc aux objections et aux appels. Les politiciens n'aiment
pas indiquer clairement quels sont les coûts d'opportunité d'une décision et qui en
sort gagnant ou perdant.

Malgré la fréquence de ces obstacles, l'accessibilité aux sources d'information
s'accroît, les TCI jouant un rôle important à cet égard. Le nombre de sites Web croît
à un rythme effréné.

Les débats sur la liberté d'accès à l'information restent cependant de portée
limitée. L'accessibilité aux documents relatifs à l'élaboration des politiques gouvernementales et la commercialisation des données (surtout géographiques) que les
gouvernements possèdent — et qu'ils sont tentés de commercialiser eux-mêmes en
livrant concurrence aux entreprises du secteur privé — en constituent les principaux
enjeux.

Dans de nombreux pays, le droit pour les parlementaires, les médias, les groupes
d'intérêt et même d'autres secteurs de l'administration publique d'accéder à l'information et de suivre ce qui se passe au sein de l'administration publique est un enjeu
d'égale importance à celui de la commercialisation de l'information, même s'il ne
reçoit pas la même attention.

Voici les éléments que doit contenir une politique cohérente à l'égard de l'accessibilité à l'information gouvernementale :

L'*infrastructure de télécommunications* — À la suite de la privatisation de l'industrie des télécommunications, les entreprises se sont livré une compétition féroce appuyée par des installations sophistiquées, privilégiant certaines régions du pays au détriment des régions présentant un moindre potentiel commercial. Dans ce contexte, les gouvernements ne parviennent pas à donner un accès égal aux services gouvernementaux dans les régions moins développées du pays. Il incombe aux gouvernements de veiller à ce que toutes les régions du pays bénéficient de conditions minimales leur assurant un usage démocratique de l'infrastructure de télécommunications (Taylor, 1994).

La *gestion des comptes* — De nombreux citoyens souffrent d'un double handicap : en plus d'être des analphabètes fonctionnels, ils sont des analphabètes de l'informatique. En outre, ils ne possèdent pas la compétence leur permettant de s'adresser à l'administration publique dans son propre langage. Ces citoyens devraient avoir un gestionnaire de compte comme interprète.

Les *sites Web interactifs* — Malgré la prolifération des sites Web, de nombreuses organisations publiques n'ont pas encore bien défini leurs attentes face à ce nouveau médium. Elles se contentent de reprendre sur leur site l'information contenue dans leur documentation écrite. Elles se privent alors d'occasions inégalées de favoriser la participation des citoyens au processus d'élaboration de leurs politiques (Demchak, Friis et La Porte, 1998).

Le *passage des documents à l'information et aux données* — Les lois régissant l'accès à l'information visent pour la plupart l'accessibilité aux documents qui sont étroitement liés (*substantive*) à certaines politiques gouvernementales. À ce titre, elles datent d'une époque où il était presque impossible de rendre accessible l'information (utilisée ou non !) dont le gouvernement se servait pour formuler ses politiques ou prendre une décision. Aujourd'hui, on invoque de plus en plus la facilité d'accès aux bases de données pour permettre aux citoyens et aux groupes qui les représentent d'y accéder directement et de faire leur propre analyse des données (Beers, 1992).

La *méta-information* — Dans le même ordre d'idées, les citoyens, les groupes de pression et les parlementaires sont susceptibles de vouloir savoir de quel genre d'information le gouvernement dispose. Le fait de rendre ce genre de méta-information accessible peut permettre d'améliorer la fonction de contrôle des parlements.

L'*optimisation du fonctionnement des réseaux* — Plus la collaboration est grande entre les ministères du gouvernement central et les organismes des secteurs public et privé, plus le partage de l'information acquiert de l'importance. Des infrastructures sectorielles de traitement de l'information sont créées dans de nombreux secteurs où l'État-providence intervient, comme cela a été mentionné dans la première section de l'article. Il faut situer l'accessibilité de l'information gouvernementale dans le

contexte global de l'informatisation des secteurs. L'optimisation des relations touchant l'information permettra d'améliorer l'efficacité des secteurs comme tels ainsi
que leur transparence aux yeux du citoyen.

L'administration publique et la protection de la vie privée du citoyen

Les principes formulés dans le document de l'OCDE intitulé *Lignes directrices
régissant la protection de la vie privée et les flux transfrontières de données à
caractère personnel*, paru en 1980, constituent toujours, malgré les avancées technologiques des dernières décennies, un cadre reconnu à l'échelle internationale pour
évaluer les mesures de protection de la vie privée élaborées par les nations. Ces
principes appartiennent à deux grandes catégories. La première concerne la qualité
des données personnelles ainsi que les conditions régissant leur traitement. Les principes touchant les *modalités de restriction de la collecte*, la *qualité des données*, les
paramètres d'utilisation et les *dispositifs de protection de la sécurité* entrent dans la
première catégorie. La seconde catégorie concerne le statut juridique de la personne
inscrite. Elle regroupe les principes de *transparence* et de *responsabilité*.

Bien que ces principes conservent leur validité comme instruments visant à établir un juste équilibre entre les intérêts du registraire et des personnes enregistrées,
ils doivent être précisés et actualisés pour chaque application des TCI. Lorsqu'il est
question des TCI et de la protection de la vie privée, les enjeux concernent désormais davantage la réglementation du *traitement* que les *modalités d'enregistrement*
des renseignements personnels. Ces inquiétudes sont justifiées en raison de
l'accroissement considérable de la capacité d'analyse de grands volumes de données et de l'existence de systèmes donnant désormais aux organisations publiques et
aux entreprises la possibilité d'extraire et de stocker de gros volumes de données
afin d'assurer une surveillance administrative et visuelle.

La protection de la vie privée est menacée de toutes parts. Pour débusquer les
fraudeurs, les gouvernements de nombreux pays sont autorisés à coupler les bases
de données, à établir des profils et à mettre en relation les bases de données. Dans
certains pays, ces techniques de détection des fraudes viennent appuyer la légitimité
du régime fiscal et du système de sécurité sociale. Les citoyens sont en outre confrontés au choix qui s'impose entre la sécurité de l'information et leur sécurité physique. Beaucoup n'hésitent pas à troquer la sécurité de l'information en échange de
la sécurité physique que procurent les technologies de surveillance.

Les technologies de surveillance partagent des caractéristiques communes.
Elles surmontent la distance physique et l'obscurité et lèvent les contraintes liées au
temps. Elles permettent d'observer discrètement les personnes sans qu'il soit nécessaire d'obtenir leur autorisation préalable. Elles privilégient la prévention à la
répression. Elles peuvent cependant introduire une distorsion de la réalité en indui-
sant des comportements d'autocontrôle chez les personnes observées.

La protection de la sécurité des citoyens constitue l'un des tout premiers rôles de l'État, une tâche impossible à réaliser sans faire appel aux technologies de surveillance. Les entreprises y ont également de plus en plus recours pour protéger leurs biens. Et la population constate que ces technologies peuvent lui redonner l'usage de l'espace public.

Le défi consistera à respecter les principes de la protection de la vie privée tout en tirant avantage de l'énorme potentiel qu'offrent les technologies de surveillance. Le recours préconisé par certains aux technologies assurant une meilleure protection de la vie privée, qui semble vouloir combattre le feu par le feu, ne constitue pas une véritable solution.

L'avenir de la gestion du savoir :
comment exploiter la base de connaissances ?

La capacité de l'«informetant» des TCI a été évoquée précédemment. Les registres de base, les systèmes transactionnels, les systèmes d'information géographiques sont autant d'outils dont disposent les pouvoirs publics pour monter leurs bases de connaissances. Des opérations comme le couplage des bases de données, la mise en relation des données, l'analyse de masses de données, l'établissement de profils permettent aux autorités publiques d'enrichir continuellement leurs bases de connaissances. La gestion du savoir est devenue une spécialité à part entière pour toutes les autorités, qu'elles soient chargées ou non des secteurs de la police, de l'armée ou de la fiscalité.

La gestion du savoir est intimement liée à la gestion des ressources humaines au sein de l'ensemble de l'administration publique. Les ressources humaines doivent être capables d'utiliser le savoir généré ou stocké par l'application des TCI. Les bases de connaissances construites par l'administration publique ne sont d'aucune utilité si ses effectifs ne savent pas ou ne veulent pas s'en servir. Personne n'aura accès à ces bases de connaissances si les fonctionnaires sont réticents à partager l'information ou s'ils sont des analphabètes de l'informatique. Il faut également tenir compte des différences entre les données, l'information et le savoir pour assurer une gestion efficace de ce savoir.

En matière de gestion du savoir, les administrations publiques ont le souci constant d'associer la *Dienstwissen* (le savoir organisationnel) et la *Fachwissen* (le savoir professionnel), telles que définies par Max Weber. Leur savoir est dans une large part actualisé dans des règles juridiques et des règlements de même que dans des politiques et des règles organisationnelles.

Les administrations publiques suivent constamment l'évolution de la société. Comme Klaus Lenk l'énonce, «L'information accumulée par la surveillance de la société n'est pas seulement destinée à la réalisation de processus primaires plus ou moins pré-définis. Elle peut être conservée uniquement pour un usage futur non encore défini[5].»

L'introduction massive des TCI au sein de l'administration publique accentue l'importance de la gestion du savoir. La portée de toutes les composantes de la gestion du savoir s'élargit, qu'il s'agisse des possibilités qu'elles engendrent ou des risques qu'elles posent. La gestion du savoir comporte les composantes suivantes : 1) la création du savoir, 2) l'acquisition du savoir, 3) le transfert du savoir, 4) la perte du savoir et 5) la prise en compte des enjeux d'ordre éthique liés à l'automatisation des applications du savoir.

La *création du savoir* découlant de l'utilisation des TCI a été abordée dans un paragraphe précédent, où la notion d'«informetant» (formulée par Soshana Zuboff) a été évoquée. Comme nous l'avons vu, les applications des TCI engendrent indirectement et constamment du savoir. L'automatisation de l'exécution ou du contrôle des processus physiques ou administratifs crée dans sa foulée un savoir retraçable sur les processus eux-mêmes et sur leur contenu. La loi oblige normalement les administrations publiques à enregistrer ces processus internes sous forme retraçable.

Dans le contexte de l'administration publique, la nature «informative» des TCI rend possible une *acquisition et un stockage du savoir quasi illimités*. Les systèmes transactionnels utilisés pour exécuter les processus administratifs comme le traitement des indemnités d'études, de location ou de logement social, alimentent les paramètres liés aux processus et aux décisions dans des bases de données sur lesquelles des techniques d'analyse de masses de données en tout genre peuvent être appliquées. Les mêmes techniques d'acquisition du savoir peuvent être appliquées aux bases de données alimentées par des systèmes de repérage, de pistage ou de surveillance. Le couplage ou la mise en relation des bases de données en vue d'usages ponctuels poussent encore plus loin l'acquisition du savoir.

Le *transfert des connaissances* au sein de l'administration publique a connu un essor extraordinaire avec l'implantation d'Internet, des réseaux intranet et extranet, d'une part, et avec la création de systèmes conseils, de systèmes experts et de systèmes de traitement, d'autre part. En plus de réduire l'importance du temps et du lieu dans la communication du savoir, ces applications ouvrent la voie à une nouvelle portée et à de nouvelles économies d'échelle.

La *perte du savoir* engendré par les TCI constitue également un aspect de la gestion du savoir. L'implantation d'un nombre croissant de systèmes à base de connaissances visant à automatiser le processus décisionnel au sein de l'administration publique s'accompagne d'une tentation équivalente de déclasser le travail des fonctionnaires de première ligne afin d'économiser leurs salaires. Ce phénomène s'observe chez les professionnels œuvrant dans de nombreux secteurs hautement automatisés de l'administration publique. L'utilisation des systèmes de pistage, de repérage ou de surveillance entraîne également une certaine perte de savoir parce que ceux-ci privilégient les dimensions quantitatives des processus et des activités au détriment de leurs dimensions qualitatives. Le savoir détenu localement risque de se perdre ou d'être sous-utilisé dans la mesure où l'utilisation de ces systèmes réduit l'autonomie des organisations soumises à la surveillance.

Les administrations publiques devront faire face au problème trop souvent négligé de la durabilité numérique de leurs archives pour minimiser la principale cause de perte du savoir. Les avancées des TCI sont si spectaculaires et si rapides qu'il devient à toutes fins pratiques impossible d'accéder au savoir mémorisé sur des supports informatiques devenus périmés. L'administration publique risque de manquer à ses obligations de responsabilité dans les domaines juridique, politique, démocratique, opérationnel ou de sauvegarde du patrimoine culturel, en plus d'être incapable de bien gérer le savoir dont elle dispose en principe.

Quels *enjeux d'ordre éthique* la gestion du savoir engendré par les TCI pose-t-elle au sein de l'administration publique? Ces enjeux ont déjà été évoqués précédemment de façon plus ou moins directe: il s'agit entre autres du pouvoir discrétionnaire du fonctionnaire de première ligne, de la perte d'autonomie des organisations à but non lucratif, du risque d'immunisation des services publics découlant de l'automatisation des évaluations et des motifs fournis pour justifier les décisions administratives prises.

La création d'esclaves des systèmes informatiques, un phénomène qu'un collègue philosophe de ma connaissance a désigné sous le vocable «d'esclavage épistémique», constitue un enjeu éthique d'ordre plus général (Van den Hoven, 1995). Voici comment ce dernier décrit la situation: «Les usagers de ces systèmes travaillent souvent dans une *niche épistémique artificielle* (par ex., les milieux de travail hautement informatisés où œuvrent les contrôleurs de la circulation aérienne, les opérateurs des salles de commande des centrales nucléaires ou les employés de certains organismes gouvernementaux) de laquelle ils ne peuvent s'échapper. Ces environnements limitent considérablement les convictions que peuvent y *acquérir* les employés, et les options qui s'offrent à eux pour justifier celles-ci une fois qu'elles sont acquises. La non-conformité au système constitue une forme de risque que l'usager n'est pas en mesure de justifier au moment de sa dissidence. Une fois engagé dans le processus, il ne dispose plus des ressources qui lui auraient donné de bonnes raisons de s'en retirer.»

Ces dilemmes éthiques se complexifient lorsqu'il est question de réseaux électroniques (Rochlin, 1997). Le remplacement d'un couplage lâche d'une chaîne technologique par un couplage serré comporte un autre danger. C'est exactement ce qui se produit lorsque la technologie des télécommunications est associée au monde des ordinateurs personnels. La tentation devient alors forte d'évoquer des motifs d'économie et d'efficacité ou des impératifs de gestion pour créer des bases de données intégrées, des structures informationnelles entre les secteurs de la société, comme ceux de la sécurité sociale, du marché du travail ou du logement, et de donner forme à diverses réalités virtuelles, qu'il s'agisse d'organisations, de mémoires ou de réunions. On observe ainsi au resserrement continu des liens entre les corps policiers, la judiciarisation, les poursuites en justice, les mises en probation et les incarcérations et à la création de réalités virtuelles dans le domaine de la justice pénale. Ces réalités virtuelles peuvent engendrer à long terme un contexte dans lequel les décideurs s'habituent à perdre de vue leur propre processus décisionnel ou à prendre leurs décisions dans une hyper-réalité.

Voilà donc les grands enjeux d'ordre éthique auxquels l'administration publique devra faire face si elle veut relever le défi de la gouvernance au XXIe siècle.

En conclusion : perspectives d'avenir au sein de la fonction publique

Les gouvernements et les administrations publiques chercheront avant tout à *réduire leurs coûts*. La taille de l'appareil d'État continuera à décroître dans les années à venir. Le souci d'*améliorer le service*, notamment par la création de guichets uniques, aura une importance plus symbolique que réelle. Les gouvernements ne pourront améliorer leur niveau de service s'ils n'acceptent pas de développer des utilisations « proactives » de leurs systèmes d'information, c'est-à-dire qui utilisent l'information dont le gouvernement dispose pour circonscrire les problèmes et les aborder par groupes ou par secteurs au lieu d'attendre que les groupes ou les secteurs concernés en prennent l'initiative. Hormis leur volonté de renforcer la démocratie de marché par l'introduction de bons d'échange, de « budgets basés sur la clientèle » et autres mesures similaires, les gouvernements se préoccuperont peu d'accroître l'*influence démocratique* des citoyens et des organisations qui les représentent et d'exploiter le potentiel que recèlent les TCI à cet égard.

Au chapitre des relations entre les bureaucrates et la classe politique, les TCI consolideront la position de pouvoir des bureaucrates sur les politiciens, du moins ceux des paliers inférieurs de gouvernement. Les données transactionnelles, programmes d'analyse et autres techniques de recherche en marketing auxquels les bureaucrates auront de plus en plus accès leur permettront d'articuler les intérêts de segments de population — qui constituent l'électorat des politiciens — et de donner au programme politique une base solide à partir de l'information disponible. Les systèmes d'information géographique, qui renferment des données administratives, contribueront pour une large part au déplacement du pouvoir des politiciens vers les bureaucrates. Ces derniers pourraient former une nouvelle classe d'intermédiaires de la démocratie et la classe politique, se limiter à « gouverner à distance » au moyen d'indicateurs de rendement.

Au chapitre des développements internes au sein des bureaucraties gouvernementales, la mise en œuvre des politiques de l'État-providence est prise en charge par des systèmes de traitement complètement automatisés qui s'insinuent graduellement dans le processus de décision judiciaire. L'État-providence doit compter sur une procédure automatisée de décision pour régler les cas courants et mettre à exécution de larges volets de ses politiques. L'engorgement des tribunaux oblige les avocats de la défense comme les juges à recourir de plus en plus aux systèmes à base de connaissances, qui remplacent le pouvoir discrétionnaire tel qu'on le connaît. L'interconnexion des bases de données des diverses autorités accentue l'érosion du pouvoir discrétionnaire. Ces couplages vont croissant dans les infrastructures de l'information sectorielles, nationales et internationales, qui orienteront encore davantage la façon dont les gouvernements décideront des cas individuels.

Au chapitre du cadre global de la fonction publique, on assistera au remaniement des instances territoriales et sectorielles selon des lignes fonctionnelles de démarcation. Comme nous l'avons déjà indiqué, les processus d'élaboration et d'exécution s'autonomisent de plus en plus et la mise en œuvre des politiques est confiée à des organismes indépendants. On cherche à regrouper les fonctions de conseil liées à l'élaboration des politiques en matière financière, juridique, informatique et organisationnelle en organisations de conseil virtuelles. Une tendance similaire s'observe pour les fonctions d'exécution des politiques, comme la fourniture d'information, l'émission de permis ou d'indemnités, les inspections, qui sont regroupées dans des organisations logistiques distinctes. Le contexte engendré par l'âge de l'information permet de confier de nombreuses activités à l'extérieur sans en perdre pour autant la maîtrise d'œuvre. Le volume croissant d'information disponible stimule la formulation de politiques intégrées dans divers domaines comme la sécurité, la jeunesse, le revenu et le troisième âge. Les ministères gouvernementaux pourraient alors être remaniés en fonction de ces politiques intégrées énoncées sous forme de projets.

Au chapitre de la gestion du savoir, les TCI offrent des possibilités et posent des menaces. Elles permettent une grande démocratisation de l'accès des groupes d'intérêts à l'information que possède l'administration publique tout en accroissant la transparence de la fonction publique. Elles risquent cependant de modifier le jeu des équilibres entre les directions et les secteurs de l'administration publique et de porter atteinte au pouvoir discrétionnaire des fonctionnaires intégrés dans les infocraties. Les mesures de gestion du savoir à instaurer pour offrir aux citoyens les formes les plus récentes de services par voie électronique risquent également de desservir leurs intérêts comme clients, bénéficiaires ou membres de la Cité.

NOTES

1. Je remercie sincèrement Marc Denis Everell, sous-ministre adjoint à Ressources naturelles Canada, et Roger Jolly, de l'Université Erasmus à Rotterdam, qui ont formulé de fort intéressantes observations sur la première version de cet article.

2. Les structures fédérées dotées de mécanismes internes de vérification et d'équilibre et caractérisées par une séparation stricte entre les pouvoirs et entre les paliers de gouvernement semblent résister davantage aux changements induits par les TCI comparativement aux États unitaires (décentralisés) comme le Royaume-Uni et les Pays-Bas, dans lesquels la séparation et l'équilibre des pouvoirs sont moins marqués et l'autonomie des paliers inférieurs de gouvernement est moins préservée que dans les fédérations.

3. Pour en apprendre davantage sur le sujet et prendre connaissance des résultats des recherches empiriques effectuées dans quelques pays européens, on peut consulter Van de Donk, Snellen et Tops (1995).

4. Cette section reprend brièvement Snellen (1998).

5. K. Lenk, *Information as a key concept in the theory of public administration*, conférence prononcée à l'Université Twente, à Enschede, le 27 avril 1995.

BIBLIOGRAPHIE

Beers, A.A.L. (1992), «Public Access to Government Information towards the 21st Century», dans Korthals Altes, W.F. et coll. (dir.), *Information Law towards the 21st Century*, Deventer, Boston, Kluwer, p. 177-214.

Bellamy, C. et J.A. Taylor (1997), «Transformation by Stealth. The Case of the UK Criminal Justice System», dans Taylor, Snellen et Zuurmond, p. 37-53.

Bikson, T.K. et E.J. Frieling (1993), *Preserving the present. Toward viable electronic records*, The Hague, Sdu Uitgeverij.

Demchak, Chr.C., C. Friis et T.M. La Porte (1998), «Reflections on Configuring Public Agencies in Cyberspace : A Conceptual Investigation», dans Snellen et Van de Donk, p. 225-244.

Donk, W.B.H.J. van de, I.Th.M. Snellen et P.W. Tops (dir.) (1995), *Orwell in Athens : A Perspective on Informatization and Democracy*, Amsterdam, IOS Press.

Frissen, P.H.A., V.J.J.M. Bekkers, B.K. Brussaard, I.Th.M. Snellen et M. Wolters (dir.) (1992), *European Public Administration and Informatization. A comparative research into policies, systems, infrastructures and projects*, Amsterdam, IOS Press.

Grijpink, J. (à paraître), «Chain-computerisation : Non-Intrusive information infrastructure for interorganisational public policy implementation», dans *Information Infrastructure and Policy*, volume 6 (à paraître).

Hoven, M.J. van den (1995), *Information Technology and Moral Philosophy : Philosophical Explorations in Computer Ethics*, (thèse), Rotterdam, Erasmus University.

Lips, A.M.B. et P.H.A. Frissen (1997), «Wiring Government. Integrated public service delivery through ICT», dans *Iter/NWO*, Alphen a.d. Rijn, Samsom, vol. 8, p. 67-164.

Organisation de Coopération et de Développement Économiques (OCDE) (1980), *Guidelines on the Protection of Privacy and Transborder Flows of Personal Data*, Paris. http://www.oecd.org//dsti/sti/it/secur/prod/PRIV-EN.HTM.

Parliamentary Office of Science and Technology (POST) (1998), *Electronic Government — information technologies and the citizen*, Londres. http://www.parliament.uk/post/egov.htm.

Power, M. (1997), *The Audit Society : Rituals of Verification*, Oxford, New York, Oxford University Press.

Rochlin, G.I. (1997), *Trapped in the Net : The Unanticipated Consequences of Computerization*, Princeton University Press.

Smith, C. (1998), «Political Parties in the Information Age : From Mass Party to Leadership Organization ?», dans Snellen et Van de Donk, p. 175-187.

Snellen, I.Th.M. (1994), «Automation of policy implementation», *Informatization and the Public Sector*, 3(2) : 135-149.

Snellen, I.Th.M. (1998), « ICT and Street-Level Bureaucrats », dans Snellen et Van de Donk, p. 497-505.

Snellen, I.Th.M. et W.B.H.J. van de Donk (dir.) (1998), *Public Administration in an Information Age : a Handbook*, Amsterdam, IOS Press.

Taylor, J.A. (1994), « Telecommunications Infrastructure and Public Policy Development : Evidence and Inference », *Informatization and the Public Sector*, 3(1) : 63-73.

Taylor, J.A., I.Th.M. Snellen et A. Zuurmond (dir.) (1997), *Beyond BPR in Public Administration : Institutional Transformation in an Information Age*, Amsterdam, IOS Press.

Secrétariat du Conseil du Trésor (1997), *Rendre compte des résultats*, Ottawa, Ontario, Affaires publiques, Secrétariat du Conseil du Trésor.

Webster, C.W.R. (1998), *Changing Relationships Between Citizens and the State : The Case of Closed Circuit Television Surveillance Cameras*, dans Snellen et Van de Donk, p. 79-95.

Zeef, P.H.H. (1994), *Tussen Toezicht en Toezien. (Between Overview and Onlooking)*, Rotterdam, Phaedrus.

Zuboff, Sh. (1988), *In the age of the smart machine : the future of work and power*, New York, Basic Books.

Zuurmond, A. (1998), « From Bureaucracy to Infocracy : Are Democratic Institutions Lagging Behind ? », dans Snellen et Van de Donk, p. 259-272.

Zuurmond, A. et I.Th.M. Snellen (1997), « From Bureaucracy to Infocracy : Towards Management through Information Architecture », dans Taylor, Snellen et Zuurmond, p. 205-224.

8
La dialectique de l'imputabilité de la performance dans la réforme de l'administration publique

PETER AUCOIN ET RALPH HEINTZMAN

INTRODUCTION

L'imputabilité est une pierre angulaire de la gouvernance et de l'administration publique, car elle exige que ceux qui détiennent et exercent l'autorité publique soient tenus de rendre des comptes. Bien que les régimes de responsabilité varient grandement selon les systèmes politiques, ils comprennent tous, pour l'essentiel, les processus par lesquels les citoyens, par des élections, tiennent les gouvernants directement responsables de leur comportement et de leur performance ; dans les assemblées législatives, les représentants des citoyens tiennent les membres de l'exécutif politique et les fonctionnaires responsables par divers modes d'enquête et de vérification des comptes publics ; les membres de l'exécutif politique tiennent les officiels subordonnés responsables par des structures hiérarchiques d'autorité et de responsabilité ; finalement, les cours de justice et les divers tribunaux administratifs et commissions tiennent les assemblées législatives, les membres de l'exécutif et les officiers de l'administration responsables devant la loi (constitutionnelle, statutaire et administrative). Et à travers tout cela, institutions et mécanismes de divers ordres soutiennent ces processus d'imputabilité, y compris organismes de vérification indépendants, ombudsman et lois d'accès à l'information.

L'imputabilité a essentiellement trois objectifs qui se recoupent en divers points. Premièrement, contrôler les usages abusifs ou impropres du pouvoir.

Deuxièmement, rassurer la population quant à l'utilisation des ressources publiques, au respect de la loi et aux valeurs de la fonction publique. Troisièmement, encourager et promouvoir l'amélioration de la gouvernance et de l'administration publique. L'imputabilité renvoie donc à la performance en matière de politiques, d'organisation et d'administration.

Faisant ainsi partie intégrante de la gouvernance et de l'administration publique, l'imputabilité ne peut pas être touchée par la complexité croissante de ces deux phénomènes (Thomas, 1998). On exige partout des gouvernements qu'ils soient plus efficaces et plus productifs — non seulement qu'ils atteignent à la plus grande efficacité et à la plus grande économie, mais aussi qu'ils parviennent aux résultats souhaités en matière de développement social et économique. Les forces de la mondialisation leur imposent de gérer de manière à assurer la compétitivité de leur économie. De vastes transformations sociales les obligent, d'autre part, à assurer de manière plus efficace la cohésion sociale. De plus, ces deux dynamiques sont inexorablement liées l'une à l'autre (Peters et Savoie, 1995; Mulgan, G., 1998).

En même temps, tous les gouvernements doivent désormais gouverner dans un contexte où ils sont de plus en plus étroitement responsables de leur performance devant des citoyens plus instruits et moins soumis, des groupes d'intérêts et des mouvements sociaux plus dynamiques et des médias de masse fonctionnant dans un environnement hautement compétitif, bref dans une « société d'audit » en pleine émergence (Power, 1997). Quelles qu'en soient les modalités, la démocratisation est une force universelle. Elle s'exprime, entre autres, par l'exigence d'une plus grande transparence politique et administrative dans la conduite des affaires publiques, d'un meilleur accès à l'information gouvernementale, de normes plus explicites quant aux droits et privilèges de la fonction publique, d'une meilleure consultation et d'une plus grande participation des citoyens en matière de développement et des choix de politiques, ainsi que dans la configuration et la prestation des services et, notamment, d'un compte-rendu public de la performance du gouvernement quant à l'atteinte de « résultats qui importent vraiment aux citoyens » (Barzelay, 1992).

En s'efforçant de répondre à ces divers impératifs, les gouvernements ont apporté des changements à la gouvernance et à l'administration publique, changements qui interviennent directement dans les modes d'imputabilité. Trois grands ensembles de changements ou de réformes sont particulièrement importants à cet égard.

Il s'agit, en premier lieu, des mesures qui augmentent le degré de décentralisation et de « débureaucratisation » dans l'administration des affaires publiques. Ces mesures soulèvent plusieurs questions importantes car cruciales quant à l'imputabilité : à la suite de la décentralisation, de la délégation ou de la déréglementation, en effet, l'autorité et la responsabilité ne sont plus concentrées au sommet de la hiérarchie.

On relève, en second lieu, les mesures qui augmentent le degré de gouvernance partagée et de collaboration administrative dans la conduite des affaires publiques.

Dans de tels cas, les gouvernements et les organisations gouvernementales forment un partenariat ou une entente intégrée de prestation de services avec diverses « autres parties prenantes » — organismes du secteur privé (commerciaux ou volontaires), autres gouvernements et autres départements et organismes au sein du même gouvernement. Les dimensions inter-organisationnelles de ces ententes comportent des conséquences évidentes sur l'imputabilité.

On retiendra, troisièmement, les mesures adoptées pour améliorer la manière dont les gouvernements sont administrés et rendent compte de leur performance. Cela veut dire, de plus en plus, administrer et faire état de sa gestion en fonction d'une production et de résultats, et rendre compte de sa production par rapport aux résultats désirés. La question de la répartition des responsabilités et de la détermination de l'imputabilité entre les officiels politiques (au législatif et à l'exécutif) et la bureaucratie prend ici une importance particulière dans le contexte de ces changements.

Nous étudierons ici ces trois modes de changement à la lumière de ce que nous estimons constituer la dialectique de l'imputabilité pour la performance, c'est-à-dire les tensions inhérentes existant entre les trois objectifs de l'imputabilité dans le contexte de la gouvernance et de l'administration publique. Nous ne souscrivons pas à la thèse selon laquelle l'amélioration de l'imputabilité et celle de la performance s'opposent l'une à l'autre. Nous admettons volontiers que la question est souvent présentée dans ces termes et que l'échec dans l'élaboration d'un régime d'imputabilité adéquat, au moment où on conçoit des manières d'améliorer la performance, mène souvent à un échec. Nous estimons nécessaire, bien que toute tentative de synthèse et d'équilibrage ne soit jamais terminée, de porter une plus grande attention aux volets de la performance qui exigent ou qui devraient exiger l'imputabilité. La raison en est simple : l'imputabilité peut et devrait être un facteur essentiel de l'amélioration de la performance.

CHANGEMENTS DANS LA GOUVERNANCE ET L'ADMINISTRATION PUBLIQUE

Nous n'entendons pas étudier ici en détail les changements survenus dans la gouvernance et dans l'administration publique. Cependant, afin d'en voir les conséquences sur l'imputabilité et d'étudier plus tard en quoi l'imputabilité peut aider à aborder les problèmes d'amélioration de la performance, nous devons évoquer les manières selon lesquelles ces changements sont censés améliorer la performance de la gouvernance et de l'administration publique. Seulement alors pourrons-nous évaluer l'importance de la dialectique de l'imputabilité par rapport à la performance.

Décentralisation et « débureaucratisation »

Il est évident, en termes comparatifs, que des systèmes politiques différents amorceront à partir de points de départ différents les réformes menant à la décentralisation et/ou à la débureaucratisation. Cela tient, en partie, aux différences existant dans les structures de gouvernance et de gestion qui ont cherché à assurer imputabilité et rendement.

C'est ainsi que la délégation d'autorité en matière d'administration des finances, des ressources humaines et de diverses autres ressources a été un des points forts de la réforme dans les systèmes de type Westminster, précisément parce que ces systèmes ont mis l'accent sur des systèmes de contrôle et de direction centrés sur l'exécutif afin de promouvoir rendement et imputabilité. Ils ont poursuivi les mêmes fins par d'autres moyens, dont, tout particulièrement, l'usage d'un droit administratif compréhensif. Dans le cas des États-Unis, entre autres systèmes, on a poursuivi les mêmes fins par des régimes de contrôle qui proviennent tout autant d'instances législatives indépendantes que de la branche exécutive du gouvernement (Kettl, 1998).

Mais même dans les systèmes politiques de mêmes structures et de mêmes traditions, on a abordé le changement de diverses manières. Les systèmes de Westminster, par exemple, n'ont pas tous emprunté les mêmes voies, notamment parce qu'ils ne partaient pas tous du même point. La Grande-Bretagne et la Nouvelle-Zélande choisirent, chacune à sa manière, d'améliorer la gestion publique en créant de nouvelles formes d'organisations gouvernementales comme solutions de rechange aux traditionnels ministères intégrés, cependant que le Canada et l'Australie cherchèrent, chacun à sa manière, à décentraliser les pouvoirs dans le cadre du ministère traditionnel (Aucoin, 1995).

Des variations se retrouvent aussi dans les modes par lesquels les gouvernements supérieurs ont cherché à décentraliser ou à débureaucratiser l'administration et, en certains cas, le pouvoir de gouvernance par rapport aux paliers de gouvernement inférieurs. Dans certains cas, tel celui de la France, la décentralisation a puissamment aidé à améliorer le contrôle local à cause des relations nouvelles instituées entre les échelons subalternes de la bureaucratie nationale et les gouvernements locaux dans leur région. Dans d'autres cas, tels le Canada et les États-Unis, les gouvernements de niveau supérieur ont délégué (ou, selon certains, « se sont délestés de ») leurs responsabilités à des paliers inférieurs — du fédéral aux provinces ou aux États, des provinces ou des États aux municipalités ou aux pouvoirs locaux. Dans quelques cas, particulièrement en Grande-Bretagne et en Australie, la débureaucratisation n'a été rien d'autre qu'une vérification obligatoire du marché destinée à promouvoir la sous-traitance de la prestation des services municipaux.

Et, bien entendu, délégation et débureaucratisation ont entraîné de nombreuses mesures de sous-traitance des services publics (services internes au gouvernement tout autant que services aux citoyens) ainsi que de commercialisation ou de privatisation de diverses sociétés publiques (manifestation la plus accomplie de la débureaucratisation). Pour les fins de notre analyse, la débureaucratisation est une forme de décentralisation, car la sous-traitance et la commercialisation (ou la « corporatisation ») constituent des manières d'arriver à ce que les fournisseurs de services publics soient moins sujets aux contrôles centralisés imposés par les administrateurs gouvernementaux aux organisations traditionnelles qui assurent des services publics.

En termes comparatifs, par conséquent, la réforme a donné lieu à des approches diverses. Dans tous les cas, néanmoins, elle a toujours visé à réduire ce qui est perçu comme l'imposition d'un système d'autorité centralisé, y compris lois, réglementations et politiques — en bref, comme l'énonce succinctement le discours populaire américain, à « bannir la bureaucratie » (Osborne et Plastrik, 1997). L'objectif commun, sinon unique, était d'améliorer l'efficacité. En outre, on a pratiqué la décentralisation afin d'améliorer l'imputabilité de la fonction publique (en Grande-Bretagne et en Nouvelle-Zélande) ou de renforcer la légitimité de l'État (en France) (Trosa, 1997). L'hypothèse selon laquelle décentralisation et débureaucratisation sont toujours motivées par le souci d'accroître l'imputabilité n'est donc pas valable dans tous les cas.

Mais même là où l'on estime, à titre d'hypothèse de travail, que l'augmentation de l'autonomie et l'élimination des contrôles centralisés mèneront invariablement à l'amélioration de la performance, particulièrement si on la mesure en matière d'efficacité, il ne s'ensuit pas que l'on accordera davantage qu'une attention de pure forme au volet « imputabilité » des nouvelles structures conçues pour « laisser les administrateurs administrer ». Plus d'un système a ainsi vécu ces carences en tentant de promouvoir un tel « gestionnarisme » sans modifier son régime d'imputabilité. Les systèmes qui ont voulu « amener les administrateurs à administrer » n'ont pas connu cette carence, ne serait-ce que parce que l'imputabilité administrative constituait un objectif central de la décentralisation ou de la débureaucratisation. Leurs nouveaux régimes d'imputabilité ont-ils atteint leurs objectifs ? C'est là, bien entendu, une tout autre question.

En tant qu'approche générale à une réforme, décentralisation et débureaucratisation constituent essentiellement un rejet de l'idéal d'uniformité et de la normalisation dans l'administration publique, telles qu'instituées et imposées par une structure hiérarchique d'autorité et de responsabilité. Depuis une vingtaine d'années, ces traits de la bureaucratie weberienne ont fait l'objet d'une critique particulièrement forte. Nous n'entendons pas intervenir ici dans ce débat, mais il faut noter qu'il en est résulté, quant à l'imputabilité pour la performance, un dédoublement du concept de « performance » (ou de « rendement »). Ce dédoublement s'est produit de deux manières.

D'une part, dans la mesure où la performance est définie en termes d'« efficacité » — et plusieurs des premières réformes administratives furent définies quasi exclusivement dans ces termes, du moins dans certains systèmes — on a fini par ne plus considérer l'efficacité comme une simple mesure de la performance, mais comme un objectif opposable à d'autres objectifs, y compris les objectifs traditionnels et contemporains censés être atteints par l'uniformité et la normalisation. On sous-entend ainsi, implicitement ou explicitement, qu'aucune dimension d'efficacité n'existe dans des secteurs comme la recherche de la justice naturelle, la règle de droit, l'impartialité, la probité ou l'équité d'emploi. Dans la recherche du ratio intrant-extrant le plus efficace, plusieurs des éléments de l'extrant sont ainsi abandonnés pour devenir des considérations distinctes — sortes de « rajouts » qui compliquent le travail des administrateurs de la fonction publique, par opposition à ceux du secteur privé, et qui devraient, autant que faire se peut, relever de la discrétion des gestionnaires.

D'autre part, dans la mesure où la performance est définie comme « résultat » ou « produit » (les deux termes étant souvent interchangeables) — et telle est la définition préférée par les systèmes de gestion basée sur les résultats ou sur la performance —, elle en est venue, ici encore, à signifier autre chose que les objectifs censés être atteints par l'uniformité et la normalisation. Cette fois, cependant, le dédoublement de sens est peut-être plus lourd de conséquences sur l'imputabilité. La raison en est simple. Selon cette approche, la manière dont on utilise le pouvoir et les ressources dans la gestion des opérations du gouvernement est présumée être un simple moyen en vue d'une fin. Cette séparation des moyens et des fins néglige le fait que, dans l'administration publique et dans la gouvernance, certains « moyens » sont des « fins » (et sont perçus comme tels par les citoyens), c'est-à-dire qu'ils font partie intégrante des politiques qui orientent les activités du gouvernement. Ils sont même, sous certains aspects, inscrits dans la loi constitutionnelle. En bref, ils font partie de toute définition des « résultats » ou des « produits ». En d'autres termes, ils ne sont ni de simples moyens ni de simples « contraintes ».

Il s'ensuit que les réformes qui visent à déléguer pouvoir et responsabilité, ou à débureaucratiser de quelque manière l'administration publique, donneront inévitablement naissance à des problèmes d'imputabilité, particulièrement quant à ses dimensions de contrôle et d'assurance, dès lors que l'un ou l'autre de ces dédoublements de sens mène à une interprétation ou à une pratique inacceptables de la gouvernance ou de la gestion. Ce n'est pas là prétendre que les systèmes centralisés, qui instituent et imposent uniformité et normalisation, constituent la seule manière de promouvoir et d'assurer les valeurs de la fonction publique qu'on estime essentielles en tout temps. Mais pour que ces valeurs se perpétuent dans un régime décentralisé et débureaucratisé, il faut que soit institué un régime d'imputabilité adéquat à cette nouvelle situation.

Gouvernance partagée et collaboration administrative

Plusieurs mesures ainsi caractérisées, et qui toutes répondent à la définition canadienne de *alternative service delivery*, sont fort diverses si on les considère dans une perspective comparatiste. Gouvernance partagée et collaboration administrative ont néanmoins été en évidence au cours des récentes années, pour des raisons qui tiennent à notre époque. Et elles ont pris des formes différentes mais apparentées.

Les deux innovations les plus importantes en ont été les partenariats et les structures de services intégrés. L'existence des partenariats suppose la reconnaissance du fait que non seulement les gouvernements ne peuvent tout accomplir, mais qu'en bien des cas une gouvernance et une gestion efficaces exigent la collaboration d'autres paliers de gouvernement et/ou du secteur privé (entendu au sens large d'entreprises commerciales et d'organisations volontaires). En ce sens, certains cas de sous-traitance constituent, en fait, des alliances stratégiques, même s'ils ne sont légalement que des ententes contractuelles et non, techniquement, des partenariats. Les structures de services intégrés sont des mécanismes de collaboration entre différents ministères et organismes d'un gouvernement, créés pour répondre à la nécessité de fournir un guichet unique, un centre multi-services ou *case management* à l'intention des citoyens et conçus de manière telle que la coordination des services est assurée par des fonctionnaires et n'incombe ni aux citoyens ni aux entreprises clientes. En plus d'être un phénomène horizontal au sein d'un même gouvernement, c'est-à-dire un phénomène qui transcende les frontières organisationnelles, la prestation intégrée peut aussi constituer un partenariat si d'autres paliers de gouvernement y participent. En bref, gouvernance partagée et administration en collaboration se présentent sous de nombreuses configurations organisationnelles.

L'une et l'autre, en outre, traduisent le fait que des limites critiques existent à la capacité de l'État à dicter unilatéralement et absolument le cours des affaires publiques, ou à rassembler la totalité des ressources requises pour s'attaquer à des problèmes complexes de gouvernance ou de gestion, ou encore à assurer la conformité nécessaire sans la participation des citoyens et des entreprises à la coproduction des services et des règlements publics. Elles traduisent aussi le fait que les avantages et les exigences de la spécialisation organisationnelle dans l'administration des affaires publiques, le développement des politiques, l'élaboration de programmes et la prestation de services, ne doivent pas empêcher le gouvernement de traiter efficacement des problèmes horizontaux qui transgressent les frontières de l'appareil d'État. Il importe, en d'autres termes, d'aménager la fragmentation inhérente à la spécialisation de manière à ce qu'elle s'intègre à la coordination horizontale, c'est-à-dire au « gouvernement comme totalité ». Ce problème n'est certes pas nouveau. Mais il a pris une importance accrue à la suite de la complexité croissante des problèmes d'ordre horizontal et de l'utilisation de plus en plus répandue des technologies de l'information, non seulement en matière de gestion interne mais aussi de prestation des services, y compris la capacité des citoyens et des entreprises à participer à leur production et même à créer leurs propres services.

La croissance de la gouvernance partagée et de la collaboration administrative s'accompagne d'au moins deux paradoxes. Premièrement, la pratique des partenariats, qui équivaut à une reconnaissance tardive du fait que la réduction du rôle de l'État dans plusieurs domaines financés par le gouvernement, dans la prestation des services et dans la réglementation directe, n'exclut pas nécessairement un rôle plus proactif du gouvernement en matière de gouvernance de la société et de l'économie. À notre avis, il est erroné de penser ce développement uniquement en matière de séparation entre les fonctions gouvernementales de « direction » (*steering*) et d'« exécution » (*rowing*), car la transformation intervenue dans plusieurs systèmes est beaucoup plus complexe, nuancée et, à bien des égards, fondamentalement différente de la situation nette et précise qu'évoque ce concept essentiellement réducteur et trompeur (Osborne et Gaebler, 1993). Non seulement les gouvernements « exécutent-ils » encore, parfois même avec une vigueur renouvelée, par exemple à titre de « courtiers » en information, mais, phénomène plus important encore, ils partagent avec des partenaires leurs fonctions de « direction » ! Par des partenariats, les capacités de l'État à diriger et à exécuter sont, à bien des égards, augmentées et non diminuées ou limitées au rôle dévolu à un « conseil d'administration ». Ces nouveaux arrangements, cependant, n'assureront l'imputabilité que dans la mesure où l'on aura déterminé avec précision les transformations intervenues dans l'exercice de l'autorité et de la responsabilité (Canada, 1999).

Le second paradoxe tient à ce que le service intégré constitue, en général, une reconnaissance tardive du fait que la gestion améliorée des opérations exige davantage que la simple création d'organisations à vocation unique, c'est-à-dire le modèle « organismes » de l'administration publique. Ce modèle trouve précisément sa logique dans « la plus grande spécification des tâches opérationnelles, associée à une plus grande clarté en matière d'autorité, de responsabilité et d'imputabilité » (Aucoin, 1996 : 14). En certains cas, cependant, sinon en plusieurs, les réformateurs ont présumé que la spécification des tâches, considérées en tant qu'extrants à gérer et à produire efficacement, constituait l'objectif ultime de la réforme. Il fallait s'attendre à une telle tendance, particulièrement dans ces cas où l'on estime que les résultats (qu'il importe d'obtenir) sont identiques aux extrants produits. Dans de tels cas, les services en cause ne sont pas analysés quant à l'objectif qu'ils poursuivent et leur rapport aux services considérés en tant qu'extrants ayant une incidence sur les résultats n'est pas abordé. Cependant, une plus grande spécification des tâches et une plus grande clarté des mandats devrait être le point de départ, et non l'objectif ultime, de la réforme. En d'autres termes, le « modèle des organismes » peut être le moyen par lequel les organismes forment les éléments constitutifs d'une intégration des services, compte tenu de leur plus grande spécificité quant aux objectifs. Dans ce contexte, les exigences d'une prestation intégrée sont « susceptibles d'être mieux comprises et, par conséquent, de faciliter la coordination administrative » (Aucoin, 1996 :14). Cette question est au cœur de la problématique de l'imputabilité.

Gestion en fonction des extrants et des résultats

La gestion en fonction des extrants et des résultats représente un changement dans la gouvernance et dans l'administration publique dans la mesure où les gouvernements ont explicitement cherché à exercer un plus grand contrôle politique sur la direction des politiques gouvernementales par rapport aux bureaucraties de leur fonction publique ; à obliger les administrateurs publics à gérer en fonction d'objectifs, de normes et de mesures de rendement préétablis, en échange d'un plus grand pouvoir administratif ; à instituer des contrats explicites de prestation de services par des tierces parties ; à déterminer, quant aux partenariats, les objectifs communs aux deux parties ; à rendre compte à diverses instances avec une transparence, une crédibilité et une pertinence plus grandes.

En adoptant cette orientation, les gouvernements n'ont pas tous obéi aux mêmes intentions. Dans certains cas, ils ont explicitement voulu surmonter, ou éviter, ce que les dirigeants politiques, avec parfois l'appui de leurs conseillers de la fonction publique, considéraient comme des pathologies de la bureaucratie. On relève, au nombre de ces pathologies, la tendance présumée des décideurs politiques à devenir les otages des bureaucraties de la fonction publique, et de leurs intérêts ; le fait que les objectifs politiques soient souvent remplacés par les objectifs organisationnels de la fonction publique ; et le fait que les bureaucraties ne se préoccupent que de leur propre fonctionnement et de leurs propres méthodes à cause d'un intérêt excessif à la gestion des intrants (finances et personnel) et à la conformité aux règlements et aux processus. Dans d'autres cas, les gouvernements ont adopté une attitude plus positive, c'est-à-dire qu'ils ont abordé la question en reconfigurant les systèmes afin de responsabiliser les fonctionnaires. Dans de tels cas, on a cherché à promouvoir le service axé sur le citoyen en adoptant une perspective tournée vers l'extérieur (de l'intérieur vers l'extérieur), à stimuler la productivité — en favorisant une production valorisée par les citoyens eux-mêmes et en utilisant, pour cela, de nouveaux modes de prestation des services — et en adoptant des approches plus stratégiques permettant de définir ce qui, dans la recherche des résultats socioéconomiques souhaités, crée une valeur aux yeux du public.

Quels qu'aient été les déterminants et les philosophies de la réforme, il en est ressorti une volonté universelle de pratiquer une gestion au rendement, basée sur les résultats, ce qui a accru l'attention portée aux extrants et aux résultats. Bien que les systèmes législatifs et administratifs diffèrent selon les pays, tous s'entendent largement sur le fait que certains éléments constituent un régime de rendement efficace. On y relève la nécessité d'une clarté, d'une cohérence et d'une spécificité plus grandes dans les plans stratégiques, les plans d'affaires et les plans d'amélioration du service ; des mesures et des indicateurs de rendement relatifs aux extrants et aux résultats ; un compte-rendu public concernant la performance par rapport aux extrants et aux résultats ; la vérification de la performance des comptes-rendus relatifs au rendement ; la révision de la performance et l'évaluation de l'efficience (ou des résultats). Dans certains systèmes, tels ceux de la Nouvelle-Zélande ou des États-Unis, des cadres législatifs complexes régissent la gestion de la performance ou les régimes de rapports publics ; ailleurs, les gouvernements se sont engagés à l'application de tels régimes. L'évolution de ces régimes obéit à diverses dynamiques à l'œuvre dans les systèmes gouvernementaux.

C'est ainsi que l'accent sur les extrants et sur les résultats a obligé les dirigeants politiques, particulièrement les membres de l'exécutif, à mieux faire connaître leurs objectifs de politique. Or non seulement ce comportement s'oppose-t-il, à certains égards, à l'instinct politique de ces dirigeants, mais il a été extrêmement difficile, alors même qu'ils ont parfois tenu à une approche davantage axée sur les résultats, d'en tirer autre chose que des énoncés d'ordre très général sur les objectifs d'ensemble du gouvernement. C'est ce qui explique, dans une certaine mesure, le fait que certains gouvernements préfèrent s'en tenir à une approche axée sur les extrants, les membres de l'exécutif « achetant des extrants » de la fonction publique ou de tiers fournisseurs. Même en de tels cas, cependant, il n'a pas été facile d'établir, pour l'ensemble des extrants gouvernementaux, des objectifs de politique permettant de proposer des cibles et d'instaurer des normes. Administrer l'État en tenant compte de ces deux perspectives a néanmoins permis aux dirigeants politiques de se sensibiliser davantage aux complexités de la politique publique et de mieux comprendre, par conséquent, l'importance de la recherche, de l'analyse et de l'évaluation des politiques.

Il s'ensuit que les fonctions d'analyse, de recherche et d'évaluation ont reconquis, depuis quelque temps, une partie du terrain perdu aux mains de la gestion opérationnelle lors des premières réformes administratives. Ce phénomène est particulièrement vrai en ce qui concerne les systèmes qui avaient délaissé les notions traditionnelles d'une gouvernance conçue comme art politique pour se tourner vers une gouvernance modelée sur le secteur privé et considérée essentiellement comme production et fourniture de services dans un marché concurrentiel. Ce retour de balancier se manifeste, par exemple, par les récentes tentatives des gouvernements britannique et néo-zélandais pour centrer plus explicitement les ministères et la fonction publique sur les résultats.

Mais dans les systèmes mêmes qui n'ont pas entièrement subi l'ascendant des approches gestionnaristes, on s'est efforcé de reconstruire la capacité du gouvernement en matière de politiques. Le Canada en est un bon exemple, où l'on a adopté une mesure importante pour améliorer le réseau de recherche en politiques au sein du gouvernement et pour développer des liens plus efficaces entre ce réseau et la communauté des chercheurs non gouvernementaux (Bakvis, 2000). À cet égard, le cas canadien illustre un phénomène plus général et commun à certains systèmes, nommément la prise de conscience de la nécessité de revitaliser la fonction publique en améliorant sa capacité d'être la source principale, sinon exclusive, de conseils de politique auprès des dirigeants politiques. Ce phénomène tient, en partie, à ce que l'on reconnaît de plus en plus que les principaux problèmes de politique auxquels sont confrontés les gouvernements ne peuvent être abordés dans le seul cadre des organisations d'un gouvernement structuré verticalement, même lorsque l'appareil d'État n'est pas hautement fragmenté et que les mandats y sont relativement larges. Il arrive plutôt que les grands problèmes transcendent les frontières de plusieurs organisations et s'étendent, en certains cas, à « l'ensemble du gouvernement ».

Le changement des relations entre les organismes centraux et les organisations hiérarchiques constitue une deuxième dimension de cette évolution. Une gestion pratiquée en fonction des extrants et des résultats exige, théoriquement, en toute logique, que les organismes centraux réduisent le contrôle qu'ils exercent sur les ministères ou organismes hiérarchiques, en retour de quoi ceux-ci se conforment aux contraintes d'un régime de gestion au rendement. En d'autres termes, on passe d'une situation selon laquelle le centre impose des règles et des règlements relatifs aux intrants et aux processus à une situation selon laquelle les gestionnaires hiérarchiques font en sorte que l'on s'attache d'abord aux extrants et aux résultats. Cela étant, les organismes administratifs centraux cessent peu à peu d'être des centres de commandement pour devenir des « conseils d'administration », c'est-à-dire des instances qui instituent les structures qui favorisent la performance, encouragent et conseillent quant aux meilleures pratiques, étudient les rapports de rendement afin d'améliorer sans cesse la performance et tiennent les administrateurs responsables de ce rendement.

On relève plusieurs cas d'administrateurs qui se plaignent de ce que les organismes centraux persistent, en dépit du discours officiel, à vouloir tout contrôler, mais on reconnaît partout que la situation s'est améliorée. Phénomène peut-être plus sérieux, cependant, on a parfois accusé les organismes centraux de chercher à améliorer la performance en imposant certaines méthodes, notamment en insistant pour que les administrateurs hiérarchiques recourent à la sous-traitance pour la production ou à la prestation de services (particulièrement quant à l'impartition de certains services internes) et/ou en rendant obligatoire l'étude de marché de certains services. Les administrateurs qui protestent contre cette approche prétendent qu'il leur appartient, à eux et non au centre, de prendre de telles décisions « administratives » en fonction de la situation de leur organisation et de son fonctionnement. Ces tensions sont au cœur des questions de l'imputabilité du rendement des organismes centraux, d'une part, et des administrateurs hiérarchiques d'autre part. Et il arrive aussi que lorsqu'on s'est d'abord attaché à la gestion en fonction des résultats plutôt qu'en fonction des extrants, les conséquences peuvent en être importantes quant au pouvoir relatif des organismes centraux de politiques vis-à-vis des organismes administratifs centraux.

L'importance attachée à la vérification et aux divers types de révision et d'inspection de la performance (OCDE, 1996 ; Barzelay, 1997) constitue une troisième conséquence de la mise en œuvre d'une gestion au rendement. Les organismes d'audit, d'inspection et de révision ont généralement acquis, de ce fait, plus d'importance que le processus global d'imputabilité. La raison en est simple. Bien que des variantes existent selon les différents systèmes, ces organismes interviennent moins, comme jadis, pour vérifier la *conformité* à des règles ou à des processus émanant d'autorités législatives ou administratives centrales que pour évaluer des rendements tels que mesurés par une combinaison d'efficacité administrative et d'efficience des programmes, et pour garantir la validité des *informations sur la performance* fournies par les organisations obligées de rendre des comptes.

En vertu de ce changement de cap, la question se pose du rôle fondamental de tels organismes dans l'équation de l'imputabilité. En un sens, audit, inspection et révision peuvent faire partie intégrante de l'administration, comme dans le cas des audits internes, par exemple, ou comme il arrive en Suède où l'organisme national d'audit a assumé la responsabilité administrative de la coordination des réformes de l'administration financière. En un sens, ces fonctions sont essentielles à l'imputabilité, comme dans le cas des audits externes. Le problème est partiellement institutionnel : à quelle institution du gouvernement ces organismes communiquent-ils leurs résultats et quelle est la nature de leur mandat ? Plus subtilement, cependant, la question touche essentiellement la priorité relative attribuée à chacun des trois objectifs de l'imputabilité : contrôle, assurance et amélioration permanente.

Dans la mise en œuvre d'une gestion qui s'exerce en fonction des extrants et des résultats, le plus grand défi consiste à éviter la tendance, et peut-être même la tentation, à substituer un régime de mesure du rendement qui soit si rigoureux, quant aux « mesures » des extrants et des résultats, que la souplesse nécessaire à l'exercice d'un jugement politique ou professionnel visant au meilleur rendement ne soit pas plus admise qu'elle ne l'était dans un régime de contrôle centralisé. Et la raison en est essentiellement la même, c'est-à-dire la présomption que les stratégies, les conditions et les pratiques nécessaires à une forte performance peuvent être établies au début du processus ; en bref, que le gouvernement puisse fonctionner « sur le pilote automatique ». On suppose ainsi, en particulier, une connaissance des rapports de cause à effet entre extrants et résultats. Gouverner par conviction politique, entretenir des préjugés en faveur de méthodes ou de mécanismes particuliers et mal tolérer débats et différences d'opinion, ce sont là les ingrédients d'un régime de gestion du rendement selon lequel la gestion des extrants et des résultats devient aussi rigide que si elle émanait du modèle bureaucratique traditionnel. Dans un tel contexte, l'imputabilité n'équivaut à rien d'autre qu'un simple contrôle.

Conformité à la dialectique de l'imputabilité

Dans le contexte de ce triple développement survenu dans la gouvernance et dans l'administration, se conformer à la dialectique de l'imputabilité exige de comprendre que ces changements agissent différemment sur différents régimes constitutionnels. Mais les changements ne produisent pas, par eux-mêmes, des phénomènes nouveaux. Ainsi, tous les systèmes ont dû mettre en œuvre une certaine décentralisation, la discrétion étant inévitablement exercée dans l'administration politique et bureaucratique des affaires publiques ; les gouvernements ont longtemps dû composer avec la nécessité de coordonner certains types de services, compte tenu de la spécialisation inhérente à des organisations complexes ; les responsables politiques et administratifs, particulièrement ceux de première ligne, ont toujours porté attention à ce qu'ils entendaient accomplir et à ce qu'ils accomplissaient, alors même qu'ils semblaient parfois submergés par les systèmes et par les règlements.

Il existe néanmoins un élément nouveau : l'augmentation des exigences d'imputabilité, entendue au sens large. On doit d'abord attribuer ce phénomène à l'arrivée d'une nouvelle ère de l'information et à l'émergence de médias plus inquisiteurs, ce qui a entraîné une diminution progressive de l'anonymat des fonctionnaires et une visibilité plus grande des leaders politiques. La nouvelle exigence d'imputabilité provient aussi d'une diminution du respect pour l'autorité et pour les experts de toute nature. Cela tient, entre autres, à ce que, bien que nous en connaissions davantage sur les interconnexions de notre ordre socio-économique, nous sommes moins confiants de savoir saisir les relations de causalité relatives à ce que le gouvernement fait ou devrait faire pour régler les problèmes politiques les plus urgents. D'où une insistance plus grande sur la justification des programmes et des politiques. Finalement, un certain nombre de facteurs, dont la mondialisation, la prolifération des industries de services et les nouvelles technologies de l'information, ont multiplié les occasions de comparaison entre la performance du gouvernement et celle d'autres gouvernements, de même que celle du secteur privé. Une telle mentalité de statisticien sportif ne peut que faire pression sur les gouvernements pour qu'ils rendent compte de leur performance, y compris de leurs carences, par rapport à d'autres institutions.

Ces exigences ne risquent guère de s'atténuer à court terme. En même temps, il est peu probable que les changements évoqués ci-dessus deviennent moins sérieux, même si d'autres développements s'y ajouteront inévitablement. Il importe donc, par conséquent, d'aligner les processus d'imputabilité sur ces exigences et sur ces changements. Nous devons considérer, à cet égard, l'équilibre des trois objectifs, ou fonctions, de l'imputabilité.

L'imputabilité comme contrôle

La fonction contrôle de l'imputabilité est au cœur de l'imputabilité démocratique dans tous les principaux modèles constitutionnels, car chacun cherche, à sa manière, à faire en sorte que les pouvoirs d'autorité et de coercition de l'État ne soient pas utilisés abusivement ou à mauvais escient. Dans tous les systèmes, par conséquent, divers processus et mécanismes d'imputabilité ont été mis au point pour contrôler l'exercice du pouvoir. Certains systèmes, cependant, sont fondés sur une confiance plus grande dans les élus et dans les fonctionnaires, alors que chez d'autres la méfiance envers les responsables constitue un élément central de l'ordonnancement constitutionnel, par exemple aux États-Unis (Behn, 1999). Quoi qu'il en soit, on peut dire des trois développements évoqués ci-dessus qu'ils vont à l'encontre de la notion traditionnelle de contrôle. Décentralisation et débureaucratisation augmentent la latitude discrétionnaire (des administrateurs); gouvernance partagée et collaboration administrative éparpillent la responsabilité; et la gestion en fonction des extrants et des résultats accorde préférence aux résultats plutôt qu'au contrôle des intrants et des processus prescrits.

Dans chacun de ces cas, cependant, il ne s'ensuit pas que doive diminuer le contrôle sur ce qui est important. Ce contrôle peut être assuré, et même augmenté, par diverses mesures: plus grande transparence des opérations et des comptes-rendus; accès à l'information pour les citoyens et pour les médias; procédures de traitement des plaintes et mécanismes d'appel; institutions législatives conçues et dotées du personnel requis pour faire enquête sur le comportement des administrateurs et des directeurs; organismes d'audit et d'inspections disposant de mandats élargis. À l'interne, les organismes administratifs centraux peuvent promouvoir le contrôle nécessaire en faisant en sorte que soient déterminées des normes de vérification (au sens large) et que soient énoncées clairement les valeurs de la fonction publique concernant les relations entre l'État et le citoyen et entre l'administration et le personnel, et en exerçant leurs prérogatives pour imposer, lorsque nécessaire, des mesures correctrices ou disciplinaires.

Une telle définition des conditions de contrôle laisserait à penser que rien n'a changé dans le domaine de l'imputabilité. Ce serait là oublier que dans un gouvernement démocratique et dans l'administration publique un contrôle doit toujours être exercé. Ce qui peut changer, en revanche, c'est la manière de déléguer, de partager et de définir l'autorité, la responsabilité et l'imputabilité. Décentralisation et débureaucratisation, par exemple, doivent s'accompagner de domaines discrétionnaires clairement définis; en d'autres termes, l'abandon des règles imposées par le centre doit s'accompagner de la description explicite des domaines qui n'exigent plus, légalement ou en matière de politiques, uniformité et normalisation. Dans le cas de la gouvernance partagée et de la collaboration administrative, les ententes ou les accords de type contractuel doivent être tels que les responsabilités de chaque partie quant à la promotion et à la protection de l'intérêt public seront assurées par des ajustements mutuels ou des recours à des mécanismes indépendants de règlement des conflits. Les régimes d'administration au rendement qui mettent l'accent sur les extrants et les résultats doivent définir les «résultats» de manière telle que ces résultats comprennent les nécessaires valeurs de la fonction publique, telles probité, équité et impartialité. Dans chacun de ces cas, les détenteurs de l'autorité et de la responsabilité sont responsables de leurs actes et, par conséquent, doivent être sujets à contrôle.

Certains prétendent que les trois développements en cause, et particulièrement la décentralisation/débureaucratisation et la gestion en fonction des extrants/résultats — considérés comme les caractéristiques mêmes de la «Nouvelle gestion publique» — ne peuvent être soumis aux régimes d'imputabilité traditionnels, mais qu'un nouveau système n'a pas encore été inventé (Stone, 1995). Nous n'acceptons pas cette opinion, essentiellement parce que, selon nous, la définition de la NGP comme manière de «responsabiliser» les fonctionnaires afin qu'ils acquièrent un «esprit d'entreprise» néglige un point important. Nous reconnaissons volontiers que le discours de la NGP définit la question en ces termes, spécialement lorsque la gestion du secteur privé constitue l'inspiration et le cadre de référence, mais il n'est pas nécessaire aux réformes bien conçues d'accorder moins d'importance à l'imputabilité. À notre avis, les réformes sont nécessaires parce que les approches traditionnelles — fondées sur des systèmes d'autorité exclusivement axés sur le contrôle des intrants et des processus — étaient devenues largement inefficaces non seulement en matière de performance mais aussi en matière d'imputabilité quant à la performance.

Il est vrai que les approches traditionnelles étaient efficaces à bien des égards. Ainsi, elles ont permis de créer, dans plusieurs démocraties, une fonction publique professionnelle, non partisane et fondée sur le mérite. Les régimes qui sous-tendaient ainsi une bonne gouvernance et une bonne administration ont été différents selon les systèmes politiques. Mais on a reconnu partout que le recrutement de la fonction publique constituait une fonction administrative distincte, c'est-à-dire relativement indépendante de ce qui allait être le pouvoir exécutif de l'administration. Elles ont aussi permis de faire en sorte que les pouvoirs de dépenser et de réglementer de l'État, afférents à la création de l'État administratif moderne, n'aboutissent pas à des pratiques malsaines ou corrompues de la part des dirigeants politiques ou des bureaucrates responsables de l'administration des services publics.

En un sens, les systèmes d'autorité centralisée, essentiellement préoccupés d'intrants et de processus, n'étaient pas d'abord conçus pour assurer l'imputabilité de ceux qu'ils régissaient; ils existaient plutôt en lieu et place d'une autorisation ou d'une délégation d'autorité et de responsabilité. Ils occupaient certes une fonction d'imputabilité au sens de contrôle, mais ils visaient d'abord à limiter la nécessité, ou la possibilité, de pouvoirs discrétionnaires en aval. C'est là ce que signifie une administration «libre d'erreurs»; les erreurs sont censées être éliminées en refusant toute discrétion, qu'on remplace plutôt par la prescription de plus en plus détaillée de ce qui doit être fait et de ce qui est interdit. Cette approche présente le grand avantage de concentrer l'autorité et la responsabilité, de sorte que l'imputabilité peut être (plus aisément) attribuée à ceux qui, au centre, établissent et imposent le régime. Cela est particulièrement vrai des systèmes de Westminster ou d'autres systèmes centrés sur l'exécutif, par opposition aux systèmes dans lesquels autorité et responsabilité sont séparées et partagées, tel celui des États-Unis.

En revanche, les systèmes centralisés présentent le grand inconvénient de réduire la possibilité d'exercer un jugement politique ou professionnel afin d'atteindre certains résultats ou d'améliorer un rendement en l'absence d'ordres ou de recommandations pertinentes. Or il va de soi que gouvernance, gestion publique et bonne administration ne peuvent exister que dans la mesure où les contraintes imposées par cette approche traditionnelle sont, dans les faits, claires, cohérentes et conséquentes. Dans la mesure où elles ne le sont pas, le maintien d'une saine administration exige des responsables, dirigeants politiques et fonctionnaires, qu'ils créent l'espace organisationnel et la latitude administrative qui permettent de composer avec les contraintes imposées par ce régime. Une telle mesure ne suppose pas nécessairement l'intention de bouleverser le régime, mais elle risque de provoquer une certaine résistance aux règles prescrites par le centre, à une obéissance sélective ou à une déformation des politiques. Plus détaillés sont les prescriptions et les ordres, plus fort est le risque que les règles ne soient ni claires, ni cohérentes, ni conséquentes. En d'autres termes, la microgestion par le centre ne fonctionne bien que si les détails sont réduits au minimum. Un tel état de choses n'existe depuis quelque temps qu'en de rares endroits. Les systèmes d'autorité centralisée n'ont pas été discrédités, en tant que principaux moyens d'assurer une saine administration, parce que les dirigeants ou les gestionnaires rejettent les objectifs des valeurs de la fonction publique que ces contraintes étaient censées garantir, mais parce que cette méthode de contrôle n'est plus considérée comme capable de réaliser ces objectifs de manière efficace et efficiente.

Les gouvernements ont réagi à ces critiques en réduisant le poids de la microgestion. Voulant débureaucratiser, on a d'abord rationalisé les lieux de l'autorité centralisée. Ce que le centre avait construit, le centre pouvait le démanteler. Pourtant, rationaliser le régime ne signifie pas nécessairement progresser vers les objectifs publics que devaient assurer les contraintes antérieures ; cela ne fait que réduire le fardeau des dirigeants et des administrateurs. Un plus grand pouvoir discrétionnaire sera sans doute apprécié par ceux à qui on l'accorde, mais la discrétion exercée en l'absence de contraintes ne constitue guère la recette d'une saine administration. «Laisser les administrateurs administrer» n'a jamais été, en soi, une solution de rechange crédible à l'autorité centralisée. Les systèmes de décentralisation de l'autorité et de la responsabilité ne fonctionnent bien qu'accompagnés d'autres mécanismes de contraintes, tels des systèmes compréhensifs de droit administratif, appuyés par une révision judiciaire ou administrative, une grande transparence et une communication absolue de leurs résultats, une forte supervision législative ou la discipline imposée par les forces du marché ou par les codes professionnels.

C'est pour ces raisons que les systèmes gouvernementaux ont cherché à améliorer l'imputabilité en adoptant des régimes de reddition de comptes et de gestion au rendement pour l'administration des extrants et des résultats. Bien que ces régimes comportent certaines limites (Hood, 1998), il importe de souligner le fait que leur adoption ne doit pas être perçue comme entraînant un échange d'imputabilité contre rendement, celui-ci étant défini en matière d'efficacité ou en matière de résultats. En termes plus simples, le souci de probité, d'équité et d'impartialité, manifestation des valeurs de la fonction publique, ne devrait pas être sacrifié au profit d'une amélioration du rendement. Non que certaines de ces valeurs ne seront pas, à certains moments, objets de tension et qu'il ne sera pas nécessaire de faire preuve de jugement dans la prise de décision. Pourtant, dans le contexte des réformes actuelles, la clé d'une administration et d'une gouvernance saines tiendra à la planification et à la gestion des risques, et donc à l'imputabilité quant à la performance dans l'exercice de ces tâches. Les risques associés à la réalisation des valeurs de la fonction publique n'en disparaîtront pas pour autant, bien entendu, mais il importe de reconnaître qu'aucun système de contrôle, systèmes centralisés y compris, ne peut les éliminer. Souvenons-nous qu'une grande partie, sinon la plupart, des désastres et des scandales dus à une mauvaise administration sont survenus sous des régimes qui imposent, ou imposaient à cette époque, des contrôles hautement centralisés.

Sous l'angle de l'imputabilité en tant que contrôle, la dialectique la plus critique tient donc à la nécessité de mener planification et gestion du risque sans recourir à une microgestion excessive à partir du centre du gouvernement ou par une imposition législative. Dans un système de décentralisation/débureaucratisation et de gouvernance partagée/collaboration administrative plus poussées, la responsabilité des organismes administratifs centraux ainsi que celle des corps législatifs et de leurs organismes de surveillance et de révision consiste à faire en sorte que les plans et les systèmes conçus pour faire face au risque soient formulés, approuvés et surveillés régulièrement. L'avantage de cette approche tient à ce que les risques diffèrent selon les politiques, les configurations organisationnelles et les contextes administratifs, et doivent donc être adaptés pour atteindre la plus grande efficacité dans la gestion des extrants et des résultats. L'imputabilité en tant qu'assurance occupe ici une fonction, mais il est tout aussi important, sinon plus, que le centre du gouvernement (et/ou le législateur) contrôle la performance de cette fonction sur les plans de la gouvernance et de la gestion. Si les valeurs de la fonction publique, et donc l'intérêt public à une saine administration, doivent recevoir l'attention qu'ils exigent, aucun moyen n'existe d'agir autrement.

L'imputabilité comme assurance

Citoyens, assemblées de législateurs et gouvernements doivent avoir l'assurance de ce que l'autorité publique et les ressources de l'État sont employées conformément aux principes d'une saine administration et aux valeurs de la fonction publique, quelle que soit la manière dont sont réparties autorité et responsabilité. C'est là une dimension importante de l'imputabilité, qui tient précisément à ce que les citoyens ne peuvent gouverner directement, à ce que les députés ne peuvent gouverner en se limitant à légiférer et à ce que les membres de l'exécutif politique ne peuvent, quelle que soit la portée du pouvoir exécutif, gouverner eux-mêmes sans le soutien d'un corps plus ou moins permanent d'officiels attitrés. Dans le langage de la théorie politique traditionnelle, l'État moderne ne saurait exister sans une grande mesure de « gouvernement indirect ». Dans le langage de la théorie « des organismes », des ensembles de « commettants » doivent se fier à des ensembles d'« agents » pour réaliser leurs objectifs, et ce, dans des contextes institutionnels selon lesquels les commettants doivent inévitablement faire largement confiance aux agents pour se comporter de manière à promouvoir ces objectifs et assurer les meilleurs intérêts des commettants. De quelque manière qu'on l'exprime, il reste qu'un système d'imputabilité est nécessaire pour assurer les commettants du fait que leurs agents assument les responsabilités qu'on leur a confiées. Faute de quoi on se trouve devant un « déficit d'imputabilité ».

Compte tenu des trois développements déjà évoqués, il est évident que l'imputabilité comme assurance acquiert une plus grande importance. Il est peu probable, en outre, que le simple recours aux approches traditionnelles à ce volet de l'imputabilité, aussi importantes soient-elles, sera suffisant. Comme on pouvait s'y attendre, plusieurs innovations concernant l'assurance ont été introduites dans de nombreux systèmes politiques, sinon dans tous. Et si l'on y trouve une certaine convergence due à l'apprentissage réciproque, certains systèmes ont abordé des virages intéressants ; ainsi, des systèmes qui ne recouraient pas à des assurances d'ordre juridique tendent à y venir progressivement, alors que d'autres qui se fiaient moins aux assurances d'ordre politique y accordent désormais plus d'importance (Cooper, 1995). Il arrive aussi, bien entendu, que les progrès des technologies de l'information rendent désormais possible le développement de méthodes jusqu'alors impraticables techniquement ou économiquement sur une grande échelle, y compris divers systèmes de gestion au rendement et de reddition de comptes, ainsi que d'enquêtes d'opinion auprès des citoyens, des clients et même des employés de l'État.

Audit, inspection et révision sont pratiqués depuis longtemps, à la fois sur les plans interne et externe, afin de fournir quelque assurance, particulièrement quant à la conformité. Depuis quelques années, on a amélioré chacune de ces approches en augmentant la portée respective. Cela tient, en partie, au fait que la loi, les politiques et les valeurs de la fonction publique occupent une place plus grande, en dépit des réductions de personnel, de la déréglementation et des privatisations. Cela représente aussi, cependant, une tentative d'étendre les conséquences de l'imputabilité à chacun des développements en cours. Puisqu'ils ont tous trois été assortis d'une volonté de préciser, entre autres, les objectifs, les droits et les normes, les meilleures pratiques administratives et les objectifs de rendement, bien des choses doivent désormais être vérifiées, inspectées et révisées dans une perspective d'assurance. Si l'imputabilité quant au rendement doit être améliorée, il importe de reconnaître que cette fonction d'assurance comporte une double exigence.

Premièrement, l'assurance doit comprendre davantage que la simple conformité à des systèmes de performance officiels, y compris les systèmes de gestion et de comptes-rendus. Aussi importante que soit la conformité à de tels systèmes, il importe d'abord, quant à l'assurance, d'évaluer la performance elle-même, examinée sous divers angles. Cela exige des responsables de l'évaluation qu'ils aillent au-delà d'une simple vérification d'adhésion aux processus obligatoires. Sinon, une simple vérification de la gestion au rendement et des «systèmes» de comptes-rendus n'équivaut qu'à substituer une formalité à une autre en présumant que le nouveau système, parce qu'il prétend aborder les «résultats» plutôt que les «processus», touche vraiment la performance réelle. Ce n'est pas là nier que les changements apportés aux systèmes altèrent les motivations des détenteurs de l'autorité et, partant, leur comportement. Mais il est impossible de concevoir un système d'incitatifs qui puisse éliminer toutes les occasions, pour ces dirigeants, d'agir de manière telle que le rendement ou son amélioration ne soit pas atteint. Et les organisations, en tant que configurations institutionnelles, et les politiques, en tant que programmes ou modes de services, doivent être administrées par des personnes. Il s'ensuit que les individus, qu'ils agissent seuls ou en collaboration, doivent être tenus responsables de leur rendement individuel.

Il est souvent extrêmement difficile d'évaluer la responsabilité individuelle ; d'où l'exaspération des citoyens, des législateurs, des directeurs ou des administrateurs, souvent incapables de tenir «quelqu'un» responsable d'une chute de performance lorsque les choses vont mal. Blâmer «le système», ou des organisations entières, ne satisfait guère, surtout lorsqu'on présume que les personnes qui devraient être tenues responsables sont à même d'échapper à toute conséquence personnelle. Il en va ainsi, et parfois davantage encore, lorsque les supérieurs rejettent le blâme sur leurs subordonnés en repoussant l'imputabilité jusqu'aux plus bas niveaux de la hiérarchie ou, dans les cas de gouvernance partagée ou de collaboration administrative, en l'attribuant à des partenaires ou à des tiers partis. Aucune méthode d'imputabilité ne peut éliminer la possibilité de telles occurrences, spécialement lorsque les questions de performance deviennent politisées ou judiciarisées, ce qui met en jeu des questions de jugement politique ou organisationnel. Cela dit, l'imputabilité comme assurance est mise à mal lorsque les processus d'assurance ne visent pas à évaluer, chez les individus nantis d'autorité et de responsabilités, les résultats personnels en regard de leurs actions et de leurs décisions, par opposition à leur simple conformité à des systèmes officiels. En de tels cas, les processus d'imputabilité n'abordent pas suffisamment les questions d'assurance quant au comportement réel et, par conséquent, la performance des individus qui agissent comme «agents» de «commettants». Ces derniers ne sont pas assurés de ce que les premiers aient, dans les faits, exercé convenablement et efficacement leur autorité et leurs responsabilités. La forme l'emporte sur la substance.

Du point de vue de l'imputabilité de la fonction publique, l'assurance de ce que les processus d'imputabilité abordent les questions de performance est particulièrement importante compte tenu de la nécessité d'assurer et de maintenir, et dans certains cas de reconstruire, la confiance du public dans l'institution d'une fonction publique non partisane et professionnelle. Même sous un anonymat réduit, phénomène qui varie selon les systèmes politiques, les fonctionnaires sont normalement moins exposés à l'examen public que ne le sont les responsables élus. Mais ce sont pourtant les administrateurs de la fonction publique qui exercent la plus grande influence sur la performance du gouvernement en gérant l'application des politiques, les contrats avec les tiers, les systèmes organisationnels et financiers, les ressources humaines et l'administration du personnel. En titrant la recension d'une suite d'études sur les facteurs déterminants de la performance organisationnelle, l'*Economist* a parfaitement résumé la question : « It's the managers, stupid » (8 août 1998, 54). Fournir des assurances quant à la qualité de l'administration de la fonction publique est une des exigences essentielles de ceux qui « administrent les administrateurs ». Leur plus grand défi à cet égard, particulièrement compte tenu des tendances en cause, consiste à assurer aux citoyens et à leur représentants élus que ceux qui sont responsables d'administrer les administrateurs, c'est-à-dire les hauts fonctionnaires en poste au centre du gouvernement, accordent de l'importance à la performance de la gestion individuelle.

Les comités de gestion situés au centre du gouvernement doivent, quelle qu'en soit la structure, pouvoir fournir cette assurance grâce à des mécanismes d'audit, d'inspection et de révision. L'accent ainsi placé sur l'imputabilité de la gestion individuelle ne signifie pas que les administrateurs ne devraient pas recourir à la collégialité ou à une gestion par équipe ; elle ne signifie pas qu'ils ne devraient pas recourir à une gestion horizontale recoupant plusieurs organisations structurées verticalement ; elle ne signifie pas, enfin, qu'ils ne devraient pas établir des partenariats avec des tiers. Ce sont là des éléments essentiels à une bonne gestion axée sur l'excellence de la performance. Par contre, il s'ensuit que les évaluations par les pairs sont strictement menées en tant que fonction de l'assurance. Bien qu'il s'agisse là d'exercices qui exigent d'évaluer des situations souvent ambiguës, aucune autre manière n'existe d'accorder son importance à la performance. Aucune profession n'autorise ses membres à décider d'eux-mêmes s'ils ont respecté les normes et les valeurs professionnelles auxquelles ils doivent adhérer. Ils sont, au contraire, tenus responsables devant leurs pairs, lesquels sont collectivement responsables de fournir une telle assurance à leurs clients, qui sont ainsi leurs commettants.

Dans la mesure où la fonction publique professionnelle, dans quelque pays que ce soit, ne fournit pas cette assurance, d'autres y pourvoiront et évalueront la performance selon des critères politiques (Sutherland, 1991 ; Polidano, 1999). La fonction publique n'est autorisée dans aucun pays à être aussi autonome que le sont les professions traditionnelles. Elle est partout subordonnée à la législature et/ou à l'exécutif, bien que de manière différente selon les systèmes politiques. Mais une fonction publique n'est professionnelle, et donc non partisane, que dans la mesure où tout jugement sur sa performance administrative est fondé sur des normes professionnelles. Il appartient donc à ses dirigeants, quelle que soit la structure adoptée pour ces comités de gestion, d'établir ces normes et de faire en sorte que chaque gestionnaire y soit personnellement astreint. Le recours accru à un recrutement de type contractuel, particulièrement au niveau de hauts fonctionnaires qui assurent l'interface entre politique et bureaucratie, ne doit pas obligatoirement diminuer le professionnalisme de la fonction publique. Mais il faut prendre grand soin de s'assurer, et d'assurer les citoyens, de ce que ce recours n'entraîne pas une réduction de la compétence au niveau de la haute fonction publique.

L'assurance de la qualité exige aussi, en second lieu, que le processus d'imputabilité donne lieu à une « carte de pointage équilibrée », c'est-à-dire qu'il aborde toutes les dimensions de la performance (Kaplan et Norton, 1996). Il ne s'agit pas de simplement « équilibrer » les éléments ainsi évalués, bien que l'on présente habituellement la question dans ces termes à cause de la tension présumée entre ces éléments, mais plutôt de faire en sorte qu'ils soient tous pris en compte, sans exception. Dans le contexte de l'assurance, deux développements illustrent l'importance d'une prise en compte intégrale.

D'une part, il est de plus en plus admis que l'évaluation de la performance administrative individuelle doit comprendre un processus par lequel les gestionnaires sont évalués non seulement par leurs supérieurs ou par leurs collègues de même niveau hiérarchique, mais aussi par leurs employés. Une telle évaluation est nécessaire pour plusieurs raisons. Les dirigeants de la fonction publique doivent pouvoir assurer que leurs gestionnaires gèrent correctement leurs ressources humaines afin de conserver un personnel compétent et motivé, à une époque de grande mobilité occupationnelle (susceptible d'attirer les meilleurs éléments) et de fléchissement de la loyauté envers les organisations. Ces dirigeants doivent aussi assurer que de mauvaises performances de la part de certains administrateurs ne réduisent pas la qualité de la fonction publique, y compris celle de la fonction conseil, à une époque où s'accentuent les pressions à l'efficacité et à la productivité. De plus, ils doivent assurer que les administrateurs se conforment aux valeurs et à l'éthique de la fonction publique dans la gestion du personnel, spécialement lorsqu'ils disposent de plus grands pouvoirs discrétionnaires et sont moins tenus de se plier à des prescriptions réglementaires (Canada, 1996). Et finalement, le personnel est de moins en moins disposé, à cause des attentes de plus en plus grandes quant à l'imputabilité en général, à accepter des carences administratives au nom du respect de l'autorité (Duxbury, Dyke et Lam, 1999). Élément normal d'une bonne pratique administrative, l'évaluation des gestionnaires par leur personnel est tout aussi nécessaire que l'évaluation des professeurs d'université par leurs étudiants.

D'autre part, l'assurance de qualité des services publics ne doit pas seulement provenir d'enquêtes auprès de la clientèle ou d'autres instruments qui cherchent à mesurer l'opinion des clients quant aux services reçus (assurance qui est loin d'être universellement acquise) ; on doit aussi faire en sorte que les citoyens, dans leur ensemble, aient l'occasion d'évaluer les services publics, y compris les services de réglementation, dans la perspective d'un intérêt plus général. Même s'ils sont aussi utilisés à d'autres fins, de tels instruments touchent de diverses manières la question de l'assurance, particulièrement dans la mesure où ils permettent une évaluation indépendante de la qualité des services publics pas des clients et des citoyens, plutôt qu'un simple recours aux évaluations provenant de la fonction publique elle-même.

L'imputabilité comme amélioration continue

L'imputabilité comme amélioration continue se définit comme le processus par lequel les évaluations de la performance deviennent des exigences ou des stimuli qui encouragent l'amélioration dans le domaine des politiques, de l'organisation et de la gestion. Ce phénomène n'a rien d'automatique, bien entendu, car les évaluations peuvent être contestées, ce qui est appris peut être ignoré, ou alors les pressions politiques peuvent ne pas suffire à apporter amélioration là où les leçons ont été reçues en tout ou en partie. Cependant, le défi d'atteindre les objectifs de ce volet de l'imputabilité n'est pas différent de celui d'atteindre ceux des deux autres volets ; on n'y atteint jamais parfaitement et à tous égards.

Il est devenu très à la mode de dépeindre ce troisième objectif de l'imputabilité comme étant le plus important, essentiellement parce qu'on estime que les objectifs de contrôle et d'assurance confèrent une importance excessive aux fonctions négatives ou répressives du « blâme » et de la « conformité », dont aucune ne constitue un apport positif à l'amélioration de la gouvernance et de l'administration publique. Certaines interprétations vont même jusqu'à opposer implicitement ou explicitement l'imputabilité comme amélioration continue à l'imputabilité, comme contrôle et comme assurance, et à en faire une réforme de l'imputabilité elle-même. Cette opinion existe particulièrement dans ces milieux où l'on soutient que des améliorations continues ne se produiront que dans la mesure où les gestionnaires seront autorisés, et même encouragés, à innover, à risquer ou à manifester un esprit d'entreprise, et où, par conséquent, on tolérera les erreurs et les échecs comme éléments normaux et nécessaires de l'apprentissage. Dans cette perspective, l'imputabilité comme amélioration continue est perçue comme le versant positif de l'imputabilité, ayant préséance sur les blâmes ou les mesures tatillonnes à propos de conformité aux processus. Dans le processus d'imputabilité, tous doivent se redéfinir comme conseillers en gestion !

Cette insistance sur l'amélioration continue comme objectif central de l'imputabilité n'est pas sans une certaine justification. Trop insister sur le contrôle ou sur l'assurance peut entraver la poursuite de ce troisième objectif et, ce faisant, réduire la capacité de l'État et de la fonction publique à améliorer la gouvernance et l'administration. Il en est spécialement ainsi lorsque cette insistance est due à des éléments politiques qui poursuivent des objectifs partisans dans un cadre législatif ou exécutif ; à des organismes centraux de la fonction publique qui cherchent à conserver pouvoir et influence ; à des sociétés d'audit, d'inspection ou de révision qui recherchent des preuves de mauvaise administration afin de justifier leur propre importance dans le système ; à des médias de masse soucieux de monter en épingle ou d'exagérer des cas de mauvaise conduite ou de carences dans les services publics afin, essentiellement, d'augmenter leur clientèle. L'accent sur l'imputabilité comme amélioration continue est donc partie intégrante d'une tentative de réinventer à la fois le comportement et la culture politiques, éléments essentiels d'une réinvention du gouvernement en général.

Bien que ce troisième objectif comporte une dose d'idéalisme et même de naïveté, les dirigeants politiques et administratifs ont intérêt à l'utiliser pour arriver à leurs fins. L'utilisation de modèles de référence dans les comptes rendus de performance est de plus en plus considérée par les dirigeants politiques comme un moyen efficace de promouvoir des améliorations de diverses natures dans les services publics, particulièrement lorsque les comparaisons ainsi permises sont crédibles (par exemple lorsque, dans un même système politique, un nombre suffisant d'organisations s'occupent à assurer les services en cause : gouvernements des municipalités, des provinces ou des États). Dans de tels cas, les modèles de référence peuvent justifier la légitimité d'une politique ou de choix d'organisation ou de gestion. La même logique vaut pour l'évaluation des programmes ou pour divers comptes rendus de performance, telle l'obligation, pour une organisation, de fournir un rapport d'étape à propos d'un plan d'amélioration des services imposé par le gouvernement. En de telles occasions, l'imputabilité comme amélioration continue constitue une manière de faire pression sans intervenir directement dans la gouvernance ou dans la gestion. C'est ainsi, par exemple, que ceux qui entreprennent des audits, des inspections ou des révisions externes sont en mesure, s'ils s'attachent à la performance au sens large, de promouvoir efficacement l'amélioration, même s'ils ne disposent pas de l'autorité nécessaire pour dicter leur conduite aux organisations qu'ils évaluent. Ils se contentent de baser leur évaluation sur un ensemble de « meilleures pratiques » — ce qui est une variante des modèles de référence.

L'imputabilité comme amélioration continue est nécessairement un processus d'apprentissage, et l'apprentissage n'est jamais simple et jamais sans conflit (Canada, 1994). Ainsi que l'explique Sutherland, par exemple, le principe « westminsterien » de gouvernement responsable « s'élabore largement sur un cycle rétrospectif de débat, d'évaluation, de discussions et de blâme, de sorte que les parlementaires trouvent l'occasion de se former une opinion sur le résultat des lois et des politiques, de même que sur la qualité du leadership exercé par tous les ministres sur leur ministère » (1996 : 2). Sa vision du modèle de Westminster comme « organisation d'apprentissage » rejoint la thèse de Kettl, selon qui la gestion et le compte rendu de la performance en cours dans le système américain devraient être considérés essentiellement comme un processus de « communication », et non un simple mesurage, qui « survient dans le cadre d'un processus politique plus englobant, dans lequel les participants disposent d'une vaste panoplie de motivations » (1994 : 45).

Le caractère public de l'imputabilité est particulièrement en évidence dans l'évaluation des programmes lorsqu'on en exige la publication. Les évaluations de programmes représentent peut-être la fine pointe de l'imputabilité publique, car elles traitent des rapports de causalité entre les extrants gouvernementaux et les résultats attendus ; en bref, elles constituent une forme de connaissance publique relative à l'efficacité des actions du pouvoir législatif et du pouvoir exécutif. Relativement peu utiles pour définir les priorités politiques à court terme, par exemple dans la budgétisation — la recherche appliquée étant trop limitée pour autoriser des conclusions dans la plupart des champs de politique publique — elles permettent, en revanche, de centrer le débat sur les mérites et les carences de certaines approches aux politiques publiques. Cependant, dans la mesure où la connaissance publique forme la base d'un tel débat, deux conséquences doivent être considérées : jusqu'à quel point est-il souhaitable que les fonctionnaires s'engagent, directement ou indirectement, dans un débat public ; dans quelle mesure des personnes autres que les fonctionnaires sont-elles disposées à aborder les contraintes inhérentes à l'administration publique ?

Dans la mesure où les gouvernements, y compris leurs branches législatives, améliorent leurs capacités de recherche, d'analyse et d'évaluation relatives aux politiques dans l'hypothèse d'une plus grande efficacité, il est probable que les participants se feront plus nombreux. Les citoyens exigent de plus en plus d'être consultés, et même de participer au processus d'élaboration des politiques et, de toute façon, le gouvernement ne peut ignorer la somme de connaissances que représentent les *think tanks*, les universités, les organismes de recherche internationaux, certains médias et même d'autres gouvernements. La question, par conséquent, est de savoir si le gouvernement est disposé à autoriser, et même à encourager, ses propres fonctionnaires à participer, à titre de travailleurs du savoir, à des débats publics, ou s'il s'y refuse de crainte que le travail effectué à l'interne ne soit sujet à l'examen d'un plus vaste public. La capacité des fonctionnaires à « dire la vérité au pouvoir » s'étend de plus en plus, au-delà de ceux qu'ils conseillent en toute confidence, à ces publics attentifs qui entendent définir une problématique des politiques publiques, problématique dont on ne peut s'attendre à ce qu'elle découle exclusivement d'une vision désintéressée de l'intérêt collectif. Dans ce contexte d'une ouverture croissante et devant l'importance grandissante des réseaux de politiques existant dans des lieux de savoir non gouvernementaux, la signification nouvelle d'une fonction publique professionnelle et non partisane constitue une des transformations majeures en cours dans la gouvernance contemporaine. Cela étant, l'imputabilité en est aussi transformée.

Cette transformation de l'imputabilité, cependant, exige aussi que ceux avec qui traitent les fonctionnaires soient dans l'obligation de tenir compte des contraintes inhérentes à l'administration publique en tant que gouvernance. Cela signifie, en particulier, que les processus d'imputabilité centrés sur l'amélioration continue doivent être menés de manière à tenir compte des limites du pouvoir et des responsabilités de la fonction publique, même lorsque décentralisation/débureaucratisation et gouvernance partagée/collaboration administrative sont devenues la norme et que l'on attend des fonctionnaires qu'ils gèrent extrants et résultats. Ces changements dans la gouvernance et dans l'administration publique sont certes importants, mais ils n'ont réinventé ni la gouvernance ni l'administration au point de libérer complètement les fonctionnaires des contraintes issues des politiques législatives ou exécutives, des règlements ou des valeurs de la fonction publique. Bien qu'une tension existe inévitablement entre les trois objectifs de l'imputabilité, la poursuite de l'amélioration continue exige de ceux qui vérifient, inspectent et analysent l'administration publique qu'ils agissent dans le contexte plus vaste de modèles de référence et d'évaluation des programmes qui permettent de définir clairement les effets de ces contraintes comme des facteurs influant sur la réalisation des extrants et des résultats, et sur lesquels les fonctionnaires n'exercent, et ne devraient exercer, aucun véritable contrôle (Aucoin, 1998). Faute de satisfaire à ces conditions, l'objectif d'une amélioration continue est mis en péril ; l'intérêt du public à une information complète n'est pas satisfait par des rapports d'évaluation incomplets, et donc faussés, ou par l'action de fonctionnaires qui, ainsi encouragés, cèdent à la tentation de ne gérer que dans les limites des « contrats » pour la production d'extrants spécifiques (Schick, 1996) ou, à l'inverse, de se faire les défenseurs des orientations de leurs maîtres politiques (Mulgan, 1998).

CONCLUSION

La dialectique de l'imputabilité de la performance n'est évidemment pas un phénomène récent. Indépendamment des particularités de ces régimes dans les divers systèmes politiques, des tensions ont toujours existé entre les trois objectifs de l'imputabilité. Et nonobstant les récentes tentatives d'accorder priorité aux deuxième et troisième objectifs, et surtout au troisième, l'imputabilité comme contrôle revient constamment à la surface lorsque surviennent des scandales, des désastres ou des conflits majeurs (Gregory, 1998). Dans les systèmes de Westminster, en particulier, on s'interroge intensément sur l'efficacité, et même sur la signification, des mécanismes traditionnels d'imputabilité, tous centrés sur le notion et sur le principe de la responsabilité ministérielle (United Kingdom, 1996 ; 1997).

À notre avis, le débat portant sur la manière d'intégrer de nouveaux mécanismes et de nouvelles méthodes d'imputabilité doit être replacé dans un cadre qui permette de comprendre que la dialectique de l'imputabilité entraîne des tensions entre ses trois objectifs. La question ne porte pas, fondamentalement, sur les tensions entre l'imputabilité et la performance entendue comme efficacité ou résultats. S'il en était ainsi, en effet, nous devrions présumer que les principes démocratiques d'imputabilité s'opposent, de quelque manière, à la poursuite de l'efficacité ou de la gestion par objectifs, c'est-à-dire qu'il est impossible de réaliser simultanément les deux, ou, le cas échéant, de les réaliser dans la même mesure. Nous sommes conscients du fait que le problème est souvent défini dans ces termes, explicitement ou implicitement, qu'il s'agisse de prôner une approche de type entreprise privée favorisant une plus grande réceptivité aux citoyens considérée comme clients ou

consommateurs, ou une approche concurrentielle et de type contractuel à la prestation des services publics.

À notre avis, opposer ainsi l'imputabilité à la performance n'est guère cons-
tructif. Une meilleure compréhension et une pratique améliorée exigent que nous
abordions les tensions entre les objectifs de l'imputabilité comme des éléments qui
favorisent le contrôle, l'assurance et l'amélioration continue par rapport aux réformes
introduites dans la gouvernance et dans l'administration et qui sont censées améliorer la performance. Améliorer les modes d'imputabilité n'améliore pas nécessairement la performance, mais la thèse selon laquelle il est possible d'améliorer la
performance sans améliorer l'imputabilité est indéfendable.

Améliorer l'imputabilité en vue de la performance constitue un projet important de revitalisation de la fonction publique, mais exige davantage qu'une simple
reconnaissance des tensions inhérentes à la dialectique de l'imputabilité. Nous conclurons en évoquant deux conditions essentielles qui s'ajoutent aux mesures évoquées dans cette étude.

Premièrement, une meilleure imputabilité n'est possible que si la fonction
publique a la capacité d'assumer ses fonctions administratives de base, particulièrement celles qui touchent la surveillance, le contrôle, l'examen et l'évaluation. Cette
capacité — ou cette « aptitude », selon les termes du gouvernement néo-zélandais
(Upton, 1999) — exige davantage que l'instauration de systèmes d'imputabilité
adéquats. Il y faut aussi la présence, au sein de l'exécutif et du législatif, du personnel nécessaire à l'atteinte des objectifs de ces systèmes. Il importe aussi, et cela est
essentiel, que les ressources engagées pour la supervision et la gestion de l'imputabilité — dans les organismes centraux, les ministères et les organismes de vérification et d'examen législatifs — ne soient pas considérés comme de simples « frais
généraux bureaucratiques » (Gow, 1997). On devrait plutôt les voir comme de
nécessaires investissements à long terme dans une bonne gouvernance, pour autant
que les régimes de la NGP entendent atteindre leurs objectifs sans engager de
« déficit d'imputabilité ».

Deuxièmement, une meilleure imputabilité exige un leadership politique et
bureaucratique qui s'exerce sur au moins deux fronts. D'une part, les responsables
administratifs et exécutifs doivent s'être engagés à la transparence. Un tel engagement exige, au-delà de toute contrainte juridique à cet égard, une volonté de communiquer et de partager l'information de manière à ce que tous ceux qui ont pour
fonction d'assurer l'imputabilité puissent agir non seulement efficacement mais
sans avoir à vivre les confrontations qui, inévitablement, soulèvent des doutes sur la
crédibilité des rapports sur le rendement. D'un autre côté, on doit aussi s'engager à
enrichir sans cesse le contenu des communications chez les responsables de la
supervision, de l'examen et de la vérification. Les faits parlent rarement par eux-
mêmes, particulièrement dans le domaine politique, et ce, même lorsqu'on s'est
consciemment efforcé de partager la signification des incertitudes et des choix rela-

tifs aux questions sujettes à contestation en matière de politiques et d'administration publiques. Dans le domaine de la politique de l'imputabilité, désaccords et débats sont inévitables. Néanmoins, on ne saurait mieux assurer l'imputabilité que lorsque les responsables de l'évaluation du rendement s'engagent dans un dialogue franc et direct avec ceux et celles dont ils doivent évaluer le rendement.

BIBLIOGRAPHIE

Aucoin, Peter (1995), *The New Public Management : Canada in a Comparative Perspective*, Halifax, Institute for Research on Public Policy.

Aucoin, Peter (1998), « Auditing for Accountability : The Role of the Auditor General », Institute on Governance, Ottawa.

Aucoin, Peter (1996), « Designing Agencies for Good Public Management », *Choices*, 2(4) : 5-19, Montréal, Institute for Research on Public Policy.

Bakvis, Herman (2000), « Rebuilding the Policy Capacity in an Era of the Fiscal Dividend », *Gouvernance*, 13(1), janvier : 71-104.

Barzelay, Michael (1992), *Breaking through Bureaucracy : A New Vision for Managing in Government*, Berkeley, University of California Press.

Barzelay, Michael (1997), « Central Audit Institutions and Performance Auditing : A Comparative Analysis of Organizational Strategies in the OECD », *Gouvernance*, 10(3), juillet : 235-260.

Behn, Robert D. (1998), « The New Public Management Paradigm and the Search for Democratic Accountability », *International Public Management Journal*, 1(2) : 131-164.

Canada. Auditor General (1999), « Collaborative Arrangements : Issue for the Federal Government », Rapport du vérificateur général du Canada présenté à la Chambre des communes, Ottawa, avril, chapitre 5.

Canada. (1994), *De solides assises : Rapport du Groupe de travail sur les valeurs et l'éthique dans la fonction publique*, Ottawa.

Canada. Centre canadien de gestion (1994), Apprentissage continu.

Cooper, Philip J. (1995), « Imputabilité et réforme administrative : vers la convergence et au-delà », dans Peters, B. Guy et Donald J. Savoie (dir.), *Les nouveaux défis de la gouvernance*, Montréal, Centre canadien de gestion et Les Presses de l'Université Laval.

Di Francesco, M. (1998), « The Measure of Policy ? Evaluating the Evaluation Strategy as an Instrument of Budgetary Control », *Australian Journal of Public Administration*, 57(1) : 33-48.

Duxbury, Linda, Lorraine Dyke et Natalie Lam (1999), *Career Development in the Federal Public Service : Building a World-Class Workforce*, Ottawa, Conseil du Trésor Canada, Secrétariat.

Gregory, Robert (1998), « A New Zealand Tragedy : Problems of Political Responsibility », *Governance*, 11(2), avril : 231-240.

Hood, C. (1998).

Kaplan, Robert S. et David P. Norton (1996), *The Balanced Scorecard*, Boston, Harvard Business School Press.

Kettl, Donald F. (1994), *Reinventing Government : Appraising the National Performance Review*, Washington, Brookings.

Kettl, Donald F. (1998), *Reinventing Government : A Fifth-Year Report Card*, Washington, Brookings.

Mulgan, Geoff (1998), *Connexity : Responsibility, Freedom, Business and Power in the New Century*, London, Vintage.

Mulgan, Richard (1997), « The Processes of Public Accountability », *Australian Journal of Public Administration*, 56(1), mars : 25-36.

Mulgan, Richard (1998), « Politicisation of Senior Appointments in the Australian Public Service », *Australian Journal of Public Administration*, 57(3) : 3-14.

OECD (1996), *Performance Auditing and the Modernization of Government*, Paris, OCDE.

Osborne, David et Ted Gaebler (1993), *Reinventing Government : How the Entrepreneurial Spirit is Transforming the Public Sector*, New York, Plume.

Osborne, David et Peter Plastrik (1997), *Banishing Bureaucracy*, Reading, MA, Addison Wesley.

Peters, B. Guy et Donald J. Savoie (dir.) (1995), *Les nouveaux défis de la gouvernance*, Montréal et Kingston, Centre canadien de gestion et Les Presses de l'Université Laval.

Polidano, Charles (1999), « The Bureaucrat Who Fell Under a Bus : Ministerial Responsibility, Executive Agencies and the Derek Lewis Affair in Britain », *Gouvernance*, 12(2), avril : 201-229.

Power, Michael (1997), *The Audit Society*, New York, Oxford University Press.

Schick, Allen (1996), « The Spirit of Reform : Managing the New Zealand State Sector in a Time of Change », Un rapport préparé pour la State Services Commission et le Trésor, Nouvelle-Zélande, Wellington, State Services Commission.

Stone, Bruce (1995), « Administrative Accountability in the Westminster Democracies : Toward a Conceptual Framework », *Gouvernance*, 8(4), octobre : 505-526.

Sutherland, Sharon (1996), « Does Westminster Government Have a Future ? », Institute on Governance, Ottawa, Ouvrage hors-série.

Sutherland, S.L. (1991), « The Al-Mashat affair : administrative responsibility in parliamentary institutions », *Canadian Public Administration*, 34(4), hiver : 573-603.

Thomas, Paul (1998), « La nature changeante de l'imputabilité », dans Peters, B. Guy et Donald J. Savoie (dir.), *Réformer le secteur public : où en sommes-nous ?*, Montréal, Centre canadien de gestion et Les Presses de l'Université McGill, p. 273-295.

9
Organiser la prestation des services : critères et possibilités

JONATHAN BOSTON

INTRODUCTION

Soumis à divers impératifs d'ordre fiscal, social, administratif et idéologique, de nombreux gouvernements ont fait l'essai, depuis le milieu des années 1980, de nouvelles formes de prestation de services. On a ainsi cessé, de manière générale, de recourir à des modes de prestation internes, bureaucratiques et relativement inflexibles, tel le ministère traditionnel, pour se tourner de plus en plus vers la sous-traitance, l'utilisation d'organismes semi-autonomes et la formation de partenariats entre organismes et entre gouvernements. Plusieurs gouvernements ont aussi transformé en entreprises ou complètement privatisé certains types de services, spécialement ceux qu'on estimait être de nature largement commerciale. De telles orientations soulèvent plusieurs questions importantes.

Une de ces questions a trait aux principes et aux valeurs qui devraient commander le choix des instruments de politique utilisés pour atteindre tel ou tel objectif public. Dans quelles circonstances, par exemple, sera-t-il préférable d'assurer la prestation de services par un ministère plutôt que par un organisme, une société de la Couronne ou un entrepreneur privé ? En d'autres termes, quels sont les critères qui doivent guider les choix de configuration institutionnelle ? Existe-t-il, en outre, un corpus théorique ou des données empiriques qui pourraient aider à décider du mécanisme institutionnel susceptible d'assurer la meilleure prestation de certains services, qu'il s'agisse de services correctionnels, d'aide à l'enfance, de perception fiscale, de soins de santé, de bibliothèques, de transport public ou de recherche scientifique ?

Un deuxième ensemble de questions renvoie aux conséquences sociales, politiques et économiques de la période d'expérimentation institutionnelle menée récemment dans divers pays, notamment en Australie, en Grande-Bretagne, au Canada et en Nouvelle-Zélande. En quoi, par exemple, les nouvelles formes de prestation de services et le recours à la sous-traitance ont-ils affecté le rendement du gouvernement et des institutions ? Plus précisément, de quelles données empiriques dispose-t-on concernant l'impact des récentes réformes institutionnelles sur certaines mesures cruciales du rendement, telles l'efficacité de la production, la productivité de la main-d'œuvre, la qualité du service, la satisfaction des consommateurs et l'efficacité des programmes gouvernementaux à atteindre les objectifs prévus ? En quoi — et cela est tout aussi important — les nouvelles formes de prestation de services ont-elles affecté les divers modes d'imputabilité (par ex. politique, administrative, juridique, financière et professionnelle) et, plus généralement, quel en a été l'impact sur le rôle du gouvernement dans la société et sur la relation entre l'État et le citoyen ? Il est aussi intéressant, dans ce contexte, de connaître les leçons de politique qui se dégagent de cette expérimentation sur des formes institutionnelles nouvelles et des modes nouveaux de prestation de services. Quel changement institutionnel, par exemple, semble avoir réussi, et pourquoi ? Inversement, quels sont les échecs, et pourquoi ? De plus, quels sont les risques associés aux partenariats et aux contrats externes, et comment les réduire ? Et comment protéger les intérêts des *citoyens* et des *contribuables*, alors que l'on met d'abord l'accent sur les *consommateurs* et sur les *clients* ?

Ce chapitre abordera ces questions et quelques autres qui s'y rattachent. Nous passerons d'abord en revue les instruments de prestation de services et les travaux empiriques touchant la configuration institutionnelle. Deuxièmement, nous évoquerons les nouvelles formes de prestation pratiquées dans l'OCDE, portant une attention particulière à la mise sur pied de nouveaux organismes et à la pratique de plus en plus répandue des appels d'offres et des contrats externes. Troisièmement, nous nous pencherons sur certaines des questions de politique générale soulevées par cette évolution, dont les limites de la sous-traitance, le rôle qui revient aux citoyens dans la conception et la prestation des services financés par les taxes et le problème de la gestion des risques. Nous formulerons, en dernier lieu, quelques suggestions pour repenser et revitaliser la prestation des services publics.

L'ampleur du sujet nous interdit d'en traiter adéquatement tous les aspects dans un seul chapitre. C'est pourquoi nous nous limiterons quasi exclusivement aux développements survenus au sein de l'OCDE et, tout spécialement, dans le monde anglo-américain. Nous porterons surtout attention au rôle de l'État dans la prestation et dans l'achat de services financés par les contribuables ; nous n'aborderons pas, par conséquent, les questions relatives à la justification du financement gouvernemental et aux responsabilités de l'État en matière de réglementation, ni les arguments avancés pour ou contre l'imposition de frais aux usagers. De plus, nous insisterons sur les services aux citoyens et aux contribuables, non aux ministres.

C'est pourquoi nous n'analyserons pas en détail les questions d'organisation et de services conseils en matière de politique. En dernier lieu, nous accorderons peu d'attention à la transformation en entreprise, à la privatisation et aux mérites relatifs des formes d'organisation à but lucratif et sans but lucratif.

MODÈLE INSTITUTIONNEL : QUESTIONS GÉNÉRALES ET PRINCIPES

Les gouvernements nationaux et sous-nationaux financent et assurent (par divers mécanismes) une énorme panoplie de services. La simple nomenclature en occuperait des pages et des pages, sans compter leurs caractéristiques propres (par ex. en matière de coût fiscal, de quantité, de qualité, de localisation, de mode de prestation, etc.). Au nombre des plus importants, présents chez la plupart des administrations publiques, on compte : les services de soutien au revenu (par ex. aide sociale, pensions, allocations, octrois et subventions) ; les services de santé ; d'éducation et de formation ; d'habitation (par ex. sous la forme d'allocations ciblées) ; de défense ; de police ; le système de droit criminel (dont les tribunaux et les services correctionnels) ; les programmes d'emploi ; les services sociaux (travail social, counseling, médiation familiale, réhabilitation, etc.) ; recherche scientifique ; conservation et protection de l'environnement ; planification urbaine et régionale ; disposition des actifs d'infrastructure et des services publics. En outre, de nombreux gouvernements consacrent des ressources importantes aux arts, à la radiodiffusion et aux communications, à la protection des peuples autochtones et à leur culture, ainsi qu'à l'aide au développement.

Au fil des ans, les gouvernements ont mis au point une pléthore de modes organisationnels (dont certains dotés d'une structure juridique ou d'une base légale distinctes) afin d'accomplir des tâches et des fonctions de cette nature. On y relève généralement des ministères, des secrétariats, des entreprises publiques, des organismes de réglementation, des tribunaux, des commissions, des conseils, des instituts, des fondations et des comités consultatifs. On accorde souvent une grande importance au statut juridique et aux attributs de ces organisations. C'est ainsi qu'on retrouve souvent des entités juridiques connues sous le nom de corporations, lesquelles peuvent se subdiviser en compagnies à responsabilités limitées, en sociétés créées en vertu de leurs propres statuts et en sociétés incorporées. On peut aussi distinguer, de même, diverses formes de structures non incorporées et fondées sur un contrat (partenariats, coentreprises, alliances stratégiques, concessions d'exploitation et de distribution). Cependant, le mode juridique d'une organisation est souvent moins important que ne le sont d'autres variables comme la direction, le financement, le leadership, les relations industrielles et la culture institutionnelle, sans compter le contexte politique et réglementaire dans lequel elle fonctionne (voir Hikel, 1997 : 78).

Un examen des organisations du secteur public au sein de l'OCDE révèle, au niveau national, d'importantes équivalences institutionnelles. Entendons par là que les bureaucraties de chaque pays ont généralement mis au point un ensemble d'organisations distinctes et souvent spécialisées, chacune exerçant des fonctions de divers ordres. En revanche, on note d'importantes variations dans le choix des types et des combinaisons d'institutions, ce qui provient sans doute des diverses traditions bureaucratiques, des modalités constitutionnelles, des contraintes politiques et de la situation économique de chaque pays. C'est ainsi qu'au cours du XXe siècle (tout au moins jusqu'à récemment), les pays de régime politique centraliste — tels la Grande-Bretagne, la France, l'Irlande, l'Italie, le Japon et la Nouvelle-Zélande — ont davantage eu recours aux ministères pour assurer les services publics que les pays de régime décentralisé — le Danemark, les Pays-Bas, la Suède et les États-Unis. Il en a été de même des fonctions de réglementation, assurées avant tout, en certains pays, par des ministères et en d'autres par des organismes semi-autonomes. La dimension et la portée des entreprises publiques constituent une autre différence importante : alors qu'en certains pays, notamment aux États-Unis, relativement peu de fonctions commerciales ont été conçues au sein du secteur public, l'entreprise publique a été, en d'autres pays, un important instrument de politique.

Des différences de cette nature ajoutent aux importantes variations observées à travers les pays de l'OCDE quant à la manière de se procurer et d'assurer les services publics — qu'il s'agisse de soins à l'enfance, d'éducation obligatoire, de soins de santé, de services correctionnels ou de programmes consacrés à la main-d'œuvre. Ainsi, les services correctionnels y sont diversement administrés par des ministères distincts (par ex. un ministère de l'Intérieur), des unités commerciales (ou des organismes) au sein des ministères, des organismes semi-autonomes et des entreprises privées sous contrat. Le même modèle vaut pour la recherche scientifique. De même existe-t-il, dans le cas de l'enseignement obligatoire, des différences dans les modes de financement, les modèles de propriété des institutions scolaires, les structures de gestion et les modes de réglementation. Dans certains pays, les institutions scolaires sont financées au niveau national et largement autonomes sur le plan administratif. Dans d'autres, les écoles sont d'abord financées et gérées par les autorités locales. Dans la plupart des pays, elles sont de propriété et d'administration publiques. Ailleurs, notamment en Belgique et aux Pays-Bas, les écoles sont, dans une forte proportion, de propriété privée mais de financement public.

Distinction entre les formes institutionnelles

La distinction des diverses formes institutionnelles (y compris les différents types de contrat) susceptibles de servir à la prestation des services publics soulève trois problèmes. Le premier tient, tout simplement, au nombre extraordinaire de mécanismes institutionnels dont peuvent disposer les concepteurs de politiques. Comme le notent Thomas et Wilkins (1997 : 110), il n'existe apparemment « aucune limite à l'ingéniosité dont font preuve les gouvernements dans l'invention de nouvelles structures». La classification précise de ces configurations structurelles n'est pas toujours facile.

Le second problème tient à la terminologie. Des termes tels que «ministère» ou «département», employés dans la plupart des administrations, n'ont pas nécessairement le même sens. En certains pays, ils sont interchangeables; en d'autres, par exemple en Nouvelle-Zélande, le mot «ministère» renvoie généralement à de petites organisations qui s'occupent d'abord de conseiller les ministres, alors que les départements sont des organisations plus vastes, polyvalentes et chargées d'importantes responsabilités quant à la prestation de services. Par contre, en Belgique, au Danemark, en Finlande et au Portugal, le mot «département» renvoie à une section ou à une division distincte à l'intérieur d'un ministère. Il en va ainsi des entreprises dont l'État est propriétaire en tout ou en partie: on les appelle diversement entreprises publiques, sociétés de la Couronne, sociétés d'État, commerces d'État et industries nationalisées. Dans certains pays, cependant (par ex. Finlande et Suède), on distingue entre «sociétés d'État» (entreprises commerciales dont l'État est actionnaire majoritaire) et «entreprises publiques» (qui sont financièrement autosuffisantes et qui, en termes administratifs, se situent à mi-chemin entre l'organisme gouvernemental et la société d'État) (OCDE 1993 : 91).

Troisièmement, il existe des différences importantes dans la manière dont fonctionnent, en pratique, des organisations dotées d'un statut juridique, d'une structure de propriété et d'un système de direction apparemment semblables. C'est ainsi qu'on définit généralement un ministère comme une organisation créée en vertu des prérogatives de la Couronne ou de la volonté de l'exécutif afin de répondre aux désirs et à la volonté d'un ministre; il se caractérise donc par une relation directe d'imputabilité entre ses directeurs politique et administratif. Normalement, une telle organisation obtient la plupart de ses fonds, sinon la totalité, du budget de l'État. Une différence énorme existe pourtant entre un ministère fonctionnant dans un contexte bureaucratique hautement centralisé et lourdement réglementé (par ex. dont les intrants sont tous minutieusement contrôlés) et la même organisation évoluant dans un environnement de décentralisation administrative (particulièrement quant à la gestion des ressources humaines et financières). Les critiques habituelles des modes de prestation des services — nommément qu'elles sont rigides, inefficaces et insensibles aux besoins des usagers — peuvent ne pas s'appliquer, ou ne pas s'appliquer dans la même mesure, lorsque le département (et ses cadres supérieurs) jouit d'une grande autonomie administrative quant à la sélection et à l'allocation des intrants (personnel, capitaux, technologie de l'information, etc.). En fait, certains départements ministériels peuvent disposer d'une plus grande latitude administrative et d'un plus grand «espace» de manœuvre que certains organismes publics théoriquement plus autonomes que certaines sociétés d'État. Ainsi, depuis les réformes du secteur public intervenues en Nouvelle-Zélande vers la fin des années 1980, les départements ont disposé de presque autant de latitude dans leur gestion interne que la plupart des organismes de la Couronne (qui sont traditionnellement autonomes par rapport aux ministres). Ces départements semblent disposer d'une plus large autonomie, quant aux intrants et à la gestion financière, qu'un grand nombre des nouveaux organismes créés au Canada.

La nature des contrôles et des contraintes bureaucratiques imposés aux départements est ainsi un facteur critique dans la détermination des mérites relatifs de telles organisations quant à la prestation de divers types de services. La même remarque vaut, bien entendu, pour d'autres formes institutionnelles, dont les organismes, les offices, les sociétés de droit public et les entreprises publiques. C'est pourquoi on commet une simplification excessive en prétendant, comme on le fait fréquemment dans la littérature de l'administration publique, qu'il existe une échelle continue de formes organisationnelles, facilement décelable (voir Thomas et Wilkins, 1997) — par exemple de ministères (ou départements) à organismes, à sociétés de droit public, à entreprises publiques et, finalement, à organisations privées. Cela ne veut pas dire que les organisations ne peuvent pas être situées sur des échelles analytiquement distinctes et pertinentes aux politiques (par ex. en fonction de leur dépendance des fonds publics, de leur relative autonomie politique, du niveau et de la portée de l'autorité qui leur est déléguée ou du degré de leur soumission aux règles de la fonction publique quant à la rémunération, à l'engagement et au congédiement du personnel). Cependant, répétons-le, aucune correspondance biunivoque n'existe entre l'appellation conférée à une organisation du secteur public et sa position sur de telles échelles.

En considérant, en bref, la forme d'organisation la mieux appropriée à la prestation de certains types de services financés par l'État, il est nécessaire d'examiner non seulement les caractéristiques structurelles pertinentes de l'organisation en cause, mais aussi le contexte constitutionnel, politique, culturel et administratif dans lequel elle s'insère. Préférer un organisme à un ministère peut être fort logique en certaines circonstances — lorsque, par exemple, on souhaite une certaine souplesse de fonctionnement, dont on estime que l'organisme s'acquitterait mieux. En même temps, cependant, il serait peut-être possible d'atteindre au même résultat en assouplissant certaines des contraintes administratives ou budgétaires imposées au ministère, en entreprenant une refonte organisationnelle interne, en renouvelant l'équipe de cadres supérieurs, en introduisant de nouvelles technologies et de nouveaux systèmes d'information, ou en mettant en œuvre des systèmes de gestion du rendement plus contraignants (y compris le développement de normes précises). De telles approches pourraient aussi amoindrir les coûts de transition et permettre d'éviter les principaux problèmes associés au changement d'administration.

Critères de sélection

Ayant ainsi disposé de quelques problèmes, il nous est désormais possible d'aborder la question centrale de la configuration organisationnelle, nommément de la détermination du type d'organisation le mieux apte à accomplir des tâches spécifiques et, quant au présent chapitre, du choix de la meilleure manière d'assurer la prestation de divers types de services publics. Le moindre regard sur la littérature pertinente permet de constater que les experts sont loin d'être d'accord sur ce sujet. Pour autant que l'on puisse dégager un consensus de leurs travaux, il se lirait ainsi : le domaine de la conception institutionnelle ne saurait être considéré comme une science exacte, il n'existe pas de lois éternelles et les analogies et les propositions mécanicistes de type tayloriste (par ex. « il n'existe qu'une seule manière parfaite de procéder ») sont sérieusement viciées (voir Aucoin, 1998 ; Wilson, 1989). Il n'existe, de même, aucune théorie générale ou unifiée qui puisse expliquer les modèles actuels de formes organisationnelles au sein des bureaucraties publiques ou procurer aux décideurs des critères précis (Schick, 1996 : 38). Jusqu'à maintenant, en fait, rares ont été les tentatives d'élaborer une théorie globale de la conception institutionnelle dans le secteur public (voir Horn, 1995).

En revanche, les « doctrines administratives » — selon l'expression de Hood et Jackson (1991) — ne manquent pas en ce domaine. On y relève, notamment, les doctrines selon lesquelles « la forme doit suivre la fonction » (l'organisation doit refléter la nature et les caractéristiques du service qu'elle assure), « ce qui se ressemble doit s'assembler » (on doit regrouper les services qui présentent les mêmes caractéristiques), on devrait séparer les fonctions commerciales des fonctions non commerciales, les tâches d'approvisionnement et de prestation devraient être confiées à des organisations différentes. Composé à partir de l'analyse de Hood et Jackson, le tableau 1 met en regard les divers ensembles doctrinaux et les arguments avancés pour les justifier.

TABLEAU 1
Configuration institutionnelle :
les principales doctrines administratives et leur justification

Doctrines administratives	*Justifications typiques*
1. *Organisations publiques ou privées*	
1.1 Préférence au secteur public	Améliore le contrôle public, l'imputabilité et l'égalité de traitement
	Augmente la productivité et l'efficacité dans l'allocation des ressources
	Améliore la planification et l'investissement à long terme
1.2 Préférence au secteur privé	Augmente la productivité et l'efficacité dans l'allocation des ressources
	Minimise l'ingérence politique
	Augmente la liberté économique

2. *Types d'organisations publiques*
   2.1 Préférence au département ou au ministère (bureaucratie classique)

   Accroît le contrôle et la responsabilité ministériels
   Augmente la surveillance par le parlement et l'imputabilité politique pour les actes administratifs
   Forme d'organisation hautement adaptable

   2.2 Préférence à des formes non ministérielles : compagnies, fiducies, universités, etc.

   Réduit le contrôle et la responsabilité ministériels ; conseils, commissions, propriété publique
   Facilite le contrôle démocratique local
   Facilite le recrutement d'experts ou d'un personnel plus représentatif
   Accroît l'autonomie et la souplesse administratives, ce qui augmente l'efficacité
   Facilite l'autonomie organisationnelle et l'indépendance vis-à-vis du gouvernement

3. *Types d'organisations privées*
   3.1 Préférence aux organisations commerciales

   Augmente les incitatifs administratifs et l'imputabilité financière
   Bénéfices d'efficacité des droits de propriété transférables

   3.2 Préférence aux organisations sans but lucratif, indépendantes ou volontaires

   Réduit l'opportunisme
   Permet une plus grande sensibilité à la clientèle et des modes de prestation plus variés
   L'utilisation de volontaires permet de réduire les coûts

4. *Dimension de l'organisation*
   4.1 Préférence aux vastes organisations

   Améliore l'apprentissage systématique et l'innovation
   Améliore la coordination, l'établissement des priorités et la planification intégrée
   Réduit l'influence des intérêts « de clocher »
   Améliore l'efficacité de la production (à cause des économies d'échelle)

   4.2 Préférence aux petites organisations

   Plus « humain », augmente la motivation des travailleurs
   Meilleure supervision administrative ; minimise l'étendue des problèmes de contrôle
   Augmente l'efficacité de la production (à cause de l'absence d'économies d'échelles et d'une plus grande « contestabilité » des approvisionnements)
   Plus grande adaptabilité et plus grande sensibilité

5. *Portée fonctionnelle de l'organisation*
   5.1 Préférence à de multiples objectifs

   Amélioration de la coordination et approche holistique
   Efficacité plus grande à cause d'économies

   5.2 Préférence à un objectif unique

   L'étroitesse des objectifs améliore la supervision administrative, la surveillance externe et l'imputabilité
   Facilite l'unification de la culture et de la mission

6. *Degré d'uniformité*
   6.1 Préférence à des structures administratives uniformes

   Améliore la possibilité de prédictions et l'uniformité
   Facilite les comparaisons entre organismes, améliore la surveillance, l'évaluation du rendement et le contrôle par les consommateurs

   6.2 Préférence à des structures administratives polyformes

   La forme organisationnelle optimale dépend des fonctions et du contexte

7. *Responsabilité unique ou divisée*	
7.1 Préférence à une organisation à responsabilité unique (guichet unique)	
7.1.1 Par intégration horizontale	Améliore l'efficacité de la production et la souplesse quant aux activités (ou dans l'ensemble des fonctions)
	Facilite la responsabilité politique unifiée
	Minimise les coûts de transactions et simplifie la tâche du consommateur (grâce au guichet unique)
	Améliore la coordination des politiques
7.1.2 Par intégration verticale (par ex. de décision et d'exécution, d'approvisionnement et de prestation, etc.)	Minimise les coûts de transactions
	Améliore la supervision et le contrôle
	Améliore la sécurité des approvisionnements
	Améliore la coordination des politiques et la qualité des services conseils
7.2 Préférence à une division des responsabilités	

8. *Approvisionnement à une source unique ou à des sources diverses*	
8.1 Préférence à une source unique	Améliore l'efficacité de la production en minimisant le dédoublement, le gaspillage et les coûts de transactions
	Facilite la spécialisation et les économies d'échelle
	Améliore l'efficience en minimisant les confusions possibles, les culs-de-sac et la rivalité entre organismes
8.2 Préférence à plusieurs sources	Améliore l'efficacité de la production en facilitant les approvisionnements contestables
	Encourage les représentations multiples
	Améliore le choix des consommateurs

9. *Combiner les activités semblables ou combiner des activités différentes*	
9.1 Préfère combiner le même au même (par ex. sur la base des objectifs, des processus, de la clientèle ou du territoire)	Les organisations homogènes fonctionnent mieux
	Facilite une plus grande spécialisation
9.2 Préfère le pluralisme administratif	La diversité facilite les synergies créatrices
	Évite la concentration des pouvoirs sur des fonctions délicates

10. *Séquence hiérarchique longue ou simplifiée*	
10.1 Préférence à séquence étendue	Améliore la motivation en fournissant davantage d'incitatifs
	Améliore les fonctions de direction et de contrôle
10.2 Préférence à hiérarchie simplifiée	Améliore la circulation d'informations
	Réduit le dédoublement
	Améliore l'imputabilité et réduit le « refilage de responsabilités » le long de la chaîne de commandement

Source : Boston *et al.*, 1996 : 74-75. Basé sur Hood et Jackson, 1991 : 71-100.

S'il n'existe aucune théorie générale de la configuration institutionnelle, on compte, en revanche, diverses théories qui, telles la théorie de la délégation et l'analyse des coûts d'opération, peuvent contribuer (tout au moins jusqu'à un certain point) à expliquer les divers types de choix institutionnels (par ex. le degré de délégation administrative, les procédures décisionnelles, la forme de gouvernance et la structure du système de récompenses et sanctions) (voir Horn, 1995). De telles théories fournissent aussi des critères utilisables pour déterminer les mérites relatifs de diverses options institutionnelles ; vaut-il mieux, par exemple, exécuter à l'interne certaines activités (par ex., la perception des revenus ou la collecte des ordures) ou les faire exécuter à l'externe par contrat.

C'est ainsi, par exemple, que l'analyse des coûts d'opération indique qu'une prestation par l'interne (par ex., le recours à une organisation du secteur public) sera probablement préférable (en matière de productivité, d'efficacité et d'imputabilité) lorsque le marché en cause est peu concurrentiel et lorsqu'il sera difficile d'établir les dispositions d'un contrat à l'externe et d'en assurer la mise en œuvre et la surveillance (par ex. à cause de problèmes liés à la spécification et à la mesure du niveau et de la qualité des résultats) (voir Boston *et al.*, 1996 : 23-24 ; Bryson et Smith-Ring, 1990 ; Gorringe, 1996 ; Kettl, 1988 ; 1993 ; Lane, 1993 : 176-188 ; Treasury, 1987 ; Vining et Weimer, 1990 ; Williamson, 1985 ; Wilson, 1989). De telles conditions sont susceptibles de s'appliquer lorsque le contexte opérationnel se caractérise par un haut degré d'incertitude, un risque important d'opportunisme de la part des agents (contractants), des opérations complexes et nombreuses, des actifs hautement spécifiques et un espace de manœuvre réduit quant à la négociation des prix. Par contre, le contrat externe sera préférable lorsque s'appliquent les conditions inverses — lorsque l'approvisionnement en biens ou en services est sujet à un marché hautement concurrentiel et que les coûts d'opération sont relativement bas à cause de contraintes sévères sur l'opportunisme, d'un nombre réduit d'opérations relativement simples, d'un haut degré de certitude, etc. En pratique, nombreux sont les biens et les services qui ne satisfont à aucun de ces critères. C'est ainsi que l'approvisionnement peut relever d'un marché partiellement concurrentiel et les coûts d'opération peuvent n'être ni très élevés ni relativement négligeables. En de tels cas, il peut être difficile de déterminer les mérites relatifs d'un recours à l'interne ou à l'externe.

N'oublions pas, bien entendu, que des limites existent, en pratique, à la mise en œuvre et à l'efficacité des contrats de type classique (officiels, écrits et signés), qu'ils interviennent entre organisations ou au sein d'une même organisation (Hardin, 1992 ; Stewart, 1993). Plusieurs points ne peuvent être exprimés ou adéquatement précisés dans des contrats officiels ; de même leur application n'est-elle pas toujours simple. Il s'ensuit que les dispositions d'ententes internes et les contrats à l'externe dépendent tous deux, à divers degrés, des contrats obligatoires implicites ou « relationnels » (selon l'expression de Williamson, 1985). En d'autres termes, la réussite d'un contrat, qu'il soit interne ou externe, repose pour une bonne part sur le maintien d'un solide engagement et d'un rapport de bonne volonté, d'intégrité et de confiance mutuelle. Il est donc important, au moment de faire des choix institutionnels, d'évaluer en quoi les ententes prévues affecteront ces « actifs particuliers ».

Trois autres aspects de la configuration institutionnelles méritent qu'on s'y arrête. Premièrement, ces questions ne sont pas que techniques, mais soulèvent de sérieux problèmes de valeurs. Selon Cameron :

> Les divers modes organisationnels d'une institution représentent des choix entre des valeurs concurrentes. Cela vaut pour toute organisation, gouvernementale ou non. [...] L'organisation agit sur les valeurs à deux titres. Premièrement, les valeurs peuvent être assumées ou répudiées directement, dans la mesure où elles s'incarnent ou non dans l'organisation elle-même. Des valeurs telles que la participation ou l'autonomie professionnelle, par exemple, sont directement associées au mode organisationnel de l'organisation. Deuxièmement, les valeurs peuvent être favorisées ou entravées de manière indirecte, dans la mesure où l'organisation est ou n'est pas propice à leur épanouissement (1992 : 167).

Lorsque vient le temps de déterminer la meilleure manière d'accomplir telle ou telle activité, de nombreuses valeurs entrent, potentiellement, en ligne de compte. C'est ainsi que, dans la plupart des cas, des valeurs telles que la productivité, l'efficience et l'imputabilité seront déterminantes. L'applicabilité et l'importance d'autres valeurs — l'autonomie institutionnelle, la réceptivité aux désirs du consommateur, l'opportunité culturelle, l'équité procédurale, l'accès équitable, l'uniformité de traitement, la réduction des risques fiscaux, l'attrait d'une gouvernance de participation, la représentation des intéressés, le partage du pouvoir et la délégation politique (ou le principe de subsidiarité), la protection des droits des autochtones, et ainsi de suite — seront fonction de la nature de la tâche à entreprendre (y compris, le cas échéant, les caractéristiques du service en cause) et des fins publiques auxquelles elle entend satisfaire.

Cela étant, le choix du mode organisationnel devrait être fonction, entre autres, 1) des valeurs présumées pertinentes ; 2) du mode de pondération de ces valeurs ; et 3) du type d'organisation qu'on estime le plus susceptible de favoriser la mise en pratique de ces valeurs. Compte tenu de la possibilité de pondérations largement différentes, à quoi s'ajoute l'incertitude fréquemment associée à la relation entre moyens et fins, on ne s'étonnera pas de voir des décideurs, plongés dans des contextes et des époques différents, aboutir à des choix radicalement divergents quant au meilleur mode de prestation de services particuliers. Ainsi, ceux qui adhèrent à des principes radicaux en matière de démocratie et qui prônent une vaste participation de la population à la conception et à la prestation des services publics seront susceptibles de favoriser un mode organisationnel fortement décentralisé et voudront confier la gestion de certains services (dont écoles et hôpitaux) à des conseils élus localement. Ceux qui, par contre, doutent de la sagesse d'un contrôle démocratique direct (craignant, peut-être, un manque de compétence administrative, un manque de surveillance, l'appropriation des décisions par un groupe d'intérêt particulier ou toute autre forme de déficit démocratique) préféreront se fier davantage à des organisations gérées par des conseils d'administration nommés d'autorité.

Deuxièmement, et cette question se rattache à la précédente, la configuration organisationnelle sera nécessairement, en pratique, influencée par un ensemble de contraintes constitutionnelles, administratives, politiques et économiques. Il faudra d'abord déterminer, au premier chef, le degré approprié (ou désiré) de participation, de contrôle et de responsabilité ministériels. Lorsque les ministres entendent exercer un contrôle direct sur une activité — soit à cause de l'ampleur des fonds injectés par le gouvernement, de la difficulté à préciser les extrants et à évaluer le rendement, ou de sa nature politiquement délicate — il sera alors nécessaire de la confier à un ministère ou, tout au moins, à un organisme étroitement associé à un ministère. Lorsque, à l'inverse, on estime souhaitable une grande mesure d'autonomie administrative — dans les domaines de l'éducation supérieure et de la recherche scientifique, par exemple —, alors on préférera une organisation non ministérielle. De telles interrogations ont été au cœur de la démarche dite *prior options*, engagée en Grande-Bretagne depuis la fin des années 1980 afin de déterminer l'opportunité de positionner certaines fonctions ministérielles au sein d'un organisme d'exécution et, le cas échéant, de préciser le type d'organisme qu'il importait de créer.

Troisièmement, on ne saurait arrêter de choix institutionnel sans tenir compte des interdépendances entre organisations du secteur public et entre différents niveaux du gouvernement. Les ministères, organismes et autres corps publics ne sont pas des entités indépendantes, isolées et autonomes ; ils appartiennent plutôt à une bureaucratie intégrée, vaste et en constant changement. Le rendement d'un organisme est ainsi affecté, à un degré ou à un autre, par le rendement des autres éléments du secteur public au sein duquel il fonctionne. Il est donc nécessaire, lorsqu'on examine des questions de configuration institutionnelle, de ne pas se limiter aux aptitudes d'une organisation particulière à telle ou telle fonction (ou ensemble de fonctions), mais de considérer aussi l'agencement global des formes organisationnelles (par ex. la combinaison appropriée d'organisations à vocation unique et d'organisations polyvalentes), les mécanismes de coopération et de coordination interorganisationnelles (et intergouvernementales), ainsi que les conséquences globales de telle ou telle option organisationnelle sur les autres éléments de la bureaucratie. On pourrait ainsi, pour d'excellentes raisons, souhaiter confier certaines fonctions départementales de prestation de services à un certain nombre d'organismes spécialisés et semi-autonomes, mais on risquerait alors de multiplier les problèmes de coordination interorganisationnelle (et peut-être même intergouvernmentale) et de rendre plus difficiles la gestion des politiques stratégiques et l'élaboration de politiques systématiques intersectorielles. C'est pourquoi il importe, lorsque sont institués des changements organisationnels majeurs, particulièrement ceux qui séparent les fonctions d'élaboration des politiques de celles de leur mise en œuvre, de s'assurer que des mécanismes de transmission convenables soient mis en place entre les organismes et qu'existent de solides boucles de rétroaction entre les responsables de la prestation des services et ceux qui s'occupent de l'évaluation et de l'élaboration des politiques (voir Ewart et Boston, 1993 ; Mintzberg, 1996).

Au moins quatre critères doivent être pris en compte dans l'évaluation des avantages relatifs d'une organisation intégrée verticalement, qui combine sous un même toit la fonction conseil et la prestation de services, comparés à ceux d'un mode organisationnel qui sépare ces fonctions les unes des autres :

• Dans quelle mesure le travail de politique comporte-t-il une composante opérationnelle ? Est-il nécessaire aux conseillers d'avoir une connaissance détaillée des problèmes opérationnels, afin de fournir des avis pertinents, sûrs et opportuns ?

• Est-il dans l'intérêt public (par ex. pour des raisons de confidentialité, de sécurité, d'efficacité, d'équité procédurale, etc.) qu'un ministère sous la responsabilité directe d'un ministre se consacre à la prestation de services ?

• Les technologies existantes autorisent-elles les dispositions disputables ?

• Les épargnes réalisées au chapitre des coûts de production permettront-elles de compenser pour les coûts supplémentaires engendrés par une séparation organisationnelle (ou par la sous-traitance) ?

Compte tenu de toutes ces considérations — dont les valeurs concurrentes, l'incertitude, les changements technologiques et l'interdépendance organisationnelle —, il devrait être évident qu'aucune solution unique et optimale n'existe, en matière d'organisation, pour chaque activité de prestation (ou même pour quelque type d'activité gouvernementale). Il ne s'ensuit pas qu'on ne puisse proposer ou mettre en œuvre de meilleures manières d'assurer la prestation des services publics. Mais on fait probablement erreur en s'acharnant à trouver les solutions idéales. Il est probable, en fait, que certaines des solutions qui auront la faveur à un moment donné seront perçues comme problématiques à un autre moment.

LES SOLUTIONS DE RECHANGE : THÈMES ET OPTIONS

De nombreux pays de l'OCDE, disions-nous, ont fait l'essai, au cours de la dernière décennie, de nouvelles formes de prestation des services financés par l'État. Cette expérimentation répondait à plusieurs objectifs (Aucoin 1995 ; 1998 ; Langford, 1997 ; Seidle, 1995 ; 1997). Dans la plupart des cas, on visait à accroître l'efficacité, la rentabilité et les économies fiscales. Mais d'autres objectifs ont été tout aussi importants, sinon davantage : encourager l'innovation, améliorer la qualité des services, réduire les coûts de conformité, améliorer la sensibilité aux besoins des citoyens (ou des consommateurs), faciliter la diversité culturelle, encourager la participation du public et un meilleur contrôle démocratique, responsabiliser et motiver les employés, rebâtir la confiance dans les institutions publiques, réduire le rôle global de l'État. On a aussi voulu tout simplement, en certains cas, surmonter l'inertie de la bureaucratie ou contourner la rigidité des contrôles d'intrants et des autres contraintes imposées à la fonction publique des ministères.

On a défini et classifié de diverses manières ces nouvelles formes de prestation. Au Canada, par exemple, on a largement employé, depuis le début des années 1990, l'expression *alternative service delivery* (ASD) pour décrire les innovations administratives survenues aux niveaux fédéral et provinciaux. Malheureusement, cette expression n'a pas encore acquis une acception précise et semble renvoyer à un ensemble plutôt disparate de mesures (Langford, 1997 : 60). Ainsi, le Secrétariat du Conseil du Trésor a défini l'ASD comme « La méthode la plus appropriée pour exécuter les programmes, mener les activités, assurer les services et remplir les fonctions qui permet au gouvernement d'atteindre ses objectifs. Ce concept englobe un vaste éventail d'instruments ou de modalités et même une collaboration avec d'autres secteurs. » (cité dans Langford 1997 :62). Or les moyens les plus appropriés pourraient théoriquement comprendre un ministère de type classique, lequel représente certes une solution possible, mais n'appartient guère au type de solutions mises de l'avant par la plupart des réformateurs. On a proposé une définition quelque peu différente lors de la conférence de l'ICAP tenue en 1997. L'ASD serait alors « un processus créatif et dynamique de restructuration du secteur public, qui permet d'améliorer la qualité des services fournis aux clients grâce au partage des fonctions de gestion publique avec les particuliers, les groupes communautaires et d'autres entités gouvernementales. » (cité dans Ford et Zussman 1997 a : 6). Mais cette définition est encore plus problématique. D'une part, le « partage des fonctions de gouvernance » a été absent de plusieurs des récentes innovations. D'autre part, tous les récents changements n'ont pas entraîné d'améliorations incontestables dans la qualité ou la quantité des services disponibles.

On tentera sans doute, au fil du temps, de préciser plus avant cette définition de l'ASD. Entre-temps, il est important de comprendre que les possibilités d'amélioration de la prestation des services au sein du secteur public ne se limitent pas à des changements dans la structure organisationnelle et dans les processus administratifs (voir Borins, 1995 ; Bureau du Conseil privé, 1996). Bien que loin d'être complet, le tableau 2 esquisse quelques-unes des options possibles, regroupées sous onze catégories. Inutile d'ajouter que beaucoup d'autres modes de classification demeurent envisageables (voir Langford, 1997 : 63) et qu'il est possible d'ajouter d'autres options dans chacune des catégories. En outre, aucune de ces options n'est nouvelle et elles sont rarement mutuellement exclusives ou incompatibles les unes avec les autres. Un vaste éventail de permutations et de combinaisons est donc possible (par ex. on pourrait chercher à améliorer la prestation des services en créant un nouvel organisme, en changeant le mode de prestation, en introduisant de nouvelles technologies ou de meilleurs systèmes de gestion de la qualité, en cédant une partie de la tâche à une entreprise de l'extérieur, etc., le tout simultanément). Bien entendu, un service qui serait privatisé à la fois en matière de prestation et de financement cesserait d'être «public». Néanmoins, l'État peut estimer que l'intérêt public exige une forme quelconque de réglementation.

Il est impossible, à mon avis, d'énoncer une règle générale, une formule ou un modèle simple qui permette de déterminer une option précise (ou une combinaison d'options) susceptible d'assurer la meilleure méthode de prestation (ou d'amélioration) d'un service en particulier. On peut certes établir des critères pertinents, mais leur application sera fonction, comme nous l'avons déjà noté, de nombreuses considérations constitutionnelles, juridiques, politiques, administratives, culturelles et économiques. C'est pourquoi les décideurs seraient probablement mieux avisés, la plupart du temps, de fonctionner «au cas par cas» et de mettre au point le plan d'amélioration le mieux adapté au contexte et aux caractéristiques du service en cause (voir Secrétariat du Conseil du Trésor, 1995).

TABLEAU 2
Méthodes d'amélioration de la prestation des services

1. Changements administratifs internes et réingénierie organisationnelle
   * délégation administrative et décentralisation (par ex. en relation au HRM)
   * assouplissement ou abandon de certains contrôles ou de certaines contraintes des intrants ;
   * nouveaux systèmes de gestion du rendement, y compris récompenses et incitatifs ;
   * création d'unités commerciales internes

2. Création d'organisations nouvelles
   * nouveaux organismes de service à but non lucratif (ou de sociétés de la Couronne) ;
   * création de corporations

3. Nouveaux services et nouvelles méthodes de prestation
   * gestion par cas
   * services plus accessibles (par ex. par proximité, accès physique, horaires, etc.)

4. Meilleure fixation des normes, de la gestion de la qualité et de la surveillance du rendement
   * nouvelles instances de surveillance et de révision
   * TQN
   * établissement de normes de base
   * chartes des citoyens, objectifs de rendement, normes de service et garanties de service
   * contrats d'approvisionnement et accords de rendement plus précis
   * amélioration de l'information, des procédures de plaintes et des possibilités de réparation

5. Coopération plus étroite et partenariat entre organisations
   * institution de guichets uniques (par intégration horizontale et/ou verticale)
   * coentreprises
   * partenariats (consultatifs, accessoires, opérationnels, etc.)
   * partage de services communs

6. Délégation et partage du pouvoir
   * délégation à un gouvernement sous-national
   * délégation à une autorité tribale
   * nouvelles structures de gouvernance, qui soient davantage participatives ou représentatives

7. Sous-traitance et franchisage
   * évaluation sur le marché
   * appels d'offres publics
   * sous-traitance intégrale
   * franchisage

---

8. Financement des changements
   * récupération partielle des coûts (par des frais aux usagers)
   * commercialisation intégrale

9. Application des technologies de l'information
   * informatisation, livraison électronique, utilisation d'Internet, etc.
   * transactions en ligne
   * bureaux mobiles
   * « rencontres publiques électroniques »

10. Mesures de réglementation
    * autoréglementation de l'industrie et des métiers
    * émission de permis aux fournisseurs
    * remplacement des prestations directes par des instruments de réglementation

11. Privatisation
    * diverses méthodes (cession de parts, offres d'achat, etc.)
    * transfert partiel ou intégral de la propriété et du contrôle

---

Puisqu'il n'est pas possible d'examiner ici toutes les solutions de rechange à la prestation de services, nous nous attacherons principalement à deux d'entre elles, nommément la création d'organismes d'exécution (de divers types) et la sous-traitance.

Le recours à des organismes d'exécution

On recourt depuis fort longtemps à des organismes semi-autonomes pour offrir des services publics de toutes natures. Dans certains pays, notamment en Suède, de tels organismes (diversement appelés « autorités » ou « conseils ») ont été ainsi utilisés en priorité depuis plus de deux siècles (Fordin, 1996; Larsson, 1995: 58-69; Petersson, 1994 : 99-101). Au gouvernement central, la plupart des services majeurs tels que l'éducation, le logement, les services de sécurité et les programmes de main-d'œuvre, sont administrés par des « conseils » plutôt que par des ministères. On dénombre actuellement plus de 270 de ces conseils en Suède.

Depuis le milieu des années 1980, le recours à des organismes de ce type est devenu de plus en plus populaire dans d'autres pays, dont l'Australie, le Canada, la Grande-Bretagne, la Nouvelle-Zélande, les Pays-Bas et, à un moindre degré, aux États-Unis et dans les régions du centre et du sud de l'Europe (Aucoin, 1998; Peters, 1997). En Grande-Bretagne, par exemple, les mesures « Next Steps » mises en œuvre en 1988 par le gouvernement conservateur avaient provoqué la création de 138 organismes en octobre 1997 (Office of Public Service, 1997). Ces organismes emploient désormais quelque 75 % du personnel de la fonction publique. Au Canada, on a adopté une approche plus graduelle, à la fois au niveau fédéral et à celui des provinces (KPMG/ICAP, 1997; Seidle, 1995: 82-86; Wright et Waymark, 1995). On y compte néanmoins un nombre important de nouveaux organismes, diversement nommés Special Operating Agencies (SOA), Delegated Administrative Organizations (DAO), Alternative Service Units (ASU), Scheduled

Agencies et Legislated Agencies. Certains de ces organismes sont exclusifs à un palier de gouvernement ; d'autres — tel l'Office canadien d'inspection des aliments — impliquent une coopération intergouvernementale (voir Doering, 1996 ; Moore et Skogstad, 1998). C'est ainsi que les Canada Business Service Centres, qui offrent une vaste gamme de services à un guichet unique, mettent en cause 21 ministères fédéraux, l'ensemble des gouvernements provinciaux et territoriaux, ainsi que le secteur privé (Ford et Zussman, 1997a : 13). Si cette évolution a été plus lente au Canada qu'en Grande-Bretagne, il n'en demeure pas moins que le Manitoba — pour ne mentionner que cette province — disposera en l'an 2000 de quelque 40 Special Operating Agencies. Outre la création de ces unités de prestation de services, de nombreux pays ont entrepris d'améliorer la prestation assurée par des organismes déjà existants. Aux États-Unis, par exemple, l'adoption du programme « Reinventing Government » a conduit à désigner certains organismes comme Performance Base Organizations et à leur accorder une plus grande mesure d'autonomie (Ingraham, 1997).

Les organismes ainsi créés ont été de natures variées (par ex. en matière de statut juridique, de structure de gouvernance, d'étendue des fonctions, de source de financement et de degré d'autonomie), de même qu'a été fort divers le contexte réglementaire de leur fonctionnement. Ainsi, certains d'entre eux constituent des entités indépendantes ; d'autres (particulièrement au Canada et en Grande-Bretagne) sont subordonnés à d'autres organisations (habituellement un ministère ou un département). Certains tiennent leurs prérogatives d'une loi distincte (comme il en va de plusieurs organismes récemment créés à Ottawa) ; d'autres fonctionnent en vertu de lois existantes ou de la prérogative de l'exécutif. Certains exercent des fonctions multiples et souvent de vaste portée ; à d'autres est dévolue une mission unique et souvent étroitement circonscrite. Certains consacrent l'essentiel de leurs activités à la fonction conseil ; d'autres sont de nature surtout opérationnelle. Certains sont au service quasi exclusif d'autres organismes publics ; d'autres traitent directement avec la population. Certains emploient leur propre personnel ; d'autres ne le peuvent que par délégation d'autorité. Certains sont entièrement financés par le gouvernement ; d'autres ne reçoivent qu'une infime portion de leurs fonds par attribution budgétaire. Certains ne fonctionnent que sur base non lucrative ; d'autres sont de nature essentiellement commerciale et s'autofinancent. Certains jouissent d'une considérable latitude sur le plan financier ; d'autres, non. Certains sont dirigés par un conseil d'administration ; certains sont assistés par un conseil consultatif ; d'autres encore ne relèvent que d'un directeur général qui répond directement à la direction d'un ministère (et parfois à un ministre). Lorsque les fonctions de direction sont assumées par des conseils d'administration, la composition et la taille de ces conseils varient largement. Dans certains cas, leurs membres sont tous nommés (habituellement par le ministre en cause), dans d'autres ils sont tous élus, et certains conseils sont composés de membres élus et de membres nommés. Aucun modèle standard n'existe donc de tels organismes.

La perspective d'une latitude administrative et d'une autonomie de gestion plus grandes a généralement été la raison pour laquelle on a transféré des ministères hiérarchiques aux organismes les fonctions de prestation de services. D'où le fait que les directeurs des nouveaux organismes ont été, dans la plupart des cas, soumis à des contraintes bureaucratiques moins sévères que sous les régimes administratifs qui avaient cours antérieurement. Il en a été ainsi même lorsque les organismes ont été insérés au sein même d'un département — tels les organismes d'exécution britanniques — plutôt que sous la forme d'entités indépendantes. Afin de contrebalancer cette latitude administrative et ce retrait de divers contrôles, on a généralement institué des systèmes de gestion du rendement afin de rendre ces organismes véritablement comptables de leurs activités. Au nombre des procédés conçus à cette fin (et aussi pour renforcer le contrôle hiérarchique), on relève divers mécanismes de type « contractuel » (par ex. statuts juridiques, accords d'approvisionnements, conventions de rendement, documents cadres, énoncés d'intention de l'organisme, plan d'affaires, plan stratégique, etc.), ainsi que des mécanismes de surveillance et des méthodes de comptes-rendus plus contraignants (quant au rendement financier et non financier). On a aussi institué des systèmes de rémunération basée sur le rendement, à tout le moins chez les cadres supérieurs ; les haut dirigeants sont souvent engagés pour des durées déterminées et en vertu de contrats au rendement.

Compte tenu de cette diversité structurelle et administrative, les relations entre ministres et organismes varient au sein d'un même pays et d'un pays à l'autre. Dans certains cas, les ministres nomment un conseil d'administration, mais n'interviennent pas dans la nomination des gestionnaires, prérogative du seul conseil. Dans d'autres cas, les ministres nomment à la fois les membres du conseil et le directeur de l'organisme. Ou alors, lorsque aucun conseil d'administration n'existe (ou n'existe qu'un simple conseil consultatif), la nomination d'un directeur peut incomber au ministre ou à un département de la fonction publique (ou à une combinaison des deux). De telles différences entraînent, il va sans dire, un jeu de relations multiples entre le mandant et le mandataire. Il arrive même, parfois, que le directeur d'un organisme relève à la fois de deux ou de plusieurs entités — un conseil d'administration, un ministère superviseur et un ministre en titre. Dans d'autres cas, la relation d'imputabilité est plus simple et plus directe, allant du directeur à son conseil d'administration et de ce dernier au ministre. Cela dit, la relation quotidienne de travail entre ministres et organismes, ou entre ministres et directeurs d'organismes, peut ne pas correspondre, en pratique, à la structure d'imputabilité officielle. D'où le fait que, même si l'on attendrait du conseil d'administration qu'il gère la relation entre un organisme et le ministre en cause, cette relation est concrètement gérée par le directeur de l'organisme. Ce phénomène souligne l'importance des structures et des réseaux officiels et officieux dont il importe de tenir compte lorsqu'on se penche sur les questions de configuration institutionnelle et de rendement organisationnel.

Évaluation des organismes

Nonobstant les nombreux travaux consacrés à la multiplication des organismes de prestation de services depuis la fin des années 1980, les données relatives à son impact sur le rendement organisationnel, sur la qualité du service, sur l'imputabilité et autres mesures pertinentes demeurent relativement limitées, partielles et incomplètes. C'est ainsi qu'une étude détaillée des ASD au Canada, réalisée sous l'égide de KPMG/IPAC en 1997 et largement consacrée à la création de nouveaux organismes, ne comprenait aucune donnée globale et concluante sur les coûts et les avantages de cette tendance généralisée à la création d'organismes (bien qu'on y propose plusieurs exemples *ad hoc* d'améliorations). Rares étaient les données sur les coûts de la mise en œuvre ou de l'impact des nouvelles structures sur l'emploi dans le secteur public, les dépenses publiques, le coût de la prestation des services, l'efficience, la productivité de la main-d'œuvre et la qualité du service, sans compter les conséquences plus globales en matière de distribution et d'impact social ou l'efficacité des nouveaux organismes à atteindre à des résultats plus globaux en matière de politique. Selon un des collaborateurs à cette étude :

> Nous ne disposons, pour le moment, que de fort peu d'informations impartiales sur les véritables résultats de chaque projet ASD et, conséquemment, de peu d'information sur l'impact global de ces mesures au niveau de chaque juridiction ou sur l'ensemble du pays (Hikel, 1997 : 83).

La même rareté de données compréhensives et concluantes se dégage de l'étude des programmes «Next Steps» (et des mesures qui s'y rattachent) en Grande-Bretagne (par ex. Greer, 1994 ; O'Toole et Jordan, 1995 ; Pollitt, Birchall et Putman, 1998), ainsi que des réformes structurelles en Australie (par ex. Alford et O'Neill, 1994 ; Considine et Painter, 1997 ; Weller, Forster et Davis, 1993) et en Nouvelle-Zélande (par ex. Boston *et al.*, 1996 ; Halligan, 1997 ; Schick, 1996).

Cette relative rareté tient en partie au faible nombre de travaux de recherche et en partie à des difficultés méthodologiques et à des problèmes de mesurage. Gardons-nous de sous-estimer ces derniers. Il est souvent difficile, par exemple, d'isoler les effets de tel changement organisationnel, par exemple la création d'un organisme, des autres changements qui peuvent survenir au même moment (dont l'introduction de nouvelles technologies, un recours plus grand à la sous-traitance, ou des modifications apportées au financement public, à la gestion des ressources humaines, à la gestion financière, etc.). Il est ainsi difficile, lorsque est décelée une amélioration du rendement, de déterminer les apports relatifs de la réforme structurelle et des autres changements administratifs survenus à la même époque.

Par contre, plusieurs études existent, indépendantes et menées sous l'égide du gouvernement, qui portent sur le rendement de certains organismes précis. Selon ces études, le passage au statut d'organisme donne généralement des résultats satisfaisants. Les données recueillies démontrent ainsi la présence des facteurs positifs suivants :

- économie de coûts ;

- réduction du personnel (y compris en ce qui a trait aux cadres) ;

- amélioration de la qualité du service, telle que mesurée en matière de rapidité, de précision et de fiabilité de la prestation, accessibilité accrue, réduction du nombre de plaintes, etc. ;

- développement d'une plus grande « orientation client » ;

- meilleures perspectives d'expérimentation et d'innovation ;

- changements importants dans la structure organisationnelle, dont une identité plus nette et un sens plus aigu de la mission ;

- évaluation généralement positive de la part des dirigeants, des employés, des consommateurs et des politiciens ; et

- atteinte par la plupart des organismes de leurs principaux objectifs de rendement (voir Bellamy, 1995 ; Hunt, 1995 ; Petrie, 1998 ; Pollitt, 1997 ; Schick, 1996 ; Seidle, 1995 ; Trosa, 1994 ; Wright et Waymark, 1995).

Dans leur analyse des SOA du Manitoba, Thomas et Wilkins (1997 : 120) résument bien ces avantages :

Mandats clairs, délégation d'autorité, formation et incitatifs ont responsabilisé les employeurs et leur ont permis de manifester leurs compétences professionnelles devant un public sceptique, devant les médias et devant la bureaucratie. Les études de motivation et les évaluations des besoins ont démontré un net accroissement de l'engagement des employés à la réussite de leur organisme et à la satisfaction au travail qui en découle. Il s'en est suivi un meilleur service, des économies pour le gouvernement et un personnel confiant et motivé. Le statut spécial accordé aux SOA a créé un effet d'entraînement sur le rendement de l'organisation.

Sur le plan négatif, par contre, plusieurs études mettent en évidence les facteurs suivants :

- plus grande situation conflictuelle entre organisations ;

- fragmentation organisationnelle entraînant des effets négatifs sur la coordination et sur l'apprentissage des politiques ;

- niveaux de stress plus élevés chez les employés ;

- importants coûts d'opérations supplémentaires engendrés par les nouveaux mécanismes de la politique contractuelle et par les régimes de gestion du rendement ;

- manque d'adéquation entre les objectifs des organismes et leurs principaux indicateurs de rendement ;

- ingérence excessive des départements autorisés à contrôler (ou des départements d'origine) ;
- usage malvenu de favoritisme politique dans la nomination des conseils d'administration ou des directeurs généraux des organismes ; et
- inquiétude quant au déclin de l'imputabilité et de la sensibilité politiques (par ex. voir Aucoin, 1998 ; Boston, 1995 ; O'Toole et Jordan, 1995 ; Thomas, 1998).

On s'est beaucoup préoccupé de la question de l'imputabilité. D'une part, plusieurs analystes ont souligné les gains d'imputabilité *administrative* qui découlent de la mise en place de systèmes de gestion du rendement et de gestion financière plus rigoureux, généralement associés aux nouveaux organismes. Ainsi, citoyens et corps législatifs ont accès à une meilleure information quant à ce que produisent les organismes, à leurs normes de rendement et aux résultats obtenus en regard de ces normes. D'autre part, on s'est inquiété d'une perte possible d'imputabilité *politique*, les ministres se montrant moins enclins à accepter la responsabilité des activités des organismes relevant de leur ministère (voir O'Toole et Chapman, 1995 ; Chapman, 1997). Selon ces critiques, les ministres acceptent volontiers la responsabilité de toute amélioration du rendement de tels organismes, mais sont plutôt réticents à en faire autant lorsque ce rendement est inférieur aux normes. On s'est aussi inquiété de la perte apparente de contrôle politique sur les activités de certains organismes (particulièrement de ceux qui fonctionnent hors des cadres d'un ministère), perte démontrée par la difficulté éprouvée parfois par les ministres à exercer leur pouvoir discrétionnaire et à faire en sorte que les organismes se conforment aux politiques gouvernementales. Il semble donc, en bref, que certaines formes de transferts aux organismes puissent diminuer l'aptitude du gouvernement à exercer son rôle de « gouvernail » (Pierre, 1997 : 52).

Or l'étude de l'imputabilité politique de certaines agences a révélé l'existence de problèmes identiques sous la configuration structurelle antérieure, d'où l'on peut supposer que la cause n'en est pas nécessairement telle ou telle forme institutionnelle, mais plutôt la complexité ou la nature intrinsèquement controversée de l'activité en question. De plus, de telles préoccupations relatives à l'imputabilité et au contrôle des organismes sont présentes dans des régimes politiques extrêmement divers, dont la Suède qui a pourtant perfectionné ce système depuis plusieurs siècles (Fordin, 1996 ; Larsson, 1995 : 65-66). Voilà qui souligne l'absence d'un modèle idéal de gouvernance et de gestion des organismes engagés dans la prestation de services.

On affirme parfois que le transfert de telles fonctions des ministères aux organismes (ou à des unités distinctes du ministère) mène à une meilleure définition et à une meilleure attribution des responsabilités : les ministres deviennent responsables des politiques, cependant que les fonctionnaires le sont de sa mise en œuvre. Une telle proposition est cependant fausse en principe et en pratique (voir Schick, 1996 : 42 ;

Trosa, 1994 : 24-25). Dans une démocratie parlementaire fonctionnant sous le régime de la responsabilité ministérielle, chaque ministre est responsable, par procuration, des organismes publics et des politiques dont il lui incombe d'assurer la surveillance politique. Cela implique des responsabilités sur le plan explicatif et sur le plan des correctifs. [En Suède, la doctrine de la responsabilité ministérielle est appliquée différemment des autres démocraties parlementaires : les organismes sont comptables à l'ensemble du gouvernement plutôt qu'à l'un ou l'autre ministre.] Il est souvent impossible, en outre, d'éliminer toute confusion quant aux lignes de responsabilité ou d'éviter le chevauchement des responsabilités (particulièrement lorsque les mandants sont nombreux). De même, ainsi que l'a soutenu Schick (1996), les tentatives de circonscrire trop précisément les responsabilités risquent d'avoir pour effet de restreindre la perspective des administrateurs et de réduire leur sens de responsabilité globale.

Leçons

Des leçons qui se dégagent des expériences récentes menées dans divers pays, certains aspects valent d'être soulignés. Premièrement, il n'est pas nécessaire, pour améliorer la prestation des services, de déplacer les fonctions de prestation des ministères pour les confier à des organismes distincts, indépendants et autonomes. Ainsi que l'ont démontré les réformes du secteur public menées en Australie et en Nouvelle-Zélande, il est possible d'accroître la souplesse administrative et d'atteindre un meilleur rendement au sein même d'un ministère, pour autant que l'on effectue les changements appropriés aux modes de contrôle bureaucratique sur la gestion des ressources humaines, la gestion financière et les pratiques administratives (voir Boston *et al.*, 1996 ; Henry, 1995 ; Petrie, 1998 ; Seidle, 1995 : 58-60). De même, les gains nets attendus d'un transfert à des organismes seront peu nombreux si les réformes de structure ne s'accompagnent pas de changements correspondants à la structure des incitatifs, aux systèmes de gestion du rendement et aux contrôles administratifs.

Deuxièmement, la capacité des nouveaux organismes à bien remplir leurs fonctions de prestation de services est fonction d'un ensemble de variables dont, comme l'ont soutenu Thomas et Wilkins (1997 : 116), leur « mandat, leur stratégie, leur leadership, leur structure, leur méthode, leur culture, leurs conflits et leur pouvoir ». De tous ces traits, il importe de ne pas sous-estimer le leadership (Petrie, 1998). Dans un contexte d'autonomie administrative, en effet, bien des choses dépendront du calibre, de la compétence, du dynamisme et de la vision d'avenir du dirigeant de l'organisme. Il lui faudra savoir recruter et conserver une équipe de cadres supérieurs forte et dynamique, être capable de présider au changement tout en conservant la confiance, l'enthousiasme et le dévouement du personnel (dont, notamment, les employés de première ligne), pouvoir susciter une culture organisationnelle vigoureuse, soucieuse de rendement et axée sur le consommateur, et savoir travailler avec des ministres dont les points de vue et les priorités sont différents. Afin de disposer d'un leadership compétent, efficace et stable, on doit donc accorder un soin extrême aux méthodes de nomination et de rémunération des cadres supérieurs, de même qu'à la planification de sa succession et à la préparation des futurs cadres. Il serait imprudent de se fier, pour ce faire, à la simple capacité du «marché».

Troisièmement, la spécialisation institutionnelle offre certains avantages bien précis. Entendons par là que l'attribution d'un mandat relativement bien circonscrit — une seule fonction principale ou un objectif unique — semble davantage susceptible d'améliorer le rendement organisationnel que l'alliage de fonctions ou d'objectifs multiples (et potentiellement conflictuels). Non pas, cependant, que les fonctions de réglementation et de prestation, d'orientation et de fonctionnement, d'approvisionnement et d'achat doivent toujours être séparées (voir Aucoin, 1998 ; Howden-Chapman et Ashton, 1994). De fait, une séparation verticale rigide entre politiques et fonctionnement présente des inconvénients bien connus — réduction de la coordination et de l'apprentissage des politiques — cependant que la disjonction horizontale de fonctions de prestation de services précis dans des organismes séparés peut entraîner des conséquences négatives chez les usagers (en matière d'accessibilité, de commodité et de hausse des coûts de conformité). On doit donc prendre grand soin, en cours de fractionnement institutionnel, de faire en sorte que soient mis en place des mécanismes de coordination verticale et que les organismes soient suffisamment incités à coopérer lorsque nécessaire.

Quatrièmement, s'il est difficile, sinon impossible, d'affirmer avec certitude que tel modèle d'organisme est préférable à tel autre, aucun modèle particulier ne convient également à toute espèce de service public. On soutiendra plus volontiers, à l'instar de Schick (1996 :38), que les gouvernements seront, en cette matière, «mieux servis par une variété de formes organisationnelles». On y retrouvera des sociétés publiques (ou sociétés de la Couronne) fonctionnant dans des marchés concurrentiels, de même que des organismes non commerciaux, certains fonctionnant indépendamment des ministères, d'autres constituant des unités distinctes au sein des ministères. De même, selon Schick (1996 : 38), n'y a-t-il aucun intérêt à rechercher une configuration absolument uniforme de chacune des formes institutionnelles.

Les critères suivants sont pertinents à la sélection du type d'organisme le mieux adapté à la tâche :

- la nature et l'étendue de l'intérêt du gouvernement ;
- le degré de concurrence du marché ;
- le degré souhaité d'indépendance politique ou d'impartialité, de même que l'ampleur probable de l'engagement du ministre ;
- la possibilité plus ou moins grande de préciser quels seront les extrants et les résultats, de se conformer à ces objectifs et d'en surveiller la mise en œuvre ;
- le niveau souhaité de représentation des intéressés (ou des citoyens) en matière de gouvernance, la nature et le degré de risque politique associé à l'activité en

cause et la nécessité d'assurer la coïncidence la plus forte possible entre risque et responsabilité politiques (voir Gregory, 1997 ; Wilson, 1989).

Lorsque l'on estime désirables un contrôle et une surveillance étroite de la part du ministre, que les services sont largement financés par les fonds publics et sont incontestables, que les extrants et/ou les résultats sont d'observation difficile, alors il est nettement préférable de situer l'activité dans le cadre d'un ministère plutôt que, toutes choses étant égales par ailleurs, de choisir une solution de rechange institutionnelle. Inversement, une relation « à distance » sera préférée lorsqu'on souhaite accorder une indépendance importante. Les risques politiques et financiers associés à une telle configuration seront donc le sous-produit inévitable de ce besoin de plus large autonomie ; l'un ne va pas sans l'autre.

Cinquièmement, quelle que soit la configuration institutionnelle choisie et pour autant que l'on désire améliorer rapidement la qualité des services et préciser l'orientation client de l'organisme, on aura tout avantage à sélectionner un petit nombre de mesures liées au rendement, qui seront nettement axées sur le client et sur lesquelles on insistera par la suite. On pourrait ainsi, par exemple, fixer un objectif précis et difficile quant à la durée d'attente dans tel ou tel service : la chirurgie élective ou la remise des passeports, les prestations d'aide sociale, des pensions, etc. De telles stratégies, nous le savons, risquent de provoquer un « déplacement d'objectifs » chez les intervenants. Elle sont néanmoins susceptibles, à court terme, d'encourager le développement d'une pensée novatrice et de modifier positivement la culture de l'organisation. À long terme, il y a certes avantage à disposer de normes globales de service (ou de « chartes ») qui soient intégrées au système de gestion du rendement de chaque organisme.

Sixièmement, quant à la gouvernance : il est habituellement plus facile de contrôler et d'assurer l'imputabilité des mandataires lorsque la relation entre mandataires et mandant est simple et directe, plutôt que lorsque le mandataire rend compte à plusieurs mandants dont certains sont potentiellement en concurrence. Lorsque les responsabilités de gouvernance sont partagées entre deux ou plusieurs autorités (plusieurs niveaux de gouvernement, plusieurs ministères ou des partenariats public-privé), les coûts des organismes sont susceptibles d'être plus élevés, de même que les risques politiques et les problèmes de coordination. En même temps, certaines situations rendent inévitable un partage de la gouvernance (par ex. lorsque interviennent des questions de compétences transversales). Il est essentiel, le cas échéant, de clarifier la nature des pouvoirs et des responsabilités ainsi partagés (conception des programmes, financement, personnel, définition du service, etc.) et les lignes d'imputabilité entre gestionnaires et conseil de direction.

Septièmement et en rapport avec ce qui précède, le transfert de la prestation des services des ministères aux organismes soulève des questions importantes quant au processus de nomination des directeurs généraux et des conseils d'administration des nouvelles entités. Si les ministres sont directement en cause dans de telles nominations, il importe de s'assurer qu'ils sont bien conseillés quant aux candidats acceptables et qu'on a réduit au minimum les risques de nominations partisanes. À cet égard, plusieurs solutions sont possibles, dont la création d'un poste de Commissaire aux nominations publiques, comme en Grande-Bretagne en 1995, à la suite d'une recommandation du comité Nolan, ou encore la création de commissions indépendantes consacrées aux mêmes fins (Skelcher, 1998).

En dernier lieu, la formation d'organismes exigera probablement l'introduction de nouveaux systèmes de surveillance et de rapports officiels externes. Dans ce contexte, un point d'équilibre doit être trouvé entre deux exigences potentiellement incompatibles : créer, d'une part, un cadre de référence qui permette l'émission de rapports suffisamment compréhensifs et suffisamment exigeants pour autoriser un contrôle et une gestion du risque adéquat ; éviter, d'autre part, d'instituer ainsi un régime qui soit trop coûteux et trop interventionniste.

La sous-traitance

Dans les pays de l'OCDE, la plupart des gouvernements nationaux et sous-nationaux confient en sous-traitance depuis des décennies, sinon depuis des siècles, de nombreux services financés par les fonds publics. Depuis le début des années 1980, cependant, on note chez la plupart des pouvoirs publics une recrudescence d'intérêt pour cette pratique, utilisée afin d'améliorer la prestation des services et de réaliser des économies. Nous ne pouvons ici qu'évoquer quelques-unes des questions ainsi soulevées et donner un bref aperçu des nombreuses recherches empiriques concernant les mérites comparés de la sous-traitance et de la réalisation à l'interne.

En matière de portée et d'étendue de la sous-traitance consentie par les institutions et les organismes publics, quelques observations générales s'imposent :

1. Il est certes difficile, en plusieurs endroits, de déterminer précisément le volume de la sous-traitance (par ex. en matière de dépenses publiques), mais cette pratique semble varier considérablement selon les pays de l'OCDE ; Australie, Grande-Bretagne et États-Unis y recourent plus volontiers que de nombreux pays européens.

2. Certains pouvoirs publics (par ex., l'État de Victoria, en Australie, et le gouvernement local en Grande-Bretagne) ont considérablement accru le recours à la sous-traitance au cours des récentes années, à la suite de l'établissement d'objectifs par le gouvernement ou à l'obligation de confier un certain nombre de services à des entreprises de l'extérieur (ou, à tout le moins, d'en évaluer la valeur marchande et de les soumettre à des appels d'offres).

3. L'importance de la sous-traitance varie considérablement selon les secteurs de politiques ; elle est plus grande dans les domaines de la santé, de la recherche scientifique, de la formation et de la conception, de la construction et de

l'entretien des infrastructures publiques que dans ceux des services de police, dans la diplomatie, l'administration carcérale, la perception fiscale, la fonction conseil et le paiement des prestations d'aide sociale. Cependant, on soumet de plus en plus de services publics à des appels d'offres et la sous-traitance s'étend désormais à des services jusqu'alors essentiellement, sinon exclusivement, assurés par le secteur public.

4. On est passé, en plusieurs endroits, de l'octroi de subventions inconditionnelles à la signature de contrats exécutoires. De nombreuses organisations jadis subventionnées sont désormais tenues de présenter des soumissions. Les contrats de type relationnel ont ainsi cédé la place à des contrats de type classique.

5. Des variantes considérables existent quant à la nature, à l'étendue, à la spécificité et à la surveillance des contrats ainsi consentis. Ainsi, un fort pourcentage des contrats intervenus dans le domaine de la santé en Grande-Bretagne ne sont pas légalement exécutoires, alors que l'inverse existe presque partout en Nouvelle-Zélande.

Coûts et avantages de la sous-traitance

Les coûts et les avantages de la sous-traitance des services publics ont été abondamment étudiés et analysés. De tous ces travaux, l'étude menée en 1996 par la Australian Industry Commission est sans doute la plus compréhensive et la plus détaillée. Non seulement la Commission y passe-t-elle en revue un grand nombre d'études empiriques internationales, mais elle aborde aussi plusieurs des problèmes plus vastes soulevés par la recrudescence de la sous-traitance (par ex. les obstacles potentiels à une concurrence équitable et efficace, l'intérêt qu'il y a à autoriser ou non les soumissions à l'interne, les problèmes associés à la détermination de la forme contractuelle et de la spécification des services, l'impact sur l'imputabilité et sur les risques, les problèmes de garantie de la qualité et de la supervision du rendement, etc.). De cette analyse se dégagent plusieurs leçons, dont les suivantes :

*   « Il est essentiel de structurer le processus de sous-traitance (soumissions et attribution du contrat) de manière à ce que les termes du contrat soient clairs et précis, que la concurrence soit telle que le meilleur soumissionnaire soit choisi et que son rendement soit sous une surveillance adéquate.

*   Un des principaux avantages de la sous-traitance tient à ce qu'elle oblige les organismes à s'interroger sur leurs activités et sur leur efficacité à satisfaire aux objectifs de politique sous-jacents.

*   La sous-traitance doit être orientée vers les résultats en matière de service (ou, si la chose est impossible, sur les extrants), plutôt que sur les intrants.

*   La réussite de la sous-traitance exige un changement culturel au gouvernement, de même que des compétences d'un nouveau genre. Elle doit être appuyée par les ministres, menée sous l'impulsion de la gestion supérieure et conduite en

consultation étroite avec le personnel et ses représentants, de même qu'avec sa clientèle et la communauté en général.» (Industry Commission, 1996 : 1).

Quant à l'impact de la sous-traitance sur l'imputabilité, les coûts et la qualité du service, la Commission propose les remarques et jugements suivants :

• Quelle que soit la méthode de prestation des services, un organisme gouvernemental doit demeurer responsable du bon accomplissement des fonctions qui lui sont déléguées [...] La sous-traitance sous-entend inévitablement une redéfinition des responsabilités et des relations entre les principaux intéressés, et introduit dans la séquence un nouvel intervenant — le fournisseur de services sous contrat (1996 : 4-5). L'étude fait état de données qui révèlent à la fois, sous un régime de sous-traitance, un resserrement et un relâchement de l'imputabilité. On y évoque aussi la possibilité d'une perte d'imputabilité qui résulterait d'un amoindrissement des occasions de mesures de supervision et de redressement administratif, de même que d'une perte de transparence due à la nécessité de protéger la confidentialité commerciale (de l'entreprise, du commerce) (voir aussi Audit Office, 1994 ; Martin, 1995 ; Mulgan, 1997).

• S'il existe des cas d'accroissement des coûts dont elle est responsable, la sous-traitance parvient habituellement à réduire les coûts usuels de prestation de service encourus par les organismes. Selon soixante-quinze p. cent des études menées en Australie et outre-mer, la sous-traitance a permis de réduire ces coûts ; dans plus de la moitié des études, les épargnes se situaient à hauteur de 10 à 30 p. cent. Ces économies sont extrêmement variables et rien n'indique qu'elles soient reliées au type de service fourni (1996 : 11).

• L'étude fait aussi état, tout à la fois, d'améliorations et de réductions de la qualité des services en régime de sous-traitance. On y remarque que «les organismes peuvent éprouver des difficultés à préciser et à mesurer la qualité, particulièrement lorsqu'il est impossible de prédire quels seront les besoins des clients [...] Cependant, la Commission n'est pas convaincue que la sous-traitance augmente ces difficultés, ni que les organismes qui fournissent eux-mêmes les services parviennent à les surmonter» (1996 : 7).

Dans l'ensemble, le rapport de la Commission confirme les résultats de plusieurs études selon lesquelles la sous-traitance peut améliorer considérablement le rendement des services publics (tout au moins dans certaines conditions). Il est cependant important de ne pas exagérer les gains obtenus de la sous-traitance, ni de passer outre au fait qu'elle ne convient pas à certains types de service (par ex., les services de sécurité). C'est ainsi que Hodge (1998), qui a conduit une «méta-analyse» permettant d'évaluer les effets économiques de la sous-traitance, en tire une importante mise en garde. À partir d'une évaluation des données provenant des études les plus rigoureuses portant sur la sous-traitance (dont un échantillonnage de plus de 20 000 mesures distinctes), il conclut que les réductions moyennes des coûts se situaient dans une fourchette de 8 à 14 p. cent, ce qui est de beaucoup inférieur aux chiffres de la Commission et d'autres analyses des données empiriques (1998 : 21). En outre, il note que les économies survenaient à la fois en régime de sous-traitance et en régime d'attribution interne, et que les gains (sur un ensemble de mesures) variaient considérablement selon les différents services. Les améliorations les plus importantes sont survenues, on ne s'en étonnera guère, dans les services ordinaires et relativement concurrentiels, tels l'entretien, la collecte des ordures et le nettoyage, cependant que des améliorations relativement mineures étaient généralement enregistrées dans des services tels la police, la santé, les incendies et les transports (1998 : 32).

LES LIMITES DE LA SOUS-TRAITANCE

Les limites qui s'imposent à la sous-traitance constituent un des nombreux problèmes soulevés par le récent accroissement de cette méthode. Existe-t-il, par exemple, des services qui ne devraient jamais être confiés en sous-traitance, et quels principes devraient sous-tendre les décisions à ce propos ? En dépit de l'importance de cette question — en termes constitutionnels, politiques et administratifs — la littérature pertinente est remarquablement pauvre à ce propos. De même la plupart des pouvoirs publics sont-ils libres de toute disposition limitative, légale ou constitutionnelle, concernant les activités que peuvent entreprendre les contractants externes. De plus, sur le plan technique (l'intérêt public mis à part), aucune limite potentielle n'existe au nombre et à la nature des services susceptibles d'être fournis en sous-traitance. Après tout, on peut recruter des mercenaires pour faire la guerre et confier à des compagnies privées l'administration de prisons, la perception des taxes et des droits de douane, le paiement des prestations d'aide sociale et la prestation des services sociaux.

Jusqu'à maintenant, c'est le US General Accounting Office (GAO) (1991) qui a conduit la meilleure analyse des limites appropriées à la sous-traitance. Dans un rapport sur le recours à des sous-traitants par les organismes du gouvernement fédéral, le GAO a cherché à savoir si les entreprises se livraient à des activités que l'on pourrait qualifier de nature « intrinsèquement gouvernementale ». Le problème, bien entendu, consistait à définir l'expression « intrinsèquement gouvernemental » et de déterminer ensuite les fonctions qui répondent à cette définition. Personne, par exemple, ne s'objecterait à ce que l'élaboration de la politique étrangère soit définie comme une fonction de cette nature. Après tout, seuls les gouvernements sont habilités à avoir une politique étrangère et aucune autre organisation ou institution ne peut être dite responsable de son élaboration. S'il s'agit là, pourtant, d'une fonction intrinsèquement gouvernementale, s'ensuit-il que seuls les officiels élus et les fonctionnaires devraient être autorisés à participer à sa mise en œuvre (par ex. négocier avec des gouvernements étrangers, fournir des conseils pertinents, etc.) ? On peut penser que la réponse à cette question sera « non » ou, tout au moins, « pas nécessairement ». En d'autres termes, on accepterait volontiers d'un gouvernement qu'il sollicite, en cette matière, les conseils d'experts qui n'appartiennent pas au secteur public (par ex. universitaires ou membres de groupes de réflexion). De même un gouvernement pourrait-il confier à un «simple citoyen» le soin de le représenter à l'occasion de pourparlers avec un autre pays. La «conduite» d'une politique étrangère, par conséquent, n'est pas forcément l'apanage exclusif d'officiels de l'État.

Cherchant ainsi à déterminer lesquelles, des multiples activités et des fonctions gouvernementales, devraient ou ne devraient pas être confiées à une entité privée, le GAO soutient que le problème n'est pas de nature technique mais essentiellement politique ou éthique. La question décisive n'est pas d'abord de savoir si la sous-traitance est techniquement faisable (même si elle est potentiellement coûteuse ou comporte des risques), mais si elle est d'intérêt public. Comment le savoir? Le GAO énonce alors deux principes, ou critères, qui doivent guider la décision (outre les questions habituelles d'efficacité, d'économie, etc.). Selon le premier, le gouvernement doit toujours conserver le contrôle sur le processus d'élaboration et l'application des politiques, ainsi que sur la gestion des organisations publiques.

Le gouvernement conserve-t-il la capacité de contrôler parfaitement, à l'interne, les fonctions de politique et de gestion de l'organisme? Tel est un des critères clés permettant de déterminer la pertinence de la sous-traitance. [...] Le gouvernement doit pouvoir adéquatement diriger, superviser et surveiller les contrats (1991 : 30).

En vertu du second principe, le gouvernement et ses employés sont seuls autorisés à porter des jugements de valeur ou à agir à leur discrétion.

Le premier principe, à mon avis, va largement de soi. Il est clair que si le gouvernement perd tout contrôle sur un entrepreneur — peut-être parce qu'il n'est plus capable de se montrer «acheteur intelligent» — il s'expose (et les citoyens avec lui) à des risques importants. Le second principe, en revanche, est moins convaincant. La sous-traitance, doit-on supposer, a pour but, entre autres, de faciliter la souplesse administrative, la latitude décisionnelle et l'innovation; les entrepreneurs seront donc souvent appelés à porter des jugements de valeur. Le second principe du GAO est donc beaucoup trop vaste et exige d'être précisé (par ex. concernant le type de jugements que devraient porter les employés de l'État ou les officiels élus).

Si l'on considère l'application de tels principes à des services particuliers — tels les services correctionnels, la perception des taxes, les garderies ou la fonction conseil auprès des ministres —, plusieurs remarques s'imposent. Premièrement, la technologie progresse sans cesse. Il s'ensuit que certains services qu'il eut été inefficace, hier encore, de confier en sous-traitance, peuvent aujourd'hui se prêter à une telle mesure (par ex. sous l'angle strictement économique). Les changements technologiques peuvent aussi modifier la capacité des décideurs à garder la haute main sur les activités de prestation internes et externes.

Deuxièmement, il existe une certaine catégorie de services qui se prêtent bien à la sous-traitance mais desquels il peut être souhaitable que le gouvernement conserve largement la direction à l'interne. La fonction conseil et les services correctionnels appartiennent incontestablement à cette catégorie. Dans ces deux cas, il est parfaitement faisable, sinon souvent plus efficace, de recourir à la sous-traitance : consultants et sociétés-conseils peuvent ainsi être appelées, à la suite d'appels d'offres, à travailler sur un grand nombre de dossiers ; et les études empiriques révèlent que cette méthode, appliquée à la gestion des prisons (et à leur construction) peut être rentable (bien que comportant certains risques et certains inconvénients). Mais les gouvernements prendraient des risques énormes si, le cas échéant, ils ne disposaient pas de conseillers à l'interne ou n'étaient propriétaires d'aucune prison. En l'absence de conseillers internes versés dans les principaux domaines des politiques publiques, le gouvernement ne saurait guère évaluer les opinions obtenues de l'extérieur, outre qu'il ne pourrait intégrer ces opinions au processus d'élaboration des politiques (voir Boston 1994). Dans le cas des prisons, de même, il est certes possible de confier en sous-traitance l'administration de prisons à sécurité moyenne ou minimum, mais le problème est tout autre s'il s'agit d'établissements qui accueillent les criminels les plus dangereux. En outre, le nombre de détenus relève de facteurs que le gouvernement ne contrôle pas. Compte tenu de la grande variabilité des populations carcérales, le gouvernement a probablement avantage à gérer ce phénomène à l'interne, plutôt qu'à payer une forte prime de risque à l'entreprise privée pour qu'elle en fasse autant.

PARTICIPATION DES CITOYENS
AUX CHOIX ET À LA CONCEPTION DES SERVICES

L'introduction des nouvelles méthodes de prestation de services et l'attention plus grande accordée à la satisfaction du client et aux exigences du consommateur soulèvent une question importante : le rôle des citoyens dans la conception et dans la prestation des services publics (voir Pierre, 1995). La question renvoie, de toute évidence, à la théorie de la démocratie, de même qu'à des interrogations philosophiques concernant d'abord les droits et les responsabilités des citoyens et, deuxièmement, les avantages respectifs du marché et de la politique en tant que mécanismes de formation des choix sociaux. Ainsi, les tenants de ce que Barber (1984) appelle une démocratie « forte » (par ex. une démocratie dans laquelle les citoyens participent activement à l'élaboration des politiques) prônent l'extension du rôle des citoyens dans la conception des modes de prestation de services et dans l'administration des institutions chargées de cette prestation (par ex. par l'élection des conseils d'administration des écoles, des hôpitaux, des garderies, etc.). Ils auront aussi tendance à accorder une plus grande valeur aux intérêts des citoyens qu'à ceux des consommateurs et des clients des services publics. Les partisans d'une démocratie « faible », par contre, s'attachent davantage à la délégation d'autorité et aux institutions représentatives qu'à la démocratie directe ou à la participation des citoyens à la constitution des échéanciers, aux délibérations et à la mise en œuvre des politiques. Ils privilégient donc la nomination des conseils d'administration plutôt que leur élection et attachent une importance plus grande à la responsabilisation économique au lieu de la responsabilisation politique.

Ces questions de théorie démocratique mises à part, il importe d'attirer l'attention sur d'autres principes et d'autres considérations relatifs à l'engagement des citoyens dans la prestation des services. Premièrement, l'individu comme citoyen et l'individu comme consommateur de services n'ont pas les mêmes intérêts (bien que ces intérêts se recoupent la plupart du temps). Il y a à cela deux conséquences. D'une part, des processus doivent exister qui permettent d'arbitrer ces conflits d'intérêts et de décider de l'intérêt public ; tel est, bien entendu, un des rôles principaux du régime politique. D'autre part, il ne suffit pas, pour décider de la nature et de l'ampleur des services qu'il importe d'assurer, de se fier uniquement aux « signaux » des consommateurs (par ex. en fonction de leur abstention ou de leur achalandage) ; cette proposition est valable quel que soit le niveau de conformité aux lois du marché ou de frais aux usagers. N'oublions pas, en outre, que de nombreux services sont « consommés » de manière involontaire et n'impliquent aucun échange bilatéral. Pour ces raisons, ils diffèrent fondamentalement des transactions économiques usuelles.

Deuxièmement et corollairement, c'est le Parlement et non les usagers qui, en régime de souveraineté parlementaire, a le dernier mot en matière de services publics, qu'ils soient seulement financés ou directement administrés. Il incombe donc au seul Parlement de déterminer, du moins dans leurs grandes lignes, de l'étendue et de la forme des services que les citoyens sont en droit de recevoir ou, en certains cas, sont forcés d'utiliser.

Troisièmement, comme l'a entre autres noté Alford (1998), les citoyens ne sont pas seulement consommateurs ou clients de divers services, mais ils en sont souvent les coproducteurs. Entendons par là que la prestation réussie (ou la production) de certains services dépend, à divers degrés, de la coopération active (généralement volontaire) et de la participation de citoyens. Ainsi, le maintien de logements publics sécuritaires et de bonne qualité exige des locataires qu'ils entretiennent correctement leur logement et s'abstiennent de tout comportement antisocial. De même, un régime fiscal efficace et équitable ne repose pas seulement sur l'acceptation passive des citoyens mais sur un ensemble d'actions positives, dont la tenue de dossiers fidèles, la véracité des déclarations de revenus et leur expédition en temps voulu.

Conscient du caractère controversé de la participation des citoyens à la conception et au mode de prestation des services, j'estime cependant que certains principes généraux peuvent être mis en pratique, quel que soit le type de service :

1. les citoyens devraient être correctement informés quant à la nature des services, y compris les normes à respecter et les résultats attendus de la politique du gouvernement. De plus, les citoyens devraient avoir accès à toute information pertinente, y compris aux rapports annuels et aux conclusions des organismes de surveillance externes. Cette information devrait être présentée sous une forme compréhensible par tous ;

2. des mécanismes devraient être mis en place pour acheminer et traiter les plaintes (par ex. via un ombudsman ou des commissaires indépendants) et assurer compensation dans les cas où les services auraient été inférieurs aux normes ; et

3. les citoyens devraient être consultés chaque fois que l'on envisage une modification importante dans la prestation de services publics, et l'occasion devrait leur être fournie de soumettre des propositions et d'avoir un mot à dire sur l'orientation des politiques. Ces vues des citoyens devraient être recueillies, lorsque la chose est possible, en recourant à des groupes cibles, à des comités consultatifs et à des jurys de citoyens.

Tel que noté précédemment, la nature du rôle des citoyens dans la gouvernance des institutions et des organismes publics soulève de forts débats. Ainsi, alors que l'on appuie généralement l'idée d'une participation des parents et d'autres représentants des citoyens à la direction des écoles et des garderies, on se fait beaucoup plus réticent à promouvoir la même participation dans le cas des hôpitaux, des offices d'habitation et des instituts de recherche. À mon avis, il n'existe aucune solution « parfaite » ou idéale. En revanche, certains principes ou critères généraux pourraient permettre de déterminer l'opportunité d'une participation des citoyens à la gouvernance d'organismes publics. Entre autres :

• la complexité de « l'entreprise » et la nature des compétences requises pour en assurer une surveillance et un suivi administratif efficaces ;

• le degré d'amélioration de la qualité du service apportée par des citoyens en vertu de leur expertise ou de leur expérience particulière ;

• le degré d'autonomie institutionnelle jugé souhaitable (et le risque de réduire cette autonomie si tous les membres de la direction sont nommés par le ministre ou ses représentants) ;

• le degré d'implication de l'organisme en cause dans des décisions importantes, et possiblement litigieuses, concernant l'allocation de ressources ; et

• les occasions offertes aux citoyens d'exprimer leurs préférences et d'infléchir les politiques par d'autres moyens (par ex. création de comités consultatifs, etc.).

GESTION DU RISQUE

En matière de prestation de services publics, les innovations introduites depuis quelques années ont produit des effets à la fois positifs et négatifs. L'accroissement des types de risque en aura constitué un des principaux inconvénients. Cependant, comme on l'a souvent souligné, « on ne peut expérimenter sans prendre de risques. Les ministres et les hauts fonctionnaires doivent accepter la part d'incertitude allant de pair avec le fait de jeter du lest. Toutes les tentatives ne seront pas fructueuses, cela va de soi, et il y aura des erreurs. Il faut le comprendre et l'accepter. » (Bourgon, 1997 : 26). Il ne s'ensuit pas, bien entendu, que tous les risques soient acceptables ou que l'on ne doive pas s'efforcer de minimiser les probabilités d'échec.

Il convient donc, lorsqu'on envisage les solutions de rechange aux modes de prestation de services, d'accorder une grande attention aux types et aux niveaux de risques possibles, au nombre desquels (OCDE, 1994 : 13-37) :

1. Les risques d'ordre moral (i.e. provenant de l'échec de l'une ou l'autre des parties au contrat à satisfaire à ses obligations, soit par asymétrie dans l'information, difficultés à déceler les non-conformités ou absence de sanctions efficaces) ;

2. les risques technologiques (i.e. provenant de l'incertitude quant à la faisabilité technique de nouveaux modes de prestation) ;

3. les risques fiscaux (i.e. provenant de mauvaises décisions d'investissements, de hausse imprévue des coûts ou de la faillite d'un partenaire ou d'une entreprise sous contrat) ; et

4. les risques politiques (i.e. provenant d'un contexte politique incertain, du caractère controversé de la politique projetée ou de l'occurrence des déboires politiques associés à ces phénomènes).

Ces risques reconnus, il importe de mener une analyse qui permettra de savoir comment les réduire ou même de les éliminer. Il est évident que certaines solutions de rechange (par ex. le partenariat avec des compagnies privées afin d'assurer des services complexes ou coûteux) comporteront davantage de risques. Lorsque la prestation de services met en cause deux entités (ou davantage), il est essentiel de préciser le partage des risques financiers et d'en faire état dans tous documents contractuels ou comptables.

L'AVENIR

En dépit des mesures d'intégration aux mécanismes du marché et de privatisation adoptées depuis les années 1980, les gouvernements des pays de l'OCDE continuent à financer, à se procurer et à fournir de très nombreux services aux citoyens et il y a toutes raisons de croire que cet état de choses perdurera. Les gouvernements devront donc continuer à rechercher les meilleures manières d'assurer et d'améliorer les services dont ils sont responsables — et ce, non seulement pour des raisons de fiscalité et d'efficience, mais aussi afin de maintenir la confiance du public et la légitimité démocratique. Cette situation propose des défis fort sérieux aux politiciens et aux cadres supérieurs de la fonction publique. L'un de ces défis consiste à multiplier les occasions de tirer les leçons des multiples réformes entreprises au cours des récentes années. Pour ce faire, il importe de consacrer les énergies nécessaires à la recherche et à l'évaluation (à la fois comparatives et spécifiques à un État). Pour l'instant, rares sont les données quantitatives et les analyses fiables qui permettraient d'améliorer le rendement organisationnel. Il faudra combler cette absence de recherche en profondeur.

L'analyse qui précède a mis en relief, outre le besoin d'évaluations plus nombreuses et plus précises, un ensemble d'autres thèmes dont on doit tenir compte dans la perspective d'une revitalisation de la fonction publique et d'une amélioration de la prestation des services publics. Premièrement, le choix d'une forme institutionnelle est toujours une affaire complexe. Il exige que l'on ne s'intéresse pas seulement aux attributs du service en cause, mais aussi au contexte constitutionnel, politique, économique et administratif qui entourera sa prestation. Il est essentiel, en outre, d'être parfaitement explicite quant aux valeurs en cause et aux conséquences des diverses configurations institutionnelles sur leur réalisation. Cela n'est possible que par des analyses ponctuelles, systématiques et détaillées.

Deuxièmement, de nombreux décideurs, particulièrement dans le monde anglo-américain, semblent faire grande confiance à des « solutions structurelles » aux problèmes de politique. Ainsi, lorsqu'un département ou un organisme fournit des services inférieurs aux normes, on s'empresse de « restructurer ». Il existe donc un préjugé contre les réformes de type non structurel au sein des modes organisationnels existants. Certes, la « restructuration », même sous sa forme radicale, peut et doit être entreprise en temps et lieu. Mais l'expérience acquise au cours des dernières décennies nous enseigne aussi que d'importantes améliorations du rendement sont réalisables sans changements majeurs aux structures, au mode de gouvernance ou au statut juridique d'une organisation. Il est possible, par exemple, d'améliorer la qualité et l'efficience des services fournis par des ministères en réduisant les contrôles sur les intrants, en modernisant les systèmes de gestion du rendement et en accordant aux gestionnaires une plus grande autonomie en matière de personnel, de rémunération, de procédures administratives, de choix de sous-traitance et de modes budgétaires. Le renvoi de fonctions de prestation à des organismes nouvellement créés n'est donc pas la seule manière, ou même la plus souhaitable, d'améliorer le rendement organisationnel. Même s'il a reçu mauvaise presse au cours des dernières décennies, le ministère classique demeure, en fait, un mécanisme remarquablement souple, politiquement sensible et administrativement vigoureux, capable de réaliser de nombreux objectifs d'ordre public.

Troisièmement et corrélativement, l'amélioration de la prestation des services publics se prête à de nombreux modes (voir tableau 2). La meilleure option, ou la meilleure combinaison d'options, doit être arrêtée de manière pragmatique et en tenant compte d'un ensemble de doctrines administratives. Il faut donc écarter l'hypothèse selon laquelle une seule manière d'agir est applicable dans tous les cas. Il est essentiel, quel que soit le service en cause, que les gestionnaires soient motivés et qu'on leur fournisse des occasions d'expérimenter, d'amorcer des projets pilotes, de nouer des partenariats interorganisationnels et de recourir aux nouvelles technologies. Créativité et innovation, cependant, ne vont pas sans risques, notamment politiques. Or les stratégies de gestion du risque, aussi efficaces soient-elles, ne sont jamais parfaites. Décideurs et citoyens doivent en être conscients.

En dernier lieu, la prestation de services publics de qualité exige un personnel bien formé et de haute compétence, et ce, à tous les niveaux. Que les services soient assurés par des organismes publics ou en mode de sous-traitance, les exigences sont les mêmes. La prolongation des restrictions fiscales durant les années 1980 et 1990 a eu pour effet de réduire les dépenses des organismes gouvernementaux en matière de formation du personnel et de diminuer la capacité du secteur public à maintenir des salaires et des conditions de travail concurrentiels. Si l'on ne s'attaque pas à ces problèmes, il est probable que la qualité et/ou la quantité des services publics diminueront. La réussite des efforts de revitalisation du secteur public repose, par conséquent, sur la réponse à cette question fondamentale : les citoyens sont-ils disposés à assumer les coûts de services de haute qualité ou préféreront-ils une réduction du fardeau fiscal et de l'appareil gouvernemental ? De ce choix dépend largement la suite des événements.

BIBLIOGRAPHIE

Alford, J. (1998), « A Public Management Road Less Travelled : Clients as Co-producers of Public Services », *Australian Journal of Public Administration*, 57(4) : 128-137.

Alford, J. et D. O'Neill (dir.) (1994), *The Contract State : Public Management and the Kennett Government*, Geelong, Deakin University Press.

Aucoin, P. (1995), *The New Public Management : Canada in Comparative Perspective*, Montréal, Institute for Research on Public Policy.

Aucoin, P. (1998), « Restructuration du gouvernement à des fins de gestion et de prestation des services publics », dans Peters, B. Guy et D.J. Savoie (dir.), *Réformer le secteur public : où en sommes-nous ?*, CCG, Les Presses de l'Université Laval.

Audit Office (1994), « Employment of Consultants by Government Departments », dans *Report of the Comptroller and Auditor General : Third Report for 1994*, Wellington.

Barber, B. (1984), *Strong Democracy : Participatory Politics for a New Age*, Berkeley, The University of California Press.

Borins, S. (1995), « Innovations dans le secteur public : les effets des nouvelles méthodes d'organisation et de travail », dans Peters, B. Guy et D.J. Savoie (dir.), *Les nouveaux défis de la gouvernance*, CCG, Les Presses de l'Université Laval.

Boston, J. (1994), « Purchasing Policy Advice : The Limits to Contracting Out », *Governance*, 7(1) : 1-30.

Boston, J. (dir.) (1995), *The State Under Contract*, Wellington, Bridget Williams Books.

Boston, J., J. Martin, J. Pallot et P. Walsh (1996), *Public Management : The New Zealand Model*, Auckland, Oxford University Press.

Bourgon, J. (1997), « Quatrième rapport annuel au Premier ministre sur la fonction publique du Canada », Ottawa, Bureau du Conseil privé.

Bryson, J. et P. Smith-Ring (1990), « A Transaction-Based Approach to Policy Intervention », *Policy Studies*, 23 : 205-229.

Bureau du Conseil privé (1996), « Rapport du Groupe de travail du sous-ministre sur les modèles de prestation de services », dans Groupes de travail des sous-ministres : rapports finaux, Ottawa.

Cameron, D. (1992), « Institutional Management : How Should the Governance and Management of Universities in Canada Accommodate Changing Circumstances ? », dans Cutt, J. et R. Dobell (dir.), *Public Purse, Public Purpose : Autonomy and Accountability in the Groves of Academy*, Halifax, Institute for Research on Public Policy.

Chapman, R. (1997), *The Treasury in Public Policy-Making*, Londres, Routledge.

Considine, M. et M. Painter (dir.) (1997), *Managerialism : The Great Debate*, Melbourne, Melbourne University Press.

Doering, R. (1996), « Alternative Service Delivery : The Case of the Canadian Food Inspection Agency », document préparé en vue d'une présentation au Department of Justice, « Alternative Service Delivery Workshop », 25 novembre.

Ewart, B. et J. Boston (1993), « The Separation of Policy Advice from Operations : The Case of Defence Restructuring in New Zealand », *Australian Journal of Public Administration*, 52 : 223-240.

Ford, R. et D. Zussman (1997a), « Alternative Service Delivery : Transcending Boundaries », dans KPMG/IPAC, *Alternative Service Delivery : Sharing Governance in Canada*, Toronto, KPMG/IPAC.

Ford, R. et D. Zussman (1997b), « Conclusion », dans KPMG/IPAC, *Alternative Service Delivery : Sharing Governance in Canada*, Toronto, KPMG/IPAC.

Fordin, Y. (1996), « Autonomy, Responsibility and Control : The Case of Central Government Agencies in Sweden », dans PUMA, *Performance Management in Government*, Document hors-série n° 9, Paris, OCED.

General Accounting Office (1991), *Government Contractors : Are Service Contractors Performing Inherently Governmental Functions ?*, GGD-92-11, Washington.

Gorringe, P. (1996), « Government and Institutions », ouvrage non publié, Wellington, State Services Commission.

Greer, P. (1994), *Transforming Central Government : The Next Steps Initiative*, Buckingham, Open University Press.

Gregory, R. (1997), « The Peculiar Tasks of Public Management », dans Considine, M. et M. Painter (dir.), *Managerialism : The Great Debate*, Melbourne, Melbourne University Press.

Halligan, J. (1997), « New Public Sector Models : Reform in New Zealand and Australia », dans Lane, Jan-Erik (dir.), *Public Sector Reform : Rationale, Trends and Problems*, London, Sage.

Hardin, I. (1992), *The Contracting State*, Buckingham, Open University Press.

Henry, D. (1995), « Reform of a Major Service Delivery Agency — Not Platitudes But Action », *Administration*, 43(1) : 16-35.

Hikel, R. (1997), « Alternative Service Delivery and the Prospects for Success : Political Leadership and Performance Measurement », dans KPMG/IPAC, *Alternative Service Delivery : Sharing Governance in Canada*, Toronto, KPMG/IPAC.

Hodge, G. (1998), « Contracting Public Sector Services : A Meta-Analytical Perspective of the International Evidence », exposé présenté à la conférence sur « Public Policy and Private Management », the Centre for Public Policy, Melbourne University, 19-20 février.

Hood, C. et M. Jackson (1991), *Administrative Argument*, Aldershot, Dartmouth Publishing.

Horn, M. (1995), *The Political Economy of Public Administration*, Cambridge, Cambridge University Press.

Howden-Chapman, P. et T. Ashton (1994), « Shopping for Health : Purchasing Health Services Through Contracts », *Health Policy*, 29 : 61-83.

Industry Commission (1996), *Competitive Tendering and Contracting by Public Sector Agencies*, Rapport n° 48, Melbourne, Australian Government Publishing Service.

Ingraham, P. (1997), « The Policy/Operations Dichotomy in the US Federal Government », dans *Policy and Operations*, Ottawa, Centre canadien de gestion.

Kettl, D. (1988), *Government by Proxy : (Mis ?) Managing Federal Programs*, Washington, DC, Congressional Quarterly Press.

Kettl, D. (1993), *Sharing Power : Public Governance and Private Markets*, Washington, Brookings Institution.

KPMG/IPAC (1997), *Alternative Service Delivery : Sharing Governance in Canada*, Toronto, KPMG/IPAC.

Lane, Jan-Erik (1993), *The Public Sector : Concepts, Models and Approaches*, London, Sage.

Lane, Jan-Erik (dir.) (1997), *Public Sector Reform : Rationale, Trends and Problems*, London, Sage.

Langford, J. (1997), « Power Sharing in the Alternative Service Delivery World », dans PMG/IPAC, *Alternative Service Delivery : Sharing Governance in Canada*, Toronto, KPMG/IPAC.

Larsson, T. (1995), *Governing Sweden*, Stockholm, The Swedish Agency for Administrative Development.

Martin, J. (1995), « Contracting and Accountability », dans Boston, J. (dir.), *The State Under Contract*, Wellington, Bridget Williams Books.

Mintzberg, H. (1996), « Managing Government, Governing Management », *Harvard Business Review*, mai-juin : 75-83.

Moore, E. et G. Skogstad (1998), « Food for Thought : Food Inspection and Renewed Federalism », dans Pal, L. (dir.), *How Ottawa Spends, 1998-99*, Toronto, Oxford University Press.

Mulgan, R. (1997), « Contracting Out and Accountability », *Australian Journal of Public Administration*, 56(4) : 106-116.

OCDE (1993), *Public Management : OECD Country Profiles*, Paris, OCDE.

OCDE (1994), *New Ways of Managing Infrastructure Provision*, Document hors-série, n° 6, Paris, OCDE.

OCDE (1997), *Issues and Developments in Public Management*, Paris, OCDE.

Office of Public Service (1997), *Next Steps Briefing Note*, London, Cabinet Office.

O'Toole, B. et R. Chapman (1995), « Parliamentary Accountability », dans O'Toole, B. et G. Jordan (dir.), *Next Steps : Improving Management in Government ?*, Aldershot, Dartmouth.

O'Toole, B. et G. Jordan (dir.) (1995), *Next Steps : Improving Management in Government ?*, Aldershot, Dartmouth.

Peters, B. Guy (1997), « Separating Policy and Operations : A Summary of National Responses », dans *Policy and Operations*, Ottawa, Centre canadien de gestion.

Peters, B. Guy et D.J. Savoie (dir.) (1995), *Les nouveaux défis de la gouvernance*, CCG, Les Presses de l'Université Laval.

Petersson, O. (1994), *Swedish Government and Politics*, Stockholm, Fritzes.

Petrie, M. (1998), *Organization Transformation : The Income Support Experience*, Wellington, Department of Social Welfare.

Pierre, J. (1997), « The Policy-Operation Divide in Sweden : Un rapport de Utopia », dans *Policy and Operations*, Ottawa, Centre canadien de gestion.

Pierre, J. (1995), « La commercialisation de l'État : citoyens, consommateurs et émergence du marché public », dans Peters, B. Guy et D.J. Savoie (dir.), *Les nouveaux défis de la gouvernance*, CCG, Les Presses de l'Université Laval.

Pollitt, C. (1997), « The Separation of Policy and Operations in Government : The UK Experience », dans *Policy and Operations*, Ottawa, Centre canadien de gestion.

Pollitt, C., J. Birchall et K. Putman (1998), « Letting Managers Manage : Decentralisation and Opting Out », dans Stoker, G. (dir.), *The New Management of British Local Government*, Basingstoke, Macmillan.

Schick, A. (1996), *The Spirit of Reform : Managing the New Zealand State Sector in a Time of Change*, Wellington, State Services Commission.

Secrétariat du Conseil du Trésor (1995), « Framework for Alternative Service Delivery », Ottawa.

Seidle, F. Leslie (1995), *Rethinking the Delivery of Public Services to Citizens*, Montréal, Institute for Research on Public Policy.

Seidle, F. Leslie (1997), « Responsiveness and Accountability : The Drivers of Alternative Service Delivery », dans KPMG/IPAC, *Alternative Service Delivery : Sharing Governance in Canada*, Toronto, KPMG/IPAC.

Skelcher, C. (1998), « Reforming the Quangos », *The Political Quarterly*, 69(1) : 41-47.

Stewart, J. (1993), « The Limitations of Government by Contract », *Public Money and Management*, 13 : 7-12.

Thomas, P. (1998), « La nature changeante de l'imputabilité, dans Peters, B. Guy et D.J. Savoie (dir.), *Réformer le secteur public : où en sommes-nous ?*, CCG, Les Presses de l'Université Laval.

Thomas, P. et J. Wilkins (1997), « Special Operating Agencies : A Culture Change in the Manitoba Government », dans KPMG/IPAC, *Alternative Service Delivery : Sharing Governance in Canada*, Toronto, KPMG/IPAC.

Treasury (1987), *Government Management*, Wellington, Government Printer.

Trosa, S. (1994), *Next Steps : Moving On*, London, Office of Public Service and Science.

Vining, A. et D. Weimer (1990), « Government Supply and Government Production Failure : A Framework Based on Contestability », *Journal of Public Policy*, 10 : 1-22.

Weller, P. et G. Davis, G. (dir.) (1996), *New Ideas, Better Government*, St. Leonards, Allen et Unwin.

Williamson, O. (1985), *The Economic Institutions of Capitalism : Firms, Markets, Relational Contracting*, New York, Free Press.

Wilson, J.Q. (1989), *Bureaucracy : What Government Agencies Do and Why They Do It*, New York, Basic Books.

Wright, J. et G. Waymark (1995), *Special Operating Agencies : Overview of the Special Operating Agency Initiative*, Ottawa, Centre canadien de gestion, Les pratiques de gestion, n° 10.

10
Coûts sociaux et relations État/société : repenser les frontières de la fonction publique

JON PIERRE

Le mouvement de pendule entre domination de l'État et domination du marché, qui a marqué une grande partie du XXe siècle, a un impact direct et très net sur la fonction publique[1]. Une grande partie des échanges entre l'État et la société civile passe par la fonction publique; à l'époque où l'État intervenait de plus en plus dans la société, c'est la bureaucratie publique qui agrandissait son propre domaine et, du même coup, la bureaucratie est devenue la cible privilégiée des campagnes politiques qui prônent une réduction de la taille de l'État, comme en témoignent les expériences vécues en Australie, en Grande-Bretagne, au Canada et en Nouvelle-Zélande (Hood, 1995; Savoie, 1994). Certains propos devenus célèbres (au Canada : « on va leur donner un avis de congédiement et une paire d'espadrilles » ou en Australie : « on va embrocher un autre fonctionnaire sur le barbecue, mon ami » — à propos des mesures de réforme du gouvernement Howard quant à la fonction publique — traduisent bien le fait que les fonctionnaires sont devenus le « fléau absolu » aux yeux des régimes néo-libéraux et de leurs partisans[2].

Le présent chapitre traite de l'impact de ces changements d'opinion sur la fonction publique. Nous tenterons, plus particulièrement, de comprendre en quoi les réductions et les reconfigurations de la fonction publique des démocraties occidentales ont redéfini les frontières de ces fonctions publiques. Nous examinerons des développements de divers ordres qui, survenus à la fois dans la fonction publique et dans la société, remettent en question notre conception de ces frontières. Il en ressort, d'une manière générale, que la fonction publique a perdu, à bien des égards, sa spécificité organisationnelle et normative, c'est-à-dire un ensemble de normes, de règles, de modes de comportement, de structures et de rôles radicalement différents de ceux qui ont cours dans d'autres secteurs de la société ; les institutions politiques se donnent de nouveaux points d'interaction avec la société ambiante et encouragent la création de nouveaux canaux par lesquels les citoyens se manifestent en matières politique et administrative. Plutôt que de déplorer cette évolution, il serait probablement plus sage de la considérer comme une restructuration de la fonction publique qui correspond à la nouvelle image que s'en donnent les citoyens et à leur droit d'être partie prenante aux délibérations et aux prises de décisions administratives et politiques.

Il eut probablement été moins compliqué d'aborder ces questions il y a quelques décennies. Phénomène intéressant, la réforme des années 1990 visait explicitement, pour une bonne part, à brouiller ou à minimiser la distinction public/privé ; et lorsqu'elle n'avait pas cet objectif, elle en a eu les conséquences. Nous vivons présentement deux développements parallèles qui nous amènent, bien que de manière différente, à repenser la signification des frontières historiques de la fonction publique. Le premier se manifeste par la quête de nouvelles structures de gouvernance qui s'ajoutent ou se substituent aux instruments de politique antérieurs. Ces nouvelles structures et ces nouveaux instruments constituent des solutions de rechange par lesquelles l'État articule et poursuit l'intérêt collectif. Ce qui les différencie des structures et des instruments traditionnels réside moins dans leurs objectifs que dans le fait qu'ils reposent moins sur l'acquiescement et davantage sur la coopération, le partage des ressources et l'inclusion sociétale (Peters, 1996 ; Peters et Pierre, 1998 ; Rhodes, 1997). En créant des partenariats public/privé et autres types de projets conjoints, la fonction publique fait appel à des ressources auxquelles elle n'avait jusqu'alors pas accès. Dans plusieurs pays — particulièrement les pays de forte tradition corporatiste — les initiatives dites «du troisième secteur», qui visent à conférer aux associations volontaires un rôle plus clair dans la prestation des services, sont devenues monnaie courante. Cette stratégie repose donc sur l'idée selon laquelle il y a tout avantage à fusionner les ressources privées et publiques, plutôt qu'à les maintenir distinctes.

La seconde tendance concerne aussi les échanges entre public et privé, mais se manifeste à contre-courant de la nouvelle gouvernance qui voit émerger de nouvelles formes d'empiètement de la société sur l'État. Ces nouvelles formes d'intrant sociétal sur les politiques et l'administration publique comprennent différents types et de nouveaux modèles d'engagement des citoyens et d'articulation politique dans l'élaboration des politiques. Ces nouveaux canaux n'ont pas seulement pour objectif de fournir aux citoyens de nouvelles avenues d'influence politique mais aussi d'accroître la légitimité de la fonction publique.

Il résulte de notre analyse que ces deux développements — de manière différente, répétons-le — doivent être interprétés comme une adaptation organisationnelle de la société au terme des années 1990 et, de manière plus importante encore, comme ce que Maier (1987a : 17) décrit comme « une redécouverte du politique ». Les nouveaux modèles de gouvernance dont nous constatons l'émergence sont le résultat d'une transformation graduelle des rôles institutionnels et des instruments de politique, lesquels traduisent eux-mêmes l'adaptation de l'État aux défis de la gouvernance dans le milieu politique et économique de cette fin de XXe siècle. Il serait possible, de même, d'interpréter ces nouvelles formes d'engagement des citoyens et autres modes d'empiètement sur la fonction publique comme la preuve d'un authentique intérêt des citoyens dans les affaires de l'État, bien que, comme nous le verrons bientôt, ce type d'engagement se caractérise normalement par l'absence d'esprit de parti, la segmentation et l'attachement aux intérêts locaux.

DÉFINIR LES FRONTIÈRES DE LA FONCTION PUBLIQUE

Il est possible de tenter une définition de ces frontières en examinant d'abord deux types idéaux de spécificité politique et administrative de la fonction publique. On notera que le débat concernant ces frontières ne signifie pas, de soi, que nos perceptions de la fonction publique et de son rôle dans la société aient changé de manière importante ; l'accent sur l'accessibilité et sur la transparence de la fonction publique doit être interprété comme une manifestation d'un changement dans les valeurs et dans la perspective concernant le rôle de l'État et de la fonction publique. Le tableau 1 compare les systèmes institutionnels d'une fonction publique dont les frontières sont maintenues et d'une fonction publique dont les frontières sont imprécises.

TABLEAU 1
Modèles institutionnels de fonctions publiques de spécificité différente

	Spécificité du secteur public	
Fonctions de politique	*Frontières maintenues*	*Frontières imprécises*
Formulation des politiques	Partis politiques	Participation des citoyens
Mise en œuvre des politiques	Ministères (départements)	*Think tanks*
	Ministères (départements)	Arrangements du type
	Gouvernements sous-nationaux	« troisième secteur »
		Partenariats public/privé
		QUANGOS, organismes, etc.

Le modèle de secteur public aux frontières « brouillées » auquel nous nous intéressons ici est composé d'intrants de politiques provenant de canaux plus sélectifs et particuliers tels la participation des citoyens et les *think tanks*. De même, les politiques sont mises en œuvre par diverses organisations, dont plusieurs sont conçues pour faciliter la coordination des ressources lors d'entreprises conjointes public/privé. L'émergence d'une politique sélective et de structures de mise en œuvre conjointe pourrait être interprétée, en partie, comme une désinstitutionnalisation des structures représentatives et des systèmes de valeur de type *Reichtstaat*. Cependant, les tenants de cette évolution tendent à la décrire davantage comme un ensemble de structures complémentaires plutôt que comme un rejet des systèmes traditionnels d'intrants et de mise en œuvre des politiques. Il en fut ainsi lors du débat mené au Canada à propos de la participation des citoyens.

On pourrait certes soutenir que le brouillage de la spécificité du secteur public est « une bonne chose » sous l'angle de la démocratie, car il autorise des formes nouvelles et plus spontanées de participation des citoyens aux affaires publiques et, plus généralement, à la sphère politique. Dans la plupart des pays occidentaux, les architectes de la réforme administrative ont considéré la transparence de la fonction publique et son ouverture vers l'extérieur comme un précieux moyen de revigorer la fonction publique et d'en renforcer la légitimité (voir Peters et Savoie, 1998). Au Royaume-Uni, les « Chartes du citoyen » et les « Citizens' Panels » tendent à promouvoir une communication plus immédiate entre citoyens et fonction publique. Dans les pays scandinaves, où la transparence du secteur public est un élément de la culture politique (Peters, 1984), on s'est mis en quête de nouveaux modèles de communication entre citoyens et fonction publique. Comme nous le verrons plus loin, la France et l'Allemagne adoptent des stratégies semblables en matière de réforme administrative.

Afin de comprendre les changements de frontières du secteur public, nous partirons de trois manières différentes de définir la fonction publique. La première, qui est peut-être la plus naturelle, consiste à aborder ces questions sous un éclairage légaliste ; la fonction publique est ainsi définie en termes juridiques ou constitutionnels. Les cadres juridiques relatifs à la fonction publique en définissent la structure ainsi que les procédures internes et les processus décisionnels, attribuant ainsi aux institutions du secteur public des normes et des valeurs qui le distinguent des autres institutions de la société. Dans cette perspective, la fonction publique comprend les organisations fonctionnant en vertu de la Loi de l'administration publique, ou tout autre équivalent juridique. Ces institutions constituent le cœur de l'autorité de l'État, sont sujettes aux mêmes règles et aux mêmes cadres juridiques, et leurs ressources ont la même provenance. Le cadre juridique définit les procédures institutionnalisées relatives à l'imputabilité administrative et/ou politique de décisions et d'actions arrêtées au sein de la fonction publique. Cette définition juridique considère les frontières de la fonction publique comme les limites juridictionnelles des postes publics et de la loi constitutionnelle.

Cette manière de définir les frontières de la fonction publique était davantage pertinente à une époque où les problèmes actuels étaient moins urgents. Il y a deux décennies, la définition juridique de la fonction publique correspondait parfaitement à la réalité. Mais depuis l'émergence et la popularité croissante de QUANGOS, d'organismes, de sociétés publiques et de partenariats public/privé, cette définition plutôt statique correspond de moins en moins à la réalité. C'est là une observation de grande importance ; penser les frontières en fonction du cadre juridique qui définit et régit une organisation est de plus en plus dénué de sens.

Une solution de rechange consiste à considérer ces frontières comme d'abord institutionnelles, c'est-à-dire à étudier les configurations institutionnelles et organisationnelles de l'État (voir Olsen, 1991). Cette perspective dégage de la fonction publique l'image d'un ensemble d'institutions susceptible d'être modifié à tout moment. La fonction publique est définie comme la somme d'organisations publiques qui, à leur tour, sont définies par énumération. Si l'on reconnaît que les organisations publiques diffèrent des privées quant à la gestion, à l'imputabilité, à la base budgétaire, aux tâches, aux relations à la clientèle, aux économies d'échelle, etc., l'approche institutionnelle n'attache à ce fait aucune connotation normative ou politique. Cette manière de tracer les bornes de la fonction publique était beaucoup moins compliquée, répétons-le, avant que n'émergent les nombreuses institutions et organisations qui se situent à la limite des deux secteurs. L'approche institutionnelle peut ainsi décrire correctement la fonction publique, mais n'est pas d'un grand secours pour comprendre les changements de frontières. En outre, elle ne dit rien de la spécificité normative ou organisationnelle de la fonction publique ; elle ne fournit qu'une liste des organisations qui, à un moment ou à un autre, peuvent être considérées comme faisant partie de la fonction publique.

Un troisième mode consiste, en dernier lieu, à définir des fonctions qui peuvent être dites essentielles à la société — services de police, coordination et gouvernance, etc. — et d'examiner ensuite la nature publique ou privée des organisations qui assument telle ou telle de ces fonctions. Cette approche fonctionnelle peut aussi devenir un modèle économique permettant de déterminer dans quelle mesure les services devraient être publics ou privés, c'est-à-dire des ratés du marché qui entraînent dans l'économie des problèmes d'action collective que les acteurs du marché n'ont, individuellement, aucun intérêt à résoudre. On compte, au nombre de tels problèmes, le développement des infrastructures, l'éducation et la formation et certains programmes sociaux tels les soins de santé. Selon une approche fonctionnelle basée sur la théorie économique, ces fonctions sont essentielles à la société, mais aucun acteur économique n'a intérêt à les assumer. Les services sont alors définis, dans cette perspective économico-fonctionnelle, comme collectifs.

Cette approche ne préjuge en rien du statut des différentes organisations productrices de services ; elle se limite à définir les rôles occupés par l'État et par la fonction publique, ainsi que le domaine fonctionnel de la fonction publique dans la société. Cette stratégie a le mérite de faire ressortir deux phénomènes. Premièrement, elle montre l'étendue de l'action réelle de l'État, ou tout au moins l'étendue de ses responsabilités. Deuxièmement, elle prend en compte les multiples rôles assumés par la fonction publique dans la prestation des services : réglementation, financement, surveillance et évaluation des processus de prestation.

Relativement simples en théorie, ces divers aspects des frontières du secteur public soulèvent en pratique d'énormes problèmes. Définir les organisations publiques et privées, par exemple, est difficile dans la mesure où de nombreuses organisations se présentent comme un mélange de public et de privé (Peters, 1988). En fait, la réforme institutionnelle a cherché, depuis une vingtaine d'années, à créer des organisations qui franchissent ou violent la frontière public/privé, à la fois dans le but de permettre aux institutions politiques l'accès à des ressources contrôlées par des acteurs privés ou corporatifs (Peters, 1998) et de développer — tel que noté ci-dessus — de nouveaux canaux et de nouveaux outils de gouvernance (Peters et Pierre, 1999 ; Rhodes, 1997).

Il nous est maintenant possible d'évaluer trois manières de penser les frontières de la fonction publique selon trois ensembles de «variables» : imputabilité, formes d'intrants de politique et de participation, et degré de spécificité par rapport à l'intégration de la fonction publique selon les trois modèles. Le tableau 2 résume cette analyse.

TABLEAU 2
Approches à la compréhension
des changements de frontières de la fonction publique

«Thèmes» d'analyse			
Approches	**Source d'imputabilité**	**Intrant de politique et participation**	**Spécificité c. intégration**
Légaliste	Poste public	Citoyenneté	Spécificité
Institutionnelle	Politique, démocratique	Partis politiques	Une certaine intégration
Fonctionnelle	Fournisseurs de services, investissements	Consommateurs, usagers, clients	Vision générique sur les secteurs

L'approche légaliste à la définition des frontières de la fonction publique — qui, sous cet angle, peut être considérée comme type idéal du rôle de la fonction publique dans un système de gouvernement démocratique — repose sur des systèmes d'imputabilité, d'intrants de politique et de spécificité institutionnelle explicités dans un cadre constitutionnel et autres cadres juridiques. Ainsi, l'imputabilité est directement associée à un poste public (électif ou administratif) et non à une personne en particulier. La fonction d'intrant de politique est ouverte à tous les citoyens et la spécificité de la fonction publique est délibérément maintenue afin de faire en sorte que les décisions et les actions collectives soient sujettes à un mode spécifique d'examen et d'évaluation.

Dans le modèle institutionnel, les officiels élus contrôlent directement les organisations de la fonction publique et les changements organisationnels. À cause de cette forte présence politique, l'imputabilité relative aux services publics est perçue comme une question politique plutôt que bureaucratique. La spécificité de la fonction publique est ainsi moins marquée que dans le modèle légaliste, et ce, pour deux raisons. Premièrement, le désir de conserver aux services publics leur caractère « public » est partiellement politique, mais il ne s'ensuit pas que les gestionnaires de la fonction publique soient intéressés à intégrer quelque élément du secteur privé à la prestation des services publics. Deuxièmement, il arrive souvent (mais pas toujours) que ce type de service public politiquement contrôlé aboutisse à multiplier indéfiniment les engagements de service du secteur public, ce qui entraîne, à terme, des problèmes de dépenses et de revenus. Le pendule reprend alors le chemin inverse, cette fois en direction du « marché ».

Selon l'approche fonctionnelle, finalement, la question de savoir si les services publics seront produits et assurés par le public ou par le privé est une question administrative plutôt que politique. Dans ce modèle, l'imputabilité est une affaire complexe, mais on tend à la définir d'abord en matière de satisfaction du consommateur, de sorte qu'elle est associée à ceux qui assurent les services. L'intrant de politique est sélectif ; les décisions sont soit déterminées par le comportement du consommateur sur le marché, soit fonction d'intrants directs et ponctuels de la part d'individus ou de groupes.

Ces trois manières de penser les frontières de la fonction publique décrivent un développement séquentiel des valeurs et des normes qui guident la réforme administrative, l'approche légaliste étant suivie de l'approche institutionnelle, à laquelle succède finalement le modèle fonctionnel. Une rapide évaluation comparative de la réforme nous montre cependant que son évolution n'a pas résulté de choix clairs et conscients entre des philosophies concurrentes concernant le rapport de la fonction publique à son environnement, mais d'une suite de décisions ponctuelles concernant la meilleure manière de marier les trois modèles de fonction publique (Aucoin, 1990 ; Peters et Savoie, 1998). Dans la plupart des démocraties occidentales, les fournisseurs de services publics n'ont donc pas eu à choisir entre le maintien ou le brouillage de la distinction public/privé. Tout indique plutôt que la réforme administrative a obéi à une stratégie très pragmatique : « l'un et l'autre et à la fois ». Les valeurs phares de la fonction publique, telles légalité, impartialité, etc., n'ont pas été explicitement remises en question ou compromises. Cependant, l'accent de plus en plus prononcé sur l'efficacité a placé la fonction publique dans une situation telle qu'il lui faut, en pratique, choisir les objectifs et les valeurs qu'elle doit compromettre.

FRONTIÈRES DE LA FONCTION PUBLIQUE :
LES JEUX DU CHANGEMENT

Ce processus de changement — ou de brouillage — des frontières n'est pas seulement de nature organisationnelle ou administrative, mais d'abord de nature politique. L'essentiel du débat sur ces questions, et notamment la littérature de la Nouvelle gestion publique (Osborne et Gaebler, 1992), porte quasi exclusivement

sur les aspects administratifs de la production de services. Dans la mesure où l'analyse déborde ces aspects, elle se fait d'abord fonctionnelle (voir plus loin); on y
rejette la spécificité du secteur public et on n'y traite de la production de services
que dans une perspective générique (Self, 1993). Les institutions politiques exercent
pourtant un pouvoir politique et leurs programmes sont financés par la collectivité,
de sorte qu'il nous faut comprendre comment l'impact des changements de frontières de la fonction publique agit sur le contrôle politique et sur l'imputabilité. Non
que les réformes visant à brouiller la distinction public/privé soient nécessairement
suspectes ou antidémocratiques, mais le fait de reconnaître de tels changements
comme projets politiques signifie que nous devons les évaluer d'après les solutions
de rechange qu'ils proposent en matière de contrôle collectif et d'imputabilité
démocratique.

Un aspect important de la perte de signification de la distinction public/privé a
trait aux nouveaux canaux par lesquels sont véhiculés idées et intrants dans le processus politique. Ces intrants expriment presque toujours des attentes et des exigences
de la société civile et des groupes de pression, mais plusieurs pays tentent présentement de créer des voies de communications qui permettent aux citoyens de jouer un
rôle plus actif dans le processus politique. Dans plusieurs pays, les promoteurs de
ces nouvelles expériences proviennent à la fois de l'intérieur et de l'extérieur de la
fonction publique et obéissent à des motifs différents. Pour l'État, encourager les
citoyens à participer est souvent perçu comme une manière de renforcer la légitimité du processus politique; pour les citoyens, cette participation a pour objectif,
entre autres, de faire intervenir des acteurs qui surveilleront ce processus afin de
prévenir tout abus de pouvoir ou toute malversation financière et de préserver un
processus authentiquement démocratique.

De consultation à participation

Au cours des dernières années, et compte tenu d'importantes différences entre les
pays, la réforme administrative a visé à développer de nouvelles formes de participation. Des moyens fort divers ont été employés à cette fin, mais ils avaient tous
pour but de donner aux citoyens des moyens de jouer un rôle plus actif au sein des
services publics. En Nouvelle-Zélande et dans les pays scandinaves, par exemple,
d'importantes réformes ont été réalisées dans le secteur de l'éducation publique afin
d'accroître la participation des citoyens à l'administration des écoles et à l'élaboration des programmes scolaires. Des réformes semblables ont été mises en œuvre
dans plusieurs autres secteurs de services publics, tels les garderies et le *physical
planning process* en Allemagne et en Suède. De plus, de très nombreux pays ont
restructuré leurs services publics de manière à ce que les citoyens y aient un
meilleur accès. C'est ainsi qu'en France, une réforme adoptée au début des années
1990 a instauré de nouvelles formes de partenariat entre l'administration de l'État et
les autorités locales, de manière à créer des structures nouvelles qui facilitent le con-

tact des citoyens avec les services publics, particulièrement dans les zones urbaines les plus difficiles (Meininger, 1998). Ces «maisons des services publics» assurent des services selon le principe du guichet unique.

Il existe un intéressant élément de «dépendance au cheminement» dans la manière dont la fonction publique — et la société qui l'entoure — semblent réfléchir à l'organisation des échanges transfrontaliers public-privé. Dans les démocraties anglo-saxonnes, qui privilégient l'individualisme dans la vie politique, ces nouveaux modes d'échanges sont conçus en matière de communication entre individus et fonction publique. Dans les cultures politiques de type collectiviste ou corporatiste, tels l'Autriche, l'Allemagne et les pays scandinaves, on tend davantage à développer des organisations d'un nouveau genre, qui deviendraient acteurs dans le processus de formation des politiques. Historiquement, la participation des citoyens passait par les partis politiques et les groupes d'intérêts. Selon le système «remiss», en vigueur en Suède, tous les rapports des Commissions royales sont distribués non seulement aux dirigeants de la fonction publique mais aussi aux groupes d'intérêts et aux associations volontaires susceptibles d'être touchés par les propositions des commissaires. Ces organisations sont invitées à soumettre leurs commentaires sur le rapport de la commission, lesquels sont ensuite synthétisés et, présume-t-on, incorporés au projet de loi du gouvernement. Bien que l'on puisse déceler un certain intérêt à ouvrir des canaux d'accès aux simples individus, par exemple dans la foulée des nouvelles technologies de l'information, la tradition collectiviste demeure puissante dans ces cultures.

Ces nouvelles formes de participation et de démocratie délibérative ont pour effet, entre autres, de faire le pont entre public et privé, de faciliter la communication avec ceux qui utilisent plusieurs services publics et d'impliquer les usagers dans la prestation des services. Nous ne savons pas dans quelle mesure ces nouveaux modèles participatifs modifient la prestation des services. Sans doute sont-ils susceptibles d'accroître la légitimité du service public, mais il reste à démontrer que les services assurés selon ce nouveau modèle administratif sont mieux reçus qu'ils ne l'étaient selon l'ancien modèle.

Cette nouvelle configuration du service public soulève le problème de la gestion des tensions entre les groupes professionnels et les citoyens qui s'attendent à exercer une influence importante sur la nature du service public. Les professionnels doivent être disposés à permettre aux citoyens/consommateurs d'avoir leur mot à dire sur les sujets en discussion, faute de quoi les nouveaux modèles de participation engendreront frustrations et critiques. Dans ces modèles participatifs, les «citoyens» sont, pour la plupart, des individus habitués aux prises de décisions (voir plus bas) et ne seront guère heureux d'un engagement qui en fait d'abord des otages en cas de réduction des dépenses publiques.

Nous devons aussi estimer le degré de compatibilité entre les modèles de participation ancien et nouveau quant à leur manière de préserver l'égalité politique.

Tout indique que la participation au service public affichera la même sélectivité que les modes traditionnels de participation politique, c'est-à-dire qu'une telle activité semble être plus naturelle aux professionnels de la classe moyenne qu'aux autres groupes sociaux.

Aux nouveaux modes de participation est associé un troisième problème d'ordre général : tous les consommateurs de services sont des citoyens, mais tous les citoyens ne sont pas des consommateurs de services. Or tant que ces services sont financés sur une base collective, il importe de s'assurer que tous les citoyens disposent de certains moyens institutionnels d'exercer une influence sur leur production (Peters et Pierre, 1998 ; Pierre, 1995).

Nouvelles formes d'engagement des citoyens

Si la participation des citoyens constitue une manière nouvelle de penser les frontières de la fonction publique, l'engagement des citoyens représente un pas de plus vers l'objectif d'« inclure les citoyens ». Cet engagement, cependant, se fait plus critique du gouvernement représentatif et des partis politiques, prend sa source dans la signification politique de la citoyenneté et découle largement (mais pas entièrement) d'une méfiance du gouvernement. Partagé par tous, l'objectif consiste à permettre aux citoyens de scruter de près les politiques publiques, de fournir un véritable apport aux propositions de politiques et d'apporter des perspectives et des valeurs que les institutions semblent incapables d'apporter au débat. Les tenants de l'engagement des citoyens n'y voient donc pas une manière parmi d'autres de promouvoir des intérêts précis, mais une manière de promouvoir l'intérêt public. Cet engagement repose donc sur une notion activiste de la citoyenneté (Sears et Schulman, 1998). Il est perçu comme une sauvegarde contre l'abus du pouvoir politique et contre le recours à des mesures inadéquates aux problèmes de la société. On le voit aussi comme une solution de rechange, ou un complément, à la représentation politique assurée par les partis.

Plusieurs démocraties se sont intéressées à ces nouvelles formes d'engagement, dont tout particulièrement le Canada. Elles représentent un rejet implicite des partis politiques en tant que structures représentatives ; l'appartenance et l'activisme politique ont radicalement diminué dans la plupart des pays occidentaux où l'adhésion massive à des partis politiques était pratiquée depuis longtemps. C'est ainsi qu'en Allemagne à peine 5 p. cent de la population adhère à un parti, contre 25 p. cent à divers clubs sportifs (Klein et Schmalz-Bruns, 1997). Il en va ainsi en Suède, où l'appartenance politique n'est que de 8 p. cent (Petersson *et al.*, 1998). En dépit de cette crise des modes de représentation, cependant, ni la Suède ni l'Allemagne n'ont accordé grand intérêt à l'engagement des citoyens.

Si nous élargissons légèrement la définition de l'engagement des citoyens, nous constatons que des réformes ayant les mêmes objectifs globaux ont été appliquées dans plusieurs pays. En Autriche, le parlement a adopté en septembre 1998 une loi qui met fin à la situation privilégiée des députés en matière de promotion de pétitions pour référendums et de nomination des candidats à la présidence. Avant cette loi, la signature de huit députés et de 10 000 citoyens était requise pour que soit déclenché le processus référendaire. Derrière le slogan « Un homme, un vote », le Parlement a décrété que toutes les signatures seraient désormais d'égale valeur. Les députés ne peuvent même plus, à eux seuls, provoquer le déclenchement d'un référendum. On exige désormais la signature d'un Autrichien sur mille, c'est-à-dire environ 8 100 signatures. La nomination des candidats présidentiels, de même, requérait l'appui de 5 députés et de 6 000 citoyens ; le privilège des députés étant aboli, elle ne requiert plus que 6 000 signatures.

L'engagement des citoyens se traduit aussi dans des réformes visant à augmenter le nombre de postes électifs à différents niveaux de gouvernement. En Allemagne, on a récemment introduit un régime électif pour les maires. On a fait de même pour l'élection d'un maire dans la grande région de Londres, régime qu'on prévoit étendre à toutes les municipalités de Grande-Bretagne. Dans le même esprit, plusieurs grandes villes de Scandinavie ont mis en place (ou se proposent de mettre en place) des régimes de conseils de quartiers dotés de vastes pouvoirs.

Phénomène intéressant, les pays qui ont poussé très loin les réformes de la NGP, tels l'Australie, la Grande-Bretagne et la Nouvelle-Zélande, n'ont facilité que par des réformes mineures l'intervention des citoyens dans le processus politique[3]. La perspective fonctionnaliste — qui représente essentiellement la philosophie NGP en cette matière — propose une vision ambiguë de l'engagement du citoyen. Ainsi que le notent Boston et ses collègues (Boston *et al.*, 1996), des réformes telles que la privatisation et la *corporatisation* tendent à priver les citoyens de leurs canaux de représentation traditionnels puisqu'elles visent, à la limite, à réduire le contrôle politique sur la fonction publique et à « laisser gérer les gestionnaires » (Osborne et Gaebler, 1992). En même temps, cependant, la NGP vise à procurer aux consommateurs des choix de type « marché », ce qui offre aux utilisateurs de services une forme de compensation pour la perte de leur contrôle politique.

Ces nouveaux canaux d'intrants de politique représentent d'excellents exemples du brouillage des frontières de la fonction publique. En tant qu'instruments de politique, cependant, ils conviennent probablement mieux à certaines cultures politiques qu'à d'autres. Dans la plupart des pays d'Europe de l'Ouest, des formes différentes d'engagement des citoyens font partie de la culture et de la tradition politique ; il n'est qu'à penser à la procédure de « remiss », en Suède, qui est un vaste processus de consultation de la plupart des rapports des commissions royales, à l'institution de l'ombudsman (autre invention suédoise) ou au régime des partis politiques de masse qui se caractérisent (au moins théoriquement) par un fort degré de démocratie interne et par un processus délibératif qui accorde à tout membre le droit de proposer des résolutions sur presque tous les sujets. Cela dit, le déclin de ces modes traditionnels de représentation pourrait fort bien susciter des réformes analogues à ce qui est advenu récemment au Canada.

Partenariats public-privé

Les partenariats entre acteurs publics et privés sont peut-être la manifestation la plus visible du brouillage des frontières de la fonction publique et de l'approche fonctionnelle à son organisation (Pierre, 1998a ; Walzer et Jacobs, 1998). En Europe tout autant qu'en Amérique du Nord, de tels partenariats existent depuis longtemps et à divers niveaux institutionnels, mais semblent devenir de plus en plus populaires alors que la fonction publique fait l'essai de nouveaux instruments de gouvernance. Ces partenariats augmentent le potentiel des institutions publiques en permettant de fusionner ressources privées et publiques. En même temps, on dit qu'ils font obstacle au contrôle et à l'imputabilité démocratiques et qu'ils dissimulent l'intérêt collectif. Ils constituent donc un dilemme démocratique dans la mesure où ils sont souvent jugés nécessaires pour augmenter l'effet de levier financier des autorités locales, mais sont moins sujets à un contrôle politique démocratique que des organisations strictement publiques. Les partenariats peuvent accomplir des choses que les autorités politiques ne peuvent réaliser par elles-mêmes, mais, comme le signale Peters (1998), tel est précisément ce pourquoi on les crée. Les évaluer dans une perspective démocratique est donc une tâche complexe ; la réduction du contrôle démocratique et politique doit être mesurée à l'aune de l'accroissement de l'effet de levier financier.

Les partenariats public-privé se retrouvent surtout là où existe un intérêt commun à coopérer sans égard aux distinctions public/privé, par exemple dans le domaine du développement économique local. Pour l'entreprise privée, il y a là un moyen d'avoir accès à l'administration municipale et aux dirigeants politiques ; pour la municipalité, il y a là une occasion d'échanger avec l'entreprise privée à propos de projets communs, l'entreprise devenant souvent un commanditaire important et les autorités se réservant les volets politique et administratif du projet. Ces partenariats rapprochent les élites politiques et économiques autour d'un calendrier précis de développement, ce qui soulève plusieurs questions sur la transparence et le poids politique du citoyen ordinaire (Molotch, 1976). Ils vont ainsi à l'encontre de cette responsabilisation du citoyen qui est la raison d'être des nouvelles formes d'engagement. Intégrer les citoyens ou les groupes d'intérêts au processus d'élaboration des politiques ne résoudrait pas ce problème, car les partenariats fonctionnent généralement, par définition, à l'écart des modèles traditionnels de direction politique, de contrôle et de transparence.

Nouveaux modèles d'imputabilité

Comme on pouvait s'y attendre, l'assouplissement des frontières juridiques de la fonction publique a causé des problèmes sérieux et de nombreuses ambiguïtés quant à l'imputabilité de ses actes. Le problème principal tient à ce que la spécificité du secteur public définissait des canaux d'imputabilité fort précis ; les bureaucrates étaient responsables devant les élus, lesquels devaient, à leur tour, rendre des comptes à la population lors des élections générales. Dans le système actuellement en voie d'émergence dans plusieurs pays, les fonctionnaires ne peuvent être tenus responsables devant les élus, car les instances opérationnelles sont des organismes dotés d'une considérable autonomie ou des organisations à but lucratif fonctionnant sous contrat. Le désastre de Cave Creek (Nouvelle-Zélande, 1995), où 14 personnes périrent lors de l'effondrement d'un poste d'observation construit par le Department of Conservation, ou l'évasion de trois membres de l'IRA d'une prison à sécurité maximum (Ile de Wight, 1995), sont des exemples de nombreux incidents au terme desquels il devint extrêmement difficile de déterminer les responsabilités. Si les récentes réformes se sont attaquées avec un certain succès à des problèmes fondamentaux du secteur public — gestion, efficacité, relations directes entre fournisseurs et consommateurs de services — on a été plutôt silencieux sur les moyens de garantir l'imputabilité dans ces nouveaux systèmes. On a assisté, en plusieurs cas, à une séparation entre gestion et contrôle, d'une part, et imputabilité d'autre part, ce qui mène immanquablement à la confusion.

Le problème tient, en bonne partie, au fait qu'en de nombreux pays les ministres conservent une part de responsabilité, même lorsque les agents de la fonction publique ont été transformés en corporations, en organismes ou même privatisés. Dans une fonction publique réformée selon les idéaux de la NGP, les modes traditionnels d'imputabilité se limitent à étudier l'opportunité de retirer tel ou tel service public de son cadre juridique traditionnel, par ex. confier l'administration d'une prison à un organisme ou confier en sous-traitance une partie des soins médicaux. Puisqu'il est de l'essence même d'une gestion inspirée du marché de dégager la production et la prestation des services d'un contrôle bureaucratique et politique serré, l'imputabilité politique classique ne devrait pas et ne peut pas s'appliquer dans les cas d'accidents ou de mauvais traitements dont les élus pourraient être présumés avoir su (connu) la possibilité. En outre, puisque les administrateurs de ces organisations de style NGP échappent aux cadres juridiques associés à la fonction publique traditionnelle, cette proposition s'applique aussi à la plupart des modèles traditionnels d'imputabilité bureaucratique.

Sous un angle plus positif, le brouillage des frontières a augmenté, à bien des égards, la transparence du secteur public, préalable nécessaire à l'imputabilité (Moncrieffe, 1998). De plus, les tenants de la réforme axée sur le marché prétendent que l'introduction de la concurrence n'affaiblira pas l'imputabilité mais la renforcera grâce à la présence de choix offerts aux consommateurs. Il y a là une parcelle de vérité, mais les problèmes d'imputabilité survenus depuis une dizaine d'années ne tiennent pas spécialement aux choix entre différents fournisseurs de services ; ils se sont manifestés plus discrètement, comme en témoignent les expériences britanniques et néo-zélandaises évoquées précédemment.

Plusieurs manières existent probablement de maintenir et d'aménager l'imputabilité dans les systèmes de fonction publique réformés. Il serait possible, par exemple, de faire l'expérience d'un système fonctionnant sur deux niveaux, le niveau ministériel et le niveau administratif (ou opérationnel). Au niveau ministériel, l'imputabilité ne peut avoir de sens que si les officiels élus disposent d'informations suffisantes sur la production des services publics. On obtient habituellement de telles informations en comparant le rendement en matière de services au niveau de service stipulé au contrat. Sur les plans administratif et opérationnel, l'imputabilité s'applique aux administrateurs. Ce modèle d'imputabilité est donc relativement simple et fonctionne en deux étapes ; une première interaction se produit entre citoyens (ou, plus précisément, électeurs) et ministres, une seconde, entre ministres et fournisseurs de services. Ministres et fournisseurs ne peuvent être tenus responsables, dans ce modèle, que des facteurs dont ils ont été les décideurs ; un ministre ne sera pas tenu responsable de cas particuliers de mauvaise prestation de services, sauf si ces cas sont explicitement énoncés au contrat de service. De même, les administrateurs ne seront pas tenus responsables concernant des plaintes relatives à des règlements non portés au contrat. La différence entre les deux types d'imputabilité (ministérielle et administrative) tient donc à ce que la première est d'abord fondée sur le rendement et la seconde, sur une définition juridique du domaine de compétence.

Plusieurs autres modèles sont aussi possibles, pour résoudre le problème de l'imputabilité dans les régimes modernes de services publics. La plupart des ministères qui ont confié la prestation des services en sous-traitance veillent soigneusement au respect des termes du contrat. Il faudrait cependant créer un cadre plus général qui définirait les responsabilités à chaque niveau organisationnel et leur mode d'interaction réciproque.

Changement des valeurs et de l'éthique du secteur public

Au cours de la dernière décennie, l'éthique du secteur public a fait l'objet d'intenses débats. Le code d'éthique prescrit par le modèle bureaucratique weberien a été remis en question par des réformes telles la décentralisation, le «responsabilisation» des citoyens et des employés du secteur public à divers niveaux et l'insistance sur l'efficacité plutôt que sur l'application de décisions arrêtées par des officiels élus. L'existence d'un ensemble distinct de valeurs et de principes pour la fonction publique est basée sur l'existence de frontières relativement bien définies ; or, comme l'a montré la présente analyse, tout indique que cette spécificité de la fonction publique est en déclin. Comment, dès lors, redéfinir l'éthique du service public et de l'emploi public ? Quels effets auront les mesures d'efficience et de rémunération au rendement sur des valeurs telles l'équité et l'impartialité des examens et de la rémunération ? Dans quelle mesure le « gestionnarisme » introduit-il dans la fonction publique un ensemble de valeurs nouveau et potentiellement conflictuel ?

Un bref regard sur la réforme administrative menée dans les démocraties occidentales laisse voir une nouvelle conscience de ces problèmes dans plusieurs pays. On y aborde rarement, cependant, les valeurs fondamentales de ce code d'éthique, préférant plutôt tenter de redéfinir l'imputabilité et les responsabilités. Cela est certes important, mais on s'attaque rarement à la grande question : dans quelle mesure peut-on maintenir le code d'éthique traditionnel de la fonction publique ? Le brouillage des frontières a créé un « vide » en cette matière ; de plus en plus dépassés, les anciens cadres juridiques et éthiques sont de moins en moins pertinents, mais ils n'ont pas été remplacés par un régime d'une égale cohérence.

Tout indique aussi que la fierté et la réputation de la fonction publique ont été sérieusement atteintes. Le poste de fonctionnaire est beaucoup moins prestigieux qu'il ne l'était il y a une vingtaine d'années et les citoyens ne font guère confiance aux employés de l'État. Cette évolution s'explique largement par la baisse du soutien au secteur public. Dans certains pays, en outre, l'emploi public n'est plus encadré par un régime juridique spécial ; selon une tendance relativement généralisée, les lois du travail ne reconnaissent aucune distinction entre l'emploi public et l'emploi privé.

Changement des relations avec les médias

Jadis isolée, la bureaucratie publique s'est ouverte aux médias (ou, plus exactement, a été ouverte par les médias) au cours de la dernière décennie. La réforme visait, entre autres, à accroître la transparence. À cette fin, des pays comme l'Australie ont adopté ou modernisé des lois d'accès à l'information, ont augmenté la protection offerte aux dénonciateurs, etc. Cependant, le changement d'attitude des médias à l'endroit des experts du secteur public s'explique moins par la fonction publique que par des changements survenus dans la profession journalistique. Après une époque de relative docilité — subtile réécriture, reprise intégrale des propos d'experts, présentation de la « version officielle » — les années 1970 et 1980 ont été marquées par un style de reportage nettement plus contestataire (Djerf-Pierre, 1996 ; 1998). Ces changements traduisaient la perception nouvelle qu'avaient les journalistes de leur rôle et de celui des médias dans la société ; on s'attachait moins à reprendre la version officielle des événements qu'à se livrer à un examen critique et à révéler tout comportement malhonnête. Plus récemment, la concurrence des médias privés, à laquelle sont soumis les médias publics, a eu pour effet de modérer quelque peu cette attitude critique, tout au moins dans les milieux d'Europe de l'Ouest. Tout indique donc que l'attitude des médias vis-à-vis du secteur public tient davantage aux valeurs des normes propres aux journalistes qu'à la fonction publique elle-même, de sorte que celle-ci demeure relativement impuissante à modifier ses relations avec les médias.

Phénomène intéressant, le brouillage des frontières public/privé, et la transparence qui s'ensuit, ne se sont pas reflétés dans les médias. On y serait même porté à être plus exigeant envers les fonctionnaires qu'envers les représentants des entreprises.

CONCLUSIONS

Évoquant ces changements dans la relation public\privé, Charles Maier écrivait il y a plusieurs années :

> l'époque actuelle [...] semble riche de possibilités contradictoires. Il y a, d'une part, la redécouverte du politique, un accent renouvelé sur la volonté et sur le pouvoir collectifs. La croyance au « décisionnisme » se fait jour après les désillusions du fonctionnalisme de l'État providence ; on ne croit plus que les arrangements bureaucratiques ou que les solutions technologiques puissent remplacer le politique. Mais la politique elle-même n'étant plus à la hauteur, ce qui semble émerger n'est pas un renouveau du fonctionnalisme bureaucratique, mais une aspiration à des institutions intermédiaires (famille et religion) ou à des occupations programmées et des *social science protocols* qui rendraient inutile la politique (Maier, 1987a : 17).

Nous pouvons maintenant dire, en modernisant le propos de Maier, que « l'aspiration à des institutions intermédiaires » s'est reportée dans une certaine mesure vers le secteur public, mais cette fois sous la forme d'un nouvel engagement. Ce que Maier voyait comme une tendance à se tourner vers d'autres structures institutionnelles pour réaliser l'intérêt collectif — un concept de communauté sous-tend implicitement ses prédictions — fut stoppé par la persistance d'une vision civique selon laquelle l'État et la fonction publique ont encore leur importance ; mais cette fonction publique ne sera supportée par la population qu'à la condition de s'adapter aux exigences et aux attentes nouvelles. De plus, l'État ayant abandonné ses anciens modes d'imposition des politiques et ayant davantage recours à la coopération qu'à la coercition, la fonction publique doit se restructurer de manière à pouvoir incarner et réaliser ce nouveau type de coordination politique.

Les propositions avancées dans ce chapitre se résument en trois points. Premièrement, on a assisté depuis quelque dix ans, dans la plupart des pays occidentaux, à un effacement des frontières de la fonction publique. Nous pourrions décrire ce phénomène comme un processus qui a mené d'une définition juridique de la fonction publique à une définition institutionnelle et finalement à une délimitation fonctionnelle. Aujourd'hui, la spécificité juridique de la fonction publique est rarement évoquée. On met surtout l'accent sur la transparence, l'efficacité, le service au consommateur, l'esprit d'entreprise et certaines structures de collaboration, tels les partenariats.

Deuxièmement, le déclin de la spécificité de la fonction publique tient à des forces qui s'expriment à l'intérieur et à l'extérieur de la fonction publique. Les principales forces internes sont liées à l'emploi de nouveaux instruments de politique, sur lesquels s'appuient des formes nouvelles de gouvernance. Les contraintes fiscales subies par le secteur public ont aussi stimulé la recherche de nouvelles manières de produire et d'assurer les services publics. De plus, on a cherché, dans plusieurs pays, à introduire des réformes administratives susceptibles de redonner à la population confiance dans la fonction publique. Améliorer la capacité de la fonction publique à répondre aux attentes des citoyens aura constitué un élément important de cette stratégie. Quant aux forces externes, elles proviennent de l'exaspération des citoyens devant l'inertie bureaucratique. Le glissement vers les valeurs du marché a aussi contribué à donner de la fonction publique l'image d'un vestige du passé.

Finalement, les nouveaux points de contact entre la fonction publique et son environnement traduisent de nouveaux modes d'engagement et d'intérêts qui ne sont pas moins politiques que les modes d'interaction traditionnels. Dans la mesure où elle réglemente les fonctions d'intérêt collectif, la fonction publique est toujours perçue comme une instance politique. Mais sa légitimité et celle de l'État reposent en grande partie sur des notions d'accord et d'efficacité (Rose, 1984), d'où le fait qu'elle doit s'adapter aux nouvelles manières de formuler les exigences politiques et aux attentes des citoyens en matière d'efficacité administrative et de service. Cela dit, cependant, les formes nouvelles d'expression des intérêts constituent une segmentation des intrants à laquelle la fonction publique — et le système politique en général — n'a pas encore apporté réponse. Il est essentiel, par exemple, que les nouvelles formes d'engagement des citoyens n'amplifient pas leurs inégalités en matière de communications avec les autorités publiques.

La question évidente, au terme de cette analyse, se pose en ces termes : sous l'angle normatif, le déclin de la spécificité de la fonction publique est-il « une bonne chose » ou représente-t-il un problème ? Paradoxalement, l'effacement de la frontière public-privé soulève d'intéressantes questions sur ce que représente cette distinction. Pourquoi, par exemple, la privatisation devrait-elle être un objectif politique d'une telle importance si aucune différence significative n'existe entre les sphères publique et privée de la société[4] ? Ainsi que l'a montré notre analyse, la plupart des changements survenus à cet égard semblent avoir représenté une juste réponse de la fonction publique aux changements à son environnement externe, notamment ce qui semble avoir constitué une recherche de nouveaux canaux de représentation et de nouveaux liens entre la fonction publique et des acteurs sociaux les plus importants, afin de créer de nouveaux leviers et de nouveaux instruments de gouvernance.

Mais si ces changements sont adéquats aux changements extérieurs, s'ensuit-il que le développement de la fonction publique sera moins dicté, dans l'avenir, par ce que les décideurs et les fonctionnaires estiment être de bonnes solutions, et davantage gouverné par des pressions extérieures ? Verrons-nous, en d'autres termes, la fonction publique devenir moins « publique » au sens strict — ce qui est l'essence même du maintien de sa spécificité — et se transformer plutôt en une entité organi-sationnelle de type commun ? Et que signifierait, le cas échéant, une telle mutation du rôle, de la légitimité, du pouvoir, du statut et du prestige de cette institution ? Or la fonction publique ne peut demeurer une structure fixe et rigide dans une société entreprenante et en pleine transformation ; s'adapter à un rythme accéléré de changement constituera un de ses plus grands défis. Il s'ensuit que son aptitude à gouverner doit céder le pas à sa capacité d'adaptation. Nous avons tous appris, en effet, l'étonnante fragilité de ce que nous avions cru à l'abri des « vents du changement[5] ». Il va ainsi, sans doute, de nombreux autres volets de nos sociétés contemporaines.

Les gouvernements devront, sans aucun doute, conserver et même multiplier les occasions d'engagement des citoyens dans le processus d'élaboration des poli-tiques. Ayant déjà démontré qu'il est possible d'administrer efficacement les pro-grammes lorsque la population y est étroitement impliquée, il sera difficile d'abolir ces occasions. Et la plupart des gouvernements ne le voudront pas. Non seulement parce que l'idée de démocratie est importante dans les pays que nous considérons, mais aussi parce que le mélange de public et de privé est souvent très efficace en matière de formulation et d'application des politiques. Par de tels arrangements, gouvernements et organisations du secteur privé ont pu s'aider l'un l'autre à créer des politiques plus efficaces.

Phénomène peut-être plus important encore à une époque de scepticisme popu-laire à l'endroit du gouvernement, l'engagement de la population contribue à légiti-mer le secteur public et ses choix de politiques. La population est mieux instruite, peut accéder à plus d'informations que jadis et se considère mieux apte à participer. Si un gouvernement choisit désormais d'appliquer un programme « à partir du sommet », il risque fort de se faire accuser d'autoritarisme. Élaborer des politiques en collaboration est peut-être plus lent et peut sembler inefficace, mais constituera peut-être, à long terme, la manière la plus efficace de gouverner.

NOTES

1. Je remercie chaleureusement Barbara Liegl et Luc Rouban de m'avoir transmis les plus récentes données concernant les réformes administratives en cours en Autriche et en France. En outre, ce texte a largement profité des commentaires des participants au séminaire « Revitaliser la fonction publique » ainsi que des remarques d'un critique anonyme.

2. « In Context », 9 mars 1998, CCG.

3. En Grande-Bretagne, cependant, l'introduction de la Citizen's Charter, en 1991, pourrait être inter-prétée comme une manière de renforcer la position des citoyens vis-à-vis de la fonction publique ; voir Pierre, 1995, ainsi que les travaux cités dans ce document.

4. Je dois cette interrogation à une remarque du critique anonyme.

5. Allocution de Harold Macmillan (1960) sur l'indépendance africaine.

BIBLIOGRAPHIE

Aucoin, P. (1990), « Administrative Reform in Public Management : Paradigms, Principles, Paradoxes and Pendulums », *Governance*, 3 : 115-137.

Boston, J., J. Martin, J. Pallot et P. Walsh (1996), *Public Management : The New Zealand Model*, Auckland, Oxford University Press.

Catt, H. (1996), « The Other Democratic Experiment : New Zealand's Experience with Citizens' Initiated Referendum », *Political Science*, 48 : 29-47.

Djerf-Pierre, M. (1996), *Gröna Nyheter* [Green News], Gothenburg, Department of Journalism and Masscommunication.

Djerf-Pierre, M. (1998), « Changing Regimes : Journalist Culture and the Popularization of TV News in Sweden », document présenté à la conférence EURICOM sur *media tabloidization*, Londres, 9-11 septembre.

Hood, C. (1995), « "Deprivileging" the UK civil service in the 1980s : Dream or Reality », dans Pierre, J. (dir.), *Bureaucracy in the Modern State*, Aldershot, Edward Elgar, 92-117.

Kettl, D.F. (1993), *Sharing Power : Public Governance and Private Markets*, Washington, D.C., The Brookings Institution.

Klein. A. et R. Schmalz-Bruns (dir.) (1997), *Politische Beteiligung und Buergerengagement in Deutschland*, Bonn, Bundeszentrale fuer politische Bildung.

Maier, C.S. (1987a), « Introduction », dans Maier, C.S. (dir.), *Changing Boundaries of the Political*, Cambridge et New York, Cambridge University Press, 1-26.

Maier, C.S. (dir.) (1987b), *Changing Boundaries of the Political*, Cambridge et New York, Cambridge University Press.

Meininger, M.-C. (1998), « Public Service, the Public's Service », dans Gallouédec-Genuys, F. (dir.), *About French Administration*, Paris, La Documentation française.

Molotch, H.L. (1976), « The City as a "Growth Machine" », *American Journal of Sociology*, 82 : 309-330.

Moncrieffe, J.M. (1998), « Reconceptualizing Political Accountability », *International Political Science Review*, 19 : 387-406.

Olsen, J.P. (1991), « Modernization Programs in Perspective : An Institutional Perspective on Organizational Change », *Governance*, 4 : 125-149.

Osborne, D. et T. Gaebler (1992), *Reinventing Government*, Lecture, MA, Addison-Wesley.

Peters, B.G. (1984), *The Politics of Bureaucracy*, New York, Longman.

Peters, B.G. (1988), *Comparing Public Bureaucracies*, Tuscaloosa, University of Alabama Press.

Peters, B.G. (1996), *The Future of Governing : Four Emerging Models*, Lawrence, KS, University of Kansas Press.

Peters, B.G. (1998), « "With a Little Help From Our Friends" : Public-Private Partnerships As Institutions and Instruments », dans Pierre, J. (dir.), *Partnerships in Urban Governance : European and American Experience*, London, Macmillan et New York, St. Martin's Press, 11-33.

Peters, B.G. et J. Pierre (1998), « Governance without Government : Rethinking Public Administration », *Journal of Public Administration Research and Theory*, 8 : 223-242.

Pierre, J. (1995), «La commercialisation de l'État: citoyens, consommateurs et émergence du marché public», dans Peters, B.G. et D.J. Savoie (dir.), *Les nouveaux défis de la gouvernance*, Québec, Les Presses de l'Université Laval, p. 49.

Pierre, J. (dir.) (1998a), *Partnerships in Urban Governance: European and American Experience*, London, Macmillan et New York, St. Martin's Press.

Pierre, J. (1998b), «Consultation publique et participation des citoyens: les dilemmes de la fonction conseil», dans Peters, B.G. et D.J. Savoie (dir.), *Réformer le secteur public: où en sommes-nous ?*, Québec, Les Presses de l'Université Laval, p. 103-122.

Pierre, J. et B.G. Peters (2000), *Governance, Politics and the State*, Londres, Macmillan.

Peters, B.G. et D.J. Savoie (dir.) (1998), *Réformer le secteur public: où en sommes-nous ?*, Québec, Les Presses de l'Université Laval.

Pollitt, C. (1990), *Managerialism and the Public Service*, Oxford, Basil Blackwell.

Rhodes, R. (1997), *Understanding Governance: Policy Networks, Governance, Reflexivity and Accountability*, Buckingham, Open University Press.

Rose, R. (1984), *Understanding Big Government: The Programme Approach*, London, Sage.

Rouban, L. (1998), *La modernisation de la gestion des collectivités locales de plus de 10 000 habitants*, Paris, CEVIPOF.

Savoie, D.J. (1994), *Thatcher, Reagan, Mulroney: In Search of a New Bureaucracy*, Pittsburgh, PA, University of Pittsburgh Press.

Sears, A. et D. Schulman (1998), «Civic Literacy: Building Blocks for Effective Engagement», mimeo, Ottawa, CCMD/CCG.

Self, P. (1993), *Government by the Market ?*, Londres, Macmillan.

Thomas, P.G. (1998), «La nature changeante de l'imputabilité», dans Peters, B.G. et D.J. Savoie (dir.), *Réformer le secteur public, où en sommes-nous ?*, Québec, Les Presses de l'Université Laval, p. 263-295.

Walzer, N. et B.D. Jacobs (dir.) (1998), *Public-private Partnerships for Local Economic Development*, Westport, CT et Londres, Praeger.

11
Administrer au sommet

JACQUES BOURGAULT ET DONALD J. SAVOIE

Au cours des récentes années, une véritable pléthore de mesures ont été mises en œuvre, dans de nombreux pays occidentaux, afin de renforcer la haute fonction publique. Les pays de l'OCDE, en particulier, ont été particulièrement actifs à cet égard et tout indique que le mouvement ne s'arrêtera pas. L'attitude générale semble pouvoir s'exprimer ainsi : « Nous ne savons pas si nous sommes sur la bonne voie, mais nous avançons à bonne allure. » Le moindre coup d'œil sur les documents de l'OCDE nous apprend, en effet, qu'on a emprunté des voies fort nombreuses pour réformer les conditions d'emploi, les modes d'affectation et même le pouvoir et les responsabilités des hauts fonctionnaires[1].

Nous entendons ici analyser certaines de ces mesures et explorer les domaines sujets à de futures réformes. Le terme « haute fonction publique » décrit l'ensemble des cadres du niveau supérieur de la fonction publique. Au Canada, par exemple, on y retrouve les membres du groupe dit *executive* ainsi que les sous-ministres. Notre objectif consiste à identifier les domaines les plus prometteurs et à esquisser un plan qui permette de mener les futures réformes dans la « bonne voie », laquelle, bien entendu, varie au gré du conducteur.

Des forces puissantes agissent déjà sur le travail des hauts fonctionnaires. Ainsi, le rôle des officiels, élus et permanents, semble en voie d'évolution. On demande de plus en plus fréquemment aux fonctionnaires de « lire » l'humeur de la population par diverses mesures, y compris par des mécanismes spéciaux de consultation. Entre-temps, les politiciens semblent s'intéresser davantage aux questions de fonctionnement du gouvernement et au mode de prestation des services publics. Ils ne se limitent plus à déterminer une orientation générale et à établir de nouvelles politiques que les fonctionnaires s'arrangeront ensuite pour appliquer. Au Canada et dans d'autres régimes parlementaires, le système est largement fondé sur la bonne foi de ceux qui y travaillent. En d'autres termes, le rôle des politiciens et celui des hauts fonctionnaires n'y est jamais explicité. Ces rôles changent et évoluent. Nous cherchons, dans la présente étude, à comprendre la nature des changements les plus récents et à aider la haute fonction publique à se positionner face à ce que lui réserve l'avenir.

Quels sont donc, pour les cadres supérieurs, les principales questions et les principaux problèmes ? Les récentes mesures adoptées dans certains pays ont visé à mettre fin à la permanence et à l'avancement automatique, à renforcer les mesures de formation et de développement des cadres, à promouvoir la mobilité de manière à améliorer la qualité des équipes de cadres et à introduire de nouveaux régimes de rémunération au rendement. En même temps, les hauts fonctionnaires ont dû composer, quant à leur tâche, avec des signaux contradictoires venus des politiciens – résultat de ce débat permanent entre la nécessité d'engager des « actifs » plutôt que des « penseurs » et de séparer les « opérations » de l'« élaboration des politiques ». En outre, l'urgence de répondre aux souhaits des leaders politiques a probablement compromis, dans une certaine mesure, la capacité des hauts fonctionnaires à se concentrer sur l'administration et sur les questions de ressources humaines[2]. On a également de plus en plus tendance à aborder toute question particulière en mettant en cause plusieurs ministères ou départements : « horizontalité » et « coordination » sont devenues des priorités[3].

Pour toutes ces raisons, nous avons choisi de consulter des officiels supérieurs du gouvernement canadien, y compris trois membres du cabinet, afin d'identifier les questions clés auxquelles il importe d'apporter réponse et les domaines problématiques qu'il importe d'explorer. Leurs opinions ont ainsi, dans une très large mesure, déterminé la composition de cette étude. Ces quatorze personnes appartenaient toutes à la branche exécutive de l'appareil gouvernemental. En dépit de questions préétablies, les interviews se sont essentiellement déroulées de manière ouverte. Les interviewés furent tous invités à soulever les questions de leur choix et à traiter de tout autre problème. Nous n'avons pas tenté de procéder à partir d'un échantillon représentatif, ce qui eut été inutile compte tenu de nos objectifs. Les répondants furent plutôt choisis en fonction de leur expertise et nous avons fait en sorte de recruter des officiels provenant et des organismes centraux et des ministères hiérarchiques. Nous avons aussi soumis nos résultats à un groupe de dix officiels gouvernementaux de haut rang, lors d'une réunion spéciale organisée sous le thème « Administrer au sommet ». Tout au long de nos consultations, nous nous sommes efforcés d'identifier les mouvements de fond qui, au cours des prochains dix ans, détermineront non seulement les modes de gestion du secteur public mais aussi ceux de la catégorie des hauts fonctionnaires eux-mêmes. Nous avons cherché à découvrir ce qu'allaient exiger les tâches de *réflexion*, d'*action* et de *gestion* imposées aux cadres supérieurs.

Nous avons aussi donné à cette étude un volet comparatif, estimant que nous en apprendrions davantage en comparant diverses fonctions publiques qu'en nous limitant exclusivement à la nôtre.

Les questions suivantes amorçaient les interviews :

- Combien de temps consacrez-vous aux affaires de votre département (ou de votre ministère) ? Combien de temps consacrez-vous aux affaires d'ordre horizontal ou aux affaires qui concernent le gouvernement en général ?

- Quelles seront, dans dix ans, les principales responsabilités d'un cadre supérieur ? Dans quelle mesure seront-elles différentes de celles d'aujourd'hui ?

- Quelles connaissances et quelles compétences seront-elles alors nécessaires pour accéder au sommet de la fonction publique ?

- Si vous pouviez faciliter le travail des hauts fonctionnaires en ne changeant qu'une seule chose, quelle serait-elle ?

EXPÉRIENCES COMPARÉES

Que deux chercheurs entreprennent de dresser un plan directeur à l'intention de la haute fonction publique, voilà qui semblera outrageusement chimérique. Souvenons-nous, cependant, que la plupart de nos constatations et de nos conclusions découlent des questions soumises aux officiels gouvernementaux. Mais des questions précises ne produisent pas toujours des réponses simples. Par exemple : les programmes de développement mis en œuvre à l'intention des hauts fonctionnaires devraient-ils porter sur la fonction-conseil ou sur les capacités de gestion ? Programmes de formation et de développement devraient-ils être produits à l'interne ou en collaboration avec le secteur privé ? De telles questions sont légion. Les réponses, en tout cas, ont été aussi diverses que les répondants.

Le seul point qui fasse l'unanimité dans tous les pays, c'est que la plupart des fonctions publiques nationales sont entrées dans une «période de transition[4]». Nous écrivons « la plupart », car tous les pays ne se sont pas ralliés aux réformes de la fonction publique, du moins à celles qui obéissent aux normes de la Nouvelle gestion publique (NGP). Les bureaucraties du continent européen, par exemple – notamment en France et en Allemagne – n'ont pas emprunté la voie NGP. Ce qui ne veut pas dire qu'elles n'ont pas évolué.

Les pays qui ont adopté le modèle NGP ont amorcé des mesures de changement de grande envergure qu'ils ont décrites très positivement dans un discours où reviennent des mots évocateurs tels que responsabilisation, réinvention, etc. Les pays qui se sont refusés à la NGP ont tenté des réformes sur un mode plus progressif et axé sur la consultation et le consensus[5].

Il est important de garder à l'esprit le fait que les mesures NGP ne peuvent jamais s'appliquer dans un vide absolu. La structure de sa fonction publique est d'une importance vitale pour chaque pays. De telles structures sont extrêmement diverses, depuis *les grands corps en France*, les fonctions publiques de carrière au Canada et en Australie, le «système des dépouilles» aux États-Unis, et ainsi de suite[6]. En outre, de nouveaux développements surviennent partout et déterminent de nouvelles mesures, qu'elles soient ou non de facture NGP. On relève ainsi, entre autres, une volonté de tenir les fonctionnaires, dans les régimes parlementaires, responsables devant le Parlement, un désir généralisé de renforcer les mesures de rendement et de promouvoir une «perspective horizontale» sur les politiques et sur le processus décisionnel. Nous verrons plus loin que les réussites à cet égard varient selon les pays.

À quel modèle ou à quels modèles reviendra la préséance? Nous ne le savons guère. Mais nous connaissons certains des facteurs qui en détermineront l'allure. Le premier consiste dans «le peu d'estime dans lequel sont tenus les secteurs publics nationaux[7]». On estime largement, particulièrement dans les démocraties anglo-américaines, que le secteur privé est intrinsèquement supérieur au secteur public[8]. Durant les années 1980 et 1990, on a peu à peu admis comme une vérité indiscutable le fait que les forces du marché étaient mieux aptes que le secteur public à l'allocation des ressources. La solution, dès lors, était simple: transférer des activités du secteur public au secteur privé.

On considérait aussi supérieures les pratiques administratives du secteur privé. On entreprit donc de les importer dans le secteur public afin de renforcer les opérations gouvernementales[9]. Les résultats de ce transfert furent cependant mitigés[10]. Mais on ne cessa pas, pour autant, de parler le langage de l'entreprise: responsabilisation, sous-traitance, gestion pour rendement, rémunération au rendement, etc., devinrent peu à peu les termes à la mode.

Tel est le contexte dans lequel nous avons passé en revue la littérature gouvernementale et conduit nos consultations avec les officiels du gouvernement canadien. Au risque de nous répéter, il importe de noter que les réformes de la fonction publique touchent la plupart des pays. Plusieurs officiels canadiens reconnaissent volontiers se tenir au fait de ce qui se passe dans d'autres pays. Selon l'un d'eux: «notre métier consiste largement à apprendre des autres. Il serait absurde de vouloir réinventer la roue. Nous savons que la Grande-Bretagne, l'Australie et la Nouvelle-Zélande ont largement réformé leur fonction publique. Ils nous ont été un excellent laboratoire. Nous pouvons voir ce qui y fonctionne, ce qui ne fonctionne pas, ce qu'il nous est possible d'importer ici et d'adapter à nos besoins[11].» À partir des expériences menées à l'étranger, les officiels canadiens se sont interrogés sur le rôle des sous-ministres quant à la gestion de leur ministère, au rapport au Parlement et à l'administration des organismes.

Qu'ont-ils donc vu dans les réformes entreprises à l'étranger? Ils ont vu, dans plusieurs pays, plusieurs mesures semblables destinées à renforcer la catégorie supérieure de la fonction publique, particulièrement depuis le début des années 1980.

Plusieurs pays, par exemple, ont transféré aux ministères et aux organismes l'autorité dans le domaine de la gestion du personnel, ce qui a amené les cadres supérieurs
à porter une plus grande attention à la gestion des ressources humaines; on a encouragé la mobilité interne; on a introduit de nouveaux cours de gestion; on a aussi
tenté de raffiner les objectifs des processus de sélection et d'affectation[12]. Ces
mesures, cela va sans dire, n'ont pas toutes été couronnées de succès. La mobilité,
dont on parle tant, n'est guère plus manifeste qu'elle ne l'était il y a quinze ou vingt
ans. Les réductions du nombre de postes administratifs, la réticence à laisser partir
des gens compétents et une échelle salariale inférieure à celle du secteur privé ont
fait obstacle aux mesures de promotion de la mobilité. De même, le fait de lier les
augmentations de salaire au rendement n'a guère eu d'importance sur le plan monétaire et n'a pas été aussi simple d'application qu'on l'avait prévu[13].

On a aussi exigé des cadres supérieurs l'acquisition de compétences nouvelles;
il est maintenant admis, dans la plupart des pays, que ces postes nécessitent une formation et un développement particuliers, différents de ceux des administrateurs du
secteur privé ou d'autres cadres du secteur public. Certains pays, notamment le
Canada, l'Australie, les Pays-Bas et le Royaume-Uni, ont créé des organismes spécialement consacrés à la supervision des mesures de perfectionnement administratif.
Tous ne l'ont pas fait, cependant. La Suède, par exemple, ne distingue pas officiellement entre la formation offerte aux gestionnaires des niveaux inférieurs et supérieurs du secteur public[14].

Mais quelle que soit la structure adoptée, les gouvernements ont tous mis en
œuvre des mesures destinées à améliorer leurs pratiques administratives. Ils ont institué des cours de leadership, de techniques de gestion et de mise en réseau ainsi que
de méthodes de développement des politiques. Depuis une quinzaine d'années, les
gouvernements ont investi des sommes considérables dans ces programmes, au
moment même où ils devaient réduire leurs dépenses globales. On doit en conclure
de deux choses l'une : ou bien le pouvoir politique estimait nécessaire, en pleine
période de pénurie financière, d'améliorer une gestion supérieure déficiente, ou
bien il avait compris que les conditions changeaient à une telle vitesse qu'il devait
procurer à ses hauts fonctionnaires les moyens d'en suivre le rythme.

Les deux motifs ont sans doute agi, mais si l'on en croit le discours politique, le
premier a nettement dominé le second[15]. Parvenus aux années 1980, les leaders
politiques exigeaient manifestement de leurs hauts fonctionnaires qu'ils soient
polyvalents; ils voulaient des conseillers qui soient parfaitement réceptifs à la direction politique et qui soient administrativement compétents, capables de réduire les
dépenses et de gérer aussi bien que leurs homologues du secteur privé. Quant aux
hauts fonctionnaires, ils acceptèrent volontiers les mesures de perfectionnement, ne
serait-ce que pour mieux comprendre les changements avec lesquels on leur demandait de composer.

Depuis quinze ans, le monde de la gestion supérieure gouvernementale a considérablement changé. Tout d'abord, la taille de la haute fonction publique a été réduite de beaucoup et, dans plusieurs pays (par ex. les États-Unis, l'Australie, le Canada et la Nouvelle-Zélande), cette réduction tenait tout autant à des facteurs idéologiques qu'à la nécessité de réduire les dépenses de l'État[16]. Le rôle des cadres supérieurs a aussi changé de manière à répondre aux souhaits des leaders politiques. Un haut fonctionnaire néo-zélandais a parfaitement saisi l'atmosphère des années 1980 et 1990 : « Pour le public, a-t-il remarqué, [la série télévisée] *Yes Minister* est une comédie, pour les hauts fonctionnaires un documentaire et pour les ministres, une tragédie[17]. » Le rôle de la haute fonction publique a donc été transformé par le recours aux contrats, à la rémunération au rendement, à la privatisation, aux tests « fabriquer ou acheter » et à la décentralisation des décisions administratives. Les leaders politiques ont aussi adopté l'habitude de recourir à des experts de l'extérieur afin d'infirmer ou de confirmer les opinions de leurs hauts fonctionnaires.

Il importe donc de connaître l'ampleur du changement et la mesure de sa pénétration. La réponse est fonction des pays. En Grande-Bretagne, nous dit-on, il est plus apparent que réel ; au Canada et en Australie, valeurs et pratiques administratives ont changé dans la haute fonction publique, cependant qu'en Nouvelle-Zélande des changements très réels se sont imposés dans plusieurs domaines[18]. Dans les pays où les changements se sont enracinés, on insiste énormément sur les résultats en matière d'efficacité, d'efficience et que qualité des services. Des pays tels l'Australie et la Nouvelle-Zélande, par exemple, ont aussi remplacé des structures hiérarchiques hautement centralisées par des milieux administratifs décentralisés. Mais, comme on dit, toute réforme comporte ses propres problèmes. Dans un rapport intitulé *Governance in Transition*, l'OCDE note qu' « une plus grande autonomie locale peut affaiblir la cohérence des politiques et la responsabilité publique, tout en portant atteinte à des valeurs traditionnelles du service public, telles que l'équité et l'intégrité[19] » (OCDE, 1995. P 16).

ET MAINTENANT ?

Rien n'indique que le rythme du changement doive fléchir au cours des prochaines années. De nombreux gouvernements en font toujours une priorité.

L'administration Clinton a récemment manifesté l'intention d'amputer de la moitié le Senior Executive Service (SES) en resserrant la définition des postes, de sorte que les employés non affectés à des fonctions administratives seront mutés dans d'autres organisations. En outre, on entend convertir le SES à un mode de fonctionnement axé sur le rendement. « Il n'y a pas de place pour les performances médiocres », a déclaré Joyce Edwards, directrice du Office of Personnel Management[20]. Elle ajoutait que les cadres supérieurs seraient encouragés à

« passer d'un programme et d'un organisme à l'autre, afin d'acquérir une vaste expérience[21] ».

Au Canada, le gouvernement a récemment institué un « réseau de leadership ». Ce réseau, a déclaré le premier ministre Chrétien, allait être « une nouvelle organisation horizontale » destinée à « relever le défi de construire une fonction publique moderne et enthousiaste, capable d'utiliser pleinement les talents de tous ses membres[22] ». Une de ses tâches principales consistera à porter assistance à la « gestion collective des sous-ministres adjoints » (niveau qui suit immédiatement celui des sous-ministres ou des secrétaires permanents).

La nouvelle organisation fut créée par décret en conseil et dotée de son propre budget de dépenses. Elle répond au greffier du Conseil privé et au Comité des hauts fonctionnaires. Le greffier expliqua qu'il est demandé aux sous-ministres adjoints « d'être à la fois des experts en gestion, des stratèges et des leaders clairvoyants. En outre, on s'attend à ce que vous remplissiez vos fonctions dans un contexte où les questions sont de plus en plus horizontales et où la prestation des services doit être parfaitement intégrée[23] ».

Selon la méthode de gestion collective, les nouveaux sous-ministres adjoints sont nommés à un niveau hiérarchique et non à un poste précis. On organise des exercices de simulation qui permettent de présélectionner les candidats, lesquels se présentent d'eux-mêmes ou sont nommés par un sous-ministre et évalués en fonction de leurs aptitudes au leadership. On a ainsi créé un « bassin » de sous-ministres adjoints, de sorte que « la candidature des sous ministres adjoints au ministère des Affaires étrangères et du Commerce intérieur pourra être prise en considération en vue d'affectations en dehors du ministère et vice-versa[24] ».

Cette décision de passer à un mode des gestion collective des sous-ministres adjoints et de les promouvoir à un niveau plutôt qu'à un poste constitue, pour la fonction publique, un développement important. Elle signifie, notamment, qu'on s'écarte fondamentalement de l'organisation weberienne classique. Pour Weber, l'ensemble des exigences associées à un poste étaient d'une importance primordiale. Tout reposait sur le poste et non sur la personne qui l'occupait[25]. En vertu de la nouvelle méthode, tout repose sur la personne qui se préqualifie et non sur les exigences du poste. Une telle méthode, dit-on, favorise les généralistes au détriment des spécialistes.

La catégorie des « généralistes », cependant, est à bien des égards une catégorie fourre-tout. Interprétée dans toute l'acception du terme, elle signifie qu'un généraliste aura une connaissance générale des politiques et du fonctionnement du gouvernement, mais abordera les questions de politiques publiques sans posséder de connaissances techniques ou spécialisées. Ce qui ne veut pas dire, cependant, que les généralistes ont entrepris leur carrière en tant que généralistes. Le détenteur d'un doctorat en biologie, par exemple, peut fort bien amorcer sa carrière au ministère des Pêches et Océans et décider ensuite de passer à des fonctions administratives.

Chose certaine, le cadre supérieur ne peut plus fonctionner à titre de spécialiste «ministériel» ou «sectoriel», comme il le pouvait durant les années 1950 et 1960. Tous les documents de référence publiés à l'appui de cette approche évoquent la nécessité de posséder une «expérience diversifiée» et de savoir «travailler dans un contexte d'horizontalité croissante des problèmes[26]». Il s'ensuit que, à l'avenir, la plupart des cadres supérieurs n'atteindront le sommet de la fonction publique qu'après avoir occupé divers postes de première ligne, ayant ainsi acquis une connaissance d'ensemble du système, une aptitude à gérer des situations difficiles et la capacité de travailler avec le centre du gouvernement. Les savoirs spécialisés relatifs à tel secteur, à tel programme ou à tel département revêtiront probablement moins d'importance.

L'AVENIR

Tableau d'ensemble

Tout ce qui précède nous amène à une question délicate : quel est le véritable rôle d'un gouvernement national dans la société ? Ce débat a cours depuis longtemps, non seulement dans les partis politiques et dans les *think-tanks*, mais aussi au sein même du gouvernement. On pressent qu'une réponse définitive existe quelque part et que, une fois trouvée, le monde sera beaucoup plus simple, y compris surtout pour les fonctions publiques nationales. Ce sentiment a provoqué un certain «battage publicitaire» en faveur de la mise en œuvre des réformes[27]. Une croyance bien ancrée dans la supériorité du secteur privé a servi de plan directeur à la plupart des gouvernements des démocraties anglo-américaines.

Pour certains de nos répondants, la haute fonction publique ressemblera fort, à l'avenir, à ce qu'elle a été depuis une quinzaine d'années. Les élus continueront d'exiger de la fonction publique qu'elle définisse de manière plus réceptive le calendrier des politiques publiques. On éprouvera aussi la nécessité d'améliorer les pratiques administratives.

Cela dit, cependant, répondants et participants à nos séminaires ont reconnu que l'évolution rapide du contexte des politiques publiques exigera de posséder de nouveaux savoir-faire et de perfectionner ceux qui existent déjà. «Une nouvelle aptitude à interagir avec le public» devint un des leitmotivs de nos rencontres. Arthur Kroeger, qui connut une longue carrière de haut fonctionnaire, estime qu'au cours des années qui viennent «la fonction publique devra devenir moins anonyme. Nous avons chéri cet anonymat, mais il est en voie de s'estomper[28]». Pour les répondants, cette évolution tient à deux raisons puissantes.

Premièrement, les gouvernements ont dû s'habituer à traiter désormais avec une population «instruite». Les Canadiens connaissent mieux les politiques publiques et le fonctionnement des gouvernements, de sorte que les hauts fonctionnaires doivent maintenant savoir rencontrer la population afin de discuter et de convaincre.

À l'époque où les électeurs étaient moins instruits, le gouvernement exerçait différemment son leadership, car il pouvait, estime Harlan Cleveland, diriger le pays grâce à des «structures de commandement verticales[29]». Or une approche autoritaire est inopérante sur une population instruite. Il y faut, au contraire, de grands talents d'écoute et de communication ainsi que la capacité de collaborer, de coopérer et d'encourager.

En outre, selon plusieurs répondants, la révolution de l'information est en voie de transformer en profondeur le mode de définition et de gestion des affaires publiques. Cette révolution, selon l'un d'entre eux, «responsabilise à la fois les citoyens et les travailleurs de première ligne. Le fonctionnaire qui assure la prestation de services à Saint-Jean de Terre-Neuve peut accomplir parfaitement sa tâche sans avoir à traiter avec Ottawa. Les renseignements sur la politique et sur le programme lui sont accessibles par Internet. Et la même chose vaut pour le simple citoyen. Renseigné dans Internet, ce citoyen peut dorénavant agir sur le gouvernement grâce à ces informations. Il n'en a pas toujours été ainsi, croyez-moi. Et cela signifie que la relation entre bureau chef et région, et entre gouvernement et citoyen, change rapidement. Cela signifie aussi que nous devons nous ajuster à cette nouvelle donne[30]. » Ce phénomène aura aussi pour effet, par conséquent, de forcer les hauts fonctionnaires à quitter leur isolement et à acquérir une nouvelle visibilité.

La révolution de l'information constitue un nouveau défi pour le gouvernement fédéral. Les services qu'il fournit étant de plus en plus assurés par Internet ou par l'intermédiaire de tierces parties, comment fera-t-il sentir sa présence auprès des citoyens alors qu'il recourt de moins en moins au «béton» qui le rendait jadis visible?

On serait tenté, *a priori*, de conclure que la révolution des technologies de l'information (TI) n'aura d'impact que sur les points de service des cadres intermédiaires et des administrateurs de première ligne. Mais cet impact est déjà, et continuera d'être, largement ressenti aux niveaux supérieurs. La révolution TI pourrait fort bien, soutient Snellen dans un chapitre de cet ouvrage, changer le fonctionnement même de la démocratie. Selon un analyste canadien, son impact est tel que «la démocratie, telle que nous la connaissons, disparaîtra[31]». La génération formée à ces technologies, beaucoup plus habituée à la discussion ouverte et à l'immédiateté, entretiendra des attentes toutes différentes à l'égard des institutions administratives et politiques nationales.

Or ces technologies ne peuvent donner leur plein potentiel en vase clos; elles sont inséparables des organisations qui les utilisent. Les hauts fonctionnaires devront donc repenser leur organisation afin de tirer parti de cette évolution technique. En France, une récente évaluation de la technologie de l'information conclut que «les effets de productivité les plus élevés résultent le plus souvent de réformes structurelles d'organisation et de procédure, trop souvent négligées. Cela est vrai pour les applications propres à chaque ministère, et *a fortiori* pour les applications qui impliqueraient plusieurs ministères[32] ». C'est pourquoi les cadres supérieurs devront se tenir au fait des derniers développements dans ce champ de connaissance. Il ne sera plus possible d'abandonner ce domaine à des experts de l'extérieur ou à des conseillers recrutés ponctuellement au fil des crises ou des problèmes.

Plusieurs participants ont souligné l'impact de la mondialisation sur la haute fonction publique. Selon eux, et contrairement à l'opinion reçue, la mondialisation a pour effet de ralentir les processus d'élaboration des politiques et de prise de décision. Le gouvernement ne peut plus agir dans un domaine quelconque sans connaître d'abord l'impact de telle mesure sur la position concurrentielle des entreprises canadiennes et même sur les citoyens canadiens[33]. Il s'ensuit que les hauts fonctionnaires devront affiner leur techniques de consultation et seront appelés, non seulement pour obtenir des informations mais aussi pour persuader, à traiter de plus en plus avec les gouvernements provinciaux (ou ceux des états), les entreprises privées et certaines personnalités importantes.

Selon nos répondants, il est quasi impossible de fournir une ventilation précise de leur emploi du temps quant aux affaires départementales et aux questions « horizontales » (c'est-à-dire qui touchent le gouvernement en général). Un problème départemental est toujours susceptible de se transformer rapidement en problème gouvernemental global ; il est donc difficile de départager les deux domaines. C'est ainsi qu'un sous-ministre nous expliqua que toutes les questions relatives à son ministère étaient de nature horizontale. Lorsque le secrétaire du Cabinet lui demanda de faire état des priorités de son ministère lors d'une réunion de tous les sous-ministres, il répondit que son ministère n'en avait aucune puisqu'elles étaient toutes liées, d'une manière ou d'une autre, aux programmes et aux priorités d'autres ministères. À Ottawa, de toute évidence, la gestion horizontale n'est pas qu'une mode passagère. Diverses mesures ont été introduites afin de promouvoir cette perspective : comités du Cabinet, comités parallèles des sous-ministres, retraites des sous-ministres, sessions de « mises à jour » à l'intention des sous-ministres adjoints, etc. Il se peut fort bien, cependant, que l'introduction de mesures NGP ait pour effet de nuire à la promotion de cette perspective horizontale. Un cadre supérieur, en effet, pourra se trouver déchiré entre le besoin d'améliorer son rendement afin d'obtenir une prime financière, d'une part, et la pratique d'une approche horizontale, d'autre part.

En supposant, nous dit un des répondants, qu'il soit possible de déterminer le pourcentage de l'emploi du temps quotidien, il est évident que les questions « horizontales » ne cesseront de grandir en importance relative au fil des années. Mais ce qui importe vraiment, ajoute-t-il, c'est de savoir « comment » s'y prendront les cadres supérieurs pour accomplir leur travail. Selon plusieurs répondants, les futurs problèmes seront résolus par le biais du « réseautage » (mise en réseau). Le gouvernement fédéral de demain fonctionnera comme un bureau central où sont acheminés des problèmes dont la solution ne repose pas sur un seul ministère mais sur plusieurs, ainsi que sur les provinces, les entreprises privées et les parties intéressées.

Il s'ensuit que le «noyau gouvernemental» sera considérablement plus petit qu'il y a une dizaine d'années. Une de nos répondantes estima que dans dix ans le cœur de l'administration fédérale ne représenterait plus que 15 p. cent de la taille actuelle de l'appareil gouvernemental. Selon elle, «diriger plutôt qu'agir» sera le principe directeur de cet appareil. Programmes et services, ajouta-t-elle, seront mis en œuvre et assurés par des organismes ou des sociétés autonomes, par le secteur privé et par les gouvernements provinciaux. L'activité du gouvernement consistera, pour l'essentiel, à conseiller et à coordonner.

Nonobstant cette opinion, plusieurs répondants ont soutenu que plusieurs principes ou idées demeuraient toujours à la base de la fonction publique entendue au sens large. Le principal défi, selon eux, consiste à mettre ces principes en pratique tout en accordant aux organismes ou aux spécialistes des programmes une autonomie suffisante pour en assurer l'application la plus efficace possible. Déterminer ces principes communs sera essentiel, ajoutèrent-ils, si l'on veut que la fonction publique conserve auprès des Canadiens un degré élevé de «légitimité». Certains croient même que la question de la légitimité deviendra de plus en plus importante à mesure que s'implanteront la sous-traitance et les partenariats avec diverses organisations. Les «principes communs» permettront d'assurer à la fonction publique la stabilité et la légitimité qu'en attendent les Canadiens.

La fonction-conseil, estiment nos interlocuteurs, reprendra l'importance qu'elle avait. Mais il en ira ainsi de la capacité de superviser et d'évaluer politiques et programmes. Pour ces praticiens, il n'y a guère avantage à séparer complètement les fonctions de direction et les fonctions d'exécution gouvernementales. Ministères et organismes devront équilibrer ces fonctions de manière à ce que fonction-conseil et fonctions d'exécution s'informent et se complètent l'une l'autre.

Savoir-faire (compétences)

Quels savoirs et quelles compétences seront désormais requis pour accéder au sommet de la fonction publique fédérale? Selon plusieurs de nos répondants, les cadres supérieurs devront apprendre à gérer grâce à leur culture et à leur vision, plutôt que par préceptes administratifs. Ils devront avoir démontré leur capacité à travailler en équipe et à composer avec des intervenants à l'extérieur de leur propre ministère.

Les compétences en communication seront beaucoup plus prisées qu'elles ne le sont maintenant. On considérait autrefois les communications comme un simple «ajout» au processus d'élaboration des politiques, plutôt que comme partie intégrante de cette activité. Au dire d'un officiel, la récente réforme du programme d'assurance emploi est un excellent exemple de l'évolution en cours. Il devint évident, en cours d'élaboration, que les propositions de politique ne seraient acceptées, ou approuvées par les politiciens, que si on les accompagnait d'une stratégie de communication convaincante.

Tout indique donc que les *fixers* seront fort bien vus, à l'avenir, dans les hautes sphères gouvernementales. Selon un de nos répondants, «quiconque est capable de faire avancer les choses en consultation avec des partenaires» aura les meilleures chances d'avancement dans le secteur public. Certes, de tels «arrangeurs politiques» ont toujours été bien considérés, particulièrement au cours des dernières décennies. Mais comme les décisions deviennent de plus en plus complexes et mettent en cause un nombre de plus en plus grand de «partenaires» et de groupes de l'extérieur, et comme s'accumulent les contraintes de divers ordres – depuis l'environnement jusqu'à la fiscalité –, ceux qui seront capables de surmonter les obstacles et d'amener à leurs fins les «partenaires» prendront la vedette, particulièrement auprès des officiels élus.

Les hauts fonctionnaires devront aussi savoir travailler avec les officiels élus. Selon un sous-ministre interviewé, cet art ne s'apprend qu'à l'usage et en observant ceux qui l'ont maîtrisé. D'après lui, et contrairement à l'opinion populaire, les hauts fonctionnaires sont moins aptes qu'il y a quinze ou vingt ans à travailler avec les élus et à interpréter leurs intentions. Les politiciens, explique-t-il, reçoivent désormais des conseils de diverses sources, y compris de lobbyistes et de conseillers ou d'adjoints politiques. Il ajoute que les cadres supérieurs disposent de moins de temps qu'autrefois pour informer les ministres ; comme on insiste beaucoup, en effet, sur les questions de gestion et d'application des décisions de programmation optimale, ils doivent consacrer plus de temps à gérer leurs inférieurs qu'à informer leur supérieur. Les cadres supérieurs, dit-il, risquent de perdre leur capacité à cet égard.

À l'avenir, notent nos répondants, les cadres supérieurs devront posséder la capacité de gérer tous azimuts : vers le haut, vers le bas, vers l'extérieur et vers l'intérieur. En d'autres termes, ils ne devront pas seulement saisir ce que veulent les élus, mais savoir aussi motiver leurs subalternes. Ils devront parfaitement comprendre ce qu'est la société canadienne, ses défis, sa place dans l'économie mondiale, et savoir communiquer cette connaissance à l'extérieur du gouvernement. En outre, ils devront pouvoir intégrer les opinions d'experts et de citoyens au processus gouvernemental d'élaboration des politiques, afin que les politiques nouvelles soient solidement assises sur ce qui est véritablement du domaine du possible. En bref, leur travail consistera d'abord à développer une «vision globale» plutôt qu'à administrer le train-train quotidien.

Il s'ensuit que les mesures de perfectionnement destinées aux gestionnaires supérieurs prendront une importance accrue. Il y a quelques années, la compagnie Honeywell s'est intéressée aux modes d'apprentissage de ses cadres supérieurs. Selon l'étude alors réalisée, 50 p. cent de cet apprentissage était acquis au travail, 30 p. cent, par relations et 20 p. cent, par formation. Pourtant, les cadres avouaient consacrer moins de 1 p. cent de leur temps à cette formation[34]. On imagine facilement que les choses ne sont guère différentes pour les gestionnaires supérieurs, du moins quant au gouvernement canadien. Apprendre en observant le comportement des cadres d'expérience convenait probablement mieux à une manière autoritaire d'aborder le changement. Instaurer des méthodes non officielles et de nouveaux moyens de communication exige, dans le jargon des spécialistes de la gestion, «une organisation d'éducation permanente» et «des mesures de perfectionnement axées sur l'apprenant[35]». Les cadres devront donc trouver le temps de lire et d'assister à des séminaires et à des conférences. Cela ne sera pas facile. Il est bien connu qu'au gouvernement les dossiers urgents prennent souvent le pas sur les dossiers importants et que le temps est la plus rare de toutes les ressources.

Attitudes et dispositions

Selon un de nos répondants, le haut fonctionnaire de l'avenir ne réussira que s'il possède, outre des compétences particulières, «de nombreuses dispositions engageantes». Il (ou elle) aura l'esprit ouvert, sera souple et disposé à explorer des idées complètement nouvelles afin de résoudre les problèmes. Un intervenant mentionne, à ce propos, les récentes négociations Ottawa-Québec à propos du développement des ressources humaines. Si les représentants fédéraux s'étaient enfermés dans «de vieilles problématiques et de vieilles attitudes», aucune entente n'eut été conclue. La réussite de cette négociation démontre que les officiels gouvernementaux ne devront par seulement parler d'«éducation permanente», mais en faire une partie intégrante de leur perfectionnement administratif.

Ils devront aussi affiner leur aptitude à jongler avec leurs divers rôles et responsabilités. Certes, ils conserveront leurs responsabilités institutionnelles. Mais ils seront de plus en plus amenés à s'impliquer dans les affaires de leur ministère hiérarchique ou de leur organisme et devront développer la capacité de comprendre le point de vue de leurs partenaires de l'extérieur. En d'autres termes, le succès viendra aux cadres supérieurs qui sauront adopter instinctivement une perspective à la fois horizontale et verticale.

Certains prendront des risques. Mais, comme toujours, ils ne seront récompensés que s'ils ne créent pas de problèmes à leurs maîtres politiques ou si leurs actes ne les entraînent pas dans des controverses publiques. Juger correctement de ce qui est d'intérêt public, tout en sachant pouvoir agir sans provoquer de débat politique, telle sera la marque d'une brillante carrière.

La carrière de l'avenir

Deux voies s'ouvriront, à l'avenir, aux officiels du gouvernement. L'une sera celle du «spécialiste», c'est-à-dire la personne qui connaît à fond un secteur précis. Il (ou elle) pourra atteindre le poste, très bien rémunéré, de «spécialiste senior». En d'autres termes, il ne sera pas obligé d'occuper un poste administratif pour mériter un salaire élevé. La raison en est simple : problèmes et secteurs devenant de plus en plus complexes et interconnectés, ceux et celles qui posséderont l'alliage parfait de compétence et d'expérience seront indispensables au bon fonctionnement des ministères et des orga-nismes du gouvernement. Pour plusieurs officiels, un tel développement ne surviendra jamais trop tôt. Ils savent, depuis longtemps, que «les plus brillants» ne deviennent pas toujours les meilleurs administrateurs, ni même des administrateurs moyens. Mais on les a souvent nommés à des fonctions administratives à seule fin de les rémunérer suffisamment pour qu'ils ne quittent pas la fonction publique.

La seconde voie sera celle des administrateurs. Plusieurs de nos répondants croient fermement que le gouvernement s'efforcera d'instituer un *early manage-ment stream* et tentera d'attirer des candidats provenant de divers secteurs – admi-nistrations municipales importantes, gouvernements provinciaux, organisations sans but lucratif et, si possible, secteur privé. On attendra des cadres supérieurs, nous l'avons vu précédemment, qu'ils aient occupé divers postes administratifs et les postes de la haute direction appartiendront à ceux qui ont acquis une expérience «sur le terrain».

Ces administrateurs de haut niveau seront extrêmement compétents sur le plan des relations interpersonnelles et maîtriseront les techniques de gestion «douces», c'est-à-dire la capacité d'apporter une touche personnelle à leurs rapports avec leurs subordonnés. Fonctionnaire depuis trente ans, un de nos répondants raconte n'avoir «jamais été traité comme une personne, mais comme l'élément d'un système». Les fonctionnaires, ajoute-t-il, «demeureront au gouvernement, même si les salaires y sont moins élevés, s'ils ont le sentiment d'être bien traités par la haute direction».

OBSTACLES

Plusieurs obstacles, selon nos répondants, nuisent au travail des hauts fonctionnaires. Des réductions budgétaires sont encore en cours et il ne reste plus grand-chose à élimi-ner. Les salaires n'ont pas suivi ceux du secteur privé et les occasions de promotion se font de moins en moins nombreuses. Dans un tel contexte, il devient extrêmement dif-ficile d'entretenir une culture de travail viable et de motiver les employés. De plus, nous l'avons vu, les Canadiens ne tiennent généralement plus la fonction publique en très haute estime, contrairement à l'opinion qu'ils en avaient il y a quelque quarante ans. C'est là un obstacle de plus à la motivation des fonctionnaires.

La haute fonction publique, disions-nous, devra être souple et savoir s'adapter au changement. Cette nouvelle approche se heurte cependant à des contraintes imposées de l'intérieur même du système. Ainsi, les cadres supérieurs ont tendance à recruter des «clones» ou, comme l'a expliqué un répondant, à vivre le «syndrome des poupées russes». Les jeunes cadres se choisissent un «mentor» dans les rangs supérieurs et s'efforcent de lui ressembler et de se comporter à sa manière. Cette pratique n'a pas disparu et constitue un important inhibiteur du changement. C'est là un phénomène important, car la diversité des opinions prendra de plus en plus d'importance dans la société et, par ricochet, au gouvernement.

Les répondants estiment aussi qu'on a mis en œuvre un trop grand nombre de mesures, depuis IMAA (Increased Management Authority and Accountability) jusqu'à FP2000, toutes conçues pour améliorer la fonction publique et qui ont toutes échoué. La culture de la fonction publique fédérale est désormais empreinte d'un fort scepticisme et de nombreux fonctionnaires se font plutôt cyniques devant toute nouvelle réforme. Ces multiples tentatives de réforme ont créé chez les employés instabilité, insécurité quant aux pertes d'emploi et confusion quant aux objectifs et à l'orientation de l'organisation. « Dorénavant, explique un répondant, nous devrions nous contenter d'introduire une simple mesure et nous assurer qu'elle est correctement appliquée. Nous ne devrions pas annoncer un projet grandiose et global. Personne n'a plus vraiment envie de ce genre de chose[36]. »

Plusieurs répondants soutiennent aussi que les réformes passées n'ont pas suffisamment insisté sur les relations de travail. Autrefois, les cadres supérieurs qui devaient traiter avec des syndicats se tournaient trop souvent vers les spécialistes en relations de travail provenant des organismes centraux. Comme on vise désormais à responsabiliser ministères et organismes, cette attitude devra changer.

L'obstacle le plus important au travail des hauts fonctionnaires et à un authentique changement demeure cependant l'apparente incapacité des institutions politiques à se rallier au changement et à l'imposer. Au Canada, nous en sommes au point où les hauts fonctionnaires ont fait tout ce qui était en leur pouvoir pour réformer leur institution. Toute réforme suivante, telle que la transformation de la fonction publique en un petit noyau de conseillers, ne peut être arrêtée qu'au niveau politique. De même, les élus sont seuls à pouvoir aborder les problèmes de visibilité liés à la prestation des services.

Mettre en cause des experts de l'extérieur, gérer l'information, encourager la population à participer, tout cela relève du domaine politique. Le rôle du parlement, et même du Cabinet, à l'ère de l'information, leur mode de fonctionnement et leur pertinence à l'économie mondiale, tout cela ne peut être déterminé que par les officiels élus. Tant qu'ils ne l'auront pas fait, les hauts fonctionnaires devront se tenir en retrait, s'efforcer une fois de plus d'adapter leur propre institution et composer avec des exigences souvent contradictoires. Bref, il est grand temps de rappeler aux élus l'injonction biblique : « Guéris-toi toi-même. » Tout gouvernement subit les effets de la révolution de l'information et de la mondialisation de l'économie. Pourtant, Parlement et Cabinet fonctionnent toujours comme il y a vingt ans. Les élus doivent, de toute urgence, se pencher sur leurs propres institutions.

L'obstacle le plus tenace est peut-être le « lobby du contrôle ». On y retrouve les médias, le bureau du vérificateur général, l'opposition et d'autres organisations

« chien de garde ». Ce lobby se tient constamment à l'affût de dysfonctionnements au gouvernement et prêt à en jeter la faute, si possible, sur un officiel. Pourtant, plusieurs mesures de réforme sont expressément conçues pour inciter les officiels à prendre des risques et à innover. Le lobby du contrôle devra, tôt ou tard, comprendre qu'il ne peut jouer indéfiniment sur les deux tableaux.

Il appartient désormais aux élus de tracer la voie. Les hauts fonctionnaires ont arrêté et mis en œuvre, globalement, toutes les mesures ponctuelles qui relevaient de leur compétence. Il importe maintenant d'aborder la vision d'ensemble ; c'est là la tâche des représentants de la population.

Les leaders politiques sont-ils prêts à se pencher sur leurs propres institutions afin de renforcer la gouvernance nationale ? Rien n'est moins sûr. L'OCDE a commandé de nombreuses études sur l'administration publique et en a conclu que « le renouvellement institutionnel représente le défi de la gouvernance en cette fin de siècle ». L'organisme ajoute que « les institutions et les pratiques dépassées doivent être reconfigurées ou remplacées par d'autres qui conjuguent mieux les réalités et les exigences d'économies de marché dynamiques et les objectifs et les responsabilités des systèmes démocratiques[37] ». L'OCDE n'a cependant axé ses études que sur la fonction publique et sur les organisations internes des ministères et des organismes gouvernementaux. On n'y mentionne guère les institutions politiques.

En supposant que les leaders politiques admettront la nécessité de « se guérir soi-même » et de moderniser leurs propres institutions, quel rôle pourront jouer les hauts fonctionnaires dans un tel processus ? Plus que quiconque, les fonctionnaires connaissent les forces et les faiblesses des institutions politiques. Ils savent parfaitement comment fonctionne le gouvernement et comment les contraintes administratives sont liées aux institutions politiques. Si les leaders politiques s'engagent vraiment dans le renouvellement des institutions politiques et de leur rôle dans la société, les hauts fonctionnaires ne devraient pas demeurer en retrait.

NOTES

1. Voir, par exemple, E.C. Plesch *et al.*, *The Senior Civil Service : A Comparison of Personnel Development for Top Managers in Thirteen OECD Member Countries*, Paris, OCDE, juin 1997.

2. Voir Canada, « De solides assises : Rapport du Groupe de travail sur les valeurs et l'éthique dans la fonction publique », Ottawa, Centre canadien de gestion, 1996.

3. Jacques Bourgault, « Horizontal Integration at the Top », *Optimum*, vol. 27, n° 4, 1997, p. 12-24.

4. John Halligan, Ian Mackintosh et Hugh Watson, *The Australian Public Service : The view from the top*, Canberra, University of Canberra, 1996, p. 78.

5. Voir, entre autres, Christopher Pollitt, « Justification by Works or By Faith ? Evaluating the New Public Management », *Evaluation*, vol. 1, n° 2, 1995, p. 133-154.

6. Jacques Bourgault, « La gestion de la performance dans la haute fonction publique : quelques cas issus du modèle de Whitehall », dans Marie-Michèle Guay (dir.), *Performance et Secteur Public*, Québec, Presses de l'Université du Québec, 1996, p. 194-213.

7. *Ibid.*, p. 93.

8. Voir, entre autres, Donald J. Savoie, *Thatcher, Reagan, Mulroney: In Search of a New Bureaucracy*, Pittsburgh, University of Pittsburgh Press, 1994.

9. Voir, entre autres, B. Guy Peters et Donald J. Savoie, *Réformer le secteur public: où en sommes-nous?*, Québec, Les Presses de l'Université Laval, 1998.

10. *Ibid.* Voir aussi les chapitres dus à Christopher Pollitt.

11. Voir, entre autres, Christopher Pollitt et Geert Bouckaert, *Public Management Reform: A Comparative Analysis*, Oxford, Oxford University Press, 1999.

12. Consultation avec un sous-ministre, gouvernement du Canada, Ottawa, septembre 1998.

13. *The Senior Civil Service: A Comparison of Personnel Development for Top Managers in 13 OCDE Countries*, Paris, OCDE, 19-20 juin 1997, p. 11-55.

14. Voir, par ex., Patricia W. Ingraham, James R. Thomson et Ronald P. Sanders (dir.), *Transforming Government: Lessons from the Reinvention Laboratories*, San Francisco, Jossey-Bass, 1998, chapitres 1 à 6.

15. *The Senior Civil Service*, p. 11-55.

16. Voir, entre autres, Jacques Bourgault *et al.*, « Performance Appraisals of Top Civil Servants: Creating a Corporate Culture », *Public Administration Review*, vol. 53, n° 1, p. 73-80.

17. Voir, entre autres, Patricia Ingraham, « La haute fonction publique et l'élaboration des politiques: un rôle en mutation », dans B. Guy Peters et Donald J. Savoie (dir.), *Réformer le secteur publique: où en sommes-nous?*, 1998.

18. Cité dans *ibid.*, p. 170.

19. Voir, entre autres, Christopher Hood, « Deprivileging the U.K. Civil Service in the 1980s: Dream or Reality? », dans Jon Pierre (dir.), *Bureaucracy in the Modern State: An Introduction to Comparative Public Administration*, Aldershot, Edward Elgar, 1995, p. 110-117, et Jonathan Boston *et al.* (dir.), *Public Management: The New Zealand Model*, Melbourne, Oxford University Press, 1996.

20. OCDE, 1995, v.f. *Governance in Transition*, Paris, p. 16.

21. « SES Could be Cut in Half », *AMS Horizon*, Washington, D.C., 30 avril 1998, p. 2.

22. *Ibid.*

23. Ottawa, Communiqué, « Prime Minister Announces Creation of the Leadership Network », Bureau du premier ministre, Ottawa, 4 juin 1998, p. 1.

24. *Supporting Excellence in the ADM Community: An Overview of the New Collective Management System*, Ottawa, Bureau du Conseil privé, mai 1998, p. 1.

25. *Ibid.*, p. 4.25.

26. Max Weber, *The Theory of Social and Economic Organization*, New York, Oxford University Press, 1947.

27. *Supporting Excellence in the ADM Community*, Bureau du Conseil privé, 1998, p. 3.

28. Arthur Kroeger, « Some Thoughts on the Future », the Second Annual George Davidson Memorial Lecture, Secrétariat du Conseil du Trésor, mai 1998, p. 5.

29. Harland Cleveland, « The Twilight of Hierarchy: Speculations on the Global Information Society », *Public Administration Review*, vol. 45, n° 1, janvier-février 1985.

30. Consultation avec un haut fonctionnaire fédéral, Ottawa, octobre 1998.

31. Don Tapscott, *Growing Up Digital: The Rise of the Net Generation*, Toronto, McGraw-Hill, 1997.

32. Cité dans *Governance in Transition*, p. 61.

33. Un ancien haut fonctionnaire fédéral, Jim Mitchell, avait relevé le même phénomène dans « What We Can Expect for the Government and Society in the Near Future », notes pour une allocution devant la Real Property Conference, Ottawa, 15 novembre 1995, p. 6.

34. R. Zemke, « The Honeywell Studies How Managers Learn to Manage », *Training*, août 1985, p. 50.

35. Voir, entre autres, R. Bruce Dodge, *Learning in an Organizational Setting: The Public Service Context*, Ottawa, Centre canadien de gestion, 1992.

36. Consultation avec un haut fonctionnaire fédéral, Ottawa, septembre 1998.

37. *Governance in Transition*, p. 7.

12
L'emploi dans le secteur public et l'avenir de la fonction publique

PATRICIA W. INGRAHAM, B. GUY PETERS
ET DONALD P. MOYNIHAN

INTRODUCTION

Le gouvernement est-il plus efficace aujourd'hui qu'il ne l'était avant la réforme ? Dans la plupart des pays, on commence à peine à aborder cette question qui est au cœur du débat sur la réforme de la fonction publique. De toutes les dimensions de cette évolution, l'utilisation efficace des ressources humaines est certes une des plus importantes. Les études récentes sur la gestion des ressources humaines (GRH) décèlent les mêmes failles bureaucratiques qu'entendaient corriger les réformes des années 1980. On a habituellement tenté d'améliorer la performance du secteur public par une suite de réformes structurelles, c'est-à-dire en modifiant la forme et les fonctions de la fonction publique.

Nous entendons examiner, dans ce chapitre, les effets des réformes à travers le monde, afin de dégager quelques aperçus sur les problèmes de personnel qui confrontent aujourd'hui les gouvernements et d'en évaluer les conséquences sur l'avenir de l'emploi dans le secteur public. Les réformateurs ne se sont guère penchés sur les questions de personnel, estimant qu'elles perdraient de leur importance à la suite de la décentralisation de la fonction de personnel et de l'accroissement des pouvoirs des gestionnaires. Il importe pourtant d'étudier plus attentivement ces questions si l'on veut évaluer les conséquences de ces réformes sur l'emploi dans le secteur public au XXIe siècle.

ARRIÈRE-PLAN

La capacité de la fonction publique à accomplir les tâches qu'elle accomplissait jadis dépend d'au moins quatre facteurs. Depuis les années 1980, toutes les réformes ont porté sur l'un ou l'autre d'entre eux; les comprendre nous aidera à esquisser la situation actuelle et future des secteurs publics. Ces facteurs forment aussi l'arrière-plan nécessaire à l'étude des problèmes et des dilemmes les plus urgents auxquels font face les gouvernements. Nous évoquons séparément chacun de ces facteurs, mais il est important de comprendre leurs interactions et leurs synergies.

Réduction des effectifs

La réduction des effectifs constitue un des principaux facteurs affectant la capacité de fonctionnement du gouvernement. Bien que les leaders politiques aient réussi fort diversement à réduire la taille de leur secteur public (Gregory, 1998, en donne un exemple extrême), plusieurs gouvernements importants ont procédé à cette fin. Le tableau 1 illustre cette contraction des effectifs dans certains pays. En certains cas, les réductions ont été effectuées en tenant compte des types d'employés ou des fonctions à éliminer. Dans d'autres, on a procédé à des réductions à tous les niveaux, sans distinction. Loin de considérer le gouvernement comme l'employeur de dernier recours — ce qu'il fut longtemps dans certains pays —, politiciens et citoyens sont désormais nombreux à consentir à ce que le secteur public soit réduit au maximum. Il est donc important de vérifier si la capacité du gouvernement à assumer certaines fonctions essentielles a été réduite, et dans quelle mesure. Diverses questions découlent de cette enquête, dont les suivantes: La réduction des effectifs a-t-elle éliminé la prochaine génération de hauts fonctionnaires et amené certains autres à remettre en question leur plan de carrière au service du gouvernement? Les nouveaux types d'incitatifs permettront-ils au gouvernement de recruter et de retenir à son service les employés dont les compétences seront adéquates aux futures exigences de la fonction? Les « nouvelles » fonctions publiques reflètent-elles leur société en termes démographiques et sociaux? Les questions de réduction, en bref, ne sont pas que de simples mesures d'épargnes à court terme, mais touchent à la capacité de bien gouverner à long terme.

TABLEAU 1
Emploi dans les services fédéraux/centraux de quelques pays
(000)

	1985*	*1995***	*Changement (%)*
Australie	429	360	–16,1 %
France	1527	1699	+11,3 %
Allemagne	858	546	–36,4 %
Royaume-Uni	268	163	–39,2 %
Suède	811	731	–9,9 %

* 1988 pour la France
** 1994 pour l'Australie et la France
Source : *The Changing Structure of Employment and Pay in the Public Sector*, 1988.

Restructuration

Outre la réduction de ses effectifs, le secteur public a été restructuré afin de satisfaire aux exigences de ses maîtres politiques et de se conformer aux idées en vogue quant à la gestion et à la bonne gouvernance (Peters, 1996). Dans certains cas, par exemple l'adoption de la sous-traitance, réduction et restructuration ont fait partie de la même réforme. Il s'ensuit que non seulement la main-d'œuvre du secteur public est moins nombreuse, mais aussi qu'on a réduit le nombre des employés de tel ou tel type, souvent des employés qualifiés. Cette volonté d'augmenter le poids relatif des cols blancs dans la fonction publique entraîne des problèmes de gestion particuliers. D'autres formes de restructuration, par ex. l'utilisation généralisée du « modèle des organismes », tendent aussi à réduire la taille des organisations essentielles du gouvernement.

Un autre type de restructuration — l'aplatissement du profil des organisations publiques et la réduction du nombre de leurs paliers administratifs — amplifie certains des problèmes mentionnés ci-dessus. En réduisant ces paliers de gestion intermédiaire, en effet, le gouvernement pourrait fort bien éliminer la prochaine génération de cadres supérieurs, à moins qu'il n'entende recourir davantage au recrutement externe. Cette élimination a aussi pour effet d'obscurcir la structure de carrière au sein du gouvernement et entraîne des conséquences très nettes sur les capacités de communication et de gestion des organisations publiques.

Mentionnons, finalement, ces aspects de la restructuration qui touchent aux systèmes de ressources humaines eux-mêmes. Les gouvernements, disions-nous, sont peut-être en voie de perdre une certaine spécificité de leurs structures de carrière. Ces changements peuvent rapprocher la société et l'État et, ce faisant, mener à une meilleure compréhension mutuelle. Cela dit, cependant, on ne saurait passer sous silence cette question des plans de carrière et de la capacité à s'attirer le personnel exigé par la fonction publique.

Changement dans les relations de travail

Le changement dans les relations de travail constitue le troisième facteur susceptible d'influer sur l'avenir de la fonction publique. Les syndicats occupent présentement dans la fonction publique une situation quelque peu paradoxale. D'une part, les syndicats sont, dans l'ensemble, beaucoup moins puissants qu'ils ne l'étaient, et ce, dans plusieurs pays. D'autre part, le secteur public semble être, dans bien des cas, le secteur d'emploi le plus fortement syndicalisé.

Le déclin de la force syndicale dans le secteur public a tenu, dans une certaine mesure, à une volonté politique. Il en fut ainsi au Royaume-Uni, où Mme Thatcher s'est délibérément employée à briser le pouvoir des syndicats. Ailleurs, la réduction des effectifs et l'abandon des industries nationalisées ont considérablement réduit l'influence syndicale au gouvernement. En France et en Espagne, cependant, les syndicats semblent n'avoir rien perdu de leur pouvoir. Aux États-Unis, l'administration Clinton les a considérés comme des joueurs importants dans le processus de réinvention et s'est efforcée de susciter des liens entre réformateurs et syndicats, notamment par le biais du National Partnership Council. Cela étant, l'opposition syndicale a puissamment contribué à freiner la réforme globale en matière de ressources humaines.

L'amoindrissement de l'influence syndicale peut être importante, à court terme, pour les administrateurs, mais elle aura aussi des conséquences à long terme. Les syndicats, en effet (et particulièrement ceux du secteur public), peuvent créer, par le jeu de la négociation, un certain sentiment d'appartenance au gouvernement. En d'autres termes, ils peuvent contribuer à réduire l'individualisation qui, semble-t-il, fait partie intégrante de la nouvelle économie pour les employés de l'État. En outre (et bien que leurs motifs n'aient pas nécessairement été altruistes), les syndicats ont été de puissants défenseurs de leurs clients. Cette dynamique sera d'autant plus pertinente que les syndicats seront appelés à obtenir pour leur membres des protections supplémentaires — bien que souvent insuffisantes — au moment où disparaissent les protections traditionnellement consenties à la fonction publique ou que des emplois sont confiés en sous-traitance.

Nouvelle composition du secteur public ; nouvelles exigences à son endroit

Le secteur public est désormais fort différent de ce qu'il était il y a quelques décennies, et pour plusieurs raisons. Au moment où l'on en réduisait les effectifs, on s'est efforcé d'en modifier la composition hommes/femmes et, en certains cas, la composition ethnique. Il s'ensuit que le secteur public de plusieurs pays est désormais plus petit mais aussi plus représentatif que jamais de la société dans laquelle il s'inscrit. Les femmes, en particulier, occupent beaucoup plus d'emplois au gouvernement. De nombreux employés ayant été incités à la retraite (ou à une retraite anticipée), l'âge moyen des fonctionnaires a diminué.

Maintenir cette diversité sera toujours une tâche difficile, cependant, pour les administrateurs du secteur public. Elle est importante pour des raisons morales évidentes, mais aussi pour la mise en œuvre de plusieurs programmes dont les récipiendaires appartiennent à des groupes démographiques clés. Sachant le rôle que le gouvernement a toujours joué en matière d'occasions offertes aux groupes sociaux sous-représentés, la réduction des effectifs représente, à elle seule, un défi particulier.

Outre qu'il sera de plus petite taille, le gouvernement devra être plus compétent et mieux apte à composer avec de difficiles problèmes scientifiques et sociaux. Malheureusement, on s'est largement débarrassé, durant les années 1980 et 1990, de scientifiques, d'analystes et de techniciens spécialisés dont les compétences eussent été essentielles pour l'avenir. Même si une telle «expertise» est dorénavant acquise de l'extérieur par contrat, gérer efficacement de tels contrats et retenir dans la fonction publique un noyau d'experts exigera un extraordinaire savoir-faire administratif.

Si le changement du secteur public se poursuit au même rythme, l'administration publique pourrait bien devenir l'administration de tiers intervenants agissant par contrats, prêts de personnel ou autres mécanismes indirects (Kettl, 1993). Un tel changement requerra un tout autre type de compétence administrative que celle qu'exigeait la prestation directe des services publics. On ne sait pas très bien, en dépit de preuves et d'exemples nombreux, si les gouvernements se sont résolus à réfléchir sérieusement aux conséquences administratives des «outils» qu'ils se sont donnés pour appliquer leurs programmes.

Cette évocation des récents changements survenus dans le secteur public dessine l'arrière-plan sur lequel se profilent les principaux problèmes de la fonction publique de l'avenir. La meilleure manière de les aborder consistera à établir un calendrier permettant de les traiter intégralement par une coordination des ressources humaines. Nous entendons ici, à partir des données disponibles sur l'emploi dans le secteur public contemporain, nous pencher sur les dilemmes que crée à tous les gouvernements la combinaison de tous ces problèmes.

La question fondamentale est celle-ci : le gouvernement dispose-t-il d'un personnel à la hauteur de toutes les tâches qui l'attendent ? La question est loin d'être simple, car elle suppose une claire compréhension des intentions du gouvernement et du type de personnel requis pour les réaliser. Loin d'améliorer cette compréhension, l'impact des réformes a plutôt soulevé nombre de questions concernant la validité des processus et procédures traditionnels, sans fournir de lignes directrices relatives aux méthodes qui pourraient, le cas échéant, leur succéder. L'analyse des effets des changements dans le secteur public laisse entrevoir un certain scepticisme à propos de la composition du gouvernement et de son aptitude à recruter et à retenir un personnel de qualité. Nonobstant des mesures telles que La Relève[1], cette inquiétude semble bien fondée. Si, par exemple, le gouvernement entend moins, à l'avenir, recruter son propre personnel et recourir davantage à la sous-traitance, au travail temporaire et à l'utilisation d'employés à temps partiel, est-il prêt à gérer une telle main-d'œuvre ? Et que signifie une fonction publique de cette nature quant à l'efficacité et à l'équité en matière de prestation des services, ainsi qu'en matière de probité et d'engagement de la part du personnel ?

Même en supposant que les gouvernements réformés disposent du personnel qui convient et réussissent à en recruter davantage, a-t-on mis au point des stratégies permettant de les retenir ? Si l'on se fie aux diverses réductions déjà réalisées, il semble bien que non. La plupart des stratégies de réduction n'étaient pas ciblées avec précision ou conçues pour retenir les meilleurs employés. Plusieurs d'entre elles ont procédé sans se demander si les savoir-faire des employés restants étaient adéquats aux tâches qui attendent les gouvernements ; c'est là une préoccupation qui se fait à peine jour.

Finalement, même si on engage le personnel qui convient, la question demeure : est-il à la bonne place ? Aucune main-d'œuvre ne réalisera son potentiel avant d'être située correctement dans la structure de l'organisation et des méthodes de travail qu'elle utilise. Dans certains pays, les réformes structurelles et celles des ressources humaines ont été assorties et simultanées. Dans d'autres pays, elles ne l'ont pas été. Dans d'autres pays encore, les fonctions publiques dont le fonctionnement est décentralisé et procède de relations nationales/provinciales/locales sont confrontées à la question de savoir où affecter les compétences et selon quels termes.

Ces questions se résument à un défi : « Recruter et retenir à son service le personnel adéquat et l'affecter au bon endroit. » Le problème se double, en outre, d'un dilemme sous-jacent : le gouvernement peut-il, ou devrait-il, être un employeur modèle, compte tenu des exigences qui lui sont imposées ? Les gouvernements continueront-ils à mettre l'accent sur la diversité ? Continueront-ils à se montrer plus tolérants, vis-à-vis des négociations et des relations de travail, que la plupart des organisations du secteur privé ? S'efforceront-ils de maintenir un régime salarial équitable pour tout leur personnel, tout en composant avec les pressions économiques qui les forcent à réduire les dépenses et à réduire la taille du secteur public ? Ce sont là des questions de première importance, même à une époque où le gouvernement est censé fonctionner comme une entreprise du secteur privé.

RÉFORME DES RESSOURCES HUMAINES : UN RÉSUMÉ

Les pays ont abordé de manières fort diverses la réforme des ressources humaines. Aux États-Unis, la National Performance Review (devenue le National Partnership for Reinventing Government) a décidé que la réforme de l'administration et de la fonction publique était certes nécessaire mais pouvait être menée progressivement et sans fondement législatif. Reconnaissons que cette attitude provenait, en partie, de ce que les tentatives de faire adopter une loi réformiste — tel le Federal Personnel Systems Act de 1996 — étaient vraisemblablement vouées à l'échec. En Nouvelle-Zélande, la perspective fut toute différente ; dès 1988, la State Sector Act abordait la question de front, à la suite de quoi la State Services Commission, organisme fortement centralisé de gestion du personnel, fut transformée en un simple organisme-conseil.

Dans les autres pays, cependant, on semble avoir compris que ces questions de réforme du personnel, jadis considérées comme ennuyeuses ou simplement ignorées, sont des facteurs essentiels à l'amélioration de la performance. Au Canada, le projet La Relève entend aborder les problèmes de recrutement, de développement et de rémunération de la fonction publique nationale. Ce projet est né de ce que le greffier du Conseil privé a décrit comme une «crise tranquille» engendrée par la réduction des effectifs, le plafond salarial et l'augmentation constante des exigences envers la fonction publique. Autre exemple de réforme globale, la Norme générale de classification de la fonction publique du Canada (NGC) repose sur l'hypothèse fondamentale selon laquelle une utilisation plus stratégique des ressources humaines est un élément essentiel de la performance. «La NGC, remarquait un haut fonctionnaire du Conseil du Trésor, est désormais perçue comme la clé de toutes les autres réformes.» (OCDE Focus, 1998). La Norme générale de classification de la fonction publique du Canada remplacera le système de 1967, qui comportait 72 classes de fonctionnaires fédéraux et que l'on considère désormais comme contre-productif en matière de rendement individuel et organisationnel. Le nouveau système vise à orienter le travail vers l'atteinte de résultats en prenant acte des changements survenus dans le monde du travail, tels l'utilisation d'équipes, l'augmentation de la sous-traitance, les partenariats intergouvernementaux et l'impact des nouvelles technologies. Les NGC ont pour principaux objectifs la simplicité (réduction du nombre de classes à 29), l'universalité (inclusion de tout travail accompli par le gouvernement) et l'absence de discrimination sexuelle. Ils visent aussi à encourager à la mobilité des employés, à créer une main-d'œuvre polyvalente et à améliorer le service à la clientèle.

En Australie, la modernisation de la fonction publique, basée sur le Public Service Bill et sur le Workplace Relations Act de 1996, vise aux mêmes fins que les mesures canadiennes, mais se veut encore plus radicale. Avant même l'introduction de ce projet de loi, le gouvernement a relégué au niveau d'un organisme ce qui était l'autorité de la Commission de la fonction publique (maintenant désignée sous le nom de Public Service Merit Protection Commission). L'Australie a aussi reconnu la nécessité d'une réforme supplémentaire. Publié par la Public Service Merit Protection Commission, le document intitulé *Re-engineering People Management* (1997) n'a pas seulement mis l'accent sur des mesures d'efficacité, mais aussi sur la nécessité de faire coïncider des ressources humaines clés avec les principaux objectifs organisationnels. La réforme de la classification relève de cette volonté.

NOUVEAUX DILEMMES

Toutes ces mesures démontrent que les gouvernements ont bien compris que les organisations publiques, pour bien fonctionner, devaient pouvoir recruter, embaucher et retenir à leur emploi les compétences requises pour la tâche à accomplir. Remis à la mode, ce slogan — « la bonne personne au bon endroit au bon moment » — est devenu la norme d'évaluation du rendement de toute organisation (Ingraham et Kneedler, 1999).

Cette norme se décompose en questions sous-jacentes que les réformes des années 1980 n'ont guère abordées :

* Que signifie « la bonne personne » ?

* Le gouvernement dispose-t-il d'un système qui lui permette de réfléchir aux compétences qui lui sont et lui seront nécessaires, et d'en planifier l'acquisition ?

Si ces questions peuvent faire partie d'une réflexion sur la configuration et la performance des organisations gouvernementales et des systèmes d'emploi, les effets à long terme des réformes structurelles des années 1980 en compliquent la teneur. Les sections suivantes abordent les changements dont se sont accompagné ces réformes et les effets qu'on peut en observer sur la fonction publique.

RÉDUCTION DES EFFECTIFS : QUI A QUITTÉ ET QUI EST RESTÉ ?

La réduction des effectifs, décrite au tableau 1, constitue un des principaux déterminants du nombre d'employés et de leur milieu de travail. S'il est difficile d'établir des comparaisons précises, les analyses comparatives des mesures de réduction adoptées depuis dix ans autorisent deux conclusions. Premièrement, plusieurs pays importants ont adopté de telles mesures (voir tableau 1). La cible en a largement été le cœur de la bureaucratie nationale. Deuxièmement, bien que l'on ait procédé à un certain ciblage — la haute fonction publique au Canada, les postes intermédiaires (sans succès) aux États-Unis, les employés de soutien dans les réformes « Lean State » en Allemagne —, la réduction des effectifs aura été, dans la plupart des cas, un instrument plutôt grossier. Son emploi relevait moins d'une soigneuse planification de la main-d'œuvre en fonction des besoins actuels et futurs, que de ce que Hogwood (1998) a appelé « des changements dans la nature du gouvernement ». Paradoxalement, la planification stratégique, cet élément essentiel d'une gestion prudente des ressources humaines, fut généralement sacrifiée aux priorités de la réforme. On entendait remodeler la structure, le contenu et l'orientation du cœur de l'administration publique mais ne considérer que plus tard, semble-t-il, le volet « individus » de l'équation.

L'étendue des réductions ainsi réalisées varie considérablement d'un pays à l'autre. En Nouvelle-Zélande, la méthode « bulldozer » a produit des résultats dramatiques : si on ne tient compte que du personnel permanent, la réduction dépasse légèrement 50 %. Si on y ajoute le personnel temporaire, on atteint 61 % (réductions réalisées entre 1985 et 1997) (Gregory, 1998 :9). Ce nombre, cependant, recouvre des variations importantes entre les fonctions. Les organismes centraux et le Trésor ont subi des pertes importantes ; par contre, le ministère des Affaires sociales a légèrement accru son personnel. Ces variations ont entraîné d'autres changements. Au moment où diminuait le personnel permanent du Trésor, par exemple, le recours à la sous-traitance et aux employés occasionnels se multipliait, passant de 6 % des dépenses en 1988 à 21,5 % en 1996-1997 (Gregory, 1998 : 11).

FIGURE 1
Conseil du Trésor

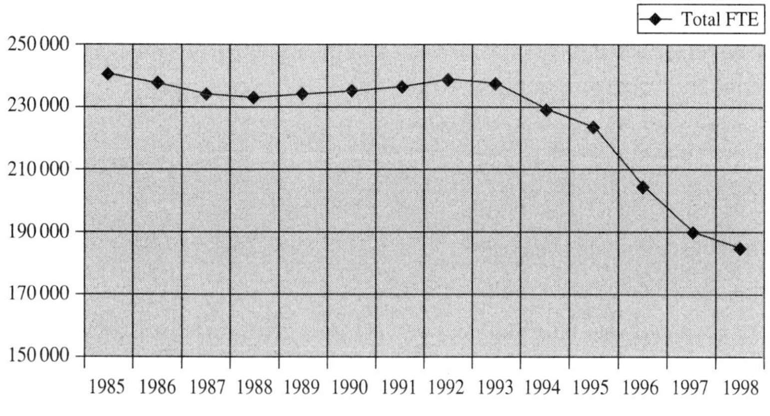

Source : Secrétariat du Conseil du Trésor, 1995, 1998.

Le Canada a aussi réalisé des réductions importantes. La figure 1 nous montre qu'entre 1993 et 1998, le nombre d'«équivalents temps plein» a chuté de 29 %. Certains groupes occupationnels ont subi l'essentiel de ces réductions ; la moitié d'entre elles ont été enregistrées dans les services suivants depuis 1995 : *Clerical and Regulatory, General Labor and Trades, Secretarial Stenographic and Typing* et *General Services*. D'autres groupes ont été moins affectés et ont même relativement accru leur personnel, ce qui dénote une modification de la composition de la fonction publique au profit des employés spécialisés dans les technologies du savoir. Les employés des catégories constituent 52,7 % des fonctionnaires fédéraux, contre 43 % en 1993 (Secrétariat du Conseil du Trésor, 1998).

Hogwood (1998) décrit une évolution toute différente au Royaume-Uni, où la privatisation, la création des organismes « Next Steps » et autres mesures ont réduit le nombre total d'employés de la fonction publique traditionnelle. Ces réductions se sont cependant accompagnées d'une augmentation relativement importante des employés des secteurs de la santé et de l'éducation, ainsi que d'un sérieux accroissement des emplois temporaires et à temps partiel. L'Allemagne propose un autre modèle. Afin de revenir au niveau d'emploi et de coûts du secteur public qui existait avant la réunification, le gouvernement fédéral a beaucoup moins à faire que les Lander et les gouvernements locaux, où la taille et les coûts des pouvoirs publics ont augmenté de près de 57 % sur vingt ans (Lean State Advisory Council, 1997). La réduction des effectifs s'adresse d'abord à ces gouvernements ; la Bavière et l'État libre du Bremen ont déjà emprunté cette voie. Bien que certains doutent de la volonté de l'Allemagne de réduire ses effectifs et de procéder à des réformes, rappelant à ce propos certains manques de volonté politique (Derlien, 1996), il est certain que les influences politiques et économiques ne sont plus les mêmes.

Les gouvernements qui ont voulu réduire leurs effectifs ont utilisé diverses méthodes et, en certains cas, ciblé certaines parties de la fonction publique. Les stratégies les plus communes sont :

• La privatisation et la sous-traitance

• Les réductions involontaires

• Les réductions volontaires par retraite anticipée et rachat

• Le ciblage de la bureaucratie

• Le ciblage de certains niveaux spécifiques

La réduction des effectifs a été une pratique généralisée, les gouvernements adoptant simultanément diverses stratégies et choisissant des cibles diverses, le tout différemment modulé. Aux États-Unis, par exemple, on a utilisé toutes les stratégies précédemment décrites, à l'exception des réductions involontaires. L'accent sur les réductions volontaires a empêché l'élaboration d'un processus de réductions stratégiques et fait obstacle à l'intention de cibler les administrateurs de niveau intermédiaire (US Office of Personnel Management, 1998). Aux États-Unis comme ailleurs, la nature de l'approche aux réductions d'effectifs influera de diverses manières sur la capacité, ce qui en fait un important objet de futures recherches sur la réforme.

L'EMPLOI DANS LE SECTEUR PUBLIC :
CHANGEMENT DE NATURE

À quoi ressemble le secteur public, dans différents pays, après une période ininterrompue de réformes ? Pour répondre à cette question, il nous faut considérer ce qui a changé dans les structures, les conditions de travail et le profil démographique des organisations publiques. La question soulève aussi un problème conceptuel et méthodologique. Comment déterminer ce qui est proprement gouvernemental, dans quelle catégorie classer les employés qui sont à l'emploi du gouvernement mais qui y sont liés par contrat ou par impartition, et comment concevoir le « bon » équilibre ? Ce sont là, désormais, des domaines importants de recherche. Dans une récente étude, Hood et ses collègues (Hood *et al.*, 1998) soutiennent que les perspectives conflictuelles sur l'emploi issues du modèle de la bureaucratie classique et du modèle axé sur le marché et sur la sous-traitance représentent un virage culturel fondamental quant aux conceptions du gouvernement et de ses responsabilités. La littérature concernant le « gouvernement évidé » a soulevé diverses questions (Milward et Provan, 1991 ; Milward, 1996). La question, ici, est de savoir dans quelle mesure le gouvernement peut conserver sa capacité et son expertise essentielles, tout en se défaisant par contrat — et souvent sans réflexion ou analyse préalable — de nombreuses activités et fonctions gouvernementales. La fragmentation de plus en plus prononcée de la prestation de services traditionnellement assurés par l'État est aussi susceptible, à long terme, de soulever des problèmes de visibilité et d'imputabilité dus à la difficulté de saisir ce que fait le gouvernement, et qui le fait.

Pour les fins de ce travail, la question est quelque peu différente, bien qu'apparentée à la précédente. Si les « bonnes personnes » et les compétences requises sont des employés contractuels ou temporaires, ajoutent-ils à la capacité du gouvernement à long terme ? Dans un contexte de réforme, cette question est-elle devenue moins importante ? Qu'il soit normal d'engager par contrat des experts dans divers domaines, des plus pointus aux plus élémentaires, cela ne fait aucun doute. Ce qui nous intéresse, ici, c'est le rapport que ces employés entretiennent aux organisations, aux valeurs et à la capacité à long terme du gouvernement. Traditionnellement, on a souvent abordé les questions de la taille du gouvernement et de ses problèmes d'emploi en matière de statut de la fonction publique. Mais, notait récemment l'OCDE, « [...] les profonds changements survenus dans les fonctions publiques depuis la fin des années 1980 rendront probablement ces distinctions inopérantes dans plusieurs pays » (1997b : 4). À cet égard, d'autres problèmes sont soulevés par le fait d'opposer le nombre d'employés autorisés au nombre de postes occupés et par le décompte des employés à temps partiel.

En dépit de l'impossibilité de toute généralisation concernant la capacité du gouvernement après les réductions d'effectifs, il est manifeste que certains traits majeurs de l'emploi du secteur public se sont transformés. Abstraction faite, pour l'instant, de la question « bureaucratie/contrats externes », l'augmentation de l'emploi temporaire ou à temps partiel est devenu chose commune chez les gouvernements réformés. La Nouvelle-Zélande, on ne s'en étonnera pas, fait ici exception. Gregory rapporte les données suivantes : « Dès 1987, on ne comptait en Nouvelle-Zélande que quelque 2 000 fonctionnaires "temporaires", contre 18 200 l'année précédente. En 1997, on n'en comptait aucun. » (Gregory, 1998 : 10). Ces chiffres sont cependant quelque peu trompeurs, car on n'a pas poussé très loin l'analyse des modèles d'emploi des sociétés de la Couronne.

Nonobstant le cas de la Nouvelle-Zélande, l'emploi temporaire est souvent perçu non seulement comme un facteur de réduction des coûts (les employés temporaires n'ayant pas droit aux bénéfices marginaux consentis aux fonctionnaires réguliers), mais aussi comme une mesure de planification stratégique. Tout accroissement de la demande, du besoin d'expertise spéciale, des contraintes saisonnières et des réaffectations géographiques peut être satisfait par le recrutement d'employés « temporaires ». Lorsque le Congrès américain exempta la Federal Aeronautical Administration de la plupart des règles relatives à l'embauche (telles qu'imposées par le pouvoir central), un des premiers gestes de cet organisme fut de simplifier les procédures d'engagement des employés temporaires afin d'en faciliter le recrutement (FAA, 1996). Le Internal Revenue Service et le département de la Défense ont aussi largement recours à ce type d'emploi.

Au Royaume-Uni, par contre, on parle surtout d'emploi à temps partiel. Le pourcentage des employés à temps partiel est aujourd'hui beaucoup plus élevé, essentiellement à cause d'augmentations importantes dans les secteurs de l'éducation et de la santé. Hogwood rapporte qu'un fonctionnaire sur dix travaille désormais à temps partiel et que le nombre de ces employés a presque triplé en vingt ans (Hogwood, 1998 : 23). Il note aussi, phénomène intéressant, que cette tendance est particulièrement ressentie chez la bureaucratie féminine : les femmes constituent 91 % des employés à temps partiel. On s'inquiète aussi, en Allemagne, de la multiplication rapide de tels emplois. Le problème, dans ce pays, tient au jeune âge de ces employés et aux salaires qu'ils reçoivent. Le « temps partiel » permet certes des économies à l'État, mais les jeunes fonctionnaires allemands sont relativement mal rémunérés.

Ce mélange compliqué d'employés permanents, d'employés à temps partiel ayant droit à des bénéfices, d'employés temporaires ayant droit à des bénéfices réduits ou limités, d'employés contractuels rémunérés au tarif du secteur privé et dotés de bénéfices, rend extrêmement difficile toute conclusion concernant l'état général de l'emploi « public ». On ne sait trop comment en évaluer la taille et il serait souhaitable que les gouvernements s'attachent à mettre au point un quelconque système de mesures globales concernant les services qu'ils assurent et les ressources humaines qu'ils emploient, ventilées par employés permanents/à temps partiel/temporaires et sous contrat. Le mélange d'employés provenant de différents secteurs pose aussi des problèmes de capacité en matière d'aptitude à relier les différents types d'employés et leur utilité dans l'ensemble de l'emploi du secteur public. En outre, ce mélange impose certains problèmes spécifiques à l'administration nationale des ressources humaines et en redéfinit quelques-uns. Il est nécessaire de repenser la composition de la main-d'œuvre, la rémunération des employés du secteur public et les relations de travail dans cet environnement bigarré. Nous abordons ces problèmes dans les sections qui suivent.

COMPOSITION DE LA MAIN-D'ŒUVRE DU SECTEUR PUBLIC

Diversité de la main-d'œuvre et égalité des chances d'emploi dans le secteur public ont été, depuis quarante ans, des objectifs des gouvernements nationaux, tous préoccupés de représentativité. Mais il a été infiniment plus difficile qu'on ne l'avait cru de surmonter le poids des modèles de recrutement traditionnels, des modes de scolarisation menant à la fonction publique, de la préférence accordée aux vétérans et de normes culturelles solidement enracinées. La solide tradition du « leadership développé à l'interne » n'a fait qu'ajouter au problème. Accéder au sommet de la fonction publique en gravissant la pyramide de promotion en promotion pouvait demander des années. Dans plusieurs pays, les mesures de diversification n'ont guère modifié l'allure du « sommet ». Le recrutement à l'externe de hauts fonctionnaires et de nombreux directeurs généraux de sociétés de la Couronne, d'organismes « Next Steps » et d'autres organismes a certes modifié la donne, mais n'a pas fait disparaître les préoccupations concernant la diversité.

FIGURE 2
Gouvernement du Canada : réductions par groupes désignés, 1995-1998

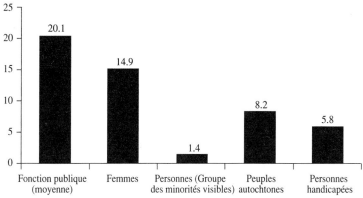

Source : Secrétariat du Conseil du Trésor 1998, p. 70.

Un des domaines où existent des données transnationales est celui du nombre de femmes à des postes de cadres supérieurs. La plupart des mesures qui, dans tous les pays, visaient les fonctions supérieures et les capacités exécutives des organisations créées par la réforme, ont mis l'accent sur les méthodes de recrutement et d'engagement à l'externe. Conçues pour « rafraîchir » le milieu des cadres supérieurs, ces mesures en ont aussi modifié la composition, l'augmentation du nombre de femmes en étant la principale manifestation. Comme le montre la figure 3, ce changement a parfois été radical.

FIGURE 3
Femmes occupant des postes de cadres supérieurs dans la fonction publique*

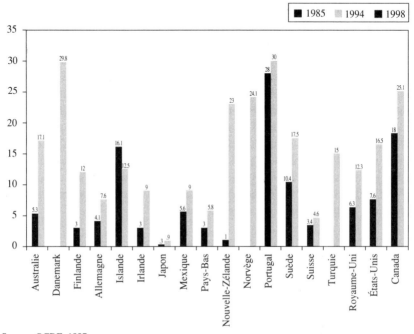

Source : OCDE, 1997c.
Source pour le Canada : Secrétariat du Conseil du Trésor, 1995 et 1998.
Pour l'Allemagne : 1987 et 1994.
Pour les Pays-Bas : Administration centrale seulement.
* Pourcentage de femmes par rapport au nombre total de hauts fonctionnaires.

Dans quelle mesure ces tendances se répercutent-elles sur l'administration d'ensemble de la fonction publique ? L'absence de données comparatives détaillées et recueillies sur une longue période rend la réponse difficile. Il s'agit là d'un domaine possiblement affecté par les mesures de réduction des effectifs, car dans la mesure où l'ancienneté a été un critère de réduction, les employés les plus récents — femmes et minorités traditionnelles — auront été les premiers à partir. Par contre, là où les réductions s'appliquaient par attrition et retraite, elles se seront appliquées dans le groupe des hommes de race blanche. La figure 2 montre que, pour ce qui est du Canada, les femmes et les minorités ont subi des réductions, mais à un rythme de beaucoup inférieur au rythme moyen des réductions dans la fonction publique.

TABLEAU 2
Représentation des femmes dans l'ensemble de la fonction publique aux États-Unis, en Australie et au Canada

Année	États-Unis				Australie				Canada			
	Hommes	Femmes	Femmes, % du total	Femmes, variation en %	Hommes	Femmes	Femmes, % du total	Femmes, variation en %	Hommes	Femmes	Femmes, % du total	Femmes, variation en %
1988	1228049	897099	42,21 %		96921	72477	42,79 %					
1990	1223255	927104	43,11 %	3,34 %	86700	74683	46,28 %	3,04 %				
1992	1231412	944167	43,40 %	1,84 %	85771	78707	47,85 %	5,39 %				
1994	1147332	896117	43,85 %	−5,09 %	78356	71503	47,71 %	−9,15 %	117714	107905	47,83 %	
1995	1095954	864623	44,10 %	−3,51 %	75822	69017	47,65 %	−3,48 %	121412	109980	47,53 %	1,92 %
1996	1058566	831840	44,00 %	−3,79 %	70361	64713	47,91 %	−6,24 %	107379	100598	48,37 %	−8,53 %
1997					64196	62088	49,17 %	−4,06 %	97201	97193	50,00 %	−3,38 %
1998									91803	95380	50,96 %	−1,87 %

Sources : United States Office of Personnel Management.
Australie : Australian Public Service Statistics Report, Public Service and Merit Protection Commission,
à l'adresse : http://www.psmpc.gov.au/publications97/apssa96table1.htm
Canada : Secrétariat du Conseil du Trésor pour 1995, 1996, 1997, 1998.

Dans trois pays où existent des données comparables relativement à la représentation des femmes dans la fonction publique au cours de la dernière décennie
(tableau 2), deux tendances se dégagent. Premièrement, le nombre de femmes dans
la fonction publique a décliné, en chiffres absolus, après le début des années 1990.
Deuxièmement, par contre, la proportion des femmes est en hausse. On peut en conclure que, tout au moins dans ces trois pays, les femmes ont proportionnellement
mieux résisté aux multiples réductions que leurs collègues masculins.

Finalement, il est important de rappeler, à propos de la diversité (selon la définition étroite que nous en donnons), l'analyse qu'a menée Hogwood des tendances
qui se manifestent en Grande-Bretagne. La nature changeante de la bureaucratie
gouvernementale, la nouvelle configuration de l'emploi dans le secteur public et
l'arrivée massive des femmes créent de vastes plages d'incertitude quant aux futures
conditions. Dans les grandes organisations publiques d'autrefois, la masse des
employés situés au bas de l'échelle reprenait assez fidèlement le profil démographique de la société. Les mesures de diversification visaient les niveaux intermédiaire et supérieur, la promotion et le développement des carrières au niveau
inférieur et la création de *bridge occupations*. Même si le recrutement de femmes et
de membres des minorités progresse au niveau supérieur, des groupes risquent
encore de plafonner dans des emplois à temps partiel, ce qui engendre de nouveaux
problèmes. Ce phénomène traduit le bouleversement des voies de carrière normales,
causé par la restructuration et la réduction des effectifs. On doit conclure à l'existence
d'une dysfonction du processus institutionnel en ce qui concerne à ce problème.

Dans une des rares analyses des changements dans les modèles de mobilité, le
Australian Public Service a mis à jour le fait que les femmes et autres groupes sous-
représentés — à l'exception des handicapés — étaient plus mobiles que les autres
membres de la fonction publique. Pour tous les groupes, cependant, cette mobilité
semble décliner avec l'âge et les années d'emploi. Sur les dix années étudiées
(1987-1997), la mobilité globale a décliné, ce qu'on attribue à l'absence d'occasions de promotion (PSMPC, 1997c). En ce qui concerne la représentation aux différents groupes d'âge, le même phénomène a été observé dans d'autres pays. Le
Canada en est un bon exemple : chez les jeunes employés, les femmes sont en nette
majorité, mais leur représentation diminue à mesure que l'on avance dans les groupes
d'âge. Le pourcentage de femmes diminue donc avec l'âge, c'est-à-dire chez les
groupes d'employés et de cadres supérieurs.

FIGURE 4
Gouvernement du Canada :
représentation des femmes par groupes d'âge

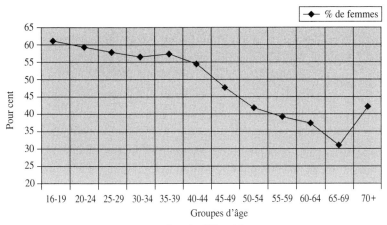

Source : Secrétariat du Conseil du Trésor du Canada 1998, p. 15.

RÉMUNÉRATION DANS LA FONCTION PUBLIQUE

Selon l'OCDE, plusieurs pays membres — dont l'Australie, la Finlande, la Nouvelle-Zélande, la Suède et le Royaume-Uni — ont reconnu la nécessité de réformer le mode de détermination des salaires du secteur public. L'organisme conclut : « ... depuis le début des années 1990, ce sont les pays qui ont réformé leur système de rémunération qui ont le mieux limité la progression de leur masse salariale (Australie, Canada, Finlande, Pays-Bas, Royaume-Uni, Suède.) Cela n'exclut pas toutefois que certains des pays appliquant un système relativement centralisé (États-Unis) ont aussi contrôlé l'évolution de leurs dépenses en personnel. » (OCDE, 1997 : 9). Selon la même analyse, la réforme salariale a davantage contribué à la réduction des coûts que la réduction des effectifs. Le tableau 3 montre le total des coûts de rémunération en pourcentage des dépenses de consommation des gouvernements de quelques pays.

La réduction des coûts ne constitue pas, cela va sans dire, le seul objectif de la réforme salariale du secteur public. Plusieurs pays ont utilisé la réforme comme moyen de faciliter le recrutement, de moduler la rémunération en fonction du rendement et, dans plusieurs cas, d'ajuster salaires et bénéfices du secteur public sur ceux du secteur privé.

Quatre thèmes principaux ressortent de ces réformes nationales des salaires : lier le salaire au rendement et établir des critères d'évaluation de ce rendement ; plafonner l'accroissement des coûts salariaux ; assouplir les modes de rémunération ou en déléguer la responsabilité à des niveaux administratifs inférieurs ; changer la nature et la portée des ensembles de bénéfices dont peuvent profiter les membres de la fonction publique.

TABLEAU 3

Total des coûts salariaux

	1994	*1995*	*1996*
Australie*	48,1	47,9	49,1
Autriche	58,8	59,1	58,7
Canada*	56,1	55,5	—
République tchèque	31,0	34,2	37,0
Danemark	70,4	70,3	—
Finlande	72,7	71,4	71,6
France	66,1	67,5	—
Allemagne	52,8	52,1	—
Hongrie	—	46,7	—
Irlande	80,0	78,7	78,9
Italie	57,4	56,7	—
Pays-Bas	58,8	58,3	—
Nouvelle-Zélande	68,0	65,3	65,0
Pologne	68,3	71,9	—
Portugal	77,8	78,7	78,4
Espagne	70,2	70,2	—
Suède	66,2	66,2	—
Suisse	76,8	77,7	—
Royaume-Uni	54,1	53,2	52,8
États-Unis*	49,8	50,1	50,1

Source : (voir V.F. du document OCDE)

À ces thèmes se greffe étroitement l'évolution des relations industrielles et des syndicats en ce qui concerne les changements de rémunération et de bénéfices. En certains cas, dont celui du Canada, les négociations collectives ont été suspendues à l'époque des réductions d'effectifs et des coupures budgétaires. En Nouvelle-Zélande, on a d'abord exclu les syndicats des discussions concernant les réformes de grande portée. Dans ces deux pays, on procède actuellement à un certain rétablissement des relations avec ces instances.

Les choses se sont passées différemment aux États-Unis. D'entrée de jeu, le processus « reinventing government » et la National Performance Review ont été marqués par une étroite collaboration avec les syndicats les plus importants. Organisme officiel, le National Partnership Council a été créé pour veiller à ce que se poursuivent cette collaboration et ces discussions. La nature essentiellement fragile de ce partenariat se révéla lorsque les syndicats s'en retirèrent devant les propositions de l'administration concernant les réformes de la fonction publique. La question salariale — spécifiquement l'application de la Federal Employee Comparability Act de 1990 (FEPCA) — a également remis en question cette relation syndicats-administration. La loi avait pour but de permettre un «rattrapage» des hausses salariales si les salaires du secteur public accusaient un retard sur ceux du secteur privé, mais contenait des dispositions qui limitaient ces augmentations tant que les déficits budgétaires demeuraient un problème sérieux. En dépit de l'équilibre budgétaire atteint en 1998, le président Clinton déclara que l'administration était en voie de «repenser» la méthode de calcul de telles augmentations salariales. Il qualifia la méthode jusqu'alors employée de «défectueuse» et soutint qu'elle provoquerait un accroissement dramatique des coûts de la main-d'œuvre fédérale. Commentaire du *Washington Post :* «Bien que cette décision repose sur des calculs statistiques abstrus, elle renforcera vraisemblablement, chez les employés fédéraux, l'impression fort répandue d'un effondrement de leur régime salarial.» (10 août 1998 : A15). En 1998 et en 1999, le Congrès s'activa en faveur d'une augmentation salariale des employés fédéraux, mais d'une augmentation beaucoup moindre que celle qu'aurait entraînée l'application de FEPCA. L'administration en profita pour déclarer que les salaires avaient été déterminés par le Congrès, évitant ainsi de verser les augmentations auxquelles l'obligeaient la loi FEPCA. Tant que la Maison-Blanche réussira à éviter des augmentations, les syndicats se plaindront d'être traités injustement et de perdre du terrain face à leurs homologues du privé.

Le Australian Public Service, encore aux premières étapes de sa réforme, propose un cadre de référence global :

1. Les augmentations salariales et les hausses de rémunération doivent être liées aux gains de productivité et compatibles avec le maintien de l'inflation à un bas niveau ;

2. Congés et bénéfices doivent être transférables, de manière à accroître la mobilité ;

3. Les arrangements salariaux doivent être souples, dans la mesure où une telle souplesse correspond aux besoins de l'organisme ;

4. Une structure de classification rationalisée devrait être clairement liée aux critères de rendement universellement en vigueur, chaque organisme pouvant l'adapter si nécessaire ;

5. Les dépenses courantes associées aux salaires seront indexées et limitées ; et

6. Les économies réalisées par un organisme ne seront ni «taxées» ni redistribuées à un autre organisme afin d'en assumer les coûts.

Il présume que les relations industrielles et les négociations collectives seront un élément important des discussions et des ententes menant aux réformes.

CHANGEMENT DES RELATIONS INDUSTRIELLES
DANS LA FONCTION PUBLIQUE

Tel que noté précédemment, les relations industrielles sont intégralement liées aux mesures de réforme salariale. À cet égard, le problème le plus fondamental tient peut-être à ce que de nombreux gouvernements ont abandonné l'intention, jadis explicite, d'être des « employeurs modèles » et que plusieurs pays s'apprêtent à confier au secteur public un rôle plus effacé. Dans les démocrates industrialisées, la plupart des gouvernements avaient été plutôt sympathiques aux syndicats et avaient autorisé, ou même souvent encouragé, l'organisation des travailleurs du secteur public aux époques qui ont précédé les premières vagues de réformes des années 1980. L'accent sur la réduction des coûts, l'individualisme sous-jacent à plusieurs approches « gestionnaristes » de l'administration du personnel et l'hostilité des conservateurs à l'endroit du secteur public se sont combinés pour provoquer des attaques directes et indirectes contre le secteur public.

L'offensive la plus directe est survenue au Royaume-Uni durant les années Thatcher. Dans ce pays, le changement portait, pour l'essentiel, sur les salaires du secteur public et sur le principe de comparabilité, mais les attaques ne s'arrêtèrent pas là. Non seulement abolit-on le système de détermination salariale largement basé sur la comparabilité, mais on mit fin au modèle de consultation sous l'égide des Whitney Councils. Les relations industrielles passèrent d'un mode de coopération à un mode de confrontation, ce qui provoqua de nombreuses grèves et la réorganisation des syndicats de la fonction publique (Blackwell et Lloyd, 1989).

De plus, la décentralisation de la plupart des emplois du secteur public dans plusieurs organismes semi-autonomes a rendu quasi impossible la poursuite des modèles traditionnels de relations industrielles (Fairbrother, 1994). Le gouvernement se définit moins qu'autrefois comme un employeur unique, d'où le fait que les négociations sur les salaires et les conditions de travail doivent aussi se décentraliser. L'utilisation accrue de contrats d'engagement privés a aussi réduit la possibilité de créer une véritable organisation syndicale.

On a aussi combattu les syndicats du secteur public aux antipodes et dans certains pays européens. La confrontation, en de tels cas, y a été moins directe ; la réduction des effectifs et l'élimination de plusieurs entreprises publiques a plutôt réduit la pertinence des syndicats. Tout comme au Royaume-Uni, la décentralisation et la déconcentration ont amoindri la capacité d'organisation des syndicats du secteur public. Même dans les régions où le gouvernement demeure directement en cause, la sous-traitance et le recours accru aux partenariats signifient que les principales fonctions de gestion de personnes se déplacent vers le secteur privé.

Bien entendu, les syndicats ont réussi, non sans luttes, à maintenir leurs positions dans certains pays. Il en va ainsi tout particulièrement de la France, où les grèves de l'automne 1995 ont fait la preuve que les syndicats étaient toujours en mesure de mobiliser leurs membres et d'employer leur force pour infléchir les politiques publiques et agir sur leurs conditions de travail. Il en été ainsi au Danemark, où le match nul entre gouvernement et syndicats a démontré, en 1998, que ces derniers n'avaient guère perdu de leur vigueur. Même dans ces pays, cependant, les notions de gestionnarisme ne sont pas sans amoindrir peu à peu le pouvoir collectif des syndicats.

Comment ces changements dans les relations industrielles affecteront-ils, au cours des prochaines années, la gestion du personnel ainsi que le recrutement et le maintien du personnel au service du gouvernement ? D'une part, il semble que les syndicats aient perdu une bonne partie de leur pouvoir politique dans la plupart des pays, non seulement quant à l'amélioration de leurs conditions de travail mais aussi quant à leur capacité d'influer sur les politiques publiques. En outre, l'adoption de techniques administratives telles la rémunération au rendement et le recours à des mesures d'évaluation de la performance sont susceptibles d'amoindrir la capacité des syndicats à négocier au nom des employés en tant que collectivité. Les employés seront sans doute toujours importants, mais cette importance tiendra peut-être aux individus plutôt qu'au groupe.

D'autre part, le secteur public demeure peut-être, dans plusieurs pays, le secteur le plus fortement syndicalisé. Alors que la syndicalisation était contestée dans les secteurs public et privé, celle des cols blancs et des travailleurs du secteur tertiaire augmentait. Dans certains pays, tels les États-Unis, les syndicats du secteur public sont les seuls qui soient en progression et d'autres, tels les Teamsters, sont fort actifs dans ce secteur. Les gouvernements devront peut-être composer avec des organisations différentes, mais il y aura encore des syndicats dans le secteur public. Les négociations, en vérité, pourraient même y être plus ardues, car les nouveaux modes d'organisation sont moins familiers et les travailleurs, plus marginalisés que jadis.

De plus, un second volet des réformes visait à améliorer les consultations avec les travailleurs et avec le public. Cette notion de consultation apparaît particulièrement importante au Canada et occupe une place prépondérante dans La Relève. Les syndicats du secteur public n'y sont pas explicitement mentionnés, mais ils constituent, à l'évidence, un mécanisme de consultation important. Et ce phénomène n'est pas limité au Canada ; le souci d'impliquer les employés et de mettre l'accent, en même temps, sur le rendement et l'imputabilité sera un facteur central de la poursuite des réformes dans plusieurs pays.

Quel sera l'impact de ces changements ? Ils amélioreront possiblement la capacité du secteur public à recruter « les meilleurs et les plus compétents ». Les candidats, particulièrement aux échelons supérieurs, seront à même de négocier leur salaire et leurs bénéfices marginaux, de sorte que leur situation sera meilleure qu'elle ne l'aurait été sous l'ancien système. En même temps, cependant, l'employé moyen s'en tirera moins bien économiquement et il lui sera probablement moins facile d'agir sur ses conditions de travail. Il se peut, par conséquent, que le fossé s'élargisse — tout comme dans la société en général — entre ceux qui sont au sommet et ceux qui sont à la base de la pyramide hiérarchique. En outre, on entrera probablement à l'emploi de l'État pour des raisons financières plutôt que pour faire carrière au service du public. Un tel ordre de motivation aurait des effets négatifs, car l'État ne proposera jamais les salaires offerts dans le secteur privé.

TECHNOLOGIES DE L'INFORMATION
ET TRAVAILLEURS DU SAVOIR

Développer des politiques des ressources humaines ne va pas sans questionnement sur les savoir-faire, les besoins et l'expertise qui seront requis dans la fonction publique nouvellement configurée. Ce n'est qu'en abordant de telles questions que le gouvernement pourra dessiner le profil du fonctionnaire de l'avenir. Le rôle des spécialistes des technologies de l'information (TI) confère à cette problématique un relief particulier. Dernièrement, les évaluateurs de la performance du gouvernement se sont interrogés sur la manière dont les TI s'intègrent dans les organisations publiques de manière à améliorer capacité et performance (cf. le Government Performance Project de l'Université de Syracuse[2]). Il est difficile de savoir dans quelle mesure les gouvernements ont pleinement tiré parti des améliorations apportées par ces technologies. Les entreprises du secteur privé y recourent pour se donner un avantage compétitif; celles qui ne le font pas encourent un sérieux désavantage. Par contre, la situation monopolistique des organisations gouvernementales les dispense des impératifs qu'impose à ses acteurs un environnement concurrentiel. Même si ses systèmes sont inefficaces, le gouvernement ne fera pas faillite. C'est pourquoi il est d'autant plus important d'utiliser ces TI de manière stratégique.

À cet égard, le principal souci des gouvernements tient au rapport qualité/prix. Des sommes énormes peuvent être dépensées à des projets de grande envergure, techniquement complexes et de planification difficile. Le rendement du capital investi est souvent négligeable, parfois inexistant, et se double d'un dépassement de coûts sans amélioration notable du rendement (GAO, 1999). Il importe donc que les gouvernements ne cessent jamais de préciser et d'organiser correctement leurs méthodes en matière de TI. Les employés comprennent généralement l'importance des TI, savent qu'elles servent à améliorer le rendement, mais ne peuvent comprendre *comment* elles y parviennent. L'acheteur de systèmes de TI doit comprendre en quoi ces systèmes répondent à des objectifs de rendement et comment les employés interagiront avec eux pour atteindre ces objectifs.

À cette fin, la capacité du gouvernement à recruter et à retenir à son service des spécialistes des TI sera d'une extrême importance. On en verra pour preuve le gouvernement irlandais qui a consenti à ses spécialistes de TI de substantielles «primes de loyauté», tournant ainsi la structure salariale traditionnelle de la fonction publique.

Plusieurs gouvernements commencent désormais à comprendre que leur modèle classique d'emploi, dont notamment la structure salariale traditionnelle, ne conviennent plus au recrutement et au maintien en poste des spécialistes des TI. Trois possibilités s'offrent aux employeurs publics : exempter les spécialistes des TI et d'autres technologies du savoir des régimes salariaux rigides ; repenser et recomposer ces régimes de manière à les assouplir et à les rendre concurrentiels ; confier à la sous-traitance l'essentiel des fonctions relatives aux TI. Cette dernière option est de plus en plus en vogue, mais on ne s'interroge guère sur sa sagesse. La nature particulière de nombreux projets gouvernementaux et le coût de la sous-traitance à long terme pourraient amener les gouvernements à estimer qu'il vaut la peine de se donner une expertise interne en cette matière.

Dans l'ensemble, il importe que les gouvernements entreprennent d'exploiter plus efficacement le potentiel des TI en matière de rendement. Les premiers à ce faire ont intégré et amélioré l'accessibilité aux services gouvernementaux (OCDE, 1998). Leur manière de procéder et d'intégrer les employés à ces processus aura des conséquences sérieuses sur les politiques des ressources humaines. Les gouvernements, cependant, doivent aussi comprendre qu'une utilisation accrue de la technologie n'a pas pour effet de déclasser les autres spécialistes du savoir. Il est souvent faux de croire que les gains de productivité obtenus grâce à l'utilisation des TI compenseront les mesures de réduction des effectifs. Certains savoirs ne se remplacent pas. Il peut en coûter très cher de laisser partir certains employés, particulièrement ceux qui supervisent des programmes coûteux (GAO, 1999).

L'AVENIR DE LA FONCTION PUBLIQUE

Les implications de la sous-traitance

L'enthousiasme pour la sous-traitance est un des traits communs à toutes les tentatives de réforme du gouvernement. Cette pratique entraîne des conséquences de divers ordres en matière de réduction des effectifs, de forme et de composition du gouvernement et de mode de prestation des services publics. En matière de ressources humaines, elle entraîne aussi des conséquences quant aux savoir-faire exigés dans le secteur public. L'aptitude des acteurs gouvernementaux à créer, à surveiller et à faire respecter des contrats, à la fois chez des personnes et chez des entreprises, sera un élément essentiel de la fonction publique. Il s'ensuit que les employés du gouvernement devront pouvoir déceler lesquels des soumissionnaires seront vraiment efficaces. Ce sont là des savoir-faire que ne développe pas la fonction publique traditionnelle et auxquels se sont insuffisamment intéressés les réformateurs. Alors que le credo de la réforme appelle une plus grande responsabilisation, les exigences de la sous-traitance créeront, paradoxalement, une fonction publique essentiellement occupée à assurer la conformité aux contrats — ce qui multipliera la paperasserie chez les gestionnaires. Les entrepreneurs devront fournir suffisamment de détails pour assurer le respect des objectifs publics et, en même temps, une souplesse qui évite d'exporter inutilement dans le secteur privé la paperasserie propre au secteur public.

En supposant que la tendance à la sous-traitance (et à l'engagement par contrat) se maintienne, le modèle du secteur public éclaté se présente ainsi :

- Les contractants gouvernementaux : une fonction publique responsable de la gestion des contrats de prestation des services gouvernementaux. Les politiciens font appel à des analystes et à des conseillers qui n'appartiennent pas à la bureaucratie, de sorte que la fonction-conseil traditionnelle tombe peu à peu en désuétude. Les contractants gouvernementaux doivent posséder les compétences requises pour a) traiter avec leurs maîtres politiques, particulièrement quant à la détermination des objectifs ; b) décider des processus qui permettront d'atteindre ces objectifs ; et c) gérer ces processus par le biais de contrats et de rapports d'étape.

- Les contractants de l'extérieur : la combinaison des divers éléments qui assurent la prestation des services financés par le gouvernement central ; on y compte des pouvoirs publics locaux, des entreprises privées et des employés contractuels (à court terme et à temps partiel).

Cette dichotomie n'est plus aussi limpide lorsqu'on tient compte des employés qui travaillent sous contrat à l'intérieur même de la fonction publique et qui, de ce fait, appartiennent aux deux groupes. Notre modèle admet donc des restrictions dans la mesure où certains des employés qui forment le cœur de la fonction publique sont parfois, particulièrement parmi les cadres, soumis à des contrats plus exigeants que ceux qu'ils doivent administrer. Il importe, cependant, de distinguer ceux qui gèrent de ceux qui assurent sous contrat la prestation des services. Nous en arrivons donc à la situation suivante : le noyau de la fonction publique se distingue par le fait qu'il *administre* par procuration la prestation des services et accomplit cette fonction dans le contexte du déclin de la fonction-conseil. Dépouillé de sa fonction-conseil et de la traditionnelle sécurité d'emploi bureaucratique, le fonctionnaire devient un administrateur public au sens le plus étroit du terme. Il (ou elle) est un administrateur d'abord et avant tout, et ce qu'il administre est du domaine public.

Il s'ensuit que le gouvernement, s'il entend conserver sa mémoire institutionnelle et sa capacité administrative à long terme, doit être prêt à offrir des salaires comparables à ceux du secteur privé. Mais cela même pourrait bien n'être pas suffisant. Transformer le noyau de la fonction publique en un agrégat d'agents de sous-traitance soulève de sérieux problèmes, non seulement quant aux savoir-faire nécessaires mais aussi quant à l'attrait que pourraient y voir de futurs employés. Un emploi qu'on a amputé de sa fonction-conseil et de sa fonction de gestion des services publics ne risque guère d'enthousiasmer quiconque s'intéresse à la fonction publique ou même quiconque ne souhaite qu'un travail intéressant et satisfaisant. Le rapport de la conférence de Wye River, qui traduisait l'opinion des dirigeants du secteur public américain, soulignait le défi que représente le recrutement et le maintien de gestionnaires talentieux dans le secteur public. Un des aspects de ce défi consistait à reconnaître que les gestionnaires de talent représentaient un « capital humain » qu'on devait traiter comme un investissement et dont on devait attendre un certain rendement (Ingraham *et al.*, 2000 : 55).

Les employés reçoivent, comme il convient, des récompenses, des incitatifs et des occasions de se perfectionner. La responsabilité mutuelle de cet engagement et de cet échange fait fréquemment défaut dans l'environnement de travail actuel. Pour que l'on accorde une plus grande importance à la gestion du capital humain et pour que le rendement devienne le moteur du système, il importe de créer un rapport de responsabilité réciproque.

Traiter les employés comme un capital humain signifie aussi aller au-delà de simples stratégies salariales et admettre que le régime de la fonction publique de l'avenir « procédera de l'idée fondamentale selon laquelle le travail dans le secteur public est utile, stimulant et constitue un apport à l'efficacité du gouvernement » (Ingraham *et al.*, 2000 : 56).

Il s'ensuit aussi, de ce modèle d'un secteur public fragmenté, que la réussite d'une telle gestion des contrats dépend largement de la spécification des objectifs, arrêtée de concert avec les politiciens. En d'autres termes, il est plus facile de gérer des contrats lorsqu'on a spécifié et mesuré les objectifs à atteindre. Si l'on se fie à l'expérience américaine, cependant, une telle spécification a été plutôt problématique (Ingraham *et al.*, 2000 : 55).

Dans la plupart des cas, cependant, on n'a pas suffisamment porté attention, en amont, aux objectifs communs, aux attentes ou aux moyens d'évaluer l'efficacité du partenariat. En outre, l'imputabilité en matière de qualité et d'efficacité du service s'est faite moins limpide.

En plaçant l'accent sur la gestion au rendement, comme le fait le Government Performance and Results Act (GPRA) aux États-Unis, on permet de combiner établissement des objectifs et processus contractuel, mais on admet que la nature de la participation politique dans ce processus sera déterminante.

Cette situation n'est pas sans incidences concernant la capacité du gouvernement à composer avec la gestion des contrats. Si le gouvernement décide de procéder par contrats externes, il doit étudier la manière la plus efficace d'y arriver et déterminer quels savoir-faire seront préférablement acquis par relations contractuelles et lesquels il vaut mieux conserver et développer à l'interne. La réponse à ces questions variera selon les pays, mais il importe qu'elle découle d'une analyse soigneuse plutôt que de simples considérations budgétaires.

Évoquée par rapport au gouvernement, la notion de contrat peut prendre un sens plus large. Le recours au contrat est un des nombreux visages de la réforme du secteur public. Toutes ces réformes, à leur tour, traduisent et modifient un contrat plus vaste : le contrat démocratique intervenu entre le gouvernement et la population.

L'accent mis sur la satisfaction du consommateur, dont de nombreux gouvernements se sont fait un principe, manifeste clairement la prise en compte de ce contrat
démocratique. Les réformes structurelles entreprises par de nombreux gouvernements donnent l'impression de traduire la nouvelle direction désormais prise par ce
contrat. De même que l'intégration d'objectifs clairs et précis permettra d'orienter
le processus contractuel, de même la conscience de la conception gouvernementale
du contrat démocratique orientera le processus global de la réforme.

Ressources humaines : questionnement et réponses

En conséquence des réformes souvent radicales qui se poursuivent dans de nombreux pays, plusieurs questions se posent concernant l'avenir de l'emploi dans le
secteur public. La gestion des ressources humaines s'impose d'emblée comme la clé
du succès de la réforme du secteur public. Toute réforme qui influe sur l'environnement, la taille, la composition et les fonctions du secteur public, mais qui n'accorde
pas une attention suffisante aux conséquences sur le personnel, est incomplète.
Chez les premiers et les plus radicaux des réformateurs, nombreux furent ceux qui
ont considéré comme secondaires les conséquences de ces réformes sur le
personnel ; pour eux, c'était là un problème que se réglerait automatiquement dès
après la décentralisation des fonctions ou dont on n'aurait à se préoccuper qu'après
les réformes structurelles. Or il devient de plus en plus évident que les réformes qui
n'ont pas pris en compte la réorientation du personnel s'achèveront sur un échec.
C'est ce que reconnaissent implicitement les gouvernements qui s'intéressent
davantage à la gestion des ressources humaines, même si rien ne garantit qu'ils sauront apporter les bonnes réponses aux difficiles problèmes de personnel qui découlent d'une main-d'œuvre réformée.

Si les bonnes réponses échappent aux décideurs, c'est que les structures et les
fonctions avec lesquelles ils doivent désormais composer sont très différentes et
beaucoup plus complexes que jadis. Les gouvernements se trouvent aujourd'hui,
dans une grande mesure, en territoire inconnu. Les mesures d'amélioration du personnel sont menées dans le cadre d'une fonction publique restructurée et recompo-
sée. Cette nouvelle fonction publique est beaucoup plus divisée qu'auparavant en
personnel permanent, temporaire, à temps partiel et contractuel. D'où la question de
savoir si le gouvernement devrait élaborer des politiques centralisées qui couvri-
raient tous ces aspects de l'emploi.

En fait, la question la plus difficile est peut-être : « Comment savoir si le gouvernement dispose du personnel adéquat ou s'il recrute par contrat le personnel
adéquat ? » La réponse à ces questions viendra, en partie, des données recueillies au
sein du secteur public, les gouvernements ayant entrepris de surveiller qualité et
rendement, par ex. par le biais du GPRA aux États-Unis et de divers programmes
analogues mis en œuvre dans d'autres pays (Pollitt et Bouckaert, 1995). On y répondra partiellement aussi en observant la main-d'œuvre elle-même, son moral et la

satisfaction que retirent les employés de leurs conditions de travail et de leurs occupations. Quant à la population, elle y répondra de son côté, soit directements, soit par le processus politique. Cela étant, cependant, répondre précisément à la question demeure une tâche extrêmement difficile.

Nous nous sommes demandés, au début de ce chapitre, si le gouvernement était toujours considéré comme employeur de dernier recours. La réponse des pays réformés, qui ne sont peut-être pas représentatifs de tous les gouvernements, est un « non » retentissant. Dans la plupart des pays avancés, les politiciens sont plus susceptibles de se faire du capital politique en dénonçant la bureaucratie qu'en promettant des emplois dans le secteur public. De plus, l'orthodoxie économique et les contraintes fiscales interdisent aux gouvernements la mise en œuvre de vastes programmes d'emploi public. Pour ceux qui considèrent l'emploi public comme une méthode permettant d'assurer stratégiquement les services du gouvernement, c'est là une excellente nouvelle. Dans les pays — de moins en moins nombreux — où l'on estime que le gouvernement ne tolérera pas que le chômage dépasse un certain niveau, le modèle du secteur public comme « employeur de dernier recours » est susceptible de conserver sa pertinence. Pour les pays développés, la question la plus pertinente tient peut-être aux obligations du gouvernement à titre d'employeur. Le gouvernement est-il un employeur modèle ? Devrait-il l'être ? Il se peut qu'il ne le soit plus, mais qu'il reflète davantage les normes d'emploi en vigueur dans le reste de la société. Conserve-t-il quelque obligation de garantir un milieu de travail stable, sans surprise et qui assure aux employés une solide protection ? Si les organisations publiques ressemblent davantage à celles du privé, sont-elles tenues de refléter les préoccupations démocratiques de représentativité et d'équité ?

Les nombreux pays qui ont abandonné le modèle bureaucratique traditionnel ne trouvent guère de réponses toutes faites qui puissent dessiner un plan pour l'avenir. Il importe surtout, en ce moment, de formuler les questions qui donneraient sens aux quelques réponses qui existent. Les questions que soulèvent ce document entendent faciliter cette démarche en esquissant un calendrier de recherche pour ceux qu'intéresse le mode de restructuration des fonctions gouvernementales et la meilleure manière, pour les gouvernements, d'organiser leur main-d'œuvre en fonction de nouvelles structures et de nouveaux défis.

Revitaliser la fonction publique

Les réformes entreprises de par le monde ont remis en question le modèle traditionnel de la fonction publique. Le rôle du fonctionnaire a été redéfini en fonction de sa relation avec son employeur immédiat — le gouvernement — et avec son employeur suprême — la population. Bien entendu, ce modèle traditionnel de bureaucratie hiérarchisée — emploi à vie et régime régulier de rémunération et de promotion — constitue une généralisation de divers systèmes à travers le monde. Les descriptions de l'avenir du secteur public seront elles aussi des généralisations, susceptibles de variantes aussi importantes que celles du modèle classique. Les données dont nous disposons laissent prévoir une fragmentation de l'emploi public en divers types de travail, d'employés et de conditions, qui se classeront sous la rubrique de secteur public. Même ceux qui forment le « noyau » de la bureaucratie seront employés à des fonctions différentes et à des conditions différentes. Il s'ensuit que toute étude de la fonction publique visant à examiner les fonctions gouvernementales devra s'étendre au-delà du modèle bureaucratique traditionnel. Un des éléments clés de la revitalisation du secteur public consiste peut-être à définir clairement ce qu'on entend par secteur public et à déterminer en quoi ses éléments fragmentés contribuent à l'atteinte des objectifs publics. Afin de repenser la gestion des ressources humaines, les gouvernements doivent développer une approche stratégique fragmentée, quoique compréhensive, des différents modes de prestation du service public.

Nous pouvons nous préparer à voir à l'œuvre, et même à accueillir avec plaisir, un nouveau type de fonctionnaire. Une plus grande souplesse d'emploi et un accès plus facile feront du secteur public une des étapes possibles de carrières désormais diversifiées. Le concept d'« emploi à vie » étant en voie de disparition, les gouvernements doivent en profiter pour recruter, mais aussi pour faire en sorte d'être perçus comme des milieux de travail dynamiques, susceptibles d'attirer des professionnels hautement compétents et parfaitement capables de passer d'un secteur à l'autre. Ce modèle permet de mettre fin au malaise de la bureaucratie et de produire des fonctionnaires plus polyvalents. Un tel virage devrait démontrer que le secteur public peut et doit être structuré de manière à convenir parfaitement au rôle qu'auront à jouer les employés de l'État dans la gouvernance du XXIe siècle.

NOTES

1. Le programme La Relève, ou Renouveau de la fonction publique, a été lancé par le Bureau du Conseil privé afin de renouveler l'intérêt dans la fonction publique et d'en revitaliser le fonctionnement.

2. Pour information sur ce projet, voir http://www.maxwell.syr.edu/gpp.

BIBLIOGRAPHIE

Barr, Stephen (1998), « Administration Rethinking Pay Formula », *The Washington Post*, 10 août, A15.

Blackwell, R. et P. Lloyd (1989), « Industrial Relations in the Thatcher Years », dans Mailley, R. *et al.* (dir.), *Industrial Relations in the Public Sector*, London, Routledge.

Derlien, H.U. (1996), « Germany : The Intelligence of Bureaucracy in a Decentralized Polity », dans Olsen, J.P. et B.G. Peters (dir.), *Lessons From Experience : Experimental Learning in Administrative Reforms in Eight Democracies*, Oslo, Scandinavian University Press.

Elliot, R. (1998), *The Changing Structure of Employment and Pay in the Public Service Sector*, Document de breffage de l'OECD non publié.

Fairbrother, P. (1994), *Politics and the State as Employer*, London, Mansell.

Federal Aviation Administration (1996), *1996 FAA Strategic Plan*, Washington, D.C., Government Printing Office.

Gregory, R. (1998), «The Changing Face of the State in New Zealand: Rolling Back the Public Service», Document présenté à la réunion annuelle de l'American Political Science Associations, Boston, 3-6 septembre.

Hogwood, B.W. (1998), «Reinventing public employment? The restructuring of public sector employment in Britain», Document présenté à la réunion annuelle de l'American Political Science Association, Boston, 3-6 septembre.

Hood, C., D. King, B.G. Peters et B. Rothstein (1998), «Working for Government: Rival Interpretation of Employment Change in Public Services», Document présenté à la réunion annuelle de l'American Political Science Association, Boston, 3-6 septembre.

Ingraham, P.W., S.C. Selden et D.P. Moynihan (2000), «People and Performance: Challenges for the Future Public Service — The Report from the Wye River Conference», *Public Administration Review*, vol. 60, n° 1, janvier/février, p. 52-58.

Ingraham, P.W. et A.E. Kneedler (1999), «Dissecting the Black Box: Toward a Model of Government and Management Performance», dans Brundey, J.L., L. O'Toole et H.G. Rainey (dir.), *Advancing Public Management: New Developments in Theory, Methods, and Practice*, Washington, D.C., Georgetown University Press.

Kettl, D.F. (1993), *Sharing Power: Public Governance and Private Markets*, Washington, D.C., Brookings Institution.

Lean State Advisory Council Resolutions (1997), Présentées au congrès de la «Lean State Rewards the Future-oriented Administration», dans Düsseldorf, 19-20 février.

Milward, H.B. (1996), «Symposium On The Hollow State: Capacity, Control, And Performance In Interorganizational Settings — Introduction», dans le *Journal of Public Administration and Research Theory*, 2: 193-197.

Milward, H.B. et K.G. Provan (1991), «Institutional-Level Norms and Organizational Involvement in a Service Implementation Network», dans le *Journal of Public Administration and Research Theory*, 4: 391-417.

Ministre des Travaux publics et des Services gouvernementaux Canada (1998), *La Relève*, Ottawa, Ministre des Affaires indiennes et du Nord.

OCDE (1998), «Modernizing the Human Resources Framework of the Canadian Public Service: The Universal Classification Standard», dans *Focus*, juillet.

Organization for Economic Co-operation and Development (1997), *Trends in Public Sector Pay in OECD Countries*, Paris, OCDE.

Organization for Economic Co-operation and Development (1997b), *Measuring Public Employment in OECD Countries: Sources, Methods and Results*, Paris, OCDE.

Organization for Economic Co-operation and Development (1997c), *Managing the Senior Public Service, A Survey of OECD Countries*, Paris, OCDE.

Organization for Economic Co-operation and Development (1998), *Information Technology as an Instrument of Public Management Reform: A Study of Five OECD Countries*, Paris, OCDE.

Peters, B.G. (1996), *The Future of Governing : Four Emerging Models*, Lawrence, Kansas, University Press.

Pollitt, C. et G. Bouckaert (1995), *Improving the quality of European public services : cases, concepts and commentarys*, London, Sage.

Public Service and Merit Protection Commission (1997), *Re-engineering People Management*, Canberra, Public Service and Merit Commission.

Public Service and Merit Protection Commission (1997b), *Australian Public Service Statistics Report*, Canberra, Public Service and Merit Commission.

Public Service and Merit Protection Commission (1997c), *Mobility in the Australian Public Service*, Canberra, Public Service and Merit Commission.

Secrétariat du Conseil du Trésor Canada (1998), *Employment Statistics for the Federal Public Service, 1er avril 1997 au 31 mars 1998*, Ottawa, Ministre des Travaux publics et des Services gouvernementaux Canada.

Secrétariat du Conseil du Trésor Canada (1997), *Employment Statistics for the Federal Public Service, 1er avril 1996 au 31 mars 1997*, Ottawa, Ministre des Travaux publics et des Services gouvernementaux Canada.

Secrétariat du Conseil du Trésor Canada (1996), *Employment Statistics for the Federal Public Service, 1er avril 1995 au 31 mars 1996*, Ottawa, Ministre des Travaux publics et des Services gouvernementaux Canada.

Secrétariat du Conseil du Trésor Canada (1995), *Employment Statistics for the Federal Public Service, 1er avril 1994 au 31 mars 1995*, Ottawa, Ministre des Travaux publics et des Services gouvernementaux Canada.

United States Office of Personnel Management (1997), *THE FACT BOOK — Federal Civilian Workforce Statistics — édition 1997*, Washington, D.C., US Office of Personnel Management.

US Office of Personnel Management (1998), *Downsizing in the Federal Government*, Washington, D.C., US Office of Personnel Management.

13
Conclusion : l'avenir de la réforme

B. Guy Peters

La boucle est maintenant bouclée. Nous avions entrepris cette série de trois ouvrages en nous interrogeant sur la réponse des gouvernements aux changements relativement profonds qui surviennent dans leur environnement social, politique et économique. Notre approche fut d'abord rétrospective, mais en abordant désormais l'avenir, nous faisons face aux mêmes questions. La première et la plus fondamentale est la suivante : est-il possible au gouvernement de continuer à diriger comme il le faisait autrefois, et sinon quel sera son rôle à l'avenir ? Deuxième question : au fil des changements déjà évoqués, et qui posent de nouveaux défis, comment le gouvernement peut-il s'organiser pour être plus efficace ? Quels instruments devrait-il utiliser pour atteindre ses objectifs de politique ? Et finalement : quel rôle jouera la fonction publique dans le modèle de gouvernance en émergence, et de quel type devra-t-elle être pour accomplir les tâches imposées par cette gouvernance ?

Chacun des auteurs de ce troisième volume aborde une partie de ces questions. Nous tenterons donc, en conclusion, d'en traiter (particulièrement de la troisième) à la lumière de leurs travaux et d'examiner quelques idées plus générales concernant le changement, idées qui sont ressorties de nos discussions et qui semblent se dégager de ces chapitres. Pour le spécialiste des sciences humaines, comprendre le changement, et particulièrement le prévoir, est une entreprise extrêmement difficile, d'où une certaine inexactitude apparente à ces propos de nature essentiellement préliminaire. Les variables sont si nombreuses, et si nombreux les choix possibles, que prédire l'avenir de la gouvernance n'apporte habituellement, au fil du temps, qu'embarras à son auteur. Pourtant, il demeure essentiel de considérer sérieusement de quoi sera fait l'avenir, pour ensuite s'y préparer et, si possible, le modeler.

Des chapitres qui précèdent semblent se dégager deux conceptions fondamentales du changement. Selon la première, et la plus commune, le changement serait l'expression d'un développement linéaire allant d'un passé connu à un avenir incertain. Ce concept n'est pas nécessairement téléologique, mais semble sous-entendre que lorsque nous (individus et sociétés) accédons à un mode d'organisation, ou à une manière de faire les choses, nous ne revenons pas aux anciennes pratiques. Nous apprenons plutôt, par la suite, des façons nouvelles et plus efficaces d'accomplir nos tâches et nous progressons. La production économique, par exemple, est ainsi passée successivement de l'artisanat à la chaîne de montage et au travail d'équipe. L'administration du secteur public a peut-être progressé selon le même mouvement, passant de structures d'organisation hiérarchiques à des styles de direction fondés sur la participation ou sur le fonctionnement du marché (Peters, 1996), et risque peu de revenir aux anciennes méthodes (mais voir Wright, dans ce volume). Si le chapitre de Snellen est révélateur de l'avenir, alors le changement technologique pourrait fort bien prévenir tout retour atavique aux méthodes du passé.

Selon la seconde conception, le changement est un processus plus proche de la circularité. Plutôt que progrès linéaire, il consisterait en simples allées et venues des gouvernements le long des divers continuums qui définissent la vie politique et administrative. Selon Herbert Simeon (1947) nous comprenons d'abord l'administration publique en matière de doublets de «proverbes» contradictoires et la réforme a aussi adopté ce mouvement d'allée et venue entre deux pôles (voir aussi Peters, 1998 ; Hood, 1998). Selon cette conception, il y a moins progrès que simple alternance et tentatives de corriger les orientations de la réforme précédente. Une réforme ne serait ainsi que la simple correction des erreurs de celle qui l'a précédée, processus qui créera les conditions de celle qui suivra. Bien entendu, il y a du vrai dans chacune de ces conceptions et les changements survenus dans le secteur public se conforment en partie à l'une et à l'autre. Certains de ces changements peuvent être irréversibles et constituent un authentique progrès ; la plus grande attention accordée à la qualité et au service en serait un exemple (Bouckaert et Pollitt, 1995).

D'un autre côté, il se peut que les futures réformes amènent le gouvernement à corriger les excès apparents de la précédente. On a voulu rendre le gouvernement plus efficace, mais il semble bien que l'on ait, ce faisant, dénigré plusieurs valeurs importantes (voir plus loin) de la fonction publique. Ressusciter et renforcer ces valeurs sera probablement nécessaire lors des prochains changements. De toutes ces valeurs, la plus importante tient peut-être à la manière selon laquelle s'exerce l'imputabilité au sein du secteur public et à la relation entre les officiels élus et les officiels permanents (Aucoin et Heintzman, dans cet ouvrage). Avec l'imputabilité, ces relations semblent avoir changé quant au respect de la tâche des gestionnaires et au «marchandage» qui préside à leurs activités (Hood, dans cet ouvrage).

Car il y aura une autre vague de réformes. Toutes celles que nous avons évoquées dans ces trois ouvrages ont été entreprises par des hommes de bonne volonté qui s'efforçaient de créer le meilleur gouvernement qui soit pour leur pays ou pour les gouvernements qu'ils conseillaient. Or une chose est certaine : ceux-là mêmes qui ont réussi à créer le type de système de gouvernement dont ils rêvaient ne plairont pas aux prochains leaders politiques et ne sauront pas répondre aux critères imposés par la prochaine génération de « gourous » de l'administration (Huczynski, 1993). Il est quasi assuré que le changement administratif sera un phénomène continu ; peut-être moins intense qu'au cours des deux dernières décennies, mais tout de même continu.

L'AVENIR DU GOUVERNEMENT

Il est difficile d'imaginer un avenir dans lequel les gouvernements nationaux ne seraient pas, sous une forme ou sous une autre, des acteurs de premier plan (voir, dans cet ouvrage, les articles de Peters et Wright). Ce sentiment tient certes, en partie, à la difficulté qu'il y a à nous abstraire de plusieurs siècles d'histoire et de notre propre expérience, mais tout indique que ces gouvernements auront encore un rôle à jouer. Cela dit, leur prédominance est sérieusement menacée. Nous avons analysé l'impact de la mondialisation (Savoie, 1996) dans notre premier ouvrage, mais ce phénomène n'a pas cessé d'exercer des pressions susceptibles de réduire la capacité des gouvernements à contrôler leur économie et leur société (Strange, 1996). En Europe, la gouvernance s'est largement déplacée au niveau de l'Union européenne, créant ainsi une « gouvernance à plusieurs paliers ». Des pressions s'exercent aussi pour la déplacer à des niveaux inférieurs, reportant la plupart des pouvoirs aux niveaux régional, local et même communautaire (Etzioni, 1996 ; Tam, 1997), et autorisant le recours à des acteurs non gouvernementaux pour accomplir des tâches jadis dévolues aux gouvernements (Rhodes, 1998). Si toutes ces tendances devaient s'actualiser, il semble bien que les gouvernements nationaux n'auraient plus grand-chose à faire.

À notre avis, la plupart des propositions prophétisant la mort de l'État sont, dans le meilleur des cas, exagérées et ignorent les nombreuses preuves de la nécessité des gouvernements nationaux dans un monde à la fois unifié et décentralisé (Hirst et Thompson, 1996). Phénomène plus important, la vision simpliste du déclin de l'État-nation présume, semble-t-il, que le pouvoir politique est un jeu à somme nulle, alors que plusieurs gouvernements ont découvert que l'environnement international pouvait, dans les faits, augmenter leur pouvoir vis-à-vis des forces économiques dans leur propre pays[1]. En outre, la force des marchés internationaux, particulièrement du marché des capitaux, pourrait amener les gouvernements à augmenter leur pouvoir plutôt que d'abdiquer devant ces marchés.

Cette dernière proposition appelle des nuances importantes. Nos propos ont essentiellement porté sur les pays industrialisés, mais les pays moins développés seraient probablement sujets à un contrôle plus sévère de la part des marchés internationaux. En revanche, les pays plus avancés sont davantage sujets à des pressions visant à un contrôle collectif sur les politiques. De même, certains domaines de politique sont probablement plus sujets que d'autres aux pressions internationales. La

politique monétaire le sera davantage que les politiques sociales ou celle de l'éducation, de sorte que toute généralisation sur ces influences internationales est sujette à
questionnement.

Même si l'État-nation doit continuer d'exercer une influence majeure sur certains domaines de politique, il ne lui sera plus possible de recourir aux méthodes
auxquelles il s'était habitué. La population ne fait plus suffisamment confiance au
gouvernement — manque de confiance que semble partager le gouvernement lui-
même — pour accepter le modèle traditionnel d'une autorité et d'un pouvoir de
réglementation « venus d'en haut ». Il s'ensuit que les gouvernements continueront
d'intervenir, mais d'une manière moins importune. Il en sera ainsi, en partie, dans le
choix des instruments de politique utilisés par les gouvernements nationaux (voir
Salamon, à paraître), de même que dans le recours de plus en plus fréquent aux gouvernements sous-nationaux et à des tierces parties.

COMMENT LE GOUVERNEMENT INTERVIENDRA-T-IL ?

Il est probable que le gouvernement atteindra ses objectifs en recourant à divers
mécanismes. La principale tâche des gouvernements, particulièrement des gouvernements nationaux, consistera donc à établir des objectifs plutôt qu'à appliquer
directement des politiques. La nature délicate de certaines politiques, ou la nécessité
de respecter l'égalité des citoyens, l'obligera certes à assumer lui-même la mise en
œuvre de certaines mesures, mais celles-ci seront probablement moins nombreuses
qu'on ne le croit généralement.

La nécessité de gérer les politiques par le biais de réseaux ou de relations de
coopération avec des gouvernements sous-nationaux laissera l'impression que le
gouvernement a perdu une partie de son pouvoir d'influence sur la société. Mais ce
pourrait être l'inverse, le gouvernement devenant plus fort qu'il ne l'était autrefois.
Il pourrait, en effet, accroître sa légitimité en revêtant une partie de celle des groupes
qu'il utilise pour appliquer ses programmes. De plus, en coopérant avec des gens et
avec des organisations qui comprennent parfaitement la clientèle des programmes et
en tenant davantage compte des opinions de ces clients, les organisations gouvernementales seraient mieux en mesure d'atteindre les objectifs visés par ces programmes,
et à un moindre coût.

L'AVENIR DE LA FONCTION PUBLIQUE

La dernière question touche le rôle de la fonction publique dans cette gouvernance
de l'avenir. Les diverses réformes décrites dans nos trois ouvrages laissent prévoir
un changement de composition de la fonction publique et une conception différente
de son rôle quant à la gouvernance dans les démocraties industrialisées. Tous les
auteurs s'entendent sur le fait que la fonction publique n'est plus valorisée comme

elle l'était et que de plus en plus d'employés de l'État viennent du secteur privé, n'ayant que peu ou pas travaillé antérieurement au service de gouvernement.

Pour plusieurs partisans du changement, ces réformes de la fonction publique étaient nécessaires pour rapprocher le gouvernement de la société. De plus, on postulait que l'expérience du secteur privé acquise par ces nouveaux employés allait permettre d'augmenter l'efficacité du gouvernement et, selon le vice-président Gore, « rendre le gouvernement plus efficace et moins coûteux. » En imposant ces changements au secteur public, les dirigeants politiques ont souvent dénigré les valeurs et l'apport de la fonction publique de carrière et, ce faisant, ont encouragé à croire que les carrières du secteur privé et du secteur public étaient essentiellement interchangeables ; « l'administration, c'est l'administration », a-t-on souvent entendu pour justifier cette opinion.

Certains changements dans la composition du personnel de la fonction publique n'ont pas tenu à des orientations aussi délibérées. Un des plus importants aura été dû à l'érosion progressive des salaires et des avantages sociaux. La rémunération globale étant demeurée stagnante ou ayant augmenté moins rapidement que dans le secteur privé, plusieurs des fonctionnaires les plus compétents, dans des pays comme le Canada et les États-Unis, ont rendu leur démission. Même dans les pays où la rémunération des hauts fonctionnaires avait grimpé en flèche, celle de l'ensemble du secteur public a été comprimée, ce qui a forcé plusieurs fonctionnaires de grande expérience à quitter la carrière. Il serait difficile de nier que le secteur public a connu un exode des cerveaux.

La question est donc la suivante : cette tendance au déclin de l'emploi dans le secteur public peut-elle se poursuivre, ou n'y a-t-il pas quelque utilité à conserver une main-d'œuvre relativement permanente au gouvernement et à sauvegarder les valeurs qu'un tel type d'emploi a su inculquer aux membres de la fonction publique ? Si, en outre, le gouvernement doit demeurer un joueur important, particulièrement en matière de sciences, de technologie et de réglementation, il lui faudra recruter le personnel hautement qualifié que l'on dissuade maintenant d'entrer, ou de demeurer, au service de l'État. Plusieurs pays ont fait état de gouvernements désormais incapables d'assumer les fonctions essentielles de réglementation habituellement confiées à ce type de personnel.

Il est clair que les gouvernements ne pourront pas abandonner cette capacité d'assumer des fonctions scientifiques, techniques et réglementaires, et que de tels employés seront toujours en demande. Mais qu'en est-il des fonctions générales d'administration ? Aura-t-on encore besoin de ces généralistes qui occupaient habituellement les plus hautes fonctions des organisations gouvernementales ? Et ces généralistes seront-ils d'abord des administrateurs ou occuperont-ils des fonctions-conseils importantes ? À ces questions étroitement liées, plusieurs réponses sont possibles.

Selon un scénario, les généralistes tiennent un rôle d'une extrême importance, particulièrement ceux qui occupent des postes administratifs au centre. Le problème central des futurs gouvernements, comme celui du Canada, sera de se donner la capacité de coordonner les programmes et de gérer les éléments «horizontaux» de la gouvernance (Peters, 1996). S'il en est ainsi, alors il est essentiel que le centre du secteur public soit occupé par des généralistes. Il importe que la coordination soit assurée par des gens dotés d'une expérience acquise dans plusieurs ministères ou organismes et capables de comprendre diverses conceptions d'une bonne politique et de l'ordre des priorités. Expertise et engagement sont certes importants, mais une vision globale l'est aussi. Ce rôle de généraliste sous-entend aussi que les gens formés à l'interne seront plus précieux que ceux qui viennent de l'extérieur, compte tenu de leur aptitude à accumuler les expériences (de travail) et à comprendre des conceptions différentes de ce qu'est une « bonne » politique.

De plus, une des hypothèses évoquées précédemment se révélant alors plus pertinente qu'elle ne l'est déjà, les gouvernements sous-nationaux et les tiers inter-venants pourraient se voir confier un rôle encore plus grand dans la mise en œuvre des politiques nationales. Si cela se produit, alors certains des savoir-faire néces-saires à une gestion horizontale s'appliquent aussi à celle d'un nouvel ensemble de relations verticales et réticulaires. Outre le fait de voir les politiques dans la perspec-tive d'autres départements, ces administrateurs devront pouvoir la saisir dans la perspective d'autres paliers de gouvernement et de celle de contractants suscep-tibles de viser leurs propres objectifs. Dans un tel contexte, l'application des poli-tiques nationales exigera moins de savoir administrer de manière conventionnelle que de savoir transiger et négocier[2].

Selon un second scénario, la coordination est moins l'affaire du centre que celle des échelons inférieurs des organisations publiques. Plutôt que de vouloir coordonner à partir du sommet (tâche habituellement ardue), un système plus décentralisé per-mettrait aux employés de la base de coordonner les programmes, souvent par la méthode du cas par cas. Cela étant, la fonction publique de l'avenir (celle du som-met) pourrait se spécialiser davantage, chaque organisation se limitant à bien accom-plir son travail et la coordination étant assurée loin d'Ottawa ou de Washington. Dans une telle perspective, les savoir-faire en matière de politiques seraient plus per-tinents, chez les fonctionnaires, que les compétences administratives.

Demeure la question du rôle qu'occupera la fonction publique dans le domaine des politiques. Au cours des dernières décennies, ce rôle a été considérablement réduit, l'appareil gouvernemental ayant mis l'accent sur l'administration et la fonction-conseil ayant été progressivement assumée par des tenants des programmes du gouverne-ment plutôt que par des fonctionnaires de carrière tenus à la neutralité. Il se peut que l'on éprouve désormais la nécessité d'un certain détachement de la politique parti-sane et que soit renforcé le rôle des fonctionnaires. Il se peut aussi que l'on se préoc-cupe davantage des effets des politiques à long terme, plutôt que de ne considérer que leurs avantages politiques immédiats. Le rôle-conseil des fonctionnaires sera probablement plus étroitement circonscrit — peut-être limité aux problèmes d'ordre technique plutôt qu'à des sujets plus vastes, telle la gestion de l'économie — mais il semble bien s'imposer à nouveau.

Il est aussi possible, tout au moins dans certains pays, que l'on dégage une marge de manœuvre financière permettant d'accroître l'activité du secteur public. Nous nous sommes tous accoutumés à voir les gouvernements soumis à des pressions pour réduire impôts et dépenses, mais la prospérité générale de la fin des années 1990 a généré suffisamment de revenus pour songer à des programmes nouveaux ou améliorés. Combinée au nombre grandissant de gouvernements de gauche, la croissance de l'économie (et des revenus) appelle cependant, quant aux politiques et aux orientations, une plus grande capacité d'analyse ; peut-être se tournera-t-on alors vers les hauts fonctionnaires. Cette manne financière sera peut-être de courte durée, mais la possibilité de penser à des changements de programmes est susceptible de provoquer un renouveau d'intérêt envers la fonction publique.

Nous devons aussi nous demander, à cette étape de notre analyse, si la réforme n'a pas porté trop exclusivement sur la fonction publique. Les réformes des dernières décennies ont reposé sur un postulat implicite selon lequel le problème du gouvernement tient à l'administration publique et à la fonction publique. Si cela était vrai, on a certes proposé et appliqué de fort nombreux correctifs. La fonction publique a fait l'objet de nombreuses réformes qui tendaient à une forme de désinstitutionnalisation : abolition ou assouplissement des règlements, ouverture de plusieurs emplois à la concurrence externe et méthodes administratives empruntées au secteur privé.

Il se peut maintenant que les problèmes tiennent à l'autre composante de l'appareil gouvernemental. Si les gouvernements constatent que la population ne leur fait confiance ni ne les respecte, alors il faut en blâmer, du moins partiellement, les officiels élus et leur manière d'agir[3]. Sans doute est-il commode d'imputer les échecs à la fonction publique, mais cela n'est pas toujours parfaitement honnête ; il faudrait peut-être que les prochaines réformes portent sur le versant électif du système.

Plusieurs avenirs s'offrent à la fonction publique et tous sont possibles. Il est difficile de déterminer lequel se dégagera des réformes actuelles et sans doute aucun scénario ne s'imposera-t-il à lui seul ; nous en verrons plutôt des mélanges, et différents « modèles » auront cours selon les pays et dans différents domaines de politiques. Nos recherches nous ont cependant mené à une conclusion générale : une fonction publique de grande culture et de formation polyvalente demeurera un élément essentiel à un bon gouvernement. Il appartient donc aux gouvernements nationaux de créer les conditions favorables au recrutement et au maintien d'une telle fonction publique.

CONCLUSION

« L'avenir n'est pas encore arrivé. » Cette stupéfiante intuition de Yogi Berra vaut tout autant pour le secteur public que pour le baseball. Mais l'avenir des gouvernements importe davantage que celui d'un domaine sportif. Le destin des nations et celui des individus qui les composent repose largement sur les choix qui auront été arrêtés quant au mode de gouvernance. Les postulats de nature plutôt individualiste qui gouvernent une grande partie de ce mouvement d'abandon de l'État tiennent pour acquis que les acteurs individuels sont beaucoup plus aptes à assurer leur propre avenir hors du secteur public qu'il n'est probablement raisonnable dans un monde complexe et interdépendant[4].

En revanche, il est plus facile de prévoir et de maîtriser l'avenir de la gouvernance que celui d'une compétition sportive. L'occasion existe de modeler la nature des gouvernements et de leurs interventions, ainsi que celle du personnel qui en assumera la responsabilité. Mais nul ne peut maîtriser complètement l'avenir. Les variables sociales, économiques et politiques sont par définition imprévisibles et de lourde conséquence sur la gouvernance. S'il se dégage un seul conseil des chapitres de ce livre, c'est que tout futur gouvernement devra, de même que ceux qui y travaillent, se montrer souple et adaptable. Le rythme du changement social et technologique ne fléchira pas et les citoyens ne seront pas moins sceptiques vis-à-vis des politiques et des fonctionnaires. La tâche sera ardue, perpétuellement changeante, et ne sera accomplie avec succès qu'en faisant appel, dans chaque société, à certains des plus compétents et des plus brillants.

NOTES

1. Ce qui s'est nettement vérifié chez les gouvernements européens qui ont pu invoquer les dispositions du traité de Maastricht et de l'Union monétaire pour contenir les syndicats et les autres puissants acteurs économiques qui prônaient l'augmentation des dépenses et des déficits budgétaires.

2. Bien entendu, certains analystes (du secteur public et du secteur privé) conçoivent l'administration comme requérant ces mêmes talents de négociateur et de chef d'équipe.

3. Dans certains pays, on est fort loin d'aimer la fonction publique, mais on la respecte tout de même davantage que l'on respecte le Parlement.

4. Le paradoxe tient à ce que les analystes qui prétendent que les gouvernements sont essentiellement impuissants devant les forces de la mondialisation sont les mêmes qui supposent que l'individu réussira mieux, seul, à maîtriser et à dompter ces forces.

BIBLIOGRAPHIE

Bouckaert, G. et C. Pollitt (1995), *Quality in European Public Services*, London, Sage.

Etzioni, A. (1995), *New Communitarian Thinking*, Charlottesville, University Press of Virginia.

Hirst, P. et G. Thompson (1996), *Globalization in Question*, Oxford, Polity.

Hood, C. (1998), *The Art of the State : Culture, Rhetoric and Public Management*, Oxford, Clarendon Press.

Huczynski, A.A. (1993), *Management Gurus*, London, Routledge.

Peters, B.G. (1996), *La gestion d'un gouvernement horizontal*, Ottawa, Centre canadien de gestion.

Peters, B.G. (1998), «Qu'est-ce qui fonctionne? Les antiennes de la réforme administrative», dans Peters, B.G. et D.J. Savoie (dir.), *Réformer le secteur public, où en sommes-nous ?*, Sainte-Foy, Les Presses de l'Université Laval.

Pierre, J. et B.G. Peters (2000), *Governance, Politics and the State*, Basingstoke, Macmillan.

Rhodes, R.A.W. (1996), «The New Governance : Governing without Government», *Political Studies*, vol. XLIV, n° 4, septembre.

Salamon, L.M. (à paraître), *Understanding the Tools of Government*, New York, Oxford University Press.

Savoie, D.J. (1995), «Mondialisation, États-nations et fonction publique», dans Peters, B.G. et D.J. Savoie (dir.), *Les nouveaux défis de la gouvernance*, Sainte-Foy, Les Presses de l'Université Laval.

Scharpf, F.W. (1998), «Globablization : The Limitation of State Capacity», *Swiss Political Science Review*, 4 : 91-116.

Simon, H.A. (1947), *Administrative Behavior*, New York, Free Press.

Strange, S. (1996), *The Retreat of the State*, Cambridge, Cambridge University Press.

Tam, H. (1998), *Communitarianism : A New Agenda for Politics and Citizenship*, New York, New York University Press.

Les auteurs

PETER AUCOIN
Chaire McCullough en sciences politiques
Université Dalhousie
Halifax (Nouvelle-Écosse)

JONATHAN BOSTON
Professeur en commerce et en administration
Groupe de la politique publique
Université Victoria
Wellington, Nouvelle-Zélande

JACQUES BOURGAULT
Professeur associé
École nationale d'administration publique (ÉNAP)
Montréal (Québec)

DAVID R. CAMERON
Professeur de sciences politiques
Université de Toronto
Toronto (Ontario)

RALPH HEINTZMAN
Secrétaire adjoint
Service et innovation
Secrétariat du Conseil du Trésor Canada
Ottawa (Ontario)

CHRISTOPHER HOOD
Professeur
Université de Londres en économie et en sciences politiques
Londres, Angleterre

PATRICIA INGRAHAM
Professeure en administration publique
L'École Maxwell
Université de Syracuse
Syracuse, New York

DONALD P. MOYNIHAN
Professeur
L'École Maxwell - Citoyenneté et Affaires publiques
Université de Syracuse
Syracuse, New York

B. GUY PETERS
Chaire Maurice-Falk du gouvernement américain
Département de sciences politiques
Université de Pittsburgh
Pittsburgh, Pennsylvanie

JON PIERRE
Professeur en sciences politiques
Université de Göteborg
Göteborg, Suède

CHRISTOPHER POLLITT
Professeur en administration publique
Université de Erasmus
Rotterdam, Pays-Bas

DONALD J. SAVOIE
Chaire Clément-Cormier en développement économique
Université de Moncton
Moncton (Nouveau-Brunswick)

RICHARD SIMEON
Professeur en sciences politiques et en loi
Université de Toronto
Toronto (Ontario)

IGNACE TH. M. SNELLEN
Professeur en sciences sociales
Département de l'administration publique
Université de Erasmus
Rotterdam, Pays-Bas

VINCENT WRIGHT
Professeur en politiques
Université d'Oxford
Oxford, Angleterre

AGMV Marquis

MEMBRE DU GROUPE SCABRINI

Québec, Canada
2001